言语交际学案例教程

主　编　张彦群
副主编　崔艳艳　徐　君　杨　双

科学出版社
北　京

内 容 简 介

本书以马克思主义语言学思想为指导，以培养应用型创新人才为目标，理论与实践相结合，从言语交际概念、言语交际的主体、言语交际的语境、言语交际的基本原则、跨文化言语交际、言语交际的辅助语言、言语交际实务等方面，系统地介绍了言语交际的基本理论和实践要领，初步构建了较为完善的理论解释和实践操作的言语交际学体系。

本书选取大量典型案例并进行简洁易懂的分析，突出实用性、可读性和趣味性，让读者在感受纷繁复杂的言语交际现象的同时，探寻和掌握言语交际的基本规律，进而达到提高言语交际能力的目的。

本书可作为本科及专科院校的通识课教材，以及相关职业培训的教材，还可以作为语言研究者和爱好者的参考读物。

图书在版编目（CIP）数据

言语交际学案例教程/张彦群主编. —北京：科学出版社，2019.3

ISBN 978-7-03-059612-3

Ⅰ. ①言… Ⅱ. ①张… Ⅲ. ①言语交往-教材 Ⅳ. ①C912.13

中国版本图书馆 CIP 数据核字（2018）第 263761 号

责任编辑：王 丹/责任校对：贾娜娜

责任印制：吴兆东/封面设计：铭轩堂

科学出版社 出版

北京东黄城根北街 16 号

邮政编码：100717

http://www.sciencep.com

北京富资园科技发展有限公司印刷

科学出版社发行 各地新华书店经销

*

2019 年 3 月第 一 版 开本：720×1000 B5

2025 年 7 月第七次印刷 印张：19

字数：378 000

定价：58.00 元

（如有印装质量问题，我社负责调换）

目　录

第一章　绪　　论

➢ 本章学习目标

1. 了解语言、言语的基本概念以及两者的区别和联系。
2. 掌握言语交际的含义，理解言语交际的性质、言语行为。
3. 认识言语交际的重要性，尤其是言语交际的功能。
4. 熟悉言语交际的基本过程，把握言语交际的基本要素。

第一节　言语交际概说

一、语言和言语

学习言语交际学，首先应搞清楚语言和言语之间的区别与联系。在日常生活中，人们没有必要严格区分“语言”和“言语”这两个词语，但作为语言学的术语，“语言”和“言语”是两个不同的概念。瑞士语言学家费尔迪南·德·索绪尔（F.de Saussure）说：“语言和言语活动不能混为一谈……把语言和言语分开，我们一下子就把什么是社会的，什么是个人的；什么是主要的，什么是从属的和什么是偶然的分开来了。”①只有对语言和言语了解得越全面，才能对言语交际体会得越透彻。

（一）关于语言

1. 语言的含义

关于语言的含义主要有两种说法：一是工具论，二是符号论。

从工具论的角度看，首先，语言是人类最重要的交际工具。人类的交际手段不胜枚举，语言不但是人类最重要的交际工具，而且是人类最重要的交际手段。人类社会现有的交际工具不止语言一种，文字、旗语、电报代码、数学符号、化学公式、红绿灯以及身势、表情等交际工具也都在交际中发挥着一定的作用，但是这些交际工具的重要性远不能和语言相比。

其次，语言也是人类的思维工具。从思维的类型看，可分为直观思维、形象

---

① [瑞士]费尔迪南·德·索绪尔：《普通语言学教程》，高名凯译，商务印书馆，1980 年版，第 30-35 页。

思维和抽象思维。但思维必须有某种载体作为工具，这种工具可以是直观动作、表象，也可以是语言。对于不同类型的思维来说，语言的作用是不一样的。一般把前两种思维称作非语言思维，而把抽象思维称作语言思维。但这种区分，在很大程度上只能是相对的，从发生学的角度看问题，才可以说存在着非语言思维，且不需要语言的参与。对于掌握了语言的人来说，他们身上并存着各种形态的高度发达的思维，它们经常紧密地交织在一起，彼此之间互相渗透。17 世纪英国哲学家洛克在《论人类理解》中写过这么一段话："人们的思绪千变万化，自己和别人都能从中获得好处和乐趣。但是思维皆源出于心胸，埋藏着无法让别人看到，而且无法显露出来……所以人们有必要找些外表能感知的符号，以便让别人也知道构成自己思想的意念。这样我们就能理解，人们为什么要用词来作为意念的符号，词用于这一目的是再自然不过的了。"①从这段话可以看出，意念是存在于心里的，假如人们不打算让别人了解自己的思想，那就不需要语言。可是人们生活在社会中需要交流思想，这才需要给意念找标志。②因此，人类思考的时候需要用语言，思维离不开语言，思维活动必须用语言做手段，在语言材料的基础上进行，思维活动的成果也必须用语言表达出来，这样才能使人们之间的思想交流成为可能。

从符号论的角度看，语言是人类特有的一套音义结合的符号系统。语言符号的特性表现在以下两个方面。

（1）语言符号有"能指（音）"和"所指（义）"两个方面。语言符号必须同时有表示特定意义的物质实体和物质实体所表示的特定意义这两个方面的功能。例如，汉语中用"ren^{35}"这个声音表示"人"，用"$shi^{35}tou$"这个声音表示"石头"，其中"ren^{35}、$shi^{35}tou$"就是物质实体，"人、石头"就是特定意义。瑞士语言学家索绪尔用另一对名称来概括语言符号的这两个方面：把语言符号中能够指称某种意义的声音称为"能指"，把语言符号中由特定声音表示的意义称为"所指"。语言符号的能指和所指好比是一张纸的正反两面，就像无法把一张纸的正反面切开一样，语言符号中表示意义的声音和声音表示的意义也不能分开。声音离开了意义就不再是语言的声音，意义离开了声音也就不再是语言的意义，或者说声音和意义一旦分开，语言符号也就不存在了。

（2）语言符号是"任意的"和"约定的"。语言符号是语音和语义的结合体，但它的音义结合取决于社会的"约定俗成"，音和义之间没有必然的、本质的联系，也就是它们之间的结合是无理由和无根据的，是不可论证的。"ren^{35}"表示"人"，"$shi^{35}tou$"表示"石头"，不是事物的自然联系，也没有什么道理可讲。因为就算

① 转引自吴为善，严慧仙：《跨文化交际概论》，商务印书馆，2009 年版，第 18 页。

② 同①。

是倒过来，把“人”叫作“shi^{35}tou”，把“石头”叫作“ren^{35}”，也不是不可以，这只是约定俗成的表现。同样，英语中把“人”叫“man”，把“石头”叫“stone”，也是约定的和任意的。

同时，语言符号的任意性不能理解为语言符号音义的结合是可以由个人改变或随时改变的，如果每个人都能随意改变语言符号音义的结合，那人们就听不懂互相说的是什么，语言也就从根本上丧失交际工具的作用了。因此，音和义一旦通过任意的形式组合成语言符号，就具有了强制性，它们的组合就不能随意改动，否则在交际时就会出问题。

案例 1-1

一位山民向一位穷酸秀才请教什么叫令尊。这位穷酸秀才瞧不起山民，就欺骗他说：“令尊就是儿子的意思。”山民听到后，马上问秀才有几位令尊。秀才脸一红，没能回答上来，一急之下竟说没有。于是这位山民很惋惜地对秀才说：“哎呀，不孝有三，无后为大，像你这样有才学的人，怎么能没有令尊呢？这样吧，如果你不嫌弃，就将我的儿子领去给你做令尊吧。”秀才听了后，如同哑巴吃黄连一样有苦说不出，只好灰溜溜地逃走了。①

秀才强行改变了“令尊”的音义关系，结果弄巧成拙，自讨没趣。

（3）语言符号具有线条性。语言符号的线条性是指在交际过程中，语言符号或者作为符号的形式的声音，只能一个跟一个依次出现，不能在空间的面上随意展开，只能在时间的线条上延续，不能在同一时间里说出两个符号或两个声音。其他符号却不是这样，它们不具有线条性。例如，图画是一种符号，我们运用视觉器官去看一幅画，可以同时看到点、线、面或长、宽、高以及不同色彩的实体画面。

（4）语言符号具有民族性。不同的语言，在语音、语义、语汇、语法等各子系统中，都有自己的特色。例如，[d]、[t]在汉语中是 / t / 音位的两个条件变体，但在英语中却是两个不同的音位。又如，“同胞”语义场，汉语中有“哥哥、弟弟、姐姐、妹妹”四个词，既分男女，又分长幼；而英语中则只有“brother”（兄弟）和“sister”（姐妹）两个词，只分男女，不分长幼。

语言的民族性，是各语言社团长期的文化习惯、社会生活方式、思维惯性和审美情趣等在语言中的积淀，反映着一个民族的深层精神世界。正因如此，一个民族的语言，往往成为这个民族的标志和形象。

---

① 转引自华阅：《说话办事的艺术》，中国商业出版社，2010年版，第101页。由于教学需要，我们对书中部分案例进行了文字的调整。

（5）语言符号具有系统性。语言不但是一种音义结合的符号，而且符号与符号间不是孤立的、互不相干的一盘散沙，而是紧密联系并形成系统的。这个系统包括语音、语义、词汇、语法四个子系统。语言符号的系统性体现在层级性、组合关系和聚合关系等方面。

语言的层级性是指语言系统是多层级的，里面包含着不同性质的大大小小的语言单位。根据语言单位性质的不同，语言系统首先可以分成两个大的层次——下层和上层。语言的下层是语音层。属于下层的语言单位只涉及语音形式，不涉及语义内容。语音层包括音位和音节，音位是能区别不同语言符号的最小语音单位，音节是人们能自然感知的最小语音单位，一个音节由一个或几个音位构成。语言的上层是符号层。属于上层的语言单位既有语音形式，又有语义内容。符号层包括四级基本的语言单位：语素、词、短语和句子。语素是最小的有意义的语言单位，是构词的材料；词是语素的上级单位，是造句的材料；短语是词和词按照一定的结构关系及语义搭配组合起来的单位；句子又是词和短语的上级单位，也是语言交际的最小单位。一个词由一个或几个语素构成，一个句子由一个或几个词和短语构成。

2. 语言的功能

（1）交际功能。语言是人类最重要的交际工具，交际功能也是语言最重要、最基本的社会功能，这就意味着，交际功能是语言的生命力所在，决定语言的生死存亡。任何一种语言，只有当它能够发挥交际功能，满足人们越来越复杂的交际需要时，其生命力才能越来越旺盛。反之，如果由于某种原因，某种语言失去了它所依附的社会，不再充当这个社会的交际工具，那么它的生命力也就随之丧失。

（2）标志功能。语言就像是社会人群的“名片”，什么样的人说什么样的话，在言语交际时，每个人好像都随身带了一枚语言徽章，标明自己属于某个民族、地区和某个社会阶层，体现自己的民族、职业、素养等。例如，教师有教师的语言，工人有工人的语言，农民有农民的语言，律师有律师的语言。总之，人们都根据自己的角色使用属于自己的语言，并在长期的语言实践中，形成自己不同于他人的独特的语言风格和习惯。

（3）审美功能。人类在创造和运用语言时，也把自己的审美观念、审美意识和审美爱好注入语言之中，使语言拥有了审美的功能。语言的审美功能表现在：语言有形式的美，给人以感官的快乐；有意境的美，给人以诗情画意的心灵的启迪；有情感的真诚与炽热的美，给人以强烈的灵魂震撼；有气韵神情的美，给人以潇洒的感觉；等等。总之，只要人们按照艺术的规律去使用语言，按照美的规律去造型，也就创造了语言的艺术美感，也就是利用语言创造了一个美的世界。

案例 1-2

两个黄鹂鸣翠柳，
一行白鹭上青天。
窗含西岭千秋雪，
门泊东吴万里船。

——杜甫《绝句》

枯藤老树昏鸦，
小桥流水人家，
古道西风瘦马。
夕阳西下，
断肠人在天涯。

——马致远《天净沙·秋思》

杜甫的诗对仗工整，音节和谐，韵律铿锵，“圆美流转如弹丸”，有一种音乐的美；马致远的小令情景交融，物象并置，有一种画面的美。这些所谓的美，所谓的美感，不正是这样的艺术语言给人们带来的微妙感受么？

（4）政治功能。语言的政治功能是指语言具有激发的功能、动员的功能、折中妥协的功能等。语言在政治活动或政治交往中会发挥很大的作用，政治家都会在政治交往中巧妙地运用语言，可以说，政治家是语言家，很多时候，政治谈判谈到最后都成了修辞学谈判，为一个字一个词有闹翻的，也有化干戈为玉帛的。

（5）游戏功能。语言是人类最重要的交际工具，同时也是人们娱乐和游戏的工具。语言游戏是一种高雅的富有智慧的娱乐活动。语言的游戏功能是对语言潜在能量的开发和利用。同西方人相比，中国人比较喜欢语言文字游戏。因为同西方语言相比，汉语更适合做语言文字游戏，所以在中国，语言文字游戏特别多，社会各阶层也都喜欢语言文字游戏。中国的语言文字游戏历史悠久、源远流长，形成了一种语言文字游戏文化。

例如，绕口令就是一种常见的利用语流音变制做的有趣味的语言文字游戏。说话、写文章一般总是力避不顺口的字眼，以免读起来疙里疙瘩，不流畅；绕口令则是“明知故犯”，有意地把句子里声、韵、调极易混淆的字交叉重叠。

案例 1-3

山上一只虎，林中一只鹿，路边一只猪，草里一只兔，还有一只鼠，数一数，

一、二、三、四、五，虎、鹿、猪、兔、鼠。[①]

板凳宽，扁担长。扁担没有板凳宽，板凳没有扁担长。扁担要绑在板凳上，板凳不让扁担绑在板凳上，扁担偏要扁担绑在板凳上。[②]

有一个喇嘛，手里提着个蛤蟆（獭犸），有一个哑巴，腰里别着个喇叭，喇嘛想用手里提着的蛤蟆（獭犸）换哑巴腰里别着的喇叭，哑巴不肯用腰里别着的喇叭换喇嘛手里提着的蛤蟆（獭犸），喇嘛用蛤蟆（獭犸）打了哑巴一蛤蟆（獭犸），哑巴用喇叭打了喇嘛一喇叭。[③]

这些绕口令作为一种语言游戏，既能帮助人们练习正确地咬字吐音，又能利用语言的音韵营造一定的娱乐性、趣味性。

（6）心理调节功能。从某种意义上说，言语活动就是一种心理活动，语言在人的心理调节方面也发挥着不可忽视的作用，言语交际也有用来调剂身心的功能。说话人通过讲故事、说笑话来自娱娱人，或通过向别人倾诉以缓解心理压力。通过讲笑话来调剂、放松的情况并不少见，这是积极的一面；通过倾诉以缓解压力则是消极的一面，如向心理医生咨询，向别人诉苦、发脾气，甚至吵架等。

案例 1-4

一天深夜，女主人接到一个陌生女人打来的电话："我恨透我的丈夫了！"

"你打错电话了。"女主人告诉她。

她好像没听见，滔滔不绝地说下去："我一天到晚照顾五个小孩，他还以为我在享福。有时我想出去散散心，他也不肯，他自己却天天晚上出去玩，说是有什么应酬，哼，谁会相信！"

"对不起，"女主人打断她的话，"我不认识你。"

"你当然不认识我！"她说，"我这些话如果对亲友讲，还不弄得满城风雨？现在我说出来，舒服多了，谢谢你！"说完，她挂了电话。[④]

这位女士和丈夫不和，怨气无处倾诉，就在夜里随便拨了一个电话号码，以宣泄自己的怨恨。严格地说，这不是一种正常的交际，因为话语的生成是单方面的，一方只是一味地倾诉，而另一方也只是盲目地倾听，双方没有沟通，更没有共同语言。但细想起来，这位打电话的女士，是一个很懂宣泄的人。生活中遇到

---

① 转引自网络资料：《山上一只虎》，https://www.wenjiwu.com/gushi/wmflnni.html。

② 转引自网络资料：《板凳与扁担》，https://raokouling.911cha.com/NTN3.html。

③ 转引自谭达人：《多"情景"的巧合——言语幽默致笑机制之二》，载《语文建设》，1992 年第 7 期。

④ 转引自网络资料：《倾诉》，http://www.docin.com/p-704413564.html。

和她类似情况的人有很多，但并不是每一个人都会像她这样找一个宣泄的对象。有了闷气而不及时宣泄出去，久而久之是会积郁成疾的。

（二）关于言语

说话是一种复合现象，从语言学的角度看，至少可以分为两大部分：一是张嘴说话的动作和说出来或写出来的成品，二是说话所使用的工具（如英语、汉语）。比较下面三个例子中的“说话”和“话”。

（1）轮到你作证的时候才说话。

（2）法官认为你的话有说服力。

（3）在法庭上都应该说普通话。

例（1）中的“说话”指实际说话的过程，可以叫作“言语动作”；例（2）中“（你的）话”是说出来（包括写下来）的话，可以叫作“言语作品”。言语动作和言语作品，又可统称为“言语（speech）”。例（3）中的“（普通）话”是指说话时使用的符号工具，这才是“语言（language）”。就好比发电报：报务员的输入操作是“动作”，邮递员送上门的是“作品”，而译电员所用的电报代码就是电报通信的“语言”。因此，无论是言语动作还是言语作品，都是说话者个人的行为和创作。因为说不说，怎么说，说什么，说多少，都取决于说话者个人，而且言语动作和作品还可以有个人的特色，如说话口音不同，说话风格不同，有时可能省略、啰唆或晦涩等。

案例 1-5

甲：那比如说吧，哥儿俩住一个院里。一个在东房住，一个在西房住。夜间都睡觉了。弟弟要上厕所，打开门，房门一响，哥哥发觉了。两个人一问一答，这个事儿，要用老北京话，就得啰啰唆唆三百多字。

甲：比如，老北京话这么说，屋门一响，这屋发觉了，“哟嗬！”

乙：“哟嗬？”

甲：啊，先来一个感叹词。

甲：“哟嗬，那屋‘咣当’一响，黑更半夜，这是谁出来啦？一声不言语，怪吓人的！”

甲：“啊，是我，您啊，哥哥，您还没歇着呢？我出来撒泡尿，没外人。您歇着您的，倒甭害怕，您。”

甲：“黑更半夜的穿点衣裳，要不然你冻着可不是闹着玩的，明儿一发烧就得感冒了。”

甲：“不要紧的，哥哥，我这儿披着衣裳呢，撒完尿我赶紧就回去。您歇着您的吧，有什么话咱们明儿见吧，您哪。”

甲：要用精练的北京话说这点儿事情，分成四句话，用十六个字就解决问题。

乙：怎么说呢？

甲：那屋门一响，这儿发觉了，一问：“这是谁呀？”

甲：“是我，您哪。”

甲：“你干吗去？”“我撒泡尿！”

乙：这就省事多了。

甲：还有比这省事的。

乙：哪儿的话？

甲：山东话。

甲：山东人要说这点儿事情，用十二个字就解决了。

甲：“这是谁？”“这是我。”“上哪去？”“上便所。”

甲：上海话比这还省事。

甲：上海人说话八个字就够啦。

甲：那屋门一响，这儿发觉了，一问：“啥人？”“我呀。”“啥体（事）？”“撒尿。”

甲：还有比这更省事的。

甲：河南话。

甲：河南人说这点儿事情，四个字就解决。

甲：那儿门一响，这儿发觉了，一问：“谁？”“我。”“咋？”“溺。”①

例中四个地方的人虽表达有别（言语不同），但使用的却是同一种工具——汉语（语言）。每个人的言语在发音方面，在用词方面，在造句方面，都具有某些个人特点。有时我们未见其人，只闻其声，就能猜出是谁在说话；未看署名，只读作品，就能知道作者是谁。所有这些，都说明言语具有个人因素。但是语言中的个人因素，并不占主导地位，占主导地位的是社会因素，因此各式各样的句子中，总是包含着为社会所共同理解的东西。

（三）语言和言语的联系与区别

语言和言语的关系，是交际工具与工具在交际中的运用的关系。语言作为一套全民通用的音、义结合的符号系统，是对使用同一符号系统的全体社会成员在各种交际活动中出现的言语（话语）形式的抽象和概括，而出现于言语交际中的千姿百态的话语形式，则是全民语言的个别实现或具体表现。也就是说，语言存

---

① 根据侯宝林、郭全宝相声《戏曲与方言》整理，http://www.iqiyi.com/w_19rrqw9hfh.html。

在于言语当中，言语是语言存在的形式，没有言语也就无所谓语言。同时，语言制约着人们的言语行为，而人类丰富的言语实践，又进一步改变、完善、丰富着语言体系，两者相辅相成、共同发展。正如索绪尔所说，“这两个对象是紧密相联而且互为前提的：要语言为人所理解，并产生它的一切效果，必须有语言；但是要使语言能够建立，也必须有言语……语言和言语是互相依存的，语言既是言语的工具，又是言语的产物”。①

语言和言语的不同主要体现在以下两个方面。

第一，语言是抽象的，言语是具体的。每个人所说的话，所写下的文字，都属于具体的、可感触到的言语范畴，而隐藏在这些材料后面、为人们不约而同遵守的规则和体系则属于语言。

第二，语言属于社会的范畴，它是千百万人说话和写作的总概括，具有社会通约性，对全社会同一语言社团都具有约束力；而言语是属于个人的，一方面它要遵守语言规则，另一方面每个人的语言运用又可以而且必然表现出每个人的特点。因而运用同一种语言的人不见得有同样的言语。关于这一点，特伦斯·霍克斯借用象棋比喻做了进一步的阐述：“象棋的规则可以说是高于并超越每一局单独的棋赛而存在，然而，象棋规则只是在每一盘比赛中的各棋子之间的相互关系中才取得具体的形式。语言也是一样。语言的本质超出并支配着言语的每一种表现的本质。然而，假如离开了言语提供的各种表现，它便失去了自己的具体存在。”②因此，语言和言语的区别，概括起来应当是抽象与具体、一般与个别、共性与个性的区别。

二、言语行为

现代语言学认为，人们运用语言进行交际，以实现某一特定交际意图（如陈述、询问、命令、邀请、警告、宣判、道歉、祝贺、感谢、赞叹等），这实际上也是在完成一种行为，这种行为被称作言语行为。言语行为并不是单一的行为，而是由若干复杂的次言语行为组成的。根据交际过程的不同阶段，可以把言语行为分为三种：“言之发”，以言述事的述事行为；“示言外之力”，以言行事的行事行为；“收言后之果”，以言成事的成事行为。

（一）述事行为

述事行为就是说出所要说的话。例如：

---

① [瑞士]费尔迪南•德•索绪尔：《普通语言学教程》，高名凯译，商务印书馆，1980年版，第41页。

② [美]特伦斯·霍克斯：《结构主义和符号学》，瞿铁鹏译，上海译文出版社，1987年版，第12页。

（1）抽烟对你的健康不利。

（2）能帮我把钢琴抬过去吗?

要让听话人接收这两例的信息，就必须用语音将例（1）、例（2）说出。当说话人说这些话时，他就是在进行述事，就是在完成述事行为。

（二）行事行为

以言述事完成述事行为，这同时（或者说本身）也是在以言行事，完成行事行为。换句话说，“言之发”和“示言外之力”都纯粹是一种抽象、典型的言语行为，总是既是“言之发”，同时又是“示言外之力”。行事行为又可以分为五类。

1. 断定式

实施这种行事行为的句子所表述的命题是可以评价真假的，而说话人则有责任保证所述命题的真理性，如陈述、断定、坚信、估计、描写、说明、分析等就属此类。例如：

（1）学校昨天已经开学了。

（2）明天肯定又是晴天。

例（1）等于说“我告诉你：学校昨天已经开学了”，例（2）等于说“我断言：明天肯定是晴天”。在形式上，这种实施断定性行事行为的句子一般可以在前面加上“我告诉你”或“我断言”之类的词语。

2. 指令式

这种行事行为是说话人企图使听话人去做某事。他们可能是非常温和、委婉地请求或建议听话人去做某事，也可能是非常强烈、坚决地命令或禁止听话人去做某事，如请求、哀求、命令、指使、建议、允许、忠告、祷告等都属此类。询问可以看作指令式中的一个特殊的次类，因为它是说话人试图使听话人回答，也就是使听话人完成一种言语行为。例如：

（1）这种事交给他去办吧!

（2）马上出发!

在形式上，这种实施指令性行事行为的句子一般可以在前面加上“我请求”“我命令”或“我建议”之类的词语，句末常用感叹号。

3. 承诺式

这种行事行为是说话人保证而且有责任将来去做某事，如保证、许诺、宣誓、发誓等就属此类。从某种意义上讲，承诺式可以看作说话人对自己的一种请求或指使，但又不同于指令式。指令式是说话人企图使听话人去做某事，而听话人却不一定有责任或义务去做这件事。例如：

（1）我年底一定完成任务。

（2）我尽力而为。

这两例都是承诺式。从形式上看，这种承诺句的前面可以加上“我保证”“我答应”之类的词语。

4. 表情式

这种行事行为是表现说话人对于句子的命题内容中所述事情的一种心理状态，如感谢、祝贺、赞许、欢迎、道歉、悔恨、痛惜、哀悼等都属此类。例如：

（1）谢谢你救了我！

（2）让你受委屈了，真对不起！

（3）我真不该跟她分手的！

（4）多可爱的小生灵啊！

例（1）是感谢，例（2）是道歉，例（3）是悔恨，例（4）是赞叹。表情句的末尾常用感叹号。

5. 宣告式

这种行事行为是通过以言行事的力量使某一事态得以存在或实现，或引起事态的变化，如宣告、宣布、宣判、通告、任命、命名等就属此类。例如：

（1）我宣布晚会到此结束。

（2）你被公司开除了。

（3）我命名这条船为“利贝特”号。

例中，说话人如果成功地完成了宣布的行为，那么晚会也就结束了；“你”就不再是公司的职员了；如果成功地完成了命名的行为，那么“这条船”也就成了“利贝特”号船。

（三）成事行为

当说话人说出话语并施行了某种行事行为之后，就会给听话人、其他人，甚至说话人自己带来某种影响，从而产生某种思想、感情，或采取某种行动，收到言后的效果。例如，听话人受到了鼓舞或威胁，得到了安慰或支持，接受了感谢或道歉，感到满意或放心，被告知，被说服，被提醒，被欺骗，按指令完成了某项任务，按宣告出现了某种事态，等等，都是完成了成事行为。

值得注意的是，成事行为带有一定的听话人的主观性，因此它有可能是多变的，施行同样的一种行事行为，有时可能会收到不同的言后之果。例如，向听话人发出邀请，听话人可能愉快接受、如期赴约，也可能不给面子、拒绝邀请。又如，向听话人提出批评，听话人可能心悦诚服、决心改正，也可能抵触不满、甚至怀恨在心。

述事、行事和成事这三种言语行为实际上是整个言语过程的三个不同阶段，是统一于同一话语之中的。这从下面所举的一个例子中可以看出。

（1）述事行为（言之发）。

他对我说："你不能做这件事！"

（2）行事行为（示言外之力）。

他抗议我做这件事。

（3）成事行为（收言后之果）。

他使我恢复了理智，把我劝阻了。

他使我烦恼。

案例 1-6

小郭：我住一晚上就走。

大嘴：（对老白耳语）就说没空房啦。

老白：李大嘴说没空房了。

小郭：李大嘴是谁？

老白：做饭的厨子，厨艺不咋的。（大嘴掐老白脖子）妈呀，大嘴我给你说漏了。

小郭：通铺也行，我出双倍价钱。

秀才：（对老白耳语）就说不是钱的问题。

老白：吕秀才说不是钱的事儿。

小郭：吕秀才又是干什么的？

老白：算账的，酸秀才。（秀才猛拍老白后脑勺）哎呀妈呀，说漏了。

小郭：五十两。

小贝：（对老白耳语）对他说，刚才不是说了吗，不是价钱的问题。

老白：莫小贝说了，刚才不是说了吗，不是钱的事儿。

小郭：莫小贝又是谁？

老白：是我们佟掌柜的小姑子，换句话说我们佟掌柜是她嫂子。

小郭：说了半天你是谁？

众人：他姓白叫展堂，是个死跑堂的。

老白：从来没干过坏事啊！

小郭：好吧，我出的不是银子是黄金。

掌柜：就这么定了。（深呼吸）客官里边请。

众人：（把掌柜拉回来）掌柜的，掌柜的。

掌柜：（挣扎）是黄金呀！（开门）

〔小郭从门口上〕

掌柜：你是一个人吗？

小郭：对呀，有问题吗？

掌柜：没问题。（对伙计们说）我说不是吧，客官楼上请，展堂关门。

老白：（小声对小贝说）你嫂子哪天死了就是贪死的。①

三、言语交际

（一）什么是言语交际

所谓言语交际，是人们运用语言传递与接收信息、交流思想感情，以达到某种目的的一种言语活动。它是由说话人将需要与对方交流的话语信息，借助使用语言的应用规则，进行信息编码，并借助于传播载体或媒介，直接将言语符号作用于对方，再由对方按照自己的理解方式，对接收到的语言符号进行“辨析破译”，同时，做出如何处理与回应的判断，进而完成言语交际。可见，言语交际活动实际就是信息流动的过程。在言语交际活动中，信息是以语言代码形式流动的。语言代码是信息的载体，或者说是信息的物质形式。

（二）言语交际的过程

按照现代信息论观点来看言语交际的话，言语交际过程就可以简要概括为“编码——传递语码——解码”的过程，这是一个信息的传输、接收、反馈的双向循环交流的过程，也是一种感情传递的社会心理行为过程。

1. 编码阶段

言语交际是由交际动机引发并借助信息沟通达到交际目的的。为了便于信息的发送和接收，表达者必须对所要表达的信息进行发送内容和方式的选择并进行编码。这个阶段又可细分为以下几个过程。

（1）形成交际意图。意图是引发人的行为并引导行为达到一定目的的一种理性心理状态。参与交际活动的主体一般都有明确的意图、目的。在交际活动之前、之始，表达者应当明确参与交际活动的目的和意图，大致确定言语交际内容的轮廓，有比较明确的信息中心，然后才能根据交际的目的、意图、内容去选择、组

① 根据电视剧《武林外传》整理，http://www.iqiyi.com/v_19rrk2h4f8.html。

织、加工信息，恰当地编码、发送；相应地，作为另一方——信息接收者也只有明确自己参与交际活动的目的、意图，才能根据自己的需要，获取有效的信息。

案例 1-7

“唉哟，今天是什么风把你吹来了？”徐经海又说废话了，那背景材料还没有翻完哪。

“是一阵顺风把我们吹来的。我上火车站去，从这条巷子经过，见了你家的大门便想起往事，想敲门问个讯，看看你还住不住在这里，想不到还真的能够见到你!”孟得怡向沙发上一靠，双手交叉在胸前，打量着这客堂里的陈设。他像个远涉重洋的人又回到了原来的港口，觉得这里分外恬静、安逸，一个人能在这小庭院里安居乐业几十年，那也是福气:“不错呀，老徐，听说你这些年走得很顺利，子女都大了，官儿也大了，历史任务快完成了吧？”

“哪里噢，比起别人来还差得远呢!什么大官儿呀，中层干部罢了。子女的事儿永远也不会完。你看，几十年一贯制，还住在这老院子里。”徐经海在说这番话的时候，每句话的背后都另有一层含义，“当然，比起你来是在天堂里!官儿也不小了，再加一级便能进入高干的行列。子女个个得力。房子嘛，等一等，刮过这阵风之后便能解决问题，可我自己也不想搬，还是住小院子散乐点。”徐经海没有把里层的话说出来，而是努力把调门儿降低。他不能把自己的境遇说得太好，以免引起受难者的羡慕和嫉妒；他也不能把自己的官儿说得太大，官儿大权大，人家提出什么要求时便无法推诿。世界上的巧事情不多，孟德怡清早登门，总是有事相求的，即使不送糖衣炮弹，也很可能会出点难题，不得不防着点！[①]

这是一段故友相逢的事。20 世纪 80 年代中期，某位处长徐经海家里来了不速之客，是他在中华人民共和国成立初期一起工作过、后被打成右派回原籍劳改的同事孟得怡。徐经海“努力把调门儿降低”是根据自己的“修辞意图”采取的言语策略。对同一件事情，可以这样说，也可以那样说，但最终如何选择，如何表达，是取决于交际意图的。

（2）确定言语策略。言语策略是交际主体对自己的言语活动、言语行为先期所做的总体设计，是对言语活动总体特征的规划、主干路径的选择、基本流程的编制，受交际活动的意图、交际对象、语境的影响约束。在具体的交际活动中，这三个变量经常交互搭配组合，生成更为纷繁复杂的综合变量，言语策略则是这一综合变量的因变量。所以言语策略的确定是一个相当复杂的过程，其内部存在着极为复杂的控制生成机制。

① 陆文夫：《门铃》，载《小说选刊》，1985 年第 3 期。

（3）编发信息代码。在确定了交际意图、言语策略之后，选择恰当的语言形式作为负载信息的代码，就是非常重要的环节了。这主要有两个方面。

其一是精当准确地选择语码，以适应交际情景的需要，以负载丰富深刻的信息。

案例 1-8

姐姐已经换好了面上的衣服，正往篮子里拣鸡蛋。桂珍说道："不要拿吧，我们家也有鸡蛋。"她故意把"我们家"三个字说得很重，意在告诉对方："你再厉害，也是嫁出去的女，在你过去的那个家里，你不过是个外人罢了！"

由于语气间毫无掩饰之意，当姐姐的对弟媳的潜台词领会得再清楚不过了。她仍不断地往篮子里装鸡蛋，回敬道："你有是你的，爹是我的亲爹，我不疼他哪个还疼他呦？……波波是在我背上长大的，我知道他没心肝！"

桂珍脸色发白了，姐姐的话，明明白白对着她来，太过分了!她咽不下这口气。①

桂珍的话里，"我们家"就是她精心选择的语言代码，而姐姐的话更是针尖对麦芒，精心选编语词，组成了言外之意非常丰富的话，这才有"桂珍脸色发白""咽不下这口气"的结果，这里姐姐选择针锋相对的言语策略，达到了交际目的，实现了交际意图。

其二是避免引起误解或造成其他失误。

案例 1-9

袭人听了这话，又是恼，又是愧；待要说几句，又见宝玉已经气的黄了脸，少不得自己忍了性子道："好妹妹，你出去逛逛儿，原是我们的不是。"晴雯听他说"我们"两字，自然是他和宝玉了，不觉又添了醋意，冷笑几声道："我倒不知道，你们是谁？别叫我替你们害臊了!你们鬼鬼祟祟干的那些事，也瞒不过我去。——不是我说，正经明公正道的，连个姑娘还没挣上去呢，也不过和我似的，哪里就称起'我们'来了！"②

这是袭人和晴雯的一段对话。袭人在情急之下，语码选择不慎，用了明显包括宝玉在内而排除听话者晴雯的复数第一人称代词"我们"，这在表层上与袭人的奴婢身份极不相称，而在深层上又无意中暴露了她和宝玉的特殊关系，暴露了她

① 周克芹：《晚霞》，载《长安》，1984 年第 7 期。

② （清）曹雪芹：《红楼梦》（第三十一回），北京教育出版社，2013 年版，第 228 页。

的深层心理。无怪乎惹得晴雯抓住“我们”一词火辣辣地挖苦了她一通。

案例 1-10

当时，我们这位优秀的农民企业家的疤瘌正在众目注视之下闪闪发光。他知道，笑声是由他的一个与优秀企业家的身份绝不相称的绰号引起的。而他的无法掩饰的“疤瘌”，又在为这个绰号提供着绝对合理的证据。“宋疤瘌同志站起来，叫大家看看。”县长说。接着是一片劈里啪啦的拍手声和嘻嘻哈哈的哗笑声。他的脑瓜儿懵了一下，没有听清县长是让大家看一看“宋疤瘌同志”还是“宋同志的疤瘌”。[1]

这里县长说“叫大家看看”的话有歧义，引起误解，一方面引起哄堂大笑，一方面使“宋疤瘌同志”陷入极端难堪的境地。这与县长向大家介绍、宣传优秀农民企业家的意图相违背。如果换用“叫大家认识认识”，就不会出现这样的失误了。

2. 传递语码阶段

传递语码阶段是言语交际的中间环节，就是通过发送器将语言形式输出。在这个阶段，编码者将把语言信息的高度抽象的心理表征转换为语言符号，这种转换主要采用三种方式：口语传递、书面传递和非言语形式传递。不论采取哪种传递方式，信息都必须依靠物质媒介进行传递，这就使言语交际受到各种因素的影响，产生一定的障碍，导致信息在传递过程中出现损耗，或者走样。

案例 1-11

小明刚入校就被任命为班长，他激动啊。一日，班主任老师说：“找俩人，我要搬花。”小明一听：两个班花？没问题。冲回教室就开始投票评选班花，闹了一节课，选出最漂亮的俩女生。老师说：“好，去教务处搬花吧！”[2]

因为“搬”与“班”同音，导致小明听到“搬花”时首先联想到的是“班花”。这是信息在传递过程中受到语音相同因素的干扰而产生的变化。

所以，在信息传递过程中需要表达者采取多种措施，克服各种干扰，使信息保真（完整和准确），避免误差，以达到交际的目的。

---

① 张一弓：《流星在寻找失去的轨迹》，载《莽原》，1985 年第 3 期。

② 转引自谢邦明：《搬花和班花》，载《故事家（微型经典故事）》，2008 年第 5 期。

3. 解码阶段

信息传递进入人的大脑，大脑主动使用听觉中枢、视觉中枢和语言中枢等系统，结合语境、逻辑和语义知识对其进行分解合成，最后把它“还原”为所要表达的内容，从而正确理解说写者所编发的信息，这就是言语交际中的解码阶段。这一过程看似简单，但准确无误地解码并不那么容易，因为它是由综合因素决定的，如语言知识、生活经验、思维能力和文化素养等。

案例 1-12

一个美国留学生在中国生活了 5 年，已经能流利地使用汉语交流。一次，他参加中国朋友的婚礼，在婚礼现场，他高兴地对新郎说：“新娘子真漂亮!”新郎则大声表示：“哪里，哪里。”这个美国留学生当时就傻了眼，结结巴巴地说：“眼睛、鼻子、嘴巴、头发，还有身体，都漂亮。”当场就闹了个大笑话。①

这个交际失误的形成主要是由于汉语中用作谦辞的“哪里，哪里”在英语里找不到等义对译的符号，而美国留学生忽视了这一特点，把中国朋友的谦虚应答语“哪里，哪里”理解成了向称赞者的发问之语。这是由于文化之间的差异造成的对语言理解的偏差。

所以，要正确理解话语，就要根据不同的情况对话语去粗取精、去伪存真，认识话语的复杂性，减小理解的误差。

（三）言语交际的构成要素

1. 交际主体

哲学上对主体的界定是“有头脑、能思维、从事社会实践活动和认识活动的个人或者社会团体”②。无论是发话人还是受话人，他们都是言语交际活动的参与者，都是交际主体。在整个交际过程中，参与者既是一次言语交际活动的发起者，又很可能是另一次言语交际活动的承受者，并在不同的言语交际活动中不断变化位置，很难分清哪个是发起者，哪个是承受者。

2. 交际媒介

交际媒介是指在交际过程中交际的双方或多方所借助的手段、方法或工具。

---

① 李凌：《例析汉英跨文化交际中的语用失误现象》，载《文教资料》，2012 年 4 月号中旬刊。

② 转引自严辰松：《略论精神客体及其表述》，载《解放军外语学院学报》，1991 年第 3 期。

在言语交际活动中主要的交际媒介就是言语，人们通过交谈达到交流沟通的目的。除了言语外，还包括一些辅助的媒介手段，如手势、面部等非言语手段和书面语言等。

3. 语境

语境不仅包括作品的上下文、说话的前言后语，还包括交际活动发生的时间、地点、话题、时代背景、社会文化等内容。语境不但为交际提供场地、背景等方面的支持，还制约着交际过程的发展和结局。

4. 交际意图

交际意图指特定的交际主体在与语境相结合后产生的与人交往的动机、意念、思想、情感等。在实际交际过程中，每次言语交际都有交际意图存在。例如，老北京人见面打招呼习惯说“吃了没，您？”这句话本意不是真的问你吃了没有，而是礼节性地打招呼，我们认为打招呼、问候就是交际意图。

第二节　言语交际学

一、什么是言语交际学

言语交际学是研究人们运用语言进行交际的现象及规律的一门现代语言学分支学科。经过近半个世纪的发展，言语交际学已经逐渐走向成熟，初步建立了自己的学科体系，拥有本学科的研究对象，形成了自己的研究方法。把握言语交际学的含义要注意以下两个方面。

（一）言语交际学是研究如何运用语言的学科

言语交际时不仅要能说，还要会说，即“能说会道”。言语交际平常而又奇妙，同样一个意思，表达不同，效果大不一样；同样一句话，不同的人听，理解起来会大相径庭。

优秀服务员李淑贞的接待语言就是说话因人而异的一个范例。

案例 1-13

知识分子进店，李淑贞这样说：“同志，您要用餐，请这边坐。来个拌鸡丝或溜里脊，清淡利口，好不好？”

工人同志进店，李淑贞这样讲：“师傅，今儿过来，想吃过油肉，还是汆丸子？”

乡下老大娘进店，李淑贞这样欢迎："大娘，您进城里来了，趁身子骨还硬朗，隔一段时间就来转转，改善改善生活，您想尝点啥？"①

我们看到，李淑贞不仅待顾客礼貌亲切，而且注意顾客的文化背景。面对知识分子，她用"用餐"一词；面对工人，她一声"师傅"叫得很亲切；面对乡下来的老大娘，她亲热地与其拉家常。言语得体大方，使每位顾客都有"宾至如归"的感觉。

言语交际效果的好坏，单从语言本身的语音、词汇、语法以及句子含义上分析原因是不全面的，只有结合对象、场合等复杂因素来分析，才能说得恰当，听得真切，提高言语交际的效果。

（二）言语交际学是一门独立的学科

言语交际学不仅仅是罗列一些交际中的言语现象，不只是谈谈语言表层的问题，而是要探究言语交际中的深层奥秘，并揭示其规律。言语交际学已经形成了一门具有自己完整体系的独立学科。它关注语境，系统地描述语境的构成，研究语境与言语交际的关系，在什么语境下言语交际如何进行，应该注意什么才能收到最佳效果。

案例 1-14

我梦见自己正在小学校的课堂上预备作文，向老师请教立论的方法。

"难！"老师从眼镜圈外斜射出眼光来，看着我说。我告诉你一件事——

一家人家生了一个男孩，合家高兴透顶了。满月的时候，抱出来给客人看——大概自然是想得一点好兆头。

一个说："这孩子将来要发财的。"他于是得到一番感谢。

一个说："这孩子将来要做官的。"他于是收回几句恭维。

一个说："这孩子将来要死的。"他于是得到一顿大家合力的痛打。

说要死的是必然，说富贵的是撒谎。但说谎的得到好报，说必然的遭毒打。你……

我愿意既不说谎，也不遭打，那么，老师，我得怎么说呢？

那么，你得说："啊呀！这孩子呵！您瞧多么……阿唷！哈哈！Hehe! he, he, hehehe!"②

① 隋晓明：《伶牙俐齿闯天下》，金城出版社，2010年版，第6页。

② 鲁迅：《野草》，人民文学出版社，1973年版，第45-46页。

民谚“一句话，说得人笑，说得人跳”，它肯定的是“让人笑”的表达，即引起认同性接受反应的表达；它否定的是“让人跳”的表达，即引起拒斥性接受反应的表达。三个客人面对的语境是一样的，但是他们措辞有别，前两个人说的是虚幻的话语，结果也不一定能实现，第三个人说的是实话，但结果，虚幻的祝福迎合了主人的心理，得到了接受者的感谢，说真话的遭到了痛打。鲁迅写这篇文章的用意，是批判“说谎的得好报、说必然的遭打”的不公正现象。但是换一个角度说，“说必然的遭打”，也有它的必然性，因为表达者违背了人们的接受心理，犯了主人的忌讳，伤害了主人的感情，自己也显得缺少仁爱之心、友善之意。而他梦里从老师那里得到的说法含糊其辞，但能巧妙地表达自己的思想，可以说是绝妙好词。

语言的运用是一个人综合素质的体现，一个人掌握一种语言的语音、词汇和语法，并不等于能很好地运用这种语言，还要根据不同的语境进行准确、得体的表达，做出正确、全面、深刻的理解，才能发挥语言的神奇作用，取得出色的交际效果。

言语交际必须看对象，对象虽千变万化，但是可以研究，可以对之归类，对亲属、对朋友、对领导、对下属、对异性、对老者、对小孩等，谈话时都存在一些需要注意的共同问题。这是言语交际学可以研究而且必须研究的问题，要研究其中的一般规律。

总之，言语交际学是探讨并揭示语言在交际活动中的规律的一门学问，是理论性和实践性紧密结合的学科，具有实用性、边缘性、开放性等特点。它在人们交往中具有普遍的指导意义，并具有规范语言操作的功能。

二、言语交际学的任务

（一）描述人类交际中的各种言语现象

言语交际中的各种言语活动，如演讲、辩论、谈判、广告、求职、节目主持、公关言语、网络交际、批评、表扬、求人、拒绝、恋爱等方面都有语言的用武之地，可以说哪里有语言的运用，哪里就有言语交际学。

案例 1-15

这一天，阿 Q 在赵太爷家里舂了一天米，吃过晚饭，便坐在厨房里吸旱烟。倘在别家，吃过晚饭本可以回去的了，但赵府上晚饭早，虽说定例不准掌灯，一吃完便睡觉，然而偶然也有一些例外：其一，是赵大爷未进秀才的时候，准其点灯读文章；其二，便是阿 Q 来做短工的时候，准其点灯舂米。因为这一条例外，所以阿 Q 在动手舂米之前，还坐在厨房里吸旱烟。

吴妈，是赵太爷家里唯一的女仆，洗完了碗碟，也就在长凳上坐下了，而且和阿Q谈闲天：

“太太两天没有吃饭哩，因为老爷要买一个小的……”

“女人……吴妈……这小孤孀……”阿Q想。

“我们的少奶奶是八月里要生孩子了……”

“女人……”阿Q想。

阿Q放下烟管，站了起来。

“我们的少奶奶……”吴妈还唠叨说。

“我和你困觉，我和你困觉！”阿Q忽然抢上去，对伊跪下了。

一刹时中很寂然。

“阿呀！”吴妈愣了一息，突然发抖，大叫着往外跑，且跑且嚷，似乎后来带哭了。

阿Q对了墙壁跪着也发愣，于是两手扶着空板凳，慢慢地站起来，仿佛觉得有些糟。他这时确也有些忐忑了，慌张地将烟管插在裤带上，就想去舂米……[①]

阿Q求婚为什么会失败？我们可以从言语交际学中找到答案。

但是，对于言语交际现象的分析描述，不能取代对言语交际活动的理论阐释。现象的存在，不能证明对现象的本质认识。科学的目的，是促成现象的自在性转化为理论的自为性，即把自发的现象上升为自觉的理论。

（二）总结言语交际的客观规律

总结言语交际的客观规律比描述现象更进一步，是由感性进入理性，由外表深入内部的理论探讨，也是建立言语交际学的根本任务。科学研究的基本任务是在被研究对象内部的繁杂现象中总结出规律，并对它做出系统的理论说明。言语交际学作为一门独立的学科也不例外，它要求对言语交际不要就事论事，为了解释而解释，而是要把握言语交际中规律性的东西并将其上升为理论，通过对言语交际有关理论的探索，发现规律，总结规律，并掌握和运用规律，进而指导言语交际实践，增强言语交际效果。正因为如此，对言语交际的理论探讨将是一项复杂而艰巨的工作。

三、言语交际学的研究对象

言语交际学的研究对象应该是普遍的言语交际现象。

首先，言语交际学只研究“言语”交际现象，即使用语言进行的交际活动。

---

① 鲁迅：《阿Q正传》，人民文学出版社，2005年版，第26页。

可以说，在任何领域、为任何目的、以任何方式进行的交际，只要使用了语言手段，都在言语交际学的研究范围之内。本书所说的语言，不仅包括交际双方所说与听的话语本身，还包括附着在这些话语上的“辅助语言”，如“副语言”（语调、语速、音质、音高、停顿），体态语，等等。

其次，言语交际学研究“普遍”的言语交际现象。所谓“普遍”的言语交际现象，是说言语交际学所关注的言语交际现象不应局限于某些领域、某些目的或某种方式的言语交际。有些涉及言语交际现象的研究可能只限于某些领域，如演讲、谈判、教学等，这就缺乏研究领域上的普遍性。言语交际学则力图覆盖所有的言语交际领域。不过这并不是说言语交际学要逐一地去研究每一个言语交际领域，而是要超越具体的交际领域，去探讨所有言语交际现象共有的属性和规律。仅仅局限于少数几个交际目的，如宣传、说服、辩论、反驳等的研究，也不能算是“普遍”的言语交际现象研究。言语交际学也必须超越具体的交际目的，以体现学科研究的一般性。在交际方式上，言语交际学突破了修辞学等学科侧重书面语交际的传统，按照生活中言语交际的实际情形，把研究重点放在口语交际上，同时兼顾书面语交际。

四、言语交际学的学科性质

言语交际学究竟是怎样的一门学科？它是语言学的一个分支，还是社会学的一个分支？这个问题似乎不是一下子就能说清楚的。我们认为，交际语言学和言语交际学都是语言学的分支学科，都是运用交际学的理论与方法研究语言的学科，前者侧重于静态研究，可以脱离语境抽象出交际语言的种种模式；后者侧重于动态研究，应该紧密结合语境，探索言语交际的规律。言语交际学之所以是一门语言学学科，还在于它在诞生之初就是属于语言学的，它的研究对象是交际中存在的言语现象，离开了语言，言语交际就不复存在，所以言语交际学能够也应该属于语言学范畴。言语交际学具有以下性质。

（一）实用性

言语交际学具有明显的实用性，它是直接为人们的交际服务的，它不去静态地研究语言本身的结构和部件，而是对语言在交际中做动态研究，如应该如何在组织或个人交往中运用语言进行有效的沟通，言语交际要讲究什么条件，言语交际的能力如何提高，在交际时怎样避免失误和防止滥用语言，如何增强言语交际效果进而达到社会关系的最优组合，等等，这些正是言语交际学的实用价值。对言语交际学来说，不能解决言语交际的实际问题，其存在的价值就值得怀疑。脱离了实用性也就失去了有效性，言语交际学就必然丧失其存在的合理性，这是毋庸置疑的。

（二）边缘性

言语交际学涉及的范围广泛，但它不是全部语言问题，也不是全部交际问题，更不是两者的总和，而是两个学科（普通语言学和交际学）的交叉部分，但又不同于普通语言学和交际学。

首先，它不同于普通语言学。普通语言学着重研究语言本身的结构、成分、功能等，主要揭示语言的内部规律，而言语交际学着重研究的是语言在交际中的基本类型、基本特点、表现形式以及交际主体、言语环境等，主要是言语交际的规律，用来指导和规范言语交际。

其次，它不同于交际学。交际学研究人际关系的功能及沟通、协调、处理的原则、特点、手段和方法等，如交际原则、交际礼仪、交际能力等，其目的是指导交际，虽然它也涉及语言问题，但不是为了研究语言。言语交际学是研究人们交际中的语言，研究语言用于交际的运动状态，揭示其语用规律，是站在语言科学阵地上来考查言语交际现象的，它的落脚点是言语交际。

（三）开放性

言语交际学的开放性表现在：首先，它向所有的语言领域开放，可以吸收世界上所有语言的交际特长，又能够不断调整自己的结论，矫正自己的研究视角，随时吸收新的经验，研究新的问题。其次，言语交际学又积极向相邻学科开放，如它与社会学、人类学、心理学、修辞学、传播学、文化学、美学、信息科学等多种相关学科有密切的联系，在研究观念、方法、成果等方面积极吸收其研究营养，不断丰富自己。

五、学习言语交际学的意义

言语交际有好的效果也有坏的效果。话说得好，小则可以欢乐，大则可以兴国；说得不好，小则可以招怨，大则可以坏事，所以学习言语交际学具有重要的意义。具体表现在以下几个方面。

（一）可以更好地指导言语交际实践，提升言语交际的效率

在现实的言语交际中，的确有一些人并不缺少语言方面的知识，每句话都能够做到发音标准、用词正确、语法规范，但却不能取得好的交际效果。

案例 1-16

一位“颇有名气却不懂人情世故”的剧作家，见到一位多年未见的大姑娘，

却对她的父母发出这样的感叹：

“小芸看上去象有三十多岁了，真快呀，记得我头一回来你们家的时候，她才这么高，象朵花似的……”①

这话一脱口，却让小芸的父母“非常不悦”。问题出在哪里？是文理不通，还是词不达意？都不是。就这句话本身来说，是符合现代汉语规范的，其所表达的内容也是符合实际的，但是却违背自己要向小芸的父母表示亲善、友好的愿望。其根本原因就在于这位书呆子“剧作家”，不懂起码的“人情世故”，未出嫁的姑娘，如果长相不如过去，做父母的是不喜欢别人当面点破的。尤其是当着女儿的面，说出她变化“真快呀”之后，却接着说过去见她“象朵花似的”，留下了“如今长相变得远不如过去”的言外之意。

在言语交际中，情况是极为复杂的，语言环境、谈话对象、谈话意图、交谈方式，都是很不相同的。在不同的场合怎样说话才得体，才不失身份，才能打动或说服对方，目的才能达到，这里也大有学问。如果研究起来，也是有规律性的。我们在没有学习言语交际学时，也在从事着语言交际，但是这种交际往往带有一定的盲目性，如有时语言交谈效果很好，却不明白为什么好，以后遇到了同类情况该如何做；说话砸了锅，捅了娄子，出了毛病，还不知道问题出在什么地方，如何改掉毛病，如何进行补救。

（二）有助于在言语交际中加强了解、增进友谊、协调关系

中国有句古话，叫作“酒逢知己千杯少，话不投机半句多”。言语交际是促进人际了解和理解的常见和重要的途径。全球化使现代社会成为一个开放的“地球村”，人们交往交流的范围越来越广，跨文化交际日益频繁和重要，建立和谐融洽的人际关系，真诚地和周围人员有效地进行言语沟通，既是道德水平，又是社交能力的重要衡量标准。善于说话与不善于说话后果大不一样，善于说话者“一句话说得人笑”，有助于双方加强了解、增进友谊、协调关系；不善于说话者“一句话说得人跳”，甚至性命不保。在言语交际中应该知道，爱说话不一定会说话。

案例 1-17

有一个人特别爱说话，亲友们对他这个毛病都很讨厌，因为他该说的也说，不该说的也说，和他一块出去办事儿，不知丢了多少次人。因此，同族爷们儿谁家有了喜恼事都尽可能不让他参加。一次，他的堂妹生了个白胖小子，家里人

---

① 刘心武：《立体交叉桥》，载《十月》，1981 年第 2 期。

要去庆贺一番，他是这个孩子的舅舅，理所当然地要去。可是大伯怕他跟着再加些难堪的事，说些丢人的话，同族爷们儿都请了，惟独没有请他。他急了，找到大伯，千求百告，并发誓不多说一句话。大伯见他诚心诚意，也没办法不答应了。

那天，到了堂妹的婆家，他除了吸烟，便是拼命地吃菜、喝水，果真一句话也不说，必要的寒暄也没有了。别看这样的失礼，但大伯和所有的人都比较满意，心里暗暗夸奖着他。饭后离开堂妹婆家时，全家人急忙出来送客，他突然很亲热地又像是非常委屈地抓住妹夫的手大声说："兄弟，今天我可没有多说话，你的小孩死了，可不能怪我呀！"闻之，在场的所有人都惊呆了。①

（三）有助于个人事业的成功

20 世纪初，美国人卡耐基就提出：一个人在事业上的成功，只有 15%是仰仗其业务技术，另外 85%则要靠人际关系和处世技巧，而在 85%的成功成分中很大程度上又取决于一个人的言语交际能力。可见，语言是决定成败的关键。在生活中，一个不善于运用语言艺术的人，其事业要获得成功，的确是十分困难的，即使他渊学博识，也难免遇到语言障碍的困扰。

中央电视台《对话》节目《全球大调查问卷》中的最后一题是这样问的："你认为在未来的十年中最有竞争力，最有希望成功的人应具备哪些素质？"令人惊奇的是：在包括柳传志、张树新、王石、史玉柱、潘石屹、刘永好、段永基在内的 26 位商界巨子的选择中，无一例外地出现了"交际能力、公关能力、交往能力"等与口才有关的名词。

今天，"能说会道"已经摆脱了人们赋予它的贬义色彩，一个人是否有好的口才，有时是决定其生活和事业优劣成败的关键因素。现代社会有太多的场合需要口才，又有太多的机遇是靠聪慧的头脑、良好的口才获得的。

案例 1-18

某公司决定从已"入围"的小王、大江、小陈三位旗鼓相当的应聘者中选其一。老板最后让他们提出各自的薪酬标准。小王说："我是硕士毕业，月工资至少要 3000 元以上，这样才可体现人才的价值。"大江说："无论给我多少月薪，我都接受，但最起码不应少于 700 元。"小陈说："这个职位的薪酬多少，我不十分在意，相信贵单位会依据本人的工作效率及业绩给一个合理的待遇。况且，贵公司正处于初创阶段，总经理的月薪才 2500 元。所以，该职位的薪酬，你们自然心中

① 转引自万建中：《禁忌民俗的式微》，载《北京师范大学学报》（人文社会科学版），2001 年第 6 期。

有数。”①

结果，小陈成功入聘。

小陈的成功在于：第一，事前对应聘单位的情况做了充分的调查，做到成竹在胸，有备而来，故回答问题有理有节；第二，他“借题发挥”，更好地表现了干好这工作的决心。他给考官的感觉是：诚实谦虚，且对企业有信任感。反观小王的回答则过于轻率、不切实际、狮子大开口，显得高傲虚浮，失败乃意料之中的事。大江却过分“刻薄”自己，无疑自贬“身价”，一来显得对应聘缺乏信心、平平庸庸，二来会使对方对他的能力打个问号，他给考官的印象是能力差，缺乏自信心。

（四）有助于化解交际中的窘境

交际中常常会出现一些意想不到的情况，使自己陷入窘境，如果有好的口才，充分发挥语言的功能，就能很好地摆脱尴尬的窘境和危机。

案例 1-19

一次，乾隆问纪晓岚：“纪卿，忠孝怎么解释？”纪答道：“君要臣死，臣不得不死，为忠……”乾隆立刻说：“好，我以君的身份命你去死！”“这……臣领旨。”乾隆又问：“你打算怎么去死？”纪答道：“跳河。”乾隆说：“好，去吧。”纪晓岚走了一会儿又回来了，乾隆问道：“你怎么没有死？”纪答道：“碰到了屈原，他不让我死。”乾隆又问：“此语怎讲？”纪答道：“我到河边，正要往下跳时，屈大夫从水中向我走来，他拍着我的肩膀说：‘晓岚，这就不对了，想当年楚王是昏君，我不得不死，可当今皇上还算圣明，你应该回去先问问皇上是不是昏君，如果皇上说是，你再死不迟’。”②

纪晓岚用他那机敏的语言，在面临“尽忠就要死，不死就不是忠”的两难境地时，随机应变，编了一个合情合理的谎言，将乾隆摆在“做昏君就让纪晓岚死，做明君就不能杀纪晓岚”的两难境地，既保留了皇上的面子，又保住了自己性命。

在日常生活中，因种种原因，或语误失言，或举动不慎而造成不良后果，这是常有的事。这时，如果处理不好，会因此导致更为严重的后果。在这种情况下，说话者要不露声色地采取补充修正的办法，运用语言手段，化拙言为巧妙。

---

① 转引自网络资料：《交谈篇》，http://www.docin.com/p-307162422.html。

② 转引自周靖：《语言交际的艺术》，华文出版社，1995 年版，第 58-59 页。

案例 1-20

在一次智力竞赛抢答时；主持人问"'三纲五常'中的'三纲'指的是什么？"一名女学生答道："臣为君纲，子为父纲，妻为夫纲。"女学生的回答，恰好把三者关系颠倒了，以致引起了哄堂大笑。可是，当女学生意识到自己答错了以后，她并没有惊慌失措，而是立刻补充说："笑什么？我说的是新'三纲'。"主持人疑惑地问："怎样解释？"女学生略一沉思，就不慌不忙地说："现在，我们国家人民当家做主，是主人；而领导者，不管官有多大，都是人民的勤务员，是公仆，岂不是'臣为君纲'吗？当前，国家实行计划生育政策，一对夫妻一个孩，这孩子成了父母言听旨从的'小皇帝'，岂不是'子为父纲'吗？如今，已不止是'妇女能顶半边天'了，许多家庭中，妻子的权力已远远超过了丈夫，'妻管严'、'模范丈夫'，已经成为空前的时尚，岂不是'妻为夫纲'吗？"①

这位女学生用自己的睿智和口才巧释别解，弥补了语言的错误，取得了意想不到的"急救"效果。

（五）可以塑造良好的交往形象

人们的言语行为是有差异的，因为言语行为主体的素质参差不齐。不同的思想道德修养、文化层次等内在的东西，决定了人们在言语行为过程中会表达出不同的观念、不同的情感倾向，决定了人们对言语方式的选择。所以说，言语行为比较集中和直观地反映了言语主体的思想道德和文化素养以及文明程度，对文明风气的营造起着重要作用。

案例 1-21

一对夫妻很幸运地订到火车票，上车后却发现有位女士坐在他们的位子上，先生示意太太坐在她旁边的位子上，却没有请那位女士让位。太太坐定后仔细一看，发现那位女士右脚有点不方便，才了解先生为何不请她起来。他就这样从嘉义一直站到台北。

下了车之后，心疼先生的太太就说："让位是善行，但从嘉义到台北这么久，中途大可请她把位子让给你，换你坐一下。"先生却说："人家不方便一辈子，我们就不方便这 3 小时而已。"太太听了相当感动，觉得世界都变得温柔许多。②

"人家不方便一辈子，我们就不方便这 3 小时而已。"多浩荡大气、慈悲善美

---

① 转引自网络资料：《妙趣横生的词语别解》，http://www.360doc.cn/article/10101824_397110216.html。

② 心璨：《善良的力度》，载《读者》，2006 年第 8 期。

的一句话，它能将善念传递给别人，影响周遭的环境氛围，让世界变得善美、圆满。

思考训练题

1. 简要分析语言和言语的区别与联系。

2. 言语交际有哪些特点？

3. 结合生活中的案例，列举一两个例子说明言语交际在生活中的重要作用。

4. 结合案例，分析言语交际的构成要素。

三人回至新野，过了数日，玄德使人探听孔明。回报曰："卧龙先生已回矣。"玄德便教备马。张飞曰："量一村夫，何必哥哥自去，可使人唤来便了。"玄德叱曰："汝岂不闻孟子云：欲见贤而不以其道，犹欲其入而闭之门也。孔明当世大贤，岂可召乎！"遂上马再往访孔明。关、张亦乘马相随。时值隆冬，天气严寒，彤云密布。行无数里，忽然朔风凛凛，瑞雪霏霏：山如玉簇，林似银妆。张飞曰："天寒地冻，尚不用兵，岂宜远见无益之人乎！不如回新野以避风雪。"玄德曰："吾正欲使孔明知我殷勤之意。如弟辈怕冷，可先回去。"飞曰："死且不怕，岂怕冷乎！但恐哥哥空劳神思。"玄德曰："勿多言，只相随同去。"将近茅庐，忽闻路傍酒店中有人作歌。玄德立马听之。其歌曰："壮士功名尚未成，呜呼久不遇阳春！君不见东海者叟辞荆榛，后车遂与文王亲；八百诸侯不期会，白鱼入舟涉孟津；牧野一战血流杵，鹰扬伟烈冠武臣。又不见高阳酒徒起草中，长揖芒砀隆准公；高谈王霸惊人耳，辍洗延坐钦英风；东下齐城七十二，天下无人能继踪。二人功迹尚如此，至今谁肯论英雄？"歇罢，又有一人击桌而歌。其歌曰："吾皇提剑清寰海，创业垂基四百载；桓灵季业火德衰，奸臣贼子调鼎鼐。青蛇飞下御座傍，又见妖虹降玉堂；群盗四方如蚁聚，奸雄百辈皆鹰扬，吾侪长啸空拍手，闷来村店饮村酒；独善其身尽日安，何须千古名不朽！"①

5. 什么是言语交际学？你期望从这门课中学到什么？

① 罗贯中：《三国演义》（第三十七回），人民文学出版社，2002 年版，第 246 页。

第二章　言语交际的主体

> **本章学习目标**

1. 熟悉言语交际主体的含义、不同的交际角色对言语交际的影响。
2. 掌握交际主体的语言能力和交际能力的概念。
3. 树立在言语交际中以人为本的理念，提高对主体在交际中重要性的认识。

第一节　言语交际主体及其能力

一、言语交际主体

任何言语交际活动的过程中都必然有相互依存的两个方面的人——表达者（编码者）和接受者（解码者），即信息的发送者和信息的接收者。

在一个交际活动中，表达者和接受者是同等重要的，没有主次和高低之分，离开任何一方，交际都无法完成，而且表达者和接受者在交际过程中是互相转换的。人的言语交际能力不仅可以由编码者在信息编码的环节中发挥、实现、施展，也可以由解码者在信息解码的环节中发挥、实现、施展。所以本书的言语交际主体不仅包括表达者，也包括接受者。据此我们这样定义交际主体：所谓交际主体，是指言语交际的参与者，即从事言语交际活动的个人或社会群体。不过，在言语交际的参与者中，最常见、最典型的还是个人。

作为言语交际主体的个人，在言语交际的过程中总会存在这样那样的差异，这些差异对言语交际活动的言语策略会产生重要影响，进而会影响言语交际活动的效果。

信息的表达者和接受者构成了交际活动中的一对矛盾，这对矛盾会制约言语交际过程的建立和正常进行，直接影响言语行为方式及其效应。主体双方个人的特点及主体之间的关系等都能对言语交际产生一定的制约，这就要求交际者根据主体的特点，选择合适的表达方式，并准确理解对方的话语，否则就可能出现交际障碍，影响交际效果；这就要求说话人一方面必须注意、重视、保持自我，另一方面必须注意、重视、适应交际对象。

案例 2-1

朱元璋做了皇帝，他从前相交的一班苦朋友有些还是照旧过着很穷的日子。有一天，一个朱元璋从前的苦朋友从乡下赶来，一直跑到南京皇宫大门外面，他哀求黄门官进去启奏说：有旧友求见。朱元璋叫传他进来，他就进去了。见面的时候，他说："我主万岁!当年微臣随驾扫荡庐州府，打破罐州城，汤元帅在逃，拿住豆将军，红孩儿当关，多亏菜将军。"

朱元璋听他说得好听，心里很高兴。回想起来，也隐约记得他说的话里像是包含了一些从前的事情，所以，就立刻封他做了御林军总管。这位嘴乖心巧的苦朋友从此就做起大官来了。

这个消息让另外一个苦朋友知道了。他心想："同是那时候一块儿玩的人，他去了既然有官做，我去当然也不例外。"他也就去了。和朱元璋一见面，他就直通通地说："我主万岁!还记得吗？从前，你我都替人家看牛，有一天，我们在芦花荡里，把偷来的豆子放在瓦罐里煮。还没等煮熟，大家就抢着吃，把罐子都打破了，撒下一地的豆子，汤都泼在泥地里。你只顾从地下满把地抓豆子吃，却不小心连红草叶子也送进嘴去。叶子哽在喉咙口，苦得你哭笑不得，还是我出的主意，叫你用青菜叶子在手上一拍吞下去，才把红草叶子带进肚子里去了……"

朱元璋嫌他太不会顾全体面，等不得听完就连声大叫："推出去斩了！推出去斩了!"①

朱元璋当了皇帝，今非昔比。不仅有至高无上的权势和地位，还有很大的虚荣心。同样是"患难之友"，为着同样的目的，叙说同样的事情，一个懂得并适应了他的身份、地位和心理，做了大官，一个直通通说，揭穿了他的老底，结果官没当成，还丢了性命。

二、言语交际主体的能力

关于言语交际主体的能力，刘焕辉在《言语交际学基本原理》中提出，言语交际主体有三种能力：语言能力、表达能力和交际能力。语言能力指的是能够生成和理解语言的能力。表达能力指的是能够正确而灵活地把语言材料组织起来，构成语句，从而准确地表达某种特定思想内容的能力。交际能力指的是一种能够选择既符合社会规范又为对方接受的准确话语来表达思想内容，又能够正确地理解对方话语、了解对方目的、并做出适切反应，从而圆满地完成交际任务的

① 转引自孙慧欣：《同花异果——同一内容为何招致不同结果》，载《东疆学刊》，1994 年第 4 期。

能力。[①]

赵毅和钱为钢在《言语交际学》中将言语交际主体的能力归纳为两种：一是规范地使用语言的能力，二是恰当地使用语言的能力。前一种能力保证交际的正确性，让人不至于说写出病句；后一种能力保证交际的得体性，让人能够根据交际内容、对象、场合等说出恰当的话语。在言语交际研究中，有学者称前者为“语言能力”，称后者为“交际能力”。[②]

戴忠信在《外语言语交际能力形成过程——个体体验理论视角》中提出：言语交际能力由个体体验能力、交际意念能力、言语交际意象能力、言语形式能力、言语意义能力、言语熟练能力等构成，是在言语交际的过程中形成与发展起来的。[③]

可见，言语交际主体的能力体现在许多方面和层次上，概括起来，主要包括语言能力和交际能力。语言能力保证交际的正确性和准确性，交际能力保证交际的得体性。

（一）语言能力

“语言能力”这个概念最初由乔姆斯基提出。乔姆斯基所谓的“语言能力”包括以下几个特点：“语言能力”是一种天赋的能力，是人类与生俱来的，具有遗传性；“语言能力”是人类共有的，而且在说同一种语言的人之间无高下之分；“语言能力”主要表现为语法知识，利用这种知识，人们可以再造出无数合乎语法规则的新句子，而且能够辨别一个句子是不是合乎语法。

乔姆斯基提出的语言能力，着眼的是语言生成，认为正因为人具有这种语言能力，才可以用有限的语言规则去生成无限多的从未见过的新句子。在现实生活中，人们可能遇到的具体话语是无限的，理解的潜在范围也是无止境的。如果人没有一种抽象的语言能力可以表达和理解以前从未见到过的合语法的句子，那将会是不可能的。

交际主体的“语言能力”表现为规范地使用语言的能力。在大多数情况下，人们是使用自己的母语进行交际的。因此，言语交际学所谓的“语言能力”指的是人们规范地使用自己的母语的能力，一个人的语言能力主要包括有关自己母语的语音、词汇、语法等方面知识的规范使用。

1. 语音方面

语音是言语交际过程中最外在的因素，在言语交际过程中，交际主体只有发

---

① 转引自刘焕辉：《言语交际学基本原理》，江西教育出版社，1997年版，第700页。

② 转引自赵毅、钱为钢：《言语交际学》，上海三联书店，2003年版，第47页。

③ 转引自戴忠信：《外语言语交际能力形成过程——个体体验理论视角》，线装书局，2008年版，第107页。

音准确，才能将信息不折不扣地传递给对方。就汉语来讲，作为言语交际主体，只有准确掌握声母、韵母、声调的发音方法，进而掌握常用音节的标准发音，同时，熟练掌握轻声、儿化、变调的语音知识，了解语音变异的情况，才能顺利实现交际目的。相反，如果交际主体的发音有缺陷，那么在言语交际过程中势必受到影响。

案例 2-2

某大学对新生进行军训，有一天，一位方言很重的排长在宣布训练安排的时候说："今天训练，一班杀鸡，二班偷弹，三班看我做稀饭。"起初，学生一听鸦雀无声，感到莫名其妙，不知道排长今天到底要学生干什么。但到后来，同学们一看他的动作才恍然大悟，发出哄堂大笑。原来这位排长实际说的是：一班射击，二班投弹，三班看我做示范。①

来自军营的训练军官无疑也习惯于使用方言，结果在学生的军训中闹了个大笑话。

2. 词汇方面

具有使用词汇的能力首先表现在对单个词语意义的把握上，除了词语的理性意义之外，还要注意了解词语的附加意义。另外，汉语词汇中同音词、多义词数量很大，在言语交际过程中要学会巧妙利用同音和多义给言语交际添彩，同样，也要避免由同音词、多义词等引起的误会。

案例 2-3

郝建：听着没有，多么蹊跷的留门！（推门进来）老板你人呢？给谁留门呢这是？是我！问心无愧的郝建呐！

老板：什么？我听不清！我洗澡（枣）呢！你过来说！

郝建：哎呀！我就先不过去了吧！

老板：你真会赶时候！正好，我刚洗的澡（枣）。（端着枣出来）郝建？

郝建：（看见老板跑过去）啊，老板！原来你洗的是能吃的大红枣啊！呵呵！（吃了俩枣）

老板：（放下枣）郝建呐，这么晚了你怎么来了呢？

郝建：呵，您这不是提拔我当大堂经理了吗？完了我媳妇非得让我送个果篮

---

① 转引自康家珑：《语言的艺术》，海潮出版社，2003 年版，第 43 页。

过来，呵呵呵。

老板：谢谢！谢谢！哎呀这小果篮拎过来累坏了吧？

郝建：没事！我这走两步歇两步的，不累！

老板：郝建呐，是这样，你今天来的不是时候啊，一会呢我前夫来，我怕引起不必要的误会，你明白，哈！

郝建：我明白，我不耽误你俩事儿。但你说谁家还没个误会啊？我就想请您大声地说一句，你说咱们饭店七个服务员，你为啥就提拔我当大堂经理呢？

老板：怎么？这概率很低吗？我为啥提拔你你心里还不清楚吗？

郝建：我……时而清楚，时而糊涂，呵。

老板：我不就相中你这个人了吗？

郝建：老板呐，我跟你说你说话说全乎点啊，你要这么偷三减四的我跟你说我真得多耽误你一会儿了！（坐下）

老板：哎哎妈呀郝建呐，怎么还坐下了呢？！（看表）不是你看郝建，一会儿我前夫来，这大半夜的，把咱俩给逮着了，是不是不太合适啊？！嘿嘿。

郝建：咋还能逮呢？我吃你家俩枣至于逮我呀！①

这个小品的笑点很多，在演出的时候，受到了观众的好评。其中的几个笑点是借助词语的同音、多义或褒贬含义失当来造成的误会。例如，“洗澡”和“洗枣”作为一组同音词，在只听不看的情况下，显然是会造成误会的；“我不就是相中你这个人了吗？”这句话中的“相中”是一个多义词，可以理解为“看好你”，也可以理解为“看上你”，小品中老板的意思是“看好你，相信你”，而郝建理解为“看上你”，形成了小品的一个笑点；小品中有一个“逮”字，属于贬义词，但是老板在使用的时候没有注意到该词的感情色彩，这让郝建更加认为自己和老板在一起“说不清”了。

3. 语法方面

交际主体应当具备的语法知识包括：①有关词类的知识，了解各个词类的语法特点，以及它们充当句子成分的能力；②有关句法结构的知识，了解词组和句子的句法成分、结构关系、结构类型等；句法成分有主语、谓语、宾语等，结构关系有偏正关系、动宾关系，主谓关系等；③有关句类的知识，句子按照表达语气的不同可以分陈述句、疑问句、祈使句、感叹句，不同的句类表达语气和用途不同。能够把握好上述语法知识定会对交际主体的言语交际大有裨益。

① 根据中央电视台2013年春节联欢晚会小品《今天的幸福2》整理，http://www.iqiyi.com/v_19rrjxoxe0.html。

（二）交际能力

“交际能力”通常又被称为“语用能力”。美国语言学家海姆斯在 1971 年发表的《论交际能力》一文中认为交际能力包括以下因素：①懂得什么样的话合乎语法；②懂得什么样的话能被别人接受；③懂得什么样的话适合什么样的场合；④懂得某一种语言形式真正使用的可能性有多大。[①]祝畹瑾在《社会语言学概论》中提出，交际能力包括三个方面：能针对具体的情景使用恰当的语言变体，能运用语言作为调节人际关系的手段，懂得谈话的规律和策略。

可见，交际能力不仅能知道话语是否合乎语法，能理解按正确语法规则组合而成的话语的表层意义，而且能领会该话语在具体语境中的确切含义，或说话人的真实意图，甚至能理解不合语法的话语特定的含义。这种能力，显然要远远大于“语言能力”。关于二者的联系与区别，可用通常所说的一句话来类比：“我听清了你的话，但我不知道这是什么意思。”所谓“听清”是指“识别了你的话是按语言规则组合起来的、合语法的话”，这是语言能力所做的理解；而“不知道这是什么意思”，则是“没有听懂你这句话的真实含义”，或谓“你的话不易接受、不易理解”。要真正“听懂”话语的真实含义，不仅应该具有语音、文字、词汇、语法等语言能力，还应该具有一定的交际能力，也就是要具备“什么时候，什么场合讲什么话，以及对谁讲和怎样讲等能力”。

案例 2-4

公吃茶，婆吃茶，伯伯、姆姆来吃茶。姑娘、小叔若要吃，灶上两碗自去拿。两个拿着慢慢走，泡了手时哭喳喳。此茶唤作阿婆茶，名实虽村趣味佳。两个初煨黄栗子，半匙新炒白芝麻。江南橄榄连皮核，塞北胡桃去壳柤。二位大人慢慢吃，休得坏了你们牙。[②]

这是《清平山堂话本·快嘴李翠莲》中的一段话，在语旨、词义和语法上都没有问题，孤立地看不仅声韵和谐流利，内容也周到体贴，如果是小茶馆里的店小二说起来，定会赢得满堂彩。但李翠莲的身份是新婚少妇，在公婆长辈面前如此贫嘴，自然招来怨恨。她的公公听完此话，“大怒曰：‘女人家须要温柔稳重，说话安详，方是做媳妇的道理。那曾见这样长舌妇人！’”可见，会“说话”并不等于会交际，能把话说得正确、规范，甚至“优美”都不能保证交际的成功。从言语交际学的角度看，李翠莲缺少的不是语言能力，而是交际能力。

---

① 转引自祝畹瑾：《社会语言学译文集》，北京大学出版社，1985 年版，第 104 页。

② （明）洪楩编，韩秋白点校：《清平山堂话本》，中华书局，2001 年版，第 86 页。

（三）言语交际能力的基础

言语交际能力不仅是交际主体语言运用能力的体现，还是其思想、学识、思维、心理等各方面能力和素质的综合展示。交际主体要想具有较强的言语交际能力，必须以相应的素质、能力和修养为基础。

1. 文化素质与心理素质

文化素质取决于一个人文化知识储备量的大小。一般说来，交际者的知识储备越多，他的文化素质就越高，他的言语交际话题、内容就越丰富，他对话题的理解、分析和阐述也就越全面。复旦大学俞吾金教授曾说："我觉得一个人具有口才，从外在形式上看有一口流利而符合逻辑且生动形象的话，但从深层次看，应该具有广博的知识和驾驭这些知识的能力。口才好比一片汪洋，表达是浪花，内涵是海水。所以一个人的言语交际能力应该以全面、完整的知识作为底蕴和源泉"。①

案例 2-5

经人介绍，一位姑娘结识了一位男友。几次接触之后，她深深地被这位男士的学识所打动：他十分健谈，而且见多识广，天文地理、花鸟虫鱼、西方哲学、东方禅道……似乎无所不知，无所不晓。一天，这位姑娘因要参加哲学考试，特请她的"白马王子"来给她"开小灶"。不料这位男士那天显得异常矜持，而且笨嘴笨舌。最让人疑惑的是，当姑娘问他怎样解释"形而上学"时，他尴尬了半天说不出话来，最后居然憋出一句："就、就是跟上形势学。"这位男士后来不得不向姑娘"交代"：每次为了跟她谈话，自己都要提前两天去阅览室看报纸杂志，晚上回家就默记这些内容，每次约会，自己都害怕她提问，总是抢先找话题，不让她有过多的插话机会……听了他的话，姑娘又好气又好笑。②

这说明，言语交际能力不是"包装"出来的，"包装"可以让自己光鲜一时，但终究"纸里包不住火"。古今中外凡是有杰出言语交际能力的人，没有一个不是有着丰富人生阅历或博览群书的。

良好的心理素质也是言语交际能力的重要基础。言语交际过程中的心理因素包括很多方面，如嫉妒心理、虚荣心理、羞怯心理、自卑心理、猜忌心理、孤独

① 俞吾金：《公关语言艺术》，华中科技大学出版社，1996 年版，第 238 页。

② 转引自刘艳春：《语言交际概论》，北京大学出版社，2007 年版，第 143-144 页。

心理、偏见心理等。心态的好坏对言语交际的成功与否有着重要的影响。一个没有良好心态或存在“心理障碍”的人在言语交际过程中往往很难成功。

案例 2-6

一个女大学生爱着一个男同学，在毕业前夕，她约他在校园树丛中交谈，本意是想表露爱情，却谈了一个晚上的理想、事业和追求。分手十几年后，两人又见面时，女大学生仍然独身，因为她没有遇到比他更好的男人，而他已有了一个八岁的儿子。两人见面后，她说：“毕业前那次约会，我本想向你求爱的。”他说：“那天我一直等你说，可你一直没有说。”她说：“在那个时候，真不该说那些废话，误了一生……”①

两人因为害羞，始终没有捅破“窗户纸”。本来可以成为一对恩爱夫妻的，结果落得个“劳燕分飞”的结局。如果两人之中的任何一个克服羞怯心理，主动说出求爱的话，岂不成就了一桩美好姻缘吗？

2. 观察能力和思维能力

交际主体的观察能力和思维能力是其言语交际能力的重要基础。交际者的观察能力越强，越能抓住事物、现象的细节，看到事物、现象的本质，也就越能提高言语交际的质量。

从表达者角度看，形象思维能力、抽象思维能力和灵感思维能力越强，越能增强言语表达的形象性和生动性；抽象思维能力越强，越能增强言语表达的概括性和条理性；灵感思维能力越强，越能增强言语表达的灵性，给他人带来意外的惊喜。从接受者的角度看，观察能力、思维能力越强，越能迅速捕捉对方的语言和非语言符号信息，越能全面、准确解读对方的话语含义，越能迅速组织自己的所思、所感，生成适合对方特点的言语内容和言语形式。

案例 2-7

曾经有一位自命不凡的外交官看到林肯自己动手擦靴子，便带着嘲笑的口吻说：“总统先生，你经常给自己擦鞋吗？”林肯笑答道：“是啊，不知道你经常给谁擦鞋呢？”②

---

① 转引自周靖：《语言交际的艺术》，华文出版社，1995 年版，第 52-53 页。

② 转引自刘艳春：《语言交际概论》，北京大学出版社，2007 年版，第 145 页。

案例 2-8

加里宁是俄国布尔什维克党的一位杰出的宣传鼓动家。一次他向某州农民代表讲工农联盟的重要性。尽管他做了详尽和严谨的准备，听众仍不明白讲话的中心。于是有人递上一张纸条："对苏维埃政权来说什么更珍贵？是工人还是农民？"加里宁一看，这的确是个棘手的问题，稍不注意，就会犯很大的错误。于是他机智地反问道："那么，对一个人来说，什么更珍贵，是右腿还是左腿？"全场静默片刻，突然爆发出雷鸣般的掌声。①

林肯和加里宁都没有按常规模式回答对方，而是运用类比推理，机智巧妙地以问代答，收到非常好的效果，足见灵活、敏锐的思维对提高言语交际能力、增强言语交际效果的积极作用。

3. 思想修养和表达修养

思想修养对一个言语交际者来说非常重要。一个人的思想修养越深厚，越能站得高、看得远，说起话来也越能透彻深刻、切中要害。表达修养是交际主体较强的言语交际能力最终得以展现的条件，不管是文化素质还是心理素质，也不管是观察能力还是思维能力，抑或是思想修养，都是一个交际者潜在的、较强的言语能力的基础，要想使这种潜在的言语交际能力转变为现实的言语交际能力，最终有赖于表达修养。

表达修养是言语交际者运用语言准确、全面地表达思想和抒发情感，并根据其他交际者的特点，以最适切的内容和方式与之互动的能力。好的表达修养，不仅能准确全面地表达自己的心声，灵活艺术地展开互动，达到预期的交际目的，还能让其他交际者感到愉快，彼此留下美好的印象。

案例 2-9

某君善于辞令。他的朋友们相约，今天到他家去，给他开个玩笑。

主人问第一位客人：请问是怎样来的？客人说：乘飞机来的。主人说：敏捷之至！

主人问第二位客人：请问是怎样来的？客人说：自己开小汽车来的。主人说：方便之至！

主人问第三位客人：请问是怎样来的？客人说：坐船来的。主人说：顺当之至！

① 转引自刘艳春：《语言交际概论》，北京大学出版社，2007 年版，第 145 页。

主人问第四位客人：请问是怎样来的？客人说：坐轿子来的。主人说：高贵之至！

主人问第五位客人：请问是怎样来的？客人说：骑马来的。主人说：威武之至！

主人问第六位客人：请问是怎样来的？客人说：两条腿走来的。主人说：潇洒之至！

主人问第七位客人：请问是怎样来的？客人想：给他个难堪。答道：四只脚爬来的。主人说：稳妥之至！

主人问第八位客人：请问是怎样来的？客人想：非用最不雅的词句不可了。答道：躺在地上滚来的。主人说：周到之至！①

主人对八位客人用了不同的话语来表达他们到来的情形，这是“善辞令”的一个范例。

第二节　言语交际能力的表现

言语交际能力通常表现为会听、会说和互动能力强。会听通常体现为耳到、眼到、脑到、心到；会说一般表现为说得准确、说得全面、说得艺术；互动能力强，则往往反映在磨合能力和应变能力上。

一、善于倾听

倾听是一种处世之道、一种美德，是一门艺术。能不能倾听，善不善于倾听，不仅体现着一个人的道德修养水准，从某种程度上还关系到能否与他人建立起正常的、和谐的人际关系。

沟通首先是倾听的艺术。研究表明，倾听占了沟通时间的40%。了解他人的最好方式，除了观察就是用心倾听。双方交谈的过程，就是信息的传递与接受的过程。有来有往，有陈述有反馈，才能在说话人与听者之间形成一种良性互动，进而建立一种默契。一个不善于倾听的人，很难让别人推心置腹。有不少研究表明，人际关系失败的原因，很多时候不在于你说错了什么，或是应该说什么，而在于你听得太少，或者不注意听。

在言语交际过程中，做到善于倾听要注意以下几点。

---

① 转引自周有光：《语文闲谈》，辽宁人民出版社，2011年版，第44-45页。

（一）懂得礼貌地倾听对方

作为一个倾听者，倾听他人讲话时，不能心不在焉、东张西望，也不能表情冷漠、无动于衷，要忧乐与共、情感交融。如果在对方讲话的适当时候插话、提问、称赞、微笑或皱眉等，做出一种参与和反馈，就会提高交际效果，加深双方感情。

案例 2-10

有一个大报社的记者，常常深入百姓的生活，用自己的笔写出感人肺腑的文章，他的文章因为贴近生活而受到广大读者的喜欢。常常有人打电话或者写信甚至找上门，给这位记者讲他们或喜或悲的故事。曾经，一个西北男人七次上门找他，第七次才在他的办公室门口堵住他。他推掉手上所有的工作，将男人请到客厅，泡了杯茶请男人坐下。一坐下，男人就迫不及待地讲述自己的感情婚姻史。讲到悲伤的地方，男人哽咽得说不下去，记者什么都没有说，只是静静地听着，皱着眉，表情哀婉，陪着他一起叹息。最后男人拿出两岁儿子的照片说，这是他唯一的希望，可是连孩子也被妻子带走了，他知道现在儿子就在这个城市的某个角落，可是自己却无能为力，只好来求助记者。记者认真地听完他的倾诉，答应尽量帮忙。

大年三十的晚上，记者正和家人热执闹闹地待在一起，忽然有人敲门。记者打开门，发现是上次那个男人，他肩上扛着一大袋子苹果。记者忙请他进屋，男人放下苹果转身就走，记者忙说："我写了这么多文章还没收过人家什么东西，这次也不例外。更何况那篇稿子还没有见报。"男人很感激地说："你就不能破一次例吗？我给许多人讲过我的故事，可是只有你一个人安安静静地听完了，还答应帮我。"记者一听，很久都没有说话。后来记者和同事说："其实生活在底层的人，没有很高的要求，我仅仅是安静地听完了他的故事，就获得如此的感激，真是受之有愧啊！"①

正是记者耐心认真地倾听了西北男人的诉说，使对方获得了自尊，情感上得到了满足，也在关系上拉近了距离。可见，倾听不仅是理解、尊重、接纳，也是分担、共享。因此，倾听的意义远不止给了别人一个表达的机会，也体现了彼此的信任、沟通和交流。

① 转引自网络资料：《认真倾听对方的声音》，https://weibo.com/p/2304185d1f04070102wmve。

（二）不要随意打断别人的话题

在对方说话的过程中，随意插话是一件非常失礼的事情。即使对方的谈话出现了偏差或错误，甚至对自己产生了刺激，也不要轻易打断别人的话题，要让人家把话讲完，然后慢慢解释或反驳。因为在侃侃而谈的时候，如果被别人打断，是一件很令人沮丧的事情。但是如果对方话语中有诽谤、污秽、反动之词，要及时干预，以警醒对方，这时不能以尊重对方为由听之任之。

案例 2-11

有一个叫小常的小伙子和他的异性朋友小翟聊天。说话的时候，小翟提起了张先生，她说："当初我对张先生十分讨厌，觉得他说话太专横，一点儿也不懂得考虑别人的感受……"小常没等小翟把话说完，马上插嘴道："你说得实在是太对了，张先生这个人太霸道了，仗着自己是单位的领导就经常对别人吆五喝六的，太让人讨厌了，我见了他就绕道走。"然而，令他万万没有想到的是，小翟接着却说："本来我也不怎么喜欢他，但是后来发现，他说话专横是他有主见、有责任的表现，他在做事的时候还是非常细心的，经过一段时间的交往，我发现他是一个值得依靠的人，现在我们两个已经确立了恋爱关系，准备在'十一'的时候就结婚。"小常听了之后，顿时感到十分尴尬，恨不得找个地洞钻进去。[①]

小常在和对方交谈的时候，为了获得一份友谊，取得对方的认同和欣赏，一味地在话题和看法上去迎合对方，却在倾听的时候没有耐心，不等对方把话说完就着急地表达自己的意见，因而做出了错误的判断，也让两人的谈话变得十分尴尬。

（三）善于抓住对方的话语重点

会"听话"的高手能在纷繁复杂的言语信息中迅速捕捉到关键信息，把握说话者的话语要点，通过短短的几句话，就能知道对方真正的意图是什么，从而顺利完成交际。交际中话题的种类有很多，如果你想明白对方的性格、想法，最容易着手的就是先观察话题和对方本身的情况，从这里获得更多的信息。根据谈话，你可以了解对方的性格特征，从而采取相应的措施来达到你的目的。

案例 2-12

老王是一家公司的销售部经理，有一次，他接待一个客户，这个客户虽然年

---

① 转引自网络资料：《耐心比回答问题更关键》，http://blog.sina.com.cn/s/blog_5d1f04070102wr5g.html。

纪大了，但是精神矍铄，言谈有力。在与客户谈话的过程中，老王很快就知道这个客户一向喜欢运动，所以他当即决定请这个客户去健身。但是，他还没有弄清这个客户喜欢什么运动。于是老王又和这个客户谈了几句，在谈话过程中，客户不断地提到和别人打网球时发生的事，说话的时候神情十分愉快，而且他重复这类运动的次数比其他运动要多。由此，老王很快就判断出，这个客户对网球非常偏爱。于是，在安排活动的时候，老王自然就带着这个客户去了一家设施比较好的网球馆。客户对这个安排非常满意，在运动结束后，他夸奖老王是个非常优秀的销售经理，因为他知道别人需要什么。客户很愉快地和老王的销售部建立了合作关系。①

在与客户的谈话中，老王很快抓住了客户的喜好，并且投其所好，很顺利地达成了自己的目标。所以，在别人的话语中迅速地听出重点，对自己来说是非常有用的。很多时候，说话的人所说的重点内容不是很明确，我们很难听得出其中的本意，这个时候，就要将对方所说的话进行分析。在分析之后，我们才能明白对方想要表达的真正含义。

善于听，能听出别人说话的重点，是一个很重要的交流方法。一个善于倾听别人说话的人总是能快速地找到解决问题的方法，也能很迅速地与对方建立良好的人际关系。

（四）准确把握对方话语的隐藏信息

说话就是传递信息，听就是接收信息。交际者在交际中往往会碰到一些隐藏信息，会“听话”的人能够从语言中体会对方话语背后所蕴含的关系、负载的情感、真正的动机等，从而做出正确的解读，实现顺利的交际。我们听到一个消息的时候，不要想当然地认为别人说什么就是什么，应该多去考虑一下这个消息的真实性。

案例 2-13

春秋时代的宋国，地处中原腹地，缺少江河湖泽，而且干旱少雨。农民种植的作物，主要靠井水浇灌。当时有一户姓丁的农家，种了一些旱地。因为他家的地里没有水井，浇起地来全靠马拉驴驮，从很远的河汊取水，所以经常要派一个人住在地头用茅草搭的窝棚里，一天到晚专门干这种提水、运水和浇地的农活。日子一久，这家凡是住过庄稼地、成天取水浇地的人都感到有些劳累和厌倦。丁氏与家人商议之后，决定打一口水井来解决这个困扰他们多年的灌溉难题。虽然只是开挖一口十多米深、直径不到一米的水井，但是在地下掘土、取土和进行井

① 转引自网络资料：《倾听的力量》，https://wenku.baidu.com/view/2bc7d67d81c758f5f61f67af.html。

壁加固并不是一件容易的事。丁氏一家人起早摸黑，辛辛苦苦干了半个多月才把水井打成。第一次取水的那一天，丁氏家的人像过节一样。当丁氏从井里提起第一桶水时，全家人欢天喜地，高兴得合不上嘴。从此以后，他们家再也用不着总是派一个人风餐露宿、为运水浇地而劳苦奔波了。丁氏逢人便说："我家里打了一口井，还得了一个人哩!"村里的人听了丁氏的话以后，有向他道喜的，也有因无关其痛痒并不在意的。然而谁也没有留意是谁把丁氏打井的事掐头去尾地传了出去，说："丁家在打井的时候从地底下挖出了一个活人!"以致一个小小的宋国被这伞人听闻的谣传搞得沸沸扬扬，连宋王也被惊动了。宋王想：假如真是从地底下挖出来了一个活人，那不是神仙便是妖精。非打听个水落石出才行。为了查明事实真相，宋王特地派人去问丁氏。丁氏回答说："我家打的那口井给浇地带来了很大方便。过去总要派一个人常年在外搞农田灌溉，现在可以不用了，从此家里多了一个干活的人手，但这个人并不是从井里挖出来的。"①

谣言猛于虎，一件简简单单的事情，经过人们的讹传便彻底变了模样。我们对于听到的信息一定要及时地核实，才能确保这个信息的准确性。在现实生活中以讹传讹、三人成虎的事情真是太多了，如果大家听到这些信息以后能核实一下，那谣言就会不攻自破。

（五）正确领悟言外之意

俗语说"听话听音，锣鼓听声"。为了表达的需要，交际者有时会通过某种方式，使"话中有话""弦外有音"，给听解增加了难度。这就要求听话人善于思辨对方的语言，从前后话、从语境、从对方心理等方面，运用自己的经验和知识去揣摩领悟，听出弦外之音，悟出言外之意。

案例 2-14

两位即将完婚的青年男女在荫房往架上挂葡萄，男青年因急于成婚，就借着晾葡萄对女青年说:"既然熟了,为什么又要晾起来呢？"女青年听懂了对方的话：表面说葡萄，实际说两人的婚事。于是女青年也用双关回答:"你没有看见吗，还有不少水分。"②

这里的口语交际是得体而艺术的。说得很巧，听得也妙，语言通俗易懂，但表层语义中却还有深层含义。

---

① 转引自网络资料：《青少年一定要读的经典寓言故事_穿井得一人》，https://wenku.baidu.com/view/60e5e985bb4cf7ec4bfed01d.html。

② 转引自周靖：《语言交际的艺术》，华文出版社，1995 年版，第 78-79 页。

二、善于表达

一个善于表达的人往往是受欢迎的人。善于表达就是在恰当的时机对恰当的人说出恰当的话。“会说话”是一种大智慧。中国有句老话“好马出在腿上，好人出在嘴上”。说话人人都能，但能说不等于会说，有人“口吐莲花，字字珠玑”，有人“巧舌如簧，而听者寥寥”，也有人却是“茶壶煮饺子，有话倒不出来”。交际者要做到善于表达，需注意如下几个方面。

（一）会说言简意赅的话

言简意赅，即简中求准。简中求准有“言简而意丰，言简而意准，言简而意新”三个要领。既概括精当，又凝练精警，用最少的文字表现最丰富的内容。有时候，抛开转弯抹角与旁生枝节，抓住要表达的东西的精髓，巧做对比，以求达到一语中的、一招制胜的效果。

案例 2-15

1927 年的一天，北京大学校长马寅初去参加中文系郭良夫老师的婚礼，大家鼓掌欢迎马校长即席致辞。马寅初灵机一动，做了著名的一句话演讲：“我想请新娘放心，因为根据新郎大名，他就一定是位好丈夫。”①

马寅初先生借题发挥，用新郎郭良夫的大名适当地联想，既表达了校长对教师的良好祝愿，希望郭老师人如其名，做一个好丈夫，又风趣地增添了喜庆气氛。

案例 2-16

1936 年 10 月 19 日，在上海各界公祭鲁迅先生大会上，我国著名新闻记者、政治家、出版家邹韬奋先生发表了这样的一句话演讲：“今天天色不早，我愿用一句话来纪念先生：许多人是不战而屈，鲁迅先生是战而不屈。”②

邹韬奋先生的这一句话演讲，被当时的人们誉为最具特色的演讲。透过这样的“一句话演讲”，我们清晰地感受到其中蕴含着的极为丰富的内容：既谴责了当时政治战线、思想战线、文化战线上“不战而屈”的投降派，又赞颂了鲁迅先生“横眉冷对千夫指”，勇敢战斗，决不屈服的可贵品格。“不战而屈”和“战而不屈”，相同四字的不同组合，成为衡量一个人是否具备硬骨头精神的试金石。这是一句

① 那秋生：《民国名人证婚》，载《文史月刊》，2013 年第 8 期。

② 转引自史迪文：《世界上最会说话的人》，北京邮电大学出版社，2005 年版，第 158 页。

话，但又不仅仅是一句话，它激发了人们奋起抗争的勇气，鼓舞了人们要以鲁迅先生为榜样，挺身而出，战斗不止。①

（二）会说委婉含蓄的话

所谓“委婉”是指在言语交际中，由于种种原因，有些话不能直说，有些话不便直说，人们就迂回曲折地从侧面或用烘托的方式将本意说出来，让对方思而得之。

案例 2-17

新郎是位技术员，新婚之夜仍然久坐看书不止，新娘希望同他交流，共享欢乐，就不满地说道：“但愿我能变成一本书。”

新郎大惑不解地问道：“为什么？”

新娘答道：“那样你就会整日整夜地把我捧在手上了。”

看到妻子的满脸怒气，新郎打趣道：“那可不行，我每看完一本书都要换新的……”

新娘忙紧接着说：“那我就变成你书桌上的大词典。”说完，她也禁不住笑了起来。②

新婚之夜，“好学”的新郎让新娘受到了冷落和委屈，面对新娘“但愿能变成一本书”的埋怨和不满，聪明的新郎随机应变，以“那可不行，我每看完一本书都要换新的”这一巧妙的委婉言辞，既缓和了紧张的氛围，又消解了妻子的怨气，增添了不少情趣。

所谓含蓄就是在话语中把想要表达的意思全部讲清楚，留下一些东西让交际对象去意会。也有人称其为“言外之意”或者“言在此而意在彼”。

案例 2-18

那是在美国经济大萧条时期，有一位 17 岁的姑娘好不容易才找到了一份在高级珠宝店当售货员的工作。在圣诞节的前一天，店里来了一个 30 岁左右的贫民顾客，他衣着破旧，满脸哀愁，用一种不可企及的目光，盯着那些高级首饰。姑娘去接电话，一不小心，把一个碟子碰翻，六枚精美绝伦的戒指落到地上，她慌忙去捡，却只捡到了五枚，第六枚戒指怎么也找不着。这时，她看到那位顾客正急匆匆地往门口走，心里明白了大半。只听姑娘柔声叫道：

---

① 转引自史迪文：《世界上最会说话的人》，北京邮电大学出版社，2005 年版，第 158 页。

② 转引自李元授、杨志海、邹振宇：《公关与交际》，华中科技大学出版社，2006 年版，第 253 页。

"对不起，先生！"

那男子转过身来，两人相视无言，足足有一分钟。

"什么事？"他问，脸上的肌肉在抽动。

"什么事？"他再次问道。

"先生，这是我头一回工作，现在找个工作很难，是不是？"姑娘神色黯然地说。

男子长时间地审视着她，终于，一丝柔和的微笑浮现在他的脸上。"是的，的确如此。"他回答，"但是我能肯定，你在这里会干得不错。"

停了一下，他向前一步，把手伸给她："我可以为你祝福吗？"姑娘微笑着与他握了一下手。他转过身，慢慢走向门口。姑娘目送他的背影消失在门外，转身走向柜台，把手中握着的第六枚戒指放回了原处。①

案例中的这位姑娘，面临的是一个更为复杂微妙而且关系重大的冲突，处理不好就会给彼此带来伤害，而她极有可能因此失去这份难得的工作。好在她选择了最聪明的方法，使用了含蓄的话语指控对方的盗窃行为，同时又说服对方，打动了对方。这样既让对方承认了自己的错误，又保全了对方的自尊，而且博得了对方的同情。这位姑娘依靠自己的聪明和含蓄的手段，最圆满地解决了一个十分棘手的问题。

（三）会说甘于示弱的话

有个成语叫"四两拨千斤"，讲的正是以柔克刚的道理。"百人百心，百人百性。"有的人性格内向，有的人性格外向，有的人性格柔和，有的人则性格刚烈。聪明之人往往能够举重若轻，巧妙地用一种表面上看来十分柔弱的言语来对付对方锐不可当的气势。

案例 2-19

某商店一位优秀营业员，一次接待一位女顾客，女顾客挑得相当仔细，足足用了几十分钟还没有挑完。当这位营业员去接待别人时，这个顾客把脸一沉，大声指责道："你这是什么服务态度，你没看见我先来，他们后来吗？为什么扔下我不管了。"

如果遇上愣头青，早把她顶回去了。然而，这位营业员走过来和颜悦色地说："请您原谅，我们店生意忙，对您服务不周到，让您久等了，我服务态度不好，欢迎您多提宝贵意见。" 这话说得女顾客也不好意思了，她面呈愧色，连声道歉：

① 转引自欧阳友权、朱秀丽：《口才学教程》，高等教育出版社，2004年版，第198页。

“我的话说得不好听，也请你原谅。”[①]

这位营业员以“软”对“硬”，不卑不亢，表面上“似水柔情”，实际上却“力胜千钧”。因为“硬”对“软”，就失掉了钢的理由和动力，自然会降温熄火了。

一般来说，人们往往尊敬说话温和的人，说话温和可以使对方以相同的态度回报。但选择“柔术”话语，一定要有的放矢，不能盲目地、不加选择地使用，否则会弄巧成拙，吃力不讨好。

（四）会说幽默诙谐的话

俗话说“笑一笑，十年少”“一个丑角进城，赶上十个医生”。幽默是才华、智慧、爱心与灵感的结晶。幽默诙谐的话语不仅可以迅速消除人与人之间的陌生感，有效地缓解紧张情绪、消除窘境、化解矛盾冲突，令对方有“春风拂面”的感觉，也能展现交际者良好的素质和修养，使人际关系更加和谐融洽，营造轻松、活泼、愉悦、友善的交际气氛，达到良好的交际效果。

案例 2-20

在一次综艺晚会上，台湾艺人凌峰登台时说：在下凌峰，这两年，我们大江南北走了一道，男观众对我的印象特别好，因为他们见到我觉得有点优越感，本人这个样子对他们没有构成威胁，他们很放心（大笑），他们认为本人长得很中国（笑声），中国五千年的沧桑和苦难全都写在我的脸上了（笑声、掌声）。一般说来，女观众对我的印象不太良好，有的女观众对我的长相已经到了忍无可忍的地步（笑声）。她们认为我是人比黄花瘦，脸比煤球黑（笑声）。但是我要特别声明，这不是本人的过错，实在是父母的错误，当初并没有征得我的同意就把我生成这个样子（笑声、掌声）。但是，时代在变，潮流在变，现在的男人基本上可以分为三种：第一种，你看上去很漂亮，看久了也就那么一回事，这一种就像我的好朋友刘文正这种；第二种，你看上去很难看，看久了以后越看越难看，这种就像我的好朋友陈佩斯这种（笑声）；第三种，你看上去很难看，看久了以后你会发现，他另有一种男人的味道，这种就是在下我这种了（笑声、掌声）。鼓掌的都表示同意了！鼓掌的都是一些长得和我差不多的（笑声），真是物以类聚啊（笑声、掌声）！[②]

凌峰用自嘲式幽默描述自己的优点和缺点，既描摹又绘形，不仅生动形象、别出心裁、传神致理，使表达增加情节性，而且表现出一种大智若愚的通达和乐观开朗的超脱，富于生动活泼的情趣，给人以深刻的印象。

---

① 转引自王维维：《言语交际案例教程》，清华大学出版社，2012 年版，第 161 页。

② 应天常：《名主持人语言幽默赏析》，载《演讲与口才》，2002 年第 11 期。

在交际中做到言语幽默，可以采取如下策略。

1. 巧做类比

案例 2-21

一次，作家刘绍棠到某大学讲演时，对于学生提出的各种问题，他都作了坦率的解答。这时，一位女学生递上一张纸条，上面写道："既然文学要真实地反映社会生活，那你为什么总唱赞歌，不唱悲歌呢？难道社会没有阴暗面吗？"读完这一尖锐问题，刘绍棠想了一下，便问那位女生："你喜欢照相吗？"见女生直点头，刘绍棠反问道："你脸上有光滑漂亮的时候，也有长疮疤不干净的时候，你为什么不在脸上生疮疤的时候去照相呢？"这一问，引得周围的人都情不自禁地笑了。①

对于女学生提出的颇有难度的问题，刘绍棠不是急于作答，而是提出一个对方感兴趣的问题，再进行反问，把文学作品的表达与年轻人的照相巧做类比，在言简意明和风趣诙谐中，把自己的观点寓于类比之中，让人豁然开朗，印象深刻。通常回答有些人的提问时，正面的回答极易落入俗套，难以满足提问者的口味，聪明的回答者会漫不经心地似答非答，引对方入圈套，接着使出巧做类比的招数，占据主动，最后让对方折服。②

2. 因势利导

案例 2-22

萧伯纳的剧本《武器与人》首次公演即获得巨大成功，萧伯纳上台接受群众祝贺。突然一个观众大叫："萧伯纳，你的剧本糟透了，谁要看？收回去，停演吧！"萧向那人深深一鞠躬，彬彬有礼地说："我的朋友，你说得很好，我完全同意你的意见。"说着，他指着场中其他观众说："遗憾的是，我们两人反对这么多观众能起到什么作用呢？我们能禁止这个剧本演出吗？"全场掌声雷动，寻衅者灰溜溜地走出剧场。③

面对寻衅者的污蔑，萧伯纳要是一味退让，未免有失面子，若与之争辩，非但无济于事，还会在观众心中留下孤芳自赏、自命不凡的坏印象。萧伯纳此时充

① 转引自史迪文：《世界上最会说话的人》，北京邮电大学出版社，2005 年版，第 111 页。

② 同①。

③ 转引自于保泉、鞠荣祥：《言语交际案例教程》，上海交通大学出版社，2011 年版，第 263 页。

分展示了其应变才能，巧用因势利导的招数，凭借观众对他的信任与支持，给予他的掌声和喝彩，把寻衅者推向群众的对立面，使其孤立无援，狼狈而逃。

3. 装傻充愣

案例 2-23

某人拿了一份诗稿到报社要求发表，编辑看后说："这首诗是你写的吗？"那人大言不惭地说："是的，每一句都是我写的。"编辑装作很认真地说："泰戈尔先生，看到您我真高兴，还以为您已经死了很多年啦。"①

面对抄袭泰戈尔的诗作且厚颜无耻者，若编辑直接指出："你这首诗是抄泰戈尔的，我们不能发表。"那会显得很平淡。这位编辑对抄袭者所言看似疯话，实则颇具幽默意味，对抄袭者从精神上与人格上都进行了辛辣挖苦，还体现了编辑个人极深的文化涵养。装傻充愣是答非所问的一种，即回答别人问题时，利用语言的歧义性和模糊性，故意错解对方的话，问东答西。这种说话方式在回答对方的问题时，往往都会出奇制胜，产生特别的幽默感。②

4. 曲线进攻

案例 2-24

传说，古代有个官员叫彭玉泉。一天，他经过一条偏僻的小巷。一个女子正用竹竿晒衣，不小心把竹竿掉在了彭玉泉的头上，彭立时大怒。该女子一看是官员彭玉泉，吓得魂不附体。不过，她很快镇定下来，正色道："你这副凶相，活像是个行伍出身之人，所以蛮横无理。你可知道官员彭玉泉，清廉正直，要是我告诉他老人家，怕要砍了你的脑袋！"彭玉泉听到这位女子在夸奖自己，马上转怒为喜，心平气和地走了。③

这位女子不小心冒犯了官员彭玉泉，待其要发火之时，她虽害怕但很快镇定下来，极有心计地从容周旋。表面上，她是在赞美心中的官员，其实是在指责彭玉泉度量狭小，绕着弯子达到了目的，还平息了彭玉泉的心头之火，使其转怒为喜，心平气和地走了。④

---

① 转引自史迪文：《世界上最会说话的人》，北京邮电大学出版社，2005 年版，第 113 页。

② 同①。

③ 同①。

④ 同①。

5. 声东击西

案例 2-25

有一对夫妻，妻子非常喜欢唱歌，可是水平特别差，有时候搞得丈夫没法休息，丈夫多次劝说也无济于事。有一次已经深更半夜，妻子还在那里自得其乐地唱着难听的歌，丈夫只好急急忙忙地跑到大门口站着。妻子见此，不解地问道："我每次唱歌时，你干吗总是要跑出去站在门口呢？"丈夫把每个字都吐得非常清楚地说："我这样做是为了让邻居知道，我并没有打你。"①

丈夫的回答，表面意思是在说妻子发出的声音不是丈夫殴打所致，本意则是在讽刺妻子唱得难听，好似被打得惨叫一般。丈夫说得很是幽默，实在有过耳不忘、绕梁三日之效。在有些场合，利用"声东击西"的技巧，把相同意思的话用不同的语言来表达，效果迥异。有时言在此而意在彼，确实令人回味无穷。②

6. 另辟蹊径

案例 2-26

齐景公好打猎，喜欢养老鹰来捉兔子。一次，烛邹不慎让一只老鹰飞走了，景公下令把烛邹推出斩首。晏子知道了，去拜见景公，说："烛邹有三大罪状，哪能这么轻易杀了他？请让我一条一条地数落出来，再杀他，可以吗？"齐景公说："可以。"晏子指着烛邹的鼻子说："烛邹！你为大王养鸟，却让鸟逃走了，这是第一条罪状；使得大王为了鸟的缘故又要杀人，这是第二条罪状；把你杀了，天下诸侯都会怪大王重鸟轻士，这是第三条罪状。"齐景公听后，对晏子说："别说了，我知道你的意思。"③

晏子的本意是救烛邹，但表面上并没有替他说情，反而数落他的三条罪状，仿佛要置烛邹于死地而后快，事实上这三条罪状却救了烛邹的命。原来，晏子救烛邹，不是单刀直入，向齐景公说情，而是采用另辟蹊径之法，表面上是给烛邹加罪，实则是为其开脱，并委婉地批评齐景公重鸟轻士，这样既避免了说情之嫌，又救了烛邹；既指出了齐景公的错误，又保住了齐景公的面子，令人拍案叫绝。④

---

① 转引自史迪文：《世界上最会说话的人》，北京邮电大学出版社，2005年版，第114页。

② 同①。

③ 转引自史迪文：《世界上最会说话的人》，北京邮电大学出版社，2005年版，第115页。

④ 同③。

需要注意的是，运用幽默要注意分清对象和场合，把握一个合适的度，一旦过了头，很可能会被对方误解为取笑与讥讽，造成不良后果。同时，要切忌庸俗、低级趣味，更不能带有歧视色彩，要做到恰如其分、有礼有节，如果不分内容、主题、场合、对象，以哗众取宠来显示自己巧舌如簧，以挑逗听众来博取廉价的笑声，那就非但不是幽默，而是十足的滑稽、耍丑。

（五）会说情感真诚的话

做人包括说话首先要建立在“真诚”的基础上。真诚是就言语主体的态度而言的，即真心实意，表里如一，不无中生有，不夸大其词、文过饰非。可以说，言语真诚是一个人内心世界的展现，那些带着不可告人目的的花言巧语，欺骗他人的谣言、谎言、流言等“恶意的假话”，是对道德的背叛，也违背了做人的准则。因此，在言语交际中，真诚的言语更能打动人心，取得良好的交际效果。

案例 2-27

亚伯拉罕·林肯在成为总统之前是一名出色的律师。有一天，一个老妇人哭着来找林肯，告诉他：她的丈夫在独立战争中为国捐躯了，她靠领取抚恤金聊度余生。前不久，那个发放抚恤金的出纳员竟然要她每月付出超过抚恤金一半的“手续费”……

林肯听后十分气愤，决定免费为她打官司，但是那个出纳员矢口否认，在法庭上气焰十分嚣张，老妇人又拿不出一点证据……

林肯十分沉着，他的两眼闪着泪花，抑扬婉转地说道：

“先生们，女士们，我想先请你们仔细想一想我们的父辈以及我们自己遭受了英帝国怎样的压迫，我相信没有人会忘记那段对我们所有人来说都是苦难的日子。”

“但是，正是那么一批勇士，他们奋起反抗，为了我们，也为了他们自己，忍饥挨饿战斗在冰天雪地之中，为了美国的独立而抛头颅，洒热血。”

说到这里，林肯顿了顿接着说：

“现在一切都成为过去。1776 年的英雄，早已长眠于地下，可是他那衰老而可怜的夫人，就在我们面前，要求申诉。这老妇人从前是位美丽的少女，曾与丈夫有过幸福愉快的生活。不过她已失去了一切，变得贫困无靠。可是某些人享受着烈士争取来的自由幸福，还要勒索他遗孀那一点微不足道的抚恤金，有良心吗？无依无靠的她，不得不向我们来请求保护时，试问，我们能熟视无睹吗？！”

听众的心早已被感动了，法庭里充满了哭泣声，一向不动感情的法官也眼圈泛红。

终于，被告再也无法忍受良心的谴责，也不再矢口否认了，法庭最后通过了保护烈士遗孀不受勒索的判决。[①]

这是一个依靠情感打赢了官司的真实故事。正是这种真情掀起了良知的滔天狂潮，一只脚跨入魔鬼宫殿的灵魂也被唤回了头。这段“绝唱”的辩论词给我们的启示是：言语交际要有真实的感情，这是立足的根基，对于听者也好，对于说者也好，莫不如此。

这里我们需要做说明的是，言语交际中光有“诚”并不能完全保证交际效果一定好，这里还有一个技术问题，很多时候，好心好意被误解，好言好语不被接受，问题就出在表达技巧和方式上，表达方式是一个不容忽视的问题。

三、善于互动

言语交际的过程是交际双方互动的过程，这一过程包括听和说，因此，一个言语交际者如果既会听又会说，那么，他的语言互动能力应该不会太弱。除了会听和会说，互动能力还体现在与他人交际过程中的磨合能力上，以及在突发情境下应答对方话语的应急能力和应变能力。

当交际双方共同占有的交际资源较少，或交际双方的交际能力差距较大时，交际一方（或双方）积极运用双方共享的交际资源来进行交际，以确保交际顺利进行，这是交际者的语言交际磨合能力的主要体现。同时，一个人的言语互动能力也体现在他对突发语言状况的应变和处理上。这里列举几个比较实用的技巧。

1. 巧释别解法

案例 2-28

中国文史学家陆侃如教授，青年时代曾在法国留学。1935 年在巴黎大学博士论文答辩会上，主持人故意出了怪问题，想难难他：“中国汉代有首《古诗为焦卿妻作》，首句是‘孔雀东南飞’，为什么不说孔雀西北飞呢？”这个问题很刁钻，确实能使一般学子语塞。陆侃如从容镇静，思忖片刻幽默地答道：“《古诗十九首》第五首开头两句‘西北有高楼，上与浮云齐。’既然楼高齐云，孔雀怎能飞得过去呢？”主考教授大为叹服。[②]

在一个非常严肃的论文答辩会上提出这样一个问题，的确令人不好回答。如果正面回答，由于摸不清发问人的底细，恐怕会落入圈套。问题问得怪，陆侃如答得也怪，但有根有据，“西北有高楼，上与浮云齐”，既然西北方向有高耸入云

---

① 转引自孙洁：《口才改变命运》，海潮出版社，2002 年版，第 62 页。

② 《陆侃如巧答》，载《江海侨声》，1999 年第 4 期。

的高楼，孔雀飞不过去，只好飞向东南了。陆侃如信手拈来，以怪答对怪问，这种应变和表达艺术令主考人员赞叹不已。

2. 避实就虚法

案例 2-29

在 20 世纪 60 年代初期的时候，我国曾经准确地击落过一架入侵我国的美制高空侦察机，在一次引人关注的记者招待会上，曾有一位外国记者就此询问当时的陈毅外长："请问外长先生，你们是用何种武器击落如此先进的高空侦察机的？"显然，这是我国的军事秘密，自然是不能公开回答的，但是，如果不回答的话又会使提问者感到很尴尬，机智的陈毅就势举了举自己手中的拐杖，说："就是用这玩艺（意）儿把它捅下来的。"说着还做了个向上捅的动作。自然，陈毅的回答赢得了一片热烈的掌声。①

针对记者提出的不能如实作答的问题，陈毅表面看给对方做出了正面回应，但实际上并没有提供实质性的信息。

3. 反向推理法

案例 2-30

苏联著名儿童文学家盖达尔外出旅行时，遇到一位非常敬仰他的学生，当发现盖达尔的皮箱十分破旧时，学生惊讶地问："您是大名鼎鼎的作家，皮箱怎么会这么糟糕（随随便便）呢？"盖达尔微笑着回答："假如皮箱是大名鼎鼎的，那作家（随随便便）不是更糟糕了吗？"②

盖达尔没有解释学生提出的"皮箱随随便便"的问题，而是把学生的问题做逆向推理，回答"皮箱大名鼎鼎，主人随随便便更糟糕"。这样的回答简单易懂，而且十分幽默。

4. 以谬制谬法

案例 2-31

民间传说中有一个"公鸡下蛋"与"男人生儿"的故事：

---

① 转引自网络资料：《幽默机智化解尴尬局面》，http://www.ihuaben.com/book/192084/2578506.html。

② 转引自网络资料：《生活中的诗意》，http://blog.sina.com.cn/s/blog_61c71feb0102v30y.html。

有位县太爷想刁难某憨厚的农夫，说农夫伙同乡里百姓借口大旱年歉收，抗拒交纳租税，定农夫抗皇粮的罪名。农夫被毒打一顿之后，县太爷还限他两天内交出两个“公鸡蛋”，否则就格杀勿论！

农夫之妻听后说：“这天底下哪会有公鸡生蛋的事呀？这分明是县太爷杀一儆百的毒计！”两天后，农夫的妻子代丈夫来到公堂回话。县太爷劈头怒喝：“你家丈夫为何不亲自来？”“回县太爷话，我家丈夫此时正在家中生孩子，他脱不了身，才叫民妇前来回话的！”“什么？你家男人也会生孩子？真是天大的笑话。竟敢愚弄本官！来人呀，给我重打贱妇！”“且慢，大人，既然男人生孩子是天大的笑话，那公鸡生蛋不也是天大的笑话吗？县太爷要贱民交出公鸡蛋，岂不是在愚弄百姓吗？”“这个……”县太爷被问得哑口无言了。①

农夫之妻在县太爷荒唐苛刻的刁难中，采用了“以谬制谬”的应对技巧，用“男人生儿”巧妙地击败了县太爷“公鸡下蛋”的荒诞无稽。

5. 偷换概念法

案例 2-32

诗人马雅可夫斯基的演讲和辩论口才是非常出色的，然而他也时常遭到一些别有用心的人的围攻。有一次，有个人当面指出他“狂妄”，说：“我应当提醒你，马雅可夫斯基先生，拿破仑有句名言：‘从伟大到可笑只有一步之差’……”马雅可夫斯基目测了一下自己与那个人的距离，突然用手指了指自己和对方，说道：“不错，从伟大到可笑，只有一步之差。”顿时，全场哄堂大笑，那个挑衅者则瞠目结舌，狼狈不堪。②

马雅可夫斯基换了“一步之差”的概念含义，把抽象的“一步之差”换成了实际距离的“一步之差”，巧妙地回击了对方。

案例 2-33

在北京举行的一次记者招待会上，周恩来总理介绍了我国经济建设的成就和我国的对外方针政策，并谦和地请记者们提问题。

一位西方记者问道：“请问，中国人民银行有多少资金？”这句问话，实质是讥笑我国贫穷。周总理不动声色地回答：“中国人民银行货币资金嘛，有十八元八角八分。”

---

① 转引自岑运强：《言语交际语言学》，中国人民大学出版社，2008 年版，第 191 页。

② 转引自吴维根：《中外名人机智应变妙答趣事》，金盾出版社，2013 年版，第 167 页。

这一回答，使全场记者为之愕然。场内鸦雀无声，屏气凝神等候着总理的分析与解释，周总理接着说："中国人民银行发行面额为十元、五元、二元、一元、五角、二角、一角、五分、二分、一分的10种人民币，合计为十八元八角八分。中国人民银行是由中国人民当家做主的金融机构，有全国人民做后盾，信用卓著，实力雄厚，它所发行的货币，在国际上享有盛誉。"周总理的话，引起全场热烈的掌声。①

周总理这个机智巧妙的回答，移花接木，以"总面额"代替了"总金额"，故意曲解对方所提出问题的原意，既没有泄露秘密，又不致损害招待会和谐的气氛。

6. 如法炮制法

案例 2-34

一位水手准备出海。他的朋友问他："你的父亲是怎么死的？""死于海难。""那你的祖父呢？""也死在一次海洋风暴中。""天哪！"朋友大嚷，"那你为什么还要当水手去远航呢？"水手淡淡一笑，问："你父亲死在哪里？""死在床上。""你祖父呢？""也死在床上。""朋友，"水手说，"那你为什么晚上还要睡在床上呢？"②

水手不正面与对方交锋，而是用和对方同样的推理方式，揭露对方观点的荒谬本质，使对方陷于无力回答的局面。

第三节　交际主体的角色

一、交际主体的角色界定

"角色"原是戏剧艺术的一个术语，指在电影戏剧中扮演不同身份的人物。正像莎士比亚戏剧《请君入瓮》有一段台词说的：

全世界是一个舞台，
所有的男人女人都是演员。
他们有各自的进口与出口，
一个人在一生中扮演许多角色。③

---

① 转引自于保泉、鞠荣祥：《言语交际案例教程》，上海交通大学出版社，2011年版，第127页。

② 转引自岑运强：《言语交际语言学》，中国人民大学出版社，2008年版，第195页。

③ [英]莎士比亚：《请君入瓮》，英若诚译，中国对外翻译出版公司，1999年版，第41页。

在戏剧里，角色是独立于个人而存在的。它有两层含义，一层是不管是哪一个演员，只要他担当某一特定角色，他便要扮演这个角色的行为和姿态，说与这个角色相适合的话；另一层是扮演某一角色的演员消失了，但这个角色一直存在，即使这个演员不存在了，别的演员还可以扮演。后来，这个词延伸到社会学和文化学领域中，是指社会中具有某种身份或特定地位的人，这个人是必须为系统承担义务和权利的总体，对人们行为的发生和选择起着制约作用。

在言语交际中，交际双方都可以充当两类角色：一是社会角色，也叫固有交际角色。赵毅、钱为钢在《言语交际》中认为，“社会角色体现为一个人由其在社会关系中的位置所决定的，拥有相应的权利和义务的地位、身份等等”①。社会交往中，人们的社会角色是相对固定的社会特征，在言语交际中常常会有意无意地流露出自己特有的地位、身份来。二是交际角色，也叫话语角色。它是指交际者在具体的交际情境中，与交际对象相对比，从而显示出来的一种临时身份特征，交际角色常常是随着语境和交际对象的变化而不断变化的。在社会语用中，我们要注意准确把握自己的角色位置，并注意两种角色的转换应用，顺应角色语境，不断调整话语艺术，才能收到好的表达效果。

案例 2-35

电影明星洛依德将车开到修检站，一个女工接待他。她熟练、灵巧的双手，俊美的容貌，一下子吸引了他。整个巴黎全知道他，奇怪的是，这位姑娘丝毫不表示惊异和兴奋。

“您喜欢看电影吗？”他禁不住问道。

“当然喜欢，我是个影迷……”

她手脚麻利，很快修好了车。“您可以开走了，先生。”他却依依不舍：“小姐，您可以陪我去兜兜风吗？”“不！我还有工作。”

“这同样也是您的工作，您修的车，最好亲自检查一下。”

“那么，好吧，是您开还是我开？”

“当然我开，是我邀请您来的嘛。”

车子行驶得很好。

“看来没有什么问题，请让我下车好吗？”

“怎么，您不想再陪一陪我了？我再问您一遍，您喜欢看电影吗？”

“哦，回答过了，喜欢，而且是个影迷。”

“您不认识我？”

“怎么不认识，您一来我就看出您是电影明星阿利克斯·洛依德。”

① 赵毅、钱为钢：《言语交际学》，上海三联书店，2003 年版，第 66 页。

"既然如此，您如何这样冷淡？"

"不！您错了，我没有冷淡，而是没有像一些女孩子那样狂热。您有您的成就，我有我的工作。您来修车，是我的顾客。如果您不再是明星了，再来修车，我也会一样地接待您。人与人之间不应该是这样的吗？"

他沉默了。在这个普通女工面前他感到自己的浅薄与虚妄。"小姐，谢谢！您使我想到应该认真反省一下自己的价值。好，现在让我送您回去。"①

这里的修车女工，同时又是一个影迷。但是，当她在工作时间面对一位大明星时，却很好地把握住了自己的角色，并按照这一交际角色来组织话语，实施言语行为。倒是那位大明星洛依德没有摆正自己的位置，在身为顾客时却要有意突出自己明星的角色。

不看角色关系地乱说乱写，就会闹出笑话甚至尴尬的局面，影响言语交际的效果。

二、交际主体角色分类

社会生活的复杂性使言语交际中存在着各种各样的话语角色，根据一定的标准对这些话语角色进行划分就形成了一定的话语角色类型。话语角色划分的标准和目的不同，所产生的话语角色类型也不一样。

（一）根据各话语角色在言语交际过程中的作用及其相互关系划分

根据各话语角色在言语交际过程中的作用及其相互关系划分，可分为主导性话语角色、跟从性话语角色、对等性话语角色等。主导性话语角色指在言语交际过程中对言语交际过程起控制作用的话语角色，跟从性话语角色则是在言语交际过程中处于次要和服从地位的话语角色，对等性话语角色的双方或多方则是平等关系。

1. 主导性话语角色

在交际活动中能提出并控制话题，引导交际活动运行走向、把握交际活动节奏、影响交际活动整体特点的交际主体的身份是主导性话语角色。例如，在上级和下级的交际中，在官员和百姓的交际中，在老师和学生的交际中，在老板和员工的交际中，在父母与子女的交际中，在交警和司机的交际中，等等，前者在交际活动中占据主导地位，这些身份都属于主导性话语角色，其在整个交际过程中

① 转引自网络资料：《人与人之间》，http://www.1010jiajiao.com/czyw/shiti_id_aa70c46b61148d816fe5da86f7d26908。

处于相对主动的地位。

案例 2-36

两个小时之后，又一个电话挂到了地处中原的许田市。

这个电话是从省城打来的。

电话直接挂到了市委，并且指名要市委书记李相义亲自去接。电话里的声音听起来既深厚又富有磁性，中气很足，那语气仿佛是很随意，却又带着不容置疑的威严。电话里说，相义么？市委书记李相义赶忙回道：是，是我……电话里不紧不慢地说：有件事，请你办一下。李相义站得更直了一些，说：老书记，您请讲……电话里说：最近，关于颍平县，我听到了一些反映，很不好嘛。竟然有人干出卖官鬻爵的事情？听说，坚持原则的同志反而受到了打击？不好嘛。这件事，你要过问……市委书记李相义心里“咯噔”一下，赶忙汇报说：老首长，这件事比较复杂，事情是这样的……可他的话很快就被打断了，电话里说：……你不要再说了，详细情况我已经知道了。该纠正的要纠正嘛。李相义有些为难地说：……这，市委常委已经研究过了呀。电话里说：可以复议么。你们再重新议一议。李相义对着电话叫苦说：……老领导，班子里九个常委，不好操作呀!立时，电话里沉默了，片刻，那话的语气加重了：要坚持原则!……接着，“啪”的一声，电话放下了。①

显然，主导性身份常提出并控制话题，确定谈话方式，规定谈话气氛，决定交际活动的延续或中止，还能影响跟从性身份的交际主体表述的样式和接收信息的角度。

2. 跟从性话语角色

相对于主导性话语角色的下级、群众、学生、员工、子女等身份，是跟从性话语角色。跟从性话语角色往往不能自由地选择或确定话题，在交际过程中对话题不具有控制力，在整个交际过程中处于相对被动的地位。

案例 2-37

别小看这几位头发已花白的“老”太太，大都是英才呢：妇科名医、女律师、特级英语教师，就是那几位没有工作的，也都是像金昆锦那样的阔太太。只有田映薇，既没有值得自豪的职业，也没有有作为的丈夫。果然，她最担心的事发生

① 李佩甫：《羊的门》，华夏出版社，1999 年版，第 144 页。

了："映薇，你先生是做啥工作的？""在人民银行里。"她嘴里含着点心，极困难地吐出了这几个字。"你呢？""Housewife."她眼泪差点要挂下来了。……职员吗……""那里，"映薇喉咙响了起来，"抄家抄得我吓煞，房子都只剩一间了！"听那口气，仿佛映薇一家从前住着多少房子似的。也不知怎么一来从前一提到"抄家"总是大事化小事，小事化无事，现在一提起当初"抄家"，反而都喜欢把三分说成十分，仿佛抄的越结棍，越有脸面，越光荣。"房子的事你笃定，"圆球般的金昆锦捧着一盘咖啡进来，"市里有文件，抄去的房子年底前全部要解决的"。"这种事难说得很，"映薇故意讪讪地说："房子收回去容易，还出来难呀！""你是私房还是公房？"是提醒还是试探？反正有人问了。"从前美乐公司的房子。"映薇认为，讲"美乐"公司的房子比讲公房好像有点面子。不过好像别人并不理解她这份心思。一声惋惜的"哦，是公房！"可让映薇听了难受极了。[①]

从这一言语交际活动中可以充分看出跟从性话语角色的交际主体放弃或失掉话题控制权的情形。

3. 对等性话语角色

在交际活动中，双方主体对应身份在社会关系网络中所占位置相对平等，如谈判、论辩的双方，街坊邻里之间的交际双方，现代社会夫妻双方、聊天的朋友各方、单位里同级别的同事各方，等等。对等性身份的双方交际主体在交际活动中的地位、影响，从理论上说应当是一样的，在话题的选择确定、把握控制上，在引导交际活动运行走向、把握交际活动运行节奏、影响或规定谈话方式与气氛等方面都具有平等的权利和机会。

交际身份只是影响制约交际活动具体运行的一个参数，一个相对静止的、固定的参数。在交际活动的实际进行过程中，主体的言语能力、性格、交际活动的特定环境等都是更重要的自变参数。这些因素可以抵消或改变交际身份对交际活动所产生的影响。所以，通常的情况是对等身份的谈判、论辩中总有一方更有主动性，更占主导地位；在不对等身份的交际活动中，也常有相对弱势身份的主体反而控制整个交际活动的走向和进展，而本来具有主导性身份的交际主体反而失去话语控制权，处于被动地位的情形。

（二）根据生活中话语角色的角色特征划分

根据生活中话语角色的角色特征划分，可以分为血缘角色、性别角色、行政角色、职业角色、年龄角色、语域角色和民族角色。其中性别角色和年龄角色在

① 程乃珊：《女儿经》，上海文艺出版社，2014年版，第71页。

言语交际中是任何角色关系都具有的。

1. 血缘角色及其言语交际特点

血缘角色是指从血缘关系角度区分的话语角色，如“爷爷”“奶奶”“爸爸”“妈妈”“伯伯”“叔叔”“儿子”“女儿”等。这些血缘角色之间的话语角色关系大致分为两类：一类是平辈角色关系，如兄弟姐妹之间的角色关系；一类是差辈角色关系，如长辈同晚辈之间的角色关系。这两种角色关系中都可划分出权势角色和非权势角色。差辈角色关系中的长辈和平辈角色关系中年龄长的角色都属于权势角色。差辈角色关系中的晚辈和平辈角色关系中年龄小的角色都属于非权势角色。上面两种话语角色具有各自的言语规范，这表现在两个方面：一是言语方式，二是言语的信息性质。权势话语角色的言语态度要和蔼亲切，话语要体现权势话语角色对非权势话语角色的关心、爱护和教育；非权势话语角色的言语态度要谦逊、礼让、诚恳，话语的信息要体现对权势话语角色的尊重和服从。

2. 性别角色及其言语交际特点

男性和女性在生理、心理和社会行为方式上所存在的巨大差异，制约和影响着言语交际的编码和解码，影响到语言的运用，形成男女两性言语上的不同。言语交际要想取得预期效果和目的，就不能不考虑交际中的性别因素。

在语音上，男女语音的物理特征不同，这是由发音器官的特点不同而造成的。一般地说，男子的肺活量较大，声带厚而长，女子则相反。故语音的四要素中，相对而言，男子的音高值小而音重值大，音质则因人而异，各不相同。但在正常的言语交际中，人们一般不会刻意去改变自己由于个人生理因素形成的音高、音质等语音方面的特色来实现交际目的，因为男女两性在这些语音上的差别对言语交际的影响并不起决定性的作用，除非为了特殊需要，如故意装成某种腔调来实现交际意图。所以在言语交际的研究中，一般不把由发音器官的生理因素形成的男女语音差异作为关注的内容。在言语交际学中，更关心的是男女在社会文化心理方面形成的差异。

在气质性格上，一般认为，女性具有“阴柔”的气质特征，性格偏向于情绪型。她们内心温柔，情感细腻，对话语含义感受敏锐，喜欢柔美动听、友好礼貌、表情丰富的语词。女性易受情绪和他人看法的左右，在言语交际中多用一些情感词，如夸张、感叹以及表程度的副词，会很有感染力。例如，现在十分流行的电视购物，主持人在介绍商品（特别是女性商品）时，往往语气夸张，大量使用感叹词和程度副词，虽然有时会显得有些做作，但的确能激起部分女性的购买欲望。而男性具有“阳刚”的气质特征，性格偏向于理智型。对每一位男性来说，“男子汉”的称号绝对是一个很高的评价。

在心理状态上，由于历史文化的原因，女性受到家庭教育和社会传统观念的影响，普通形成了内向害羞的心理特征，她们对自身缺乏足够的信心，希望得到外界的保护、关爱和鼓励，同时，在柔弱的外表下，往往又深藏着强烈的自尊心，渴望尊重与理解。因此，那些充满爱护、尊重、理解和鼓励的话语最能触动女性心弦。而男性普遍具有一种强者心理，喜欢自我表现。他们认为自己拥有强大的力量，是社会的支柱、家庭的中心，认为冒险、挑战、困难是男性理应面对和主动承担的，看重自身的身份、地位、风度和气派，乐于彰显男性魅力。所以他们喜欢果断有力、直截了当、充满自信、肯定自身价值和富有成就感的话语。

在交际话题上，女性对家庭生活一类的话题更感兴趣，喜欢谈论日常生活中与自己或他人密切相关的话题；男性热衷于社会性话题，喜欢对当前的热点问题发表意见。

在语言使用上，在中国的文化规范中，对女性的语言有着比男性更加严格的要求，这个要求就是温文尔雅，不许讲某些粗俗的词语，声音要低柔，语气要谦恭、委婉，等等，因此，女性较少使用祈使句中的命令句，话语方式较委婉含蓄，不轻易表明心迹，试探性话语明显多于男性，甚至还爱正话反说。

案例 2-38

七婶绕着弯儿问：“哎，你‘来身上’是哪一日？”大嫂翻翻嘴唇，倾下头答：“初三初四，月芽儿挑刺。”“这个月又来过了？”“来过了。”七婶拿着指头戳戳大嫂两腿中央，“你和宝山‘不’吗？”大嫂红了脸，夹紧大腿：“不‘不’呀”。七婶指头往上移，指指小肚子：“你们不‘不’，那咋还不哩？”大嫂扭扭身子，缩缩肚子：“谁知道，不‘不’，它就不嘛！”①

在中国传统文化中，即使是两个女性之间的对话也要求文雅而含蓄。案例中大量运用省略法和委婉法，在对话中把有关生育之类的话题都省略了，因为说话人是一个妇女。七婶问“你和宝山‘不’吗？”意思是“你两口怎么不生育呀？”大嫂回答说“不‘不’呀”，意思就是“不是不生育。”七婶的“不‘不’，那咋还不哩？”意思就是“不是不生育怎么还没有生育呢？”她们俩的“不”到底是指什么，双方都心领神会。

一些语词如“讨厌”“死鬼”“去你的”等，多出现在女性的口头上，而男性则多采用命令式，话语方式比较直露。同样的话语，出自男性之口，无伤大雅，甚至还体现了阳刚之美，但是，如果女人这样说，人们可就要大惊失色了。

---

① 张石山：《神主牌楼》，北岳文艺出版社，2016 年版，第 274-275 页。

案例 2-39

个狗屁!美丽的小杂种恶狠狠地说。这种语言是她从我嘴里学会的，但我还是批评她：你一个女孩子，怎么也敢说这种话。她毫不退让地与我争辩：男孩子能说，女孩子为什么就不能说？她的反驳令我结舌。①

正同这部小说的女主人公一样，中国的妇女，尤其是女孩子，经常会遭到男人的指责："你一个女人（女孩子家）怎么可以说这样的话!"而作为指责者的男人可能是一个特别喜欢说脏话、粗话的人，但是他认为他有这个权利指责，认为社会给予了他这个权利，同时社会也给了他说脏话、粗话的权利。

案例 2-40

一次，宝钗生病，宝玉未及时去看，怀疑宝钗家怪罪自己而不再和他好了。宝黛二人谈禅，黛玉道："宝姐姐和你好你怎么样？宝姐姐不和你好你怎么样？宝姐姐前儿和你好，如今不和你好你怎么样？今儿和你好，后来不和你好怎么样？你和她好她偏不和你好怎么样？你不和她好她偏要和你好你怎么样？"宝玉呆了半晌，忽然大笑道："任凭弱水三千，我只取一瓢饮。"黛玉道："瓢之漂水奈何？"宝玉道："非瓢漂水，水自流，瓢自漂耳!"黛玉道："水止珠沉，奈何？"……②

连珠炮般提出一系列假设问题，步步紧逼，穷问不舍，气势迫人。显然，黛玉是借机将自己担心的问题和盘托出，试探宝玉，诱导他说出"只爱你一个"之类的话，这正是黛玉最爱听也最想听的，可她就是不直接问宝玉。但宝玉很快就领会了黛玉的心思，道出了她期待的答案，剖明心迹，让黛玉吃了一颗甜蜜的定心丸。

3. 行政角色及其言语交际特点

行政角色指具有行政职责的社会角色，多指各种领导角色与被领导角色。领导角色大多应具有优良的心理素质，如耐心热情、以身作则、公正民主、遇事镇定、富于创造性、具有较强的组织能力等。表现在言语行为方面，言语真挚热情，语气温和，不打官腔，言行一致，善于倾听群众的话语，能从群众的话语中分析群众的心理需要。如果行政角色中的权势角色在言语交际中过分强调话语角色权势，那势必影响话语的效果。现实生活中，一些领导角色官僚主义作风严重，其

① 莫言：《梦境与杂种》，选自《莫言文集》（第 2 卷），作家出版社，1994 年版，第 47 页。

② （清）曹雪芹：《红楼梦》（第九十一回），北京教育出版社，2013 年版，第 131 页。

言语行为也表现出不良特点。这可以归结为以下几个方面：语气强硬，盛气凌人；打官腔，摆架子，满口政治术语，置群众的话语接受能力与心理特点于不顾；话语信息虚假，言行不一，脱离群众。这些不良言语行为，有损领导者的形象和威信。

案例 2-41

支部书记武耕新说："现在请县委熊副书记表个态吧。"

"我很乐意在这样的场合表态，但不能代表县委，因为县委还没有讨论，只能代表我个人。第一，我先得发个声明，我叫熊丙岚，不是兰花的兰，是山上吹下来的风，上边一个'山'字，底下一个'风'字。可不是男人取了个女人名，像扫帚星一样给你们大赵庄带来不顺气。"

社员们"轰"的一声笑了。

"第二，你们这三天半大会，将来在大赵庄的历史上是不会被人们忘记的。我非常满意。我赞成武耕新同志继续担任大队党支部书记。第三，以前也有人拿大赵庄当点，把你们给蹲穷了，我可不愿意当这种大损鸟!我到这儿来是看中了你们村三个优势：村大地多、底子特穷、干部过硬。"①

这是县委副书记熊丙岚在大赵庄一次社员大会上的讲话。作为县委副书记，熊丙岚是权势角色，但他话语亲切、诚挚、富有幽默感。这反映了一个领导密切联系群众，同群众打成一片的工作作风。他的话朴实、真切、群众化、口语化，切合了群众的接受能力和心理特点，赢得了群众的掌声，取得了良好的交际效果，密切了同群众的关系。这是符合社会对领导角色的言语行为期望的。

4. 职业角色及其言语交际特点

由于社会分工不同，每个人都会以一定的职业角色出现。不同的职业环境和其特定的交际对象，推动了职业言语规范的形成。这种言语规范一旦形成，就对人们的言语行为起了一定的制约作用。常言说的"三句话不离本行"就是这个道理。从语言运用的角度说，这是一种言语惯性；从更深一层意义上说，这也是一种思维习惯。这种思维习惯在人们的言语行为中产生一定的惯性。交际主体一旦进入话语角色，就会不自觉地按照其所形成的言语规范去建构话语和理解话语。

案例 2-42

有一位教师曾经编选了一本《教师情书》，书中有不同老师写的"情书"：

① 蒋子龙：《燕赵悲歌》，选自《蒋子龙文集 7》，人民文学出版社，2013 年版，第 62 页。

地理老师写道："露，你是东半球，我是西半球。我们在一起，便是整个地球。"

数学老师写道："兰兰，你是正数，我是负数，我们都是有理数，天生的一对啊。"

化学老师写道："婷婷，你是氢，我是氧，我们结合便是水（H_2O）!"

政治老师写道："梅，你是存在，我是意识，根据唯物论的原理，存在决定意识，我愿永远做你忠实的仆人。"

梅答复说："根据辩证法原理，在一定条件下，意识对存在具有反作用，一旦我们结了婚，你就成了主宰我的皇帝。"

语文老师写道："静，你是夏夜的星，你是春天的云，你是潺潺小溪，你是溪边柳条上的百灵，你是轻盈的舞步，你是悦耳的歌声……"

静回信说："我的天啊，你爱的惟独不是我这个人。"

物理老师写道："英，你是阴极，我是阳极，我们相靠，就能产生爱情之电！"

英接信以后答道："收到来信，吓我一跳，我怕触电，不敢靠近你。"

生物老师写道："亲爱的琼，人是富有感情的高级动物，我大胆地向你求爱，你一定会接受我的爱，因为我们都是地球上最高级的动物。"

琼接到来信回复说："你何不把信寄到动物园去！"①

这其中虽然有的效果不尽如愿，但从写信一方来说，他们都能够在信中反映出各自职业角色的特点。

5. 年龄角色及其言语交际特点

年龄也是影响交际主体在交际过程中编码和解码活动的明显因素。一般从幼儿期开始，人类就习得了语言，能够用来进行简单的交际活动了。在这个成长序列的不同阶段，人们不仅生理成熟的程度不同，更重要的是社会化程度也有非常明显的差异。这两方面的差异，表现在语言运用上，就是年龄因素对言语交际活动的影响。

例如，幼儿由于社会化程度低，在其行为活动中会显示出更多的自然人的特点，他们对外界的认知是感性的、体验的。在语言表达和接收活动中偏爱具体可感的、形象鲜明的、色彩艳丽的、音节响亮的具体事物名词、个体动作动词、能够直接感知的性质形容词。在句子使用方面，幼儿多用表示信息焦点的名词简单连缀成句，如"妈妈，公园，大老虎!"言语习惯上喜欢让单音节词语重叠，如"排排坐，吃果果"。特别喜欢重叠使用形容词、副词，如"雪白雪白的羽毛，细长细

① 转引自康家珑：《语言的艺术》，海潮出版社，2003年版，第139-140页。

长的腿，长长的脖子、尖尖的嘴巴”“大象鼻子最最长，白兔耳朵最最长”“天特别特特别黑，雨特别特别大”等。儿童多用不带附加语或很少附加语的简单句，喜欢用比喻、拟人、夸张以及反复、顶真的方法叙述事情。

青少年正处在生理心理成长、发展、变化最快的年龄阶段，思维的独立性、批判性和创造性显著发展。因此他们对外部世界的各种刺激都充满了好奇，有着独立认识和探索外部世界的强烈冲动，对外部世界的变化反应敏感，而且有着强烈的创新意识。在语言运用上表现的突出特点是，创新的词语丰富多彩，层出迭见，且在青少年圈内流行迅速。

中老年人心理需求返璞归真，在语言表达上显得平实朴素、通达流畅而又非常准确到位。言语习惯上一般不追求华美的辞藻，使用格言、谚语、惯用语、成语等得心应手，喜欢用典。

既然不同年龄的人有不同的交际心理习惯和行为特征，在交际时，表达主体就要认知接受主体的年龄，对方年龄不同，有不同的心理，建构的话语也要不同，也就是说，要因人设言。

案例 2-43

“姑，你有了男朋友再死，行吗？”

“行。我男朋友是谁呀？”

“我还没想好呢。”

“姑，你觉得我爸怎么样？”……

“他话太多了。”

“那你喜欢什么样的？”

“姑喜欢个子高高的。”……

“姑，我要长得高高的高高的，行吗？”

“行！”

“姑，我要做少说话的人，行吗？”

“行！”

“姑，我要做你的男朋友，行吗？”①

张四民是张大民的亲妹妹，张小树是张大民的儿子。张四民患了不治之症，在医院时同她的侄子张小树谈话，其中的“男朋友”，张小树不知道是“恋人”的意思，所以他才让自己的爸爸做姑姑的男朋友，甚至自己也愿意做姑姑的男朋友。这样的对话，如果是大人，就会出现笑话，产生滑稽感甚至言语交际障碍。

① 刘恒：《贫嘴张大民的幸福生活》，华艺出版社，1999 年版，第 185 页。

6. 语域角色及其言语交际特点

人们不仅处在一定的语言国度里，而且生活在不同的语言变体范围中，除语言的社会变体之外，还有语言的地域变体，即方言。不同方言区的人不仅所使用的方言不同，而且心理结构和习惯也存在差异。这样的话语角色叫语域角色。语域角色具有两方面的特点：第一，具有特定的心理特点；第二，使用特定的语言变体。在言语交际中，语域角色的选择多遵循以下原则。

（1）同化原则。同化原则即在同语域角色的言语交际中，各交际主体多说同一种方言。这样语用心理有共同点，易于取得好的修辞效果。如果一个以方言角色出现，而另一个以普通话角色出现，不仅在某些话语上存在交际障碍，就是情感上也不一样。因此，同语域的人，大都采用同样的语域角色。

（2）随俗化原则。常言说入乡随俗。到哪个地方，就应该说哪个地方的话。如吴方言区的人到了北方，考虑到交际效果，就宜于采用北方方言，而不宜采用自己的方言，这样更容易被认同。

（3）融合原则。多种语域角色之间的言语交际，要遵从融合原则。例如，在高校，大多数人都讲普通话，而很少讲方言，这是一种趋同心理所致。一方面，大家寻求一种共同语，便于彼此间的言语交际，容易取得好的修辞效果；另一方面，摒弃了不同方言之间的分歧，在感情上不存在任何权势与非权势的差别，大家都有一种认同感。此外，还有一个角色干扰问题。如果是多个同语域角色在一起，有时会采用其语域角色，但两个同语域角色的言语主体进行交际，如果有任何一个其他语域角色介入，就可能会使他们采用普通话，因为他们可能会顾及第三者的角色进入，普通话更有利于交际。

7. 民族角色及其言语交际特点

民族角色的问题，即跨文化的言语交际问题。跨文化言语交际研究，往往偏重于对语言要素的语误分析。实际上，跨文化言语交际中的语误有两种情况：一是由交际者的外语语言知识掌握不够而造成的；二是由交际者不了解异民族的心理特点造成的。在跨文化言语交际中，要善于根据民族角色的心理特点来建构和理解话语，以提高交际效果。

综上所述，在社会生活中，人们都是以各种各样的话语角色出现的。话语角色不同，言语交际中的角色关系和心理特点就不一样。特定的角色具有特定的言语规范。言语规范的不同也标示了角色关系的差异。在言语交际过程中，应遵循各种话语角色的言语要求，充分把握交际双方的话语角色关系，随时根据话语角色的社会心理特点，建构适切的话语，以取得理想的修辞效果，达到预期的交际目的。

分析话语角色类型，对人们的言语交际行为具有重要的意义。不同的话语角色类型形成了不同的言语规范，在言语交际过程中遵守这些话语角色的言语规范就有可能取得良好的交际效果，否则就会影响话语的修辞效果，进而影响和破坏交际双方的合作。

案例 2-44

武耕新看看表，还有一个多小时，既然来了不能连个面也不见就回去，索性等吧!电影院大概不会停电，估计时间差不多了，他请值班员再去看看。

值班员回来说："李书记回来了，他说讲好了叫你明天来，今天不见。"

"你再请示一下，只说两句。"

幸好值班员是一个极老实的小伙子，可能他也知道武耕新是个不好惹的主儿，又跑了一趟，回来说："李书记讲，只说两句也不行。"

"你再请示一下，只说一句。"

值班员回来说："一句也不行。"

"你再请示一下，不说话只见见面。"

值班员一次比一次声音大："李书记说光见见面也不行!"

武耕新倒始终很平静，最后甚至还带着点笑容冲值班员点点头，坐上吉普车走了。

第二天上午十点多钟，武耕新正和公司的几个大将商量两个新建厂的事，李锋打来了电话。

"你是武耕新吗？"

"是我，你是谁？"

"我是李锋，你今天上午为什么不来？"

"我病了。"

"你昨天晚上不是还好好的吗？"

"昨天是好好的，叫你给气病了!"

"你好大的气性!"

"不敢。你好大的架子!"

对方"啪"的一声把电话摔断了。[①]

大赵庄党支部书记武耕新提前赴县城见县委书记李锋。李书记摆官老爷架子，硬是不见。显然，这是有悖于县委书记这个领导角色的言语行为规范的，是不符合群众对"领导"的话语角色期望的。第二天，李锋又打来电话，兴师问罪，他的话语透着一种权威。而武耕新不吃这一套，针锋相对，使这位县委书记恼羞

① 蒋子龙：《燕赵悲歌》，选自《蒋子龙文集 7》，人民文学出版社，2013 年版，第 223 页。

成怒，又无可奈何。李锋言语交际失败的原因就在于，他丧失了作为一个领导角色所应具有的良好心理素质和言语规范，不是平易近人、虚心礼让、以诚相待，而是摆架子、耍威风，因而言语失当，其难堪局面也是咎由自取。

总之，交际主体在言语交际过程中，一旦选择了一定的话语角色也就确定了其话语建构的基调，即选择了一定的言语规范，而交际主体对各自话语角色的选取是由语境来决定的，也就是根据交际对象间的角色关系来决定的。为了达到一定的交际目的，交际双方都倾向于选择最佳的话语角色关系。因此，一旦交际双方对彼此的话语角色关系进行了认定，就意味着他们要遵守各自的话语角色规范，遵守话语同交际对象的适切性和同双方话语角色关系的一致性；另外，虽然交际双方都具有各自的言语规范，但这并不意味着他们的话语建构陷入了僵死的教条。在话语推进过程中，双方的话语仍具有很大的灵活性。

三、交际主体角色的错位与调整

（一）交际主体角色的错位

交际主体应当根据自己的交际意图、对应的交际主体、所处的交际环境等因素，在各种可能的固有角色、潜在角色中，激活确认一种和谐得体的交际角色以参与交际活动、运行言语行为。但有的交际主体对正确选择确认交际角色的各种必须考虑的制约因素、现实要求，不能准确认识和把握，在交际活动中就会发生角色错位的现象。

案例 2-45

奥地利影片《茜茜公主》中有一段奥地利年轻的皇帝同大臣对话的场面，几乎是所答非所问，地道的“王顾左右而言他”。大臣说：“这个，明天早上就要执行，您必须现在签字。”皇帝没有直接回答，不说“推迟两天”，而说“我还要研究”。

大臣说：“这是经最高军事法庭判决的，请您马上签字。”皇帝不直接加以否定，而是说：“好，放在这儿，还要研究。”

大臣又说：“皇太后已经同意了的。”这可是至高无上的决定，母亲的意见反对不得呀！皇帝却沉着气，说：“我已经清楚了。”

大臣这时还不知趣，还要说下去，皇帝却平静地说：“谢谢你了。”[①]

显然，案例中大臣选择确认了“执政经验丰富的长者对刚接触政事的年轻人”

---

① 根据电影《茜茜公主》整理，http：//tv.cntv.cn/video/C13636/ffa8a73877194632b0278898f297d07b。

这样的角色，所以话中才出现“您必须”“这是经最高军事法庭判决的”“皇太后已经同意了的”等居高临下、语气强硬的言辞。他忽视了最根本的对应角色——大臣对皇帝的角色。这是交际主体角色错位的一个典型例子。

（二）交际主体角色的调整

在一个连续而且完整的交际过程中，通常交际主体的角色是相对稳定的，但也会有各种情况引起交际主体角色的调整转换。交际主体之间的对应角色关系并不是单一的、固定的，在一定的语境中应当激活哪一种特定的对应关系而使之成为显性对应关系，应当控制或抑制哪些对应关系而使之成为潜在的对应关系，这都是很有讲究的。

案例 2-46

1848 年，大英帝国的维多利亚女王和她的表哥阿尔伯特公爵结了婚。和女王同岁的阿尔伯特比较喜欢读书，不大爱社交，对政治也不太关心。

有一次，女王敲门找阿尔伯特。

“谁？”里面问道。

“英国女王。”女王回答道。

门没有开。敲了好几次后，女王突然感觉到了什么，又敲了几下，用温和的语气说：“我是你的妻子，阿尔伯特。”

这时，门开了。①

为什么维多利亚女王第一次敲门，丈夫不开，而最后一次敲门，丈夫却开了呢？女王的第一次回答有没有错？没有错，是正确的。她的话准确不准确？也准确。但为什么阿尔伯特不给她开门呢？这主要是她第一次的回答不适切，不适合自己在特定环境中的角色，不切合对方的话语接受心理。而经过调整，她最后一次的话语适合了自己的角色。

在言语交际过程中进行话语角色的选择和调整时，要注意讲究策略。

首先，话语角色的选择、调整要同言语动机、交际目的以及话语的预期效果相一致。言语行为的每一个环节都带有鲜明的目的性，都是为了取得最佳的修辞效果。因此，言语过程中话语角色选择、调整的杠杆受三个作用力的制约：一是言语动机，二是交际目的，三是交际效果。因此，在言语过程中，话语角色的选择、调整要同言语动机、交际目的和话语的预期修辞效果相一致。什么话语角色最有利于言语动机的实现，最有利于达到交际目的，最有利于取得预期的交际效

① 转引自陈汝东：《论修辞的社会心理原则》，《北京大学学报》（哲学社会科学版），1997 年第 1 期。

果，修辞主体就会选择什么样的话语角色；否则，就会影响话语的交际效果，影响言语动机的实现和交际目的的达到。

其次，排除潜在角色的干扰，使话语合乎角色规范。一旦交际双方进入一定的话语角色之中，就应排除潜在角色关系的干扰，以维护和保持所认定的话语角色的言语规范，不可处于游移状态，以免引起话语角色混乱，影响交际效果，破坏人际合作。

案例 2-47

据说某学院于某省招收一名表演系新生，有两位考生各方面条件相当，最后院方决定通过面试取舍。面试时，两位考生被告知："一进这个房间，面试就开始了。"此后，甲考生被指定进甲室，乙考生被指定进乙室。甲考生来到甲室门前，先敲了两下，里面传出"请进"声。甲推门进去，室内一位正在理妆的少女，从穿衣镜里看到进门的甲，便惊喜地扭过身来，快步迎上去，亲昵地喊了一声"哥哥!"甲考生一愣，脸红地说："你——你——你看错了吧!"而乙考生到了乙室门前，连敲了几次门，屋里才传出缓慢的一声"进来吧!"乙推门进去一看，只见一位"老太太"正戴着花镜穿线，乙考生见状，一个箭步扑上去，跪下扑进了老太太的怀里，双手捧着老太太的脸端详了一会儿，泪水涟涟地喊道："妈妈!妈妈!"接下来，他生动地演出了一场游子归乡的戏，最后该院录取了乙考生。①

甲乙两人各方面的条件相当，为什么没有录取甲呢？不言而喻，他没能按考官的角色预设选择话语角色，建构合适的话语，没能表演出所需要的情节。对甲来说，他一开门看到的是一位正在理妆的少女。这就意味着他要在两人之间进行话语角色的选择。他们可以是兄妹关系、同学关系、恋人关系，也可以是路人关系。当少女惊喜地喊出"哥哥"时，他的话语角色已经被牢牢地钉进了兄妹关系之中，而他语境知觉意识太弱，反应迟钝，因而失掉了一次角色选择的有利时机，如果这时他能进行话语角色的认同，并进入"哥哥"角色，无疑话语的主动权会失而复得。相反，乙在他的话语角色预设内，两人可以是母子关系、祖孙关系、邻里关系、路人关系等，乙及时地由现实话语角色进入到语境预设角色之中，把握住了最佳话语角色关系，话语推进水到渠成。

思考训练题

1. 什么是交际主体？它包含哪些内容？
2. 交际者的语言交际能力通常以什么为基础？

① 转引自陈汝东：《论修辞的社会心理原则》，载《北京大学学报》（哲学社会科学版），1997 年第 1 期。

3. 交际者的语言交际能力通常体现在哪几个方面？

4. 找出你扮演的五个角色，它们有什么样的行为要求？这些角色相互冲突吗？如果有冲突，是什么形式的冲突？你是如何解决这些冲突的？

5. 案例分析

（1）一只狐狸为了躲避猎人的追赶逃到了樵夫的家里，它向樵夫诉说了自己的处境，苦苦哀求樵夫救自己一命，它向樵夫保证，如果能躲过这劫，一定把自己美丽的尾巴献给樵夫。于是，樵夫答应了，把狐狸藏进了自己的小屋。不久，一个猎人跑过来，问樵夫有没有见到一只狐狸，猎人答应樵夫用一只兔子作为酬劳。樵夫对猎人说狐狸向后山跑了，可是却伸出手指着小屋。一心追赶狐狸的猎人并没有注意到樵夫的手势，急匆匆地向后山跑去。狐狸看到以后，从小屋中出来就走了。樵夫追过去说狐狸背信弃义，不遵守他们之前的约定。狐狸冷冷地笑了一声，说："你以为我会像猎人一样傻吗？如果你的手没有指向小屋，我一定会留下尾巴的，很可惜，你的手出卖了你。"看着狐狸远去的背影，樵夫十分后悔："如果狐狸也像猎人那样，只信我说的话，而没有看我的手势的话，我就可以戴着狐狸尾围脖吃着好吃的烤兔子了。"①

用倾听的相关理论分析上文的谈话。

（2）"我不是到你们家来当女佣人的！"

母亲像是吃什么噎住了似的，半晌才说："好，那么，是要我来做你们的佣人了？"

"我没那么说，反正垃圾谁愿意倒谁倒！"说完，她站起来就回卧室了。

"真是不可理喻！我这回可找到好儿媳妇了，真好极啦！"母亲气得声音直发颤。

刚刚关上的卧室门又"砰"地被推开，蓓蓓站在门口嚷道："知道你那两个儿媳妇都是大学生，瞧不起我就明说！"

"你这个样子，我们就会瞧不起你！"②

分析此案例中的角色错位原因，提出角色调整的策略。

6. 通过下面的案例思考交际主体的能力的培养。

两个同龄的年轻人，同时到一家店铺工作，并且拿同样的薪水。一段时间以后，叫阿诺德的小伙子几次提薪，而那个叫布鲁诺的，却仍拿原来的薪水。布鲁诺很不满意老板对自己的不公正待遇。终于，有一天，他到老板那儿发牢骚了。

老板一边耐心地听着他的抱怨，一边在心里盘算着该怎样向他解释清楚他和阿诺德之间的差别。

"布鲁诺先生，"老板开口说话了，"您到集市上去一下，看看今天早上有卖

---

① 转引自《伊索寓言·狐狸和樵夫》，世界知识出版社，2006年版，第129页。

② 转引自杜保平：《教授家的新娘》，载《连环画报》，1984年第5期。

什么的。”

布鲁诺从集市上回来，向老板汇报说：“从早晨到现在，集市上只有一个农民拉着一车土豆在卖。”

“有多少？”老板问。

布鲁诺赶快戴上帽子，又跑到集市上，然后回来告诉老板：“一共有四十袋土豆。”

“价格是多少？”

结果，布鲁诺又第三次跑到集市上问来了价钱。

“好吧，”老板对他说，“现在，请您坐到这把椅子上，一句话也不要说，看看别人怎么做。”

老板让人叫来了阿诺德，也叫他去集市上看看有卖什么的。

阿诺德很快就从集市上回来了，向老板汇报说：“集市上只有一个农民在卖土豆，共有四十袋。”接着，他介绍了土豆的价钱是多少；土豆质量很不错，他带回来一个土豆让老板看；这个农民一个钟头以后还会弄来几筐西红柿，据他看，价格非常公道；昨天他们铺子里的西红柿卖得很快，库存已经不多了，他想，这么便宜的西红柿，老板肯定会要进一些的，所以，他不仅带回了一个西红柿做样品，而且把那个农民也带来了。“现在，那个农民正在外面等回话呢。”

听完阿诺德的介绍，老板转向了布鲁诺，说：“现在，您肯定知道了为什么阿诺德的薪水比您高了吧？”①

① 转引自网络资料：《差别》，http://www.lbx777.com/yw08/j_cb/kewen.htm。

第三章　言语交际的语境

➢ **本章学习目标**

1. 了解语境的含义及其分类。
2. 掌握各种语境对言语交际的作用和影响。
3. 培养在言语交际中顺应语境的能力。

第一节　语 境 概 说

一切言语交际行为，都是在一定的环境下进行和完成的。交际环境是言语交际行为赖以进行的客观因素，离开人与人之间交际的时间、地点等客观环境因素，言语交际功能根本无法实现，人类也就无法顺利交际，所以，在学习研究言语交际时，必须联系言语交际的语境（context）。

一、语境的含义

目前，语境已成为众多学科关注的对象，更是言语交际学、修辞学、语用学、社会语言学、语义学研究的对象。在具体的研究中，研究者们仁者见仁，智者见智，对语境的含义有不同的表述。

在国外，波兰籍英国人类学家马林诺夫斯基于 1923 年最早提出了“语境”的概念，认为语境包括文化语境和情景语境两大类，他说：“话语和环境互相紧密结合在一起，语言环境对于理解语言来说是必不可少的。”①20 世纪 40 年代，英国功能学派语言学家弗斯继承并发展了马林诺夫斯基的观点，建立了完整的语境理论。弗斯认为，“不仅一句话的上句或下句，一段话的上段或下段是 context，而且语言和社会环境之间的关系也叫 context”。②1964 年，弗斯的学生韩礼德又提出了“语域”的概念，他把语域分为话语的范围、话语的方式和话语的风格三个方面，这三方面综合起来，实际上相当于语境。后来，又经英美等国家的学者，如海姆斯、费什曼、莱昂斯等人的进一步发展，语境的内涵不断获得拓展。

国内对语境的研究始于 20 世纪 30 年代初期。1932 年，陈望道先生在《修辞

---

① 转引自西槙光正：《语境研究论文集》，北京语言学院出版社，1992 年版，第 7 页。

② 转引自西槙光正：《语境研究论文集》，北京语言学院出版社，1992 年版，第 7-8 页。

学发凡》中提出了“题旨情境”这个术语，其含义就类同于现在的“语境”。并用“六何”说对“题旨情境”进行了阐释：“普通作文书上说的有所谓‘六何’说。以为最有关涉的不过六个问题，就是‘何故’、‘何事’、‘何人’、‘何地’、‘何时’、‘何如’等六个‘何’。普通常说：第一个‘何故’，是说写说的目的：如为劝化人的还是想使人了解自己意见或是同人辩论的。第二个‘何事’，是写说的事项：是日常的琐事还是学术的讨论等。第三个‘何人’，是说认清是谁对谁说的，就是写说者和读听者的关系。如读听者为文学青年还是一般群众之类。第四个‘何地’，是说认清说写者当时在甚么地方：在城市还是乡村之类。第五个‘何时’，是说认清写说的当时是甚么时候：小之年月，大之时代。第六个‘何如’，是说怎样的写说，如怎样剪裁、怎样配置之类。”①

1993 年，张弓教授在《现代汉语修辞学》中把“结合现实语境”作为“修辞的原则”，并指出：“所谓语境，包括社会环境、自然环境及上下文。分析起来有：①联系说话时情境；②利用时间地点等条件；③利用自然景物特点；④适合说话人和听众读者的关系；⑤适应听众读者的情况；⑥照顾上下文的关系等项。”②

王德春教授 1964 年在《使用语言的环境》中指出：“使用语言的时间、地点、场合、对象、话题，使用语言的人和使用语言时所表现的思想等因素构成特定的言语环境。”③1983 年，其又在《语境学是修辞学的基础》一文中说：“什么叫语境呢？语境就是时间、地点、场合、对象等客观因素和使用语言的人、身份、思想、性格、职业、修养、处境、心情等主观因素所构成的使用语言的环境。”④

《中国语言学大辞典》中“语境”词条的释义为：“①‘语言环境’的简称。某种语言成分在语言体系中所能出现的环境。包括两类：按语言组合规则可能出现的条件。……已经出现在语言片段中的某个语言单位的前后词语，对语义的实现起补充、制约作用。②也叫‘言语环境’。与言语行为有关的时间、地点、文化、心理环境等。对语言的表达和理解有着重要的影响和制约作用。”⑤

张志公先生说：“所谓语言环境，不仅仅指说话的现场，还包括说话人和听话人的身份，是男是女，年轻的、年老的，各是什么地方人，并且包括说话人和听话人的各种背景，如文化背景、语言背景、思想意识背景、风土习惯背景，以至说话者同听话者的目的。”⑥

黄伯荣、廖序东的《现代汉语（上）》指出：“语境就是语言单位出现时的环

① 陈望道：《修辞学发凡》，上海教育出版社，1979 年版，第 7-8 页。
② 张弓：《现代汉语修辞学》，河北教育出版社，1993 年版，第 2 页。
③ 王德春：《使用语言的环境》，载《学术研究》，1964 年第 5 期。
④ 王德春：《语境学是修辞学的基础》，选自《修辞学探索》，北京出版社，1983 年版，第 64 页。
⑤ 中国语言学大辞典编委会：《中国语言学大辞典》，江西教育出版社，1991 年版，第 416 页。
⑥ 转引自王建华等：《现代汉语语境研究》，浙江大学出版社，2002 年版，第 55 页。

境。一般分为上下文语境和情景语境（又叫社会现实语境）。词、短语、句子等在语流中出现时，它前面或后面出现的其他语言单位都是该单位的上下文语境。……上下文语境是就语言内部说的。情景语境则指说话时的人物、背景、牵涉到的人或物、时间处所、社会环境以及说听双方的辅助性交际手段（包括表情、姿态、手势等非语言因素）。”①

《语言学百科词典》中“语境”词条的释义为：“（语境）包括以下三个方面的因素：①上下文，即口语中的前言后语，书面语中的上句和下句、上段和下段。②发生言语行为时的实际情境……③某个言语社团的社会文化，即操某种语言的人特有的文化背景、社会规范和习俗。”②

从以上关于语境的引述中，可以归纳为三种观点：一是语境指语言内部的上下文。像《中国语言学大辞典》中“语境”词条的第一个义项，学术界一般称为“狭义的语境”。二是语境指语言运用的外部环境，语言内部上下文语境不在其中。三是语境既指语言内部上下文，也指语言外部的环境。对此，学术界一般称之为“广义的语境”。

这里要指出的是，在广义的语境含义中，交际主体是被包含在其中的，但有学者认为，从言语交际学的角度看，交际主体不应包含在语境要素之中。刘焕辉在其主编的《言语交际学教程》中主张把交际主体从广义语境中分离出去，他认为，语境概念内涵“几乎把言语交际双方的身份、经历、职业、思想、性格和交际动机、时间、地点、场合以及时代背景等一切主客观因素都包罗进去了。我们从言语交际的角度来探讨它和话语的关系，自然要从广义来使用‘语境’这一概念。但为了区分质的界限，又得从广义的‘语境’中把使用语言的主体因素排除出去，不致把参与言语交际的主体和交际环境混为一谈。因此我们所界定的语境是专指言语活动（包括说写和听读）的客观环境，而不包括参与交际活动的主体因素——因为主体因素和语境因素对言语活动及其成品即话语的影响是有性质区别的。诚然，言语环境毕竟跟参与交际的人分不开，但人的因素只有通过交谈的话题及交际双方的角色关系构成一定的情境气氛，形成一定的言语场，才能充当语境因素”③。赵毅、钱为钢在《言语交际学》中也不同意把交际主体归入语境之中，认为：“现代修辞学和语用学把交际主体看作是语境中的一个因素，这在言语交际学看来也是不可取的。事实上，交际主体和语境是有着本质的区别的。‘交际主体’作为言语交际这一实践活动的主体，是其中唯一积极主动的因素，具有主观性和能动性。语境则是言语交际的环境，是有待交际主体去认识、适应和改造的客体，

① 黄伯荣、廖序东：《现代汉语（上）》，高等教育出版社，2002 年版，第 302-303 页。

② 戚雨村等：《语言学百科词典》，上海辞书出版社，1993 年版，第 447 页。

③ 刘焕辉：《言语交际学教程》，中央广播电视大学出版社，1995 年版，第 33 页。

尽管它对言语交际行为的影响不容低估，但这种影响必须通过交际主体才能实现；因而，相对于交际主体来说，语境只能是客观的、被动的。这样看来，要研究言语交际活动，就十分有必要把交际主体从语境中分离出来，作为独立的，而且是极为重要的一项要素加以分析。”①

综合以上研究者们的成果，本书认为，所谓语境就是指语言使用的现实环境，是言语行为赖以存在、表现的物质和场所。从语境的组成要素上看，既有语言方面的，也有非语言方面的；从语境的种类看，可分为内部语境和外部语境、动态语境和静态语境、共时语境和历时语境、显性语境和隐性语境等多种。

二、语境的特征

言语交际中的语境呈现出来的特征是多方面的，概括起来主要有以下几个基本的特征。

（1）语境具有客观现实性。孤立的话语无法让交际双方相互理解，任何一次言语交际都是在相应的语境之中进行的，脱离语境的言语交际是不存在的。语境的这种与言语交际行为共生的特征，反映了它的客观现实性。

（2）语境具有相对确定性。言语交际行为一旦发生，相应的语境就大致确定，构成语境的一些要素在一定的语境中就表现为稳定不变的状态，这就是语境的相对确定性。像民族、地域、时代、思想、交际双方的关系等语境在很短的时间里都不会发生太大的变化。只有这样，交际才能正常进行。

（3）语境具有整体性。构成语境的诸要素是互相联系的有机整体，其内部包含了众多的子因素，这些子因素按照一定的结构和层次罗列在一起，在具体的言语交际中，语境功能的发挥以整体的面貌呈现出来，并非只是某个子因素单独发挥作用，而是各个子因素相互交叉、相互渗透，共同形成一个“语境场”，对言语行为产生影响。

（4）语境具有动态可变性。语境并不是一种静止不变的客观存在，而是不断发展、推进、变化的，它是一个动态的、开放的系统，绝不会出现电影中的“定格”或计算机上的“死机”状态。它的构成、它的性质是不断变化着的，对言语交际的影响约束也是不断变化着的。时代背景、现场情景、文化背景、事件发展态势等都处于不断变化的状态之中，影响着人们的言语交际活动。言语交际的策略是随着客观语境变化的条件下对主体的认知、理解和把握的不同而变化的。

① 赵毅、钱为钢：《言语交际学》，上海三联书店，2003 年版，第 43-44 页。

第二节　语境对言语交际的作用

语境是言语交际的必要条件，任何交际都离不开语境，同时，正是语境实现了话语的交际功能，制约着人们的编码和解码的活动。从言语表达与理解来看，语境对言语交际具有以下几方面的作用。

一、匹配作用

匹配作用指的是：特定的语言环境要求一定的语言形式与它相匹配。如果编码偏离了语言环境的匹配要求，就会导致解码失误。一架美国联合航空公司（VA）（UA）的客机，正在太平洋上空进行夜间飞行。突然，一位日本中年男旅客，向身旁穿过的美国空中小姐手中端的托盘上放了个币袋儿，操着流利的英语说："it's a bomb."（这是个炸弹）。空中小姐一愣："请问，您理解您刚才说了些什么吗？"这位日本旅客又重复说："It's a bomb．B—O—M—B!"空中小姐立即用机内通话设备请示机长该怎么办。机长要她把币袋儿连同托盘一起，丢进飞机尾部的危险物处理箱。惹了祸的男旅客见此情景，满头大汗地拼命向乘务员（用）日语翻译解释："那是 joker，是开玩笑。"但机长仍然决定向成田机场返航。这架飞机虽然没有发出劫机信号，却在海上弃置了燃料，并请求机场派消防车待命。飞机一降落，那位旅客当即因违反了劫机防止法而被逮捕，并送交检察署。后来，千叶县地方法院以"无犯罪意识"为理由，驳回了千叶县地方检察署的拘留要求，决定采取自由出庭方式来审理。然而，不论他是否应负刑事责任，美国联合航空公司方面都准备提出包括燃料费、着陆费、旅客住宿费等在内总额达 6000 万日元的损失赔偿要求。[①]

二、补足、丰富语义

话语表达时，人们为了用语简洁，常采用一些简省的语言形式，省略一些话语信息内容，但是听读者却可以毫不费力地解读，这是因为有了语言环境所提供的补足功能对话语意义的添加。如下面一个对话。

甲：你的肉多少钱一斤?

乙：六块五。

这两句虽都不是完整句，但双方都能听懂。如果不是在具体的语境中，甲的问话肯定会使乙不高兴，乙可能不会回答。然而，由于有了菜市场这个具体语境，

---

① 转引自网络资料：《6000 万日元的玩笑》，http://www.tom61.com/baikequanshu/xuekexinzhi/falvqiwen/2009-01-05/8746.html。

甲的问话被省略的内容就被乙补充出来了。

案例 3-1

游泳馆的工作人员给他一条游泳裤，他看了看，收下了，也不付钱，也不走，问：“上衣呢？”

工作人员疑惑地问：“什么上衣？”

“泳裤有了，上面还该有个上衣啊！”

“男士只有泳裤。”①

离开交际的场景，“男士只有泳裤”的话，谁知道是什么意思？!但是在这个具体交际场景之中，会话含义是很明确的。

语言是传递信息、进行交流和交际思想的重要工具。要提高语言的表达效果，首先必须保证信息传递畅行无阻。语境作为补充信息的载体，为确切理解语言提供了基础。所以，理解话语时，听话人需要借助语境来补足语义，从简省的语言形式中推断出具体准确的意义。在口语或书面语交际中，说写者有意或无意脱落了一些词语，这是经常会有的事情，但是一般情况下都不会影响交际活动的正常进行，这都是因为语境的填补功能在起作用。

有时，在一定的语境中，表达者可以不必将要传达的信息全部说出，可以留些信息（这些信息常常是表达者真正想表达的内容），让保留的信息“蕴含”在语境里，这时接收语码者可以把接收到的语码放到语境中，通过语境的帮助把表达者保留的信息补充出来，甚至解析出比编码角色负载到语码上的信息丰富得多的信息，或者是把解码者根据语境创造出的新信息加到语码上。

案例 3-2

晴雯笑道：“呸!好没见世面的小蹄子!那里把好的给了人，挑剩下的才给你，你还充有脸呢!”秋纹道：“凭他给谁剩的，到底是太太的恩典。”晴雯道：“要是我，我就不要。若是给别人剩的给我，也罢了；一样这屋里的人，难道谁又比谁高贵些？把好的给他，剩下的才给我，我宁可不要，冲撞了太太，我也不受这口气！”秋纹忙问道：“给这屋里谁的？我因为前日病了几天，回家去了，不知是给谁的。好姐姐，你告诉我知道。”

晴雯道：“我告诉了你，难道你这会子退还太太去不成？”秋纹笑道：“胡说!我白听了喜欢喜欢，那怕给这屋里的狗剩下的，我只领太太的恩典，也不管别的

① 转引自王丰：《对外汉语中的文化词语教学研究》，四川师范大学 2012 年硕士学位论文，第 7 页。

事。”众人听了都笑道：“骂的巧，可不是给了那西洋花点子哈巴儿了！”袭人笑道：“你们这起烂了嘴的!得空儿就拿我取笑打牙儿，一个个不知怎么死呢！”秋纹笑道：“原来姐姐得了!我实在不知道。我赔个不是罢。”①

一次，袭人、晴雯、秋纹、麝月几人在一起时，秋纹提起她曾照宝玉吩咐把两瓶新插的桂花送给老太太（贾母）和太太（王夫人），因而讨得贾母和王夫人欢心，当着众人赏给她两件衣服的事。这段对话中，晴雯说“把好的给了人”，这人就是“袭人”，秋纹说“哪怕给这屋里的狗剩下的”，本意并不是说袭人，而众人却依据特定的语境把自己的理解——骂袭人是狗，加载到秋纹的话上，因而“都笑”了，而且还补充说“是给了那西洋花点子哈巴儿”，明显地指出这“人”、这“狗”就是“花袭人”。

有时语境还可以帮助人们从不正常的句子中推断出正常的信息，使语言出现“无理而妙”的艺术效果，如豫剧《大祭桩》中黄桂英到法场哭祭她的未婚夫李郎时哭道，“我的我呀……”这句话孤立地看，简直不通到极点，从前妇女哭丈夫要么叫“我的夫呀”，要么哭“我的天呀!”什么叫“我的我呀”？令人费解。可是一进入这个语言环境便不难理解，因黄桂英是一位受过封建礼教教育又没过门的未婚女子，在法场上也只能这样哭。

三、明确言语的意义

现实生活中，言语交际活动总是在一定的环境中进行的，从语义的角度来看，言语的意义是抽象概括的，任何一个句子，甚至任何一个词语，孤立地看虽然也有一定意义（句意或词义），但这个意义所指的对象或具体内容是不确定、不清楚的。只有在一定的语境中，话语的意义才能确定，它们才有明确具体的所指，因而也才能起交际作用。例如校名，同是“南大”，如果是天津人说，一般是指南开大学，如果是南京人说，一般是指南京大学；同是“华师”，武汉人用来指称华中师范大学，广州人用来指称华南师范大学，上海人用来指称华东师范大学。在现实生活中，这种缺乏语境制约的表述可能会给人们的生活带来不便，甚至会出现不法分子有意隐去有关的语境要素进行欺骗的现象。

案例 3-3

包装纸上注明的“当日产品，保证新鲜”，使人不可置信，因为上面看不到生产的日期。没有日期的“当日”，岂不是天天是“当日”？这样的产品，又怎么

① （清）曹雪芹：《红楼梦》（第三十七回），北京教育出版社，2013年版，第275页。

能“保证新鲜”呢？只有注明生产日期的“当日产品”，才算是名副其实。①

缺少了语境因素时间，“当日”只有词典上的意义，没有具体的指称对象，因而也失去了交际的意义。可见，正是语言环境消除了话语的多义性和模糊性，确定了言语的意义，语境是落实言语含义的重要条件。特别是包含指示词语的话语都要在具体的语境中才能获得明确的解释，同时这些指示词语也会因语境不同而具有不同的所指意义。

案例 3-4

宝玉进来，只见地下一个丫头吹熨斗，炕上两个丫头打粉线，黛玉弯着腰拿剪子裁什么呢。宝玉走进来，笑着：“哦！这是做什么呢？才吃了饭，就这么控着头，一会子又头疼了。”黛玉并不理，只管裁他的。有一个丫头说道：“那块绸子角儿还不好呢，再熨熨吧。”黛玉便把剪子一撂，说道：“理他呢！过一会子就好了。”②

丫头讲的是熨绸子角，怎么黛玉会说“理他呢！过一会子就好了”呢？真的绸子角过一会子就会好吗？这是不可能的事。如果只看这段话，确实令人费解。但如果结合前面一段话来理解，它的含义就非常清楚了。前面有一段是：宝钗因笑道：“你正经去罢。吃不吃，陪着林妹妹走一趟，他心里正不自在呢，何苦来？”宝玉道：“理他呢！过一会子就好了。”③这段话正是黛玉说的“理他呢！过一会子就好了”的具体语境。宝玉说时，正好被黛玉听到。黛玉重复宝玉说的话，表面上是说绸子角，实际上是借此奚落宝玉，一语双关，言在此而意在彼。

此外，语境还能够帮助消除语言中的一些歧义，使语义在一定的语境中得到确定。语言中充满了歧义，但是在交际活动中，绝大多数话语并没有产生歧义和误解，听话人大都是比较正确地接收了说话人所传递的信息。这全都得力于语境，正是语境帮助我们消除了语言材料和话语本身所蕴藏着的多义。例如，孤立地看“鸡不吃了”这句话是个歧义句，既可表示“鸡不吃食了”，也可表示“人不吃鸡了”。但当这个句子进入一定的语境中，歧义自然消除，使意义明确，如在酒宴吃饭的语境中，意义是后者；在养鸡场或农家茅舍喂鸡时，意义是前者。

四、生成言外之意

语境既可以规定言语的含义，排除“言外之意”，又可以在特定的场合使言

① 转引自网络资料：《指示和语用原则》，https: //max.book118.com/html/2017/1020/137530562.shtm。

② （清）曹雪芹：《红楼梦》（第二十八回），北京教育出版社，2013 年版，第 205 页。

③ （清）曹雪芹：《红楼梦》（第二十八回），北京教育出版社，2013 年版，第 204 页。

语产生“言外之意”。话语的意义在语境中具体显现的同时，常常会增添新的语义内容或新的色彩，就是说话语在一定的语境中可以产生字面上没有的临时性的言外之意。言外之意不是语言本身直接显现出来的，而是借助特定情境意义衬托出来的，是特定语言环境所赋予、生成的。这些言外之意也会因语境的存在而能够为听者理解和接受，体察言者的真正用意。

案例 3-5

这时，从老太太的家门口，走出一个花褂子年轻女子，手里端着一只浅篮。苗小莠子眼尖得像两把锥子，断定必是老太太的刚过门的儿媳，便假装粗脖子红脸地嚷道：“老太太，你一百个放心!缺斤少两，我是你儿子。”那个小媳妇闹了个大红脸。①

这个苗小莠子此时这么高兴做这个老太太的儿子，是因为她的刚过门的儿媳妇就在面前，他是说给这新娘子听的，是在讨她的便宜，所以她才闹了个大红脸。这种会话含义是特殊语言环境所生成的。

案例 3-6

（末见旦科）（夫人云），小姐近前，拜了哥哥者！（末背云）呀，声息不好了也！（旦云）俺娘变了卦也！（红云）这相思又索苦也。②

崔莺莺是没有哥哥的，所以当老夫人说：“小姐近前拜了哥哥者”后，莺莺、张生、红娘三人差不多立刻领会了这句话的言外之意，感到老夫人要赖婚。张君瑞帮老夫人退了贼兵，老夫人本该履行诺言，把莺莺许给张生，但她企图赖婚，想让崔、张以兄妹相称，摆了桌酒席，一谢了事，在这种场合说这句话，言外之意显露无余，老夫人也无须叙述赖婚想法。

在某些特殊情况下，说话人由于受到各种因素的制约，有些话要正话反说，直话婉说，坏话好说，重话轻说，“王顾左右而言他”，含不尽之意于言外，故意留下意义上的“空白”，让对方通过特定的语境去领会，去联系或补充某些话语所包含的深刻含义。

五、使语（词）义变异形成辞格

具体的语境，会使语（词）义发生多种变异，造成“辞面”和“辞里”的离

---

① 刘绍棠：《烟村四五家》，上海文艺出版社，1985 年版，第 116 页。

②（元）王实甫：《西厢记》，华东师范大学出版社，2006 年版，第 178 页。

异，形成修辞上的双关、反语、别解、借代、比喻、拈连、仿拟等多种修辞格，这些修辞格就是以语境作为立格达意的条件的。

案例 3-7

（1）一家女儿做新娘，
十家女儿看镜光。
街头锣鼓声声打，
打着心中响啷啷。①

（2）陈连昌不屑地斜眼，说，“啥话？从结婚到如今，诸位哪个见咱在段上洗过油包？不给洗衣服，那叫啥媳妇？媳——妇，媳妇，就是洗（媳）衣服（妇）嘛。”②

（3）几个女人有点失望，也有点伤心，各人在心里骂着自己的狠心贼。③

（1）中的“响啷啷”，在这个上下文语境中，表面上看是描写街头锣鼓声，实际上更主要的是说明女子对心上人的想念之情，意义发生变异，一语双关，含蓄生动。没有语境的衬托，双关只能是“一语单关”。（2）中“媳妇”本是妻子之义，在这句话中把它曲解成洗衣服，赋予新义，但这个意义不能和原来约定俗成的意义并行不悖，更不能取而代之，这个意义只是在这个语境中偶尔用一下，形成别解辞格。离开这个语境，词义就发生不了变化，也产生不了积极生动的修辞效果。（3）中贬词褒用，正话反说，让人一看就知道这根本没有恶意，而是用反语表达了女人们对丈夫深沉的爱，如果离开语境，是体会不出其真实意义的，甚至还会使表意适得其反。

六、对话语的制约

语境对言语交际有积极的影响，但也有不可忽视的负面效应，它制约着话语的表达和理解。例如，曹丕要加害于曹植，又不能事出无因，就出了一道难题，命他七步作出一首诗，既要扣住兄弟之事，又不能出现“兄弟”一词。对曹植来说，作这首诗受时间、空间及语言本身等苛刻条件的制约。所幸曹植克服了环境的制约，作出了那首著名的《七步诗》：“煮豆燃豆萁，豆在釜中泣。本是同根生，相煎何太急。”满足了曹丕的条件，用语言救了自己一命。

① 转引自姚锡远、张红运：《语言文学修养》，气象出版社，2001 年版，第 59 页。
② 转引自高万云：《浅谈成语的谐音改造》，载《修辞学习》，1994 年第 2 期。
③ 孙犁：《荷花淀》，天津人民出版社，2010 年版，第 7 页。

案例 3-8

学生："老师，籍贯这栏怎么填？"

老师："就是你出生的地方。"

学生："噢，明白了。籍贯——朝阳医院。"①

这里固然有"出生的地方"所指范围大小不同的歧义，但更主要的是小学生缺乏对籍贯的理解，制约了对话语的理解，造成笑话。这是话语理解受主体语境制约的结果。

语境对言语交际具有重要的作用，在交际时我们应尽量克服语境制约带来的消极因素，遵循语境的有关原则和规律，充分利用语境，以便使交际顺利进行。

第三节　言语交际中语境的顺应

语境是言语交际活动的基础，是语言运用的舞台。一切言语交际活动只能发生在具体的语境之中，语境对言语的制约贯穿交际活动的全过程，无论是表达者的编码活动还是接受者的解码活动都要受到语境的限制。运用语言要适合语境，就是指语言运用要与语境有关的因素相适应，如果不适应，语言就不得体，就会影响语用效果，语言运用是否切境，实际上就是语言运用是否得体的问题。吕叔湘先生说："此时此地对此人说此事，这样的说法最好；对另外的人，在另外的场合，说的还是这件事，这样的说法就不一定最好，就应用另一种说法。"②言语交际效果好不好，语言美不美，不是不顾效果地追求语言的华美，而是要看它是不是跟言语环境相切合。同样一句话，在不同的语境里说出，所表达的意思是不同的。所以，在言语交际时，应努力做到适应各种不同的环境，冲破束缚与限制，积极能动地借助语境、利用语境，化消极因素为积极因素，及时调整言语行为，选择恰当的表达形式，以便顺利传递信息、交流思想、表达感情。语境的利用是一个复杂的言语活动，它包括两方面的心理过程。

一是语用主体认知语境的过程。语用主体在建构话语之前，必须认知语境，即必须认知言语行为是面向何人、何时、何地、何事、何种文化氛围等，从而准确感悟、认知语境。

二是语用主体必须根据自己认知了的语境，驾驭语言，使言语形式承载的言语内容不仅要尽可能地顺从、适应语境，还要充分利用语境来建构艺术得体的话

① 转引自网络资料：《笑话与幽默》，https://wenku.baidu.com/view/c415a5dc0c22590102029d31.html。

② 转引自《修辞学习》，1986 年第 1 期封二。

语，才能收到好的效果。

顺应是指言语交际顺从语境、适应语境，是语言形式、语用场合与情境的和谐统一，是语用者思想情感和交际中特定语境有机交融的产物。高明的言语表达者，能够利用语境与言语交际的各种关系，把自己的思想巧妙地表达出来，取得良好的交际效果。

一、上下文语境的顺应

上下文是语言符号之间的相互关系。如果从广泛意义来理解，凡是字、词、短语、句子，或前或后所出现的、可以提供给我们确定它的意义的语言形式统称为“上下文”。其实，上下文语境就是“由语言材料构成的言语环境”。所以，上下文语境可以定义为：由语言材料构成的影响或约束言语行为的言语环境。

从最具体的言语交际活动来说，说话是要一句一句说的，但总不能说了下句忘了上句，也不能说了前面不顾后面。所以，在言语交际中，语言的使用和搭配要注意与上下文保持整体上的和谐，也就是说，在特定的上下文中，一个词语、一个句子同其他相关词语和句子的搭配要得当，整个话语在语音、语义、语体等方面要保持协调一致、和谐统一，形成有机的组合。这正如托马斯·斯特恩斯·艾略特在《四个四重奏》里所说：“每一个正确的 / 片语和句子 / 那里每一个词都是恰到好处 / 各就其位，互相衔接，互相衬托 / 既不晦涩，也不炫耀的词 / 旧和新的一个不费气力的交易 / 普通的词，然而精确，毫无俗气 / 正规的词，意义确凿，但不迂腐 / 完整的辅音跳舞在一起 / 每一个片语和句子是一个结束和开始 / 每一首诗，一个墓志铭。”[①]

任何语言材料，只要在特定的上下文中是得体的、能使上下文保持和谐的，它就是好的、美的。相反，如果语言材料本身是好的、美的，但使用的地方不对，不能使上下文保持和谐，就算不上是真正的美好。

案例 3-9

有一次，郑板桥冒着风雪去访问朋友，正遇上一群书生在赏雪吟诗。书生们看见穿着粗布衣服的郑板桥，孤身一人在风雪中奔波，于是故意拦阻刁难他，非要他赋诗不可。郑板桥没有办法，只好从容地指着鹅毛大雪吟道：“一片两片三四片，五六七八九十片。”当这些文人墨客听到郑板桥从一数到十的时候，一个个止不住大笑说：“这哪像是诗啊!”郑板桥瞟了他们一眼，又不动声色地把刚才两句重新吟出，并且还续补了两句，吟成：“一片两片三四片，五六七八九十片。千片

① [英]托马斯·斯特恩斯·艾略特：《四个四重奏》，裘小龙译，漓江出版社，1985年版，第28页。

万片无数片，飞入梅花总不见。”刚才还在讥笑郑板桥的人一听，佩服得五体投地，连称：“好诗！好诗！”[①]

诗前两句是实写，后两句是虚写，虚写能引起人们丰富的想象。如果我们孤立看前两句诗，的确没有多少诗味，但与后面两句合在一起，倒是虚实相映，熔铸出了清新的意境：雪花千片万片，看似很多，但是当雪花落到那盛开的梅花丛中的时候，却变得花雪不分，融为一体了。郑板桥的诗能够产生这么美的意境，就在于他的语言运用注意到了“上下文或说前言后语”的适应性。

在《红楼梦》第二十八回中，薛蟠的酒令前两句是：“女儿悲，嫁个男人是乌龟。女儿愁，绣房钻出个大马猴。”第三句却是：“女儿喜，洞房花烛朝慵起。”前两句话格调粗俗，第三句则过于文雅，和上文极其不协调，不搭配。于是：“众人听了，都惊异道：‘这句话何其太雅!”’[②]众人的惊异就是对上下文的不协调的强烈不满。再如：“雍熙中，一诗伯作《宿山房即事》曰：‘一个孤僧独自归，关门闭户掩柴扉。半夜三更子时分，杜鹃谢豹子规啼。’又《咏老儒》诗曰：‘秀才学伯是生员，好睡贪鼾只爱眠。浅陋荒疏无学术，龙钟衰朽驻华年。’”[③]这些词语孤立地看，并没有什么不好，但是上下文中一联系，就非常可笑了。

语言材料的上下文搭配得整体和谐完美是对话语的基本要求，任何语言材料，只要在特定的上下文是得体的、和谐的，就是美的、好的。相反，如果同上下文搭配不上，则是不美的、不好的。

上下文语境又可以分为语音语境、语义语境、语法语境、语体语境。下面我们就分别从语音、语义、语法和语体几个方面讨论言语交际时的话语组织与上下文语境相协调的问题。

（一）语音语境

语音作为一种物质载体，具有相对独立的一面。不同声音的搭配有自己的规则，符合这种规则的语音系列就上口入耳，声情并茂，容易为言语者所接受。反之就拗口别扭，刺耳难听，交际对方就不易接受。言语交际时不仅要说着顺口，而且要听着悦耳，这样才能更好地提高交际效果。例如，“战争和和平”“师傅同同志”“有目的地阅读”“我打的的的前面的的是我的哥哥的朋友打的的”，等等，既不好发音，又听得别扭。有一句谚语是“隔夜茶，毒如蛇”，为什么一定要用“蛇”这个喻体呢？因为在产生这一谚语的方言里，“蛇”读作“sha”，同“茶”（cha）押韵。

① 转引自康家珑：《语言的艺术》，海潮出版社，2003年版，第136-137页。

②（清）曹雪芹：《红楼梦》（第二十八回），北京教育出版社，2013年版，第207-208页。

③（明）冯梦龙编撰：《古今笑史》，刘英民等注，花山文花出版社，1985年版，第228页。

人是爱美的动物。对语言美的追求是人类的天性，这种追求又首先表现在对语音美质的追求上，所以语音的音响效果和美质原则就是顺应语音语境的核心。由于各种语言中语音的民族差异以及民族文化传统和心理素质的差异，不同的民族对语音美质的追求是不完全一样的。这里主要介绍汉语语音的美质要素。

1. 押韵

押韵又叫韵律或谐韵、合辙，就是在话语中有规律地排列组合韵母相同或相近的音节，也就是在话语的特定位置上周期性地重复出现，是对语音的四个要素中“音色”的开发和利用，这是加强节奏感的一种手段，是把孤立的、分散的句子组合成为一个回环往复、连绵不断的有机整体的一种方式。马雅可夫斯基曾在《怎样写诗》中说：“没有韵脚……诗就会分散，韵脚使你回到上一行，回想起前一行，使叙述一个思想的所有诗行共同行动。”①臧克家说：“同一韵脚的诗句，可以比较紧密地结合在一起，从形式到内容可以得到统一与和谐……”“押韵却是加强节奏的一种手段，犹如鼓点，它可以使诗的音强更加响亮，增加读者听觉上的美感。”②鲁迅说：“诗歌有形式，要易记、易懂、易唱、动听，但格式不要太多。要有韵，但不必依诗韵，只要顺口就好”“押大致相近的韵，给大家容易记、又顺口、唱得出来。”③韵脚在诗歌等韵文里可以造成一种回环美。当每句诗或每行诗的末尾总是再现同样的元音，使字音跌宕回环、同声相应，就能给人一种朗朗上口、和谐悦耳的回环美。

押韵中的“相近”的韵是指韵母相近的音节（韵腹相近，韵尾相同）可以通押。例如 o 和 e 舌位相同，可以通押，ong 和 eng 可以通押，en 和 eng 可以通押，en 和 ong 可以通押。同调押韵，就叫作“一条龙”。它的好处是，活泼讨巧逗人爱；坏处是，嬉皮笑脸欠端庄。

押韵的方式从理论上看，当然是多种多样的，但是常见的是：偶韵、排韵、交韵、抱韵、儿化韵等。其中最为常见的是偶韵。

所谓偶韵，就是把第一句（也可以是第二句）定为基韵，以下逢双句就押韵。这是最常用的一种。汉语的诗多以四句为一节，那么押韵就是第一、二、四句押韵。例如，苏轼的《惠崇春江晚景》：“竹外桃花三两枝，春江水暖鸭先知。蒌蒿满地芦芽短，正是河豚欲上时。”又如，有这样一则手机短信：21 世纪，我们的新“四化”目标是给太阳装上开关，给黄河安上栏杆，给飞机设计倒挡，为长城贴上瓷砖！

---

① 转引自吴思敬：《诗歌基本原理》，工人出版社，1987 年版，第 239 页。

② 转引自王希杰：《修辞学通论》，南京大学出版社，1996 年版，第 357 页。

③ 同②。

排韵，就是句句押韵，一韵到底。王力说："一韵到底是最占势力的传统韵律。""在西洋，一韵到底的诗是相当少的。可见一韵到底表现了汉民族诗歌的民族风格。"[①]

交韵和抱韵都是以四行为一个相对独立的单元，四行都押韵。交韵是一三行押一个韵，二四行押另一个韵。抱韵是一四行押一个韵，二三行押另一个韵。陈毅的《重过三峡》："山川壮丽欣重睹，旧梦依稀认血痕。千万险滩皆稳渡，水头如箭破夔门。"押的就是交韵。蹇先艾的《雨晨游龙潭》："哦！山道上充溢水色春光，迷蒙的毛雨飘落纷纷，远峰织着翡翠的树影，仿佛我又一度地回到故乡。"押的就是抱韵。

在汉语中，由于韵母相同的音节特多，所以押韵就是比较容易的事情。闻一多说："中国韵极宽，用韵不是难事。"[②]正因为汉语中押韵比较容易，所以不仅诗歌，而且在日常表达中也常常讲究押韵。例如："不比不知道，一比吓一跳。""嘴上没毛，办事不牢。"日常的言语交际中，如果交际主体能够适当注意上下文之间的语音关联，自觉服从语音上下文的制约，就能提高言语交际的效果。

案例 3-10

问：你最同情哪部分青年？

答：生下不久就挨饿，上学不久就停课，刚刚毕业就插队，回城几年待分配，结婚没有窝，生活最窘迫。这部分人经过各种磨炼，现在大多三十多岁。在企业中承上启下，影响较大，工资较低，困难较多。[③]

这段话在一些关键地方也同样注意到了语音上下文之间的和谐押韵。第一、二句末尾的"饿"和"课"押韵，第三、四句末尾的"队"和"配"押韵，第五、六句末尾的"窝"和"迫"押韵。有了这样几个字的安排，整段话就出彩了，读起来朗朗上口，听起来声音和谐，能给人留下深刻的印象。

2. 节律

作为语言学术语，节律指的是话语中声音长短强弱的一种组合现象，是语音句中音节和音节群的有规律排列组合的方式，也就是语音句内部间歇和停顿的有规律出现的模式。节律在言语交际中之所以重要，一是因为话语的节奏同说写者

① 王力：《略论语言形式美》，载《光明日报》，1962 年 10 月 9 日。

② 闻一多：《诗底格律》，闻一多全集（3），生活 • 读书 • 新知三联书店，1982 年版，第 196 页。

③ 转引自刘吉：《值得思考和探讨的问题》（一个八十年代的厂党委书记与大学生的对话），载《工人日报》，1984 年 12 月 13 日。

的思想感情的节奏之间是有着某种联系的，只有把握好话语的节奏才能更好地表达说写者的思想感情；二是话语的节奏是受到说话人的生理因素制约的，只有顺应节奏规律，交际活动才得以正常进行；三是节奏感是人的美感的一个重要表现方式，话语的节奏可以满足人对美的追求。

节律是汉语诗歌最基本的美质因素。正如何伟棠在《汉语诗歌格律结构新论：节律论》中所说："我们肯定节律的中心地位，是因为它普遍存在于汉语诗歌的格律结构之中，它可以管到迄今为止出现过的任何一种诗歌体式，任何一种诗体都不可能没有节律的讲求，而且又都是因为在节律上的不同而显示出它们各自的音律节奏的特点。"[①]"节律的重要性还在于，它是各种结构成分相融相合的基础；各种节奏模式，如韵式和平仄调式等，都必须在节律基础上，在和节律的结合上调配组排。韵式和平仄调式，无疑是非常重要的，在某些诗体如近体诗和词中甚至于是不可缺少的，但相对于节律来说，仍不过是装饰，浅显性质的东西。"[②]

在语音句内部，在两个停顿和间歇之间的一个或多个音节，是自成一个小单元的，是不再分割的，即它的内部是不可以停顿的，只能作为一个语音单位以整体的形式出现。这可以叫作"音顿"，也有叫作"顿""音步""音尺""语节""音节组"等。卞之琳在《对于白话新体诗格律的看法》中说："我们用汉语说话，最多的场合是说出二、三个单音字作一'顿'。少则可以到一个字（一字'顿'也可以归附到上边或下边两个二字'顿'当中而合成一个三字'顿'），多则可以到四个字（四字'顿'就必然有一个'的''了''吗'之类的'虚字'，不然就自然会分成二、二或一、三或三、一两个顿）。这是汉语的基本内在规律，客观规律。"[③]正如吕叔湘所说："不得不承认 2+2 的四音节是现代汉语里的一种重要的节奏倾向。"[④]刘焕辉先生说："由于现代汉语中双音节词的大量发展，使得我们在听一段话或念一段文章时，总觉得其中的音节往往两个两个或四个四个地结合起来。这种现象，表明了汉语音节发展的一种趋势——人们在说话或写文章时，除了一部分必须用单音节的词以外，大量使用的都是两个音节或四个音节的词。这可能与民族的心理习惯有关（中国人一般喜欢偶数）。"[⑤]这就是说，每一个音顿由两个音节所组成，又以两个音顿为一个组合。这种 2+2 的音顿结构模式是从古到今最普遍的一种节奏模式。所以，我们在选词造句时，不可忽视音节的配合。配合得好，不仅读起来顺口悦耳，而且语意顺畅，富于表现力和感染力。

① 王希杰主编：《汉语修辞和汉文化论集》，河海大学出版社，1996 年版，第 235 页。
② 王希杰主编：《汉语修辞和汉文化论集》，河海大学出版社，1996 年版，第 237 页。
③ 转引自王希杰：《修辞学通论》，南京大学出版社，1996 年版，1996 年版，第 363 页。
④ 吕叔湘：《现代汉语单双音节问题初探》，载《中国语文》，1963 年第 1 期。
⑤ 转引自王希杰：《修辞学导论》，湖南师范大学出版社，2011 年版，第 265 页。

案例 3-11

天边偶尔飘浮着淡淡的白云，象什么神仙画家从天庭跑过，信手运笔，轻轻抹在青山之旁，碧空之上。又象从别的什么仙境飘来的片片银色的羽毛，**若飞，若停，吸之若来，吹之若去**。这时候，你**鼻翼歙动，只觉洁净清爽，沁人心脾，纵目四望，只觉耳目一新**。①

句中黑体的词语，大都采取两个音节或四个音节的形式，构成一种整齐对称美，读后令人体会到散文诗韵，深受感染。这是作者对音节做了精心选择的结果。案例中还有不少四个音节的词组，更可明显看出作者是有意为之。

不但诗歌、散文里讲究节奏，在口语中，也同样是讲究节奏的，忽视了节奏，表达就无美质可言。其节奏的基础也是以两个音节为一个音顿，而以两个音顿为一个单元。《扬子晚报》1996 年 1 月 5 日有一文章标题“醉酒咬断女友舌沭阳一青年被拘留”。“女友舌”应当说“女友的舌头”；上一句是四个音顿，上 2 下 2，2\2\2\1；下一句也是四个音顿，但却是：2\3\ 1\2。于是就显得很别扭，很不顺畅。

在朗诵的时候，每一个音顿的发音时间的长短是应当大体相等的。音顿的发音时间是以一个音顿有两个音节为基础的，如果在一个音顿内有三个或四个音节，那么它也只能发两个音节的时间。所以音顿是“具有凝定的、闭锁特征”的。值得注意的是，这里的时间的长短，正如孙大雨所说，“这所谓相等乃是心理上的感觉，往往没有并且也不必有物理上的精确性。”②这一方面受到人们的生理机能的制约，另一方面则受到汉族文化传统的制约。

3. 声律

所谓声律，指的就是对汉语中的声调的开发和利用，通过音节与音节群之间声调的同和异的对立而显示出来的一种间歇和停顿、抑扬顿挫的节奏模式。

汉语是一种有声调的语言，就是说，在汉语中声调具有区别意义的功能。古代汉语分平、上、去、入四个声调。又分为两大类：平声和仄声，仄声包括上、去、入三个声调。平声，不升不降，平而长；仄声，或升或降，曲而短。沈约在《宋书·谢灵运传论》中说：“夫五色相宣，八音协畅，由于玄黄律吕，各适物宜，欲使宫羽相变，低昂舛节，若前有浮声，则后须切响。一简之内，音韵尽殊，两句之中，轻重悉异。”③这里的“宫羽、低昂、浮声、切响”指的都是两类相异的

---

① 孙荪：《星云月三赋》，载《北京文学》，1981 年第 1 期。

② 孙大雨：《诗歌的格律》，载《复旦大学学报》，1957 年第 1 期。

③ 转引自罗根泽：《中国文学批评史》，上海书店出版社，2003 年版，第 287 页。

声调。所谓“一简之内，音韵尽殊”，就是说平声同仄声的音节应当交错着使用，不得连续运用；所谓“两句之中，轻重悉异”，就是在五言或七言诗歌中，每两句为一组。每组内部的两句构成一个整体，其中的上句和下句在相同的部位上，要求平仄相异相对，这是一正一反两个方面对声调组合搭配的规定。从方法论的角度看，就是立足于平声和仄声之间的差异和对立。符合要求就是得体，就是美；违反了这些要求的，如“八病”，就是不得体，就是丑。

语音语境对言语交际影响非常大，日常生活的口头交际中，我们经常遇到这样的事，两人交谈的时候，如果甲方使用乙方能懂会用的方言来交谈，那么乙方也会自然而然地使用那种方言来交谈。第一个人使用方言，也就为下面的交谈定出了语音环境，第二个人马上转用同一方言来交谈，就是为了适应这样一个语音环境。

（二）语义语境

在言语交际活动中，交际双方是十分重视语义的。语义是一个复杂的问题，它所包括的内容是多种多样的。语义搭配也是十分复杂的，无论是概念意义、社会文化意义、联想意义还是暗示意义，都是不可忽视的。语义因素对表达和理解有一定的制约和影响，因此在言语交际中要考虑并正确利用这些因素。例如，①“我获得了冠军，感到很是荣幸。”②“我捞到了个第一名，快活死了!”③“我捞了个冠军，感到很是荣幸。”④“我荣获了一个第一，欢喜死了！”①和②符合语义搭配的常规，语义的语境和谐一致；③和④却违背了语义搭配的常规，所选择的词语同它们所处的语义环境是不一致的。

这里我们主要讨论下面几种语义语境：①社会文化意义的语境；②联想意义的语境；③暗示意义的语境；④色彩意义的语境。

1. 社会文化意义是人类社会文化赋予话语的意义

社会文化的要素非常丰富，它从多方面制约和影响言语交际的社会文化意义，因此发话人要尽可能考虑受话人的社会文化背景（如民族、地域、职业、性别等），以免造成沟通障碍。

案例 3-12

《中国青年报》上曾经刊载一篇题为“人口普查员的语言文明”的文章，写到一个青年普查员碰上一个七十多岁的老太太张口就问：“有配偶吗？”，老人愣了半天，然后反问：“什么配偶？”普查员意识到自己的学生腔来了，于是根据对方的水准调整了措辞：“就是你丈夫呗。”老太太笑了，说：“你说丈夫不就得了，俺们哪懂得你们文化人说的什么配偶哩!”[①]

普查员的前一种说法没有考虑到受话人的年龄、文化程度等，所以沟通出现障碍。换了说法之后，消除了社会文化意义造成的隔阂，才使交际得以实现。

2. 联想意义是受一定语句意义影响而产生联想所形成的意义

联想是人的思维功能，作为第二信号系统的词语刺激大脑，可以引起由此及彼的联想。在交际时，一方面要避免引起不快的联想，另一方面可以利用联想提高表达效果。

案例 3-13

阁下驾驶汽车，时速不超过 30 里，可以欣赏本市的美丽景色；超过 60 里，请到法庭做客；超过 80 里，欢迎光顾本市设备最新的医院；超过 100 里，祝您安息。[②]

这段交通警示语避免了“罚款”“受伤”“车祸”“死亡”等人们忌讳的字眼，但风趣幽默的语言足以引起人们的联想，使之重视交通安全。

3. 暗示意义则是借助字面意义的刺激而引起相应反应所形成的意义

暗示意义往往是一种言外之意。暗示也是一种心理活动，它的本质在于“言在此而意在彼”，即借助语言（也包括非语言符号）十分含蓄地给受话人以某种信息，使对方接受之后自然做出发话人所希望的反应。因而运用暗示意义首先要避免直白，要使言语含蓄而有言外之意；其次要考虑受话人的可接受性，即受话人能产生发话人所希望的暗示反应，否则也是白费口舌。

案例 3-14

第二次世界大战期间，美国的一批科学家要试制原子弹，他们把这项工程定名为“曼哈顿工程”。核物理学家西拉德草拟了一封信，由爱因斯坦签署后，交美国经济学家、罗斯福总统的私人顾问亚历山大·萨克斯面呈总统罗斯福，信的内容是敦促美国政府要抢在德国前面研制原子弹。1939 年 10 月 11 日，萨克斯同罗斯福进行了一次具有历史意义的交谈。萨克斯先向罗斯福面呈了爱因斯坦的长信，

① 转引自王天华：《微观文化身份与语言使用差异》，载《哈尔滨工业大学学报》（社会科学版），2002 年第 2 期。

② 转引自网络资料：《公益广告广告词》，https://www.unjs.com/z/1590349.html。

继而又朗读了科学家们关于核裂变发现的备忘录。可是罗斯福听不懂那深奥的科学论述，因而反应十分冷淡。

罗斯福对萨克斯说："这些都很有趣，不过政府若在现阶段干预此事，看来还为时过早。"萨克斯讲得口干舌燥也无济于事，只好向总统告辞。罗斯福为表示歉意，邀请萨克斯第二天共进早餐。

鉴于事态和责任的重大，未能说服罗斯福的萨克斯整夜在公园里踯躅，苦苦思索着说服罗斯福的良策。

第二天早晨七时，萨克斯与罗斯福共进早餐。萨克斯尚未开口，罗斯福就先发制人地说："今天不许谈爱因斯坦的信，一句也不许谈，明白吗？"

"我想谈一点历史，"萨克斯望着罗斯福含笑的面容说，"英法战争期间，在欧洲陆地上不可一世的拿破仑在海上却屡战屡败。这时，一位年轻的美国发明家罗伯特·富尔顿来到这位法国皇帝面前，建议把法国战舰上的桅杆砍掉，撤去风帆，装上蒸汽机，把木板换成钢板。但是拿破仑却认为，船若没有风帆就不能航行，木板换成钢板船就会沉没。他嘲笑富尔顿：'军舰不用帆？靠你发明的蒸汽机？哈哈，这简直是想入非非，不可思议！'结果富尔顿被轰了出去。历史学家们在评论这段历史时认为：如果当初拿破仑采纳了富尔顿的建议，19 世纪的历史就得重写。"萨克斯讲完后，目光深沉地注视着罗斯福。

罗斯福沉思了几分钟，然后取出一瓶拿破仑时代的法国白兰地，斟满了酒，他把酒递给了萨克斯，说道："你胜利了！"①

这就是暗示意义所起的重要作用，因为作为政治家的罗斯福读懂了萨克斯"重写历史"的暗示意义。这比萨克斯直接劝说更有力量。

利用暗示意义来提高言语交际的效果必须注意受话人的特性，如知识和经验不甚丰富的人就比知识渊博、经验丰富而又老成的人容易接受暗示。受话人的处境也会影响暗示的效果，处在困境中的人比处在顺境中的人更容易接受暗示，这就是"望梅止渴"之所以能激励曹操士兵的道理。另外，暗示信息的传递方式越含蓄隐蔽，效果就越好。

（三）语法语境

语法是词、短语、句子、句群等语言单位的结构特点和规律。结构要素在建构不同层级的语言单位时，会受到句法、语义、语用等的制约。也就是说，话语的建构要遵循语法结构规律的要求。这些规律的要求就形成了话语建构中的语法语境，并对话语的组织产生影响。

① 转引自网络资料：《萨克斯说服罗斯福》，http://blog.sina.com.cn/s/blog_499af99a0101jfjq.html。

例如，句群是由两个以上的句子组成的，在内容上有一定逻辑关系，结构上有一定语法联系的超句文本。句群对内部的句子的组合起到约束作用，句群中的“每一个句子都蕴藏着对下一个句子的预览，并且成为一种对于预期内容的探测器；这一过程随即改变了‘预览’而使其成为已经阅读过的内容的‘探测器’”[①]。

案例 3-15

新媳妇哭了一天一夜，头也不梳，脸也不洗，饭也不吃，躺在炕上，谁叫也不起来，父子两个没了办法。[②]

句中“头也不梳，脸也不洗，饭也不吃”，用的都是受事成分做主语的主谓句，如果前一句改用“也不梳头”，那后面的句子就都得改成“也不洗脸，也不吃饭”；如果前句说成“头不梳”，则二句、三句就须改为“脸不洗，饭不吃”或“脸不洗，饭也不吃”。总之不能不顾前句在形式上的导引而任意说成“头也不梳，不吃饭，脸不洗”或“不梳头，脸不洗，也不吃饭”等。

可见一个句子的词语、结构确定下来，就必然影响到与之相关的其他句子的词语的选择、句式的调用、结构组织的安排，而一个句子的词语或结构有了变化，与之相应的一些句子，在词语选择、结构组织上，也必须做相应的调整。

（四）语体语境

语体是非常重要的语言学范畴，可以单独将它作为修辞学研究的内容对语体本质、语体形式、语体分类、语体功能等进行研究，也可以把它作为语境的子项加以研究。

人们的语用交际总会有不同的目的、任务，处于不同的时间、地点、场景之中，采用不同的交际方式，同交际对象的关系也会有亲疏之别，等等，这些语用的外部因素要求人们使用语言时适应不同的情况，随机应变，而不能总是一副腔调、一种程式。久而久之，这些外部的要求使运用中的语言形成了不同的约定俗成的范式和特点。对这些语言范式及特点加以归纳，便是所谓的语体。

语体对具体语言运用提出诸多要求。从编码角度看，词语的选择、组合方式的安排、句式的调用、辞格的设置等都必须适合特定的语体规范。适合特定的语体规范，本质上就是在语言特点上切合了言语交际的时空语境、事件语境，适合了言语交际活动的总体性质。通常，语体分为口语语体和书面语体两大类。

口语语体主要包括日常谈话体、讨论体、演说体、实况转播体等，书面语体

---

① Jane P. Tompkins: Reader-Response Criticism, Johns Hopkins University Press, p54。

② 赵树理：《小二黑结婚》，北岳文艺出版社，1992 年版，第 3 页。

主要包括争论体、公文体、科技体、文艺体等。口语语体的特点是：语言形式活脱、自然、通俗，话题广泛，且跳跃性大（俗称的“天上一句，地下一句”），语句简短零碎，语气词、口语词（包括方言、俗语等）使用频率高，使用多种省略等。

书面语体是在口语语体的基础上产生出来的。在社会生活的各种专门性交际中，它是一种比较复杂的现象，从其交流范围、交际目的来看，书面语体有文艺语体、科技语体、政论语体、公文（事务）语体，主要特点是：严密、规范、文雅、庄重，多术语，表达具有政治性、程式性、逻辑性、理论性、形象性、艺术性等。

语体对人们的言语交际起着很大的制约作用，所以在交际时应尽量适应不同语体的要求，该雅时雅，该俗时俗，该庄时庄，该谐时谐，切不可乱套语体，张冠李戴。

案例 3-16

通　知

各科室同志请注意，五月像彩蝶似的飞来了，白天如同多情的姑娘久久不愿离去，所以，从五月十日开始，作息时间改为上午七点半上班，下午五点下班，中午休息一个半小时。①

这份通知虽然写得很有文采，用了比拟修辞格，而且孤立地看这两个比拟也很形象，但由于语体错位，显得不伦不类。

案例 3-17

当我本科毕业拿到这份就业推荐表的时候，我热血沸腾，感慨万千。这一张看似简单的就业推荐表里，记录着我 16 年寒窗的辛酸和艰难，不容易啊！可也正是这份推荐表残酷地把我从这宁静的校园推向复杂的社会，从而宣告我读书生涯的终结。每每想到这里，我心中就有莫名的失落与恐惧。

我的求学之路是艰辛的，其间充满了坎坷与挫折，也走了不少弯路。面对困难我退缩过，自卑过，但从未放弃。可能正因如此，形成我坚韧不拔的精神。我是一个平凡得不能再平凡的人，相貌平平，身材平平，成绩平平，所做的一切都是那么不起风烟。但我平凡的外表下有一颗驿动的心，驱使我不甘平凡，积极努

① 转引自网络资料：《语言表达要注意“四化”》，https://wenku.baidu.com/view/a4e2c1cf9ec3d5bbfd0a74f5.html。

力超越平凡。[①]

这是一位外语系毕业的大学生在填写“普通高校毕业生就业推荐表”中的“自我鉴定”一栏时的表达。自我鉴定属于应用语体，该用朴实的语言，对几年来在大学的思想表现、学习成绩、能力特长等方面做出客观的自我评价即可，而这位大学生却写成了随笔式的文艺语体，语不对体，贻笑大方。

一般情况下，语体错位不是语言不规范，而是言语不符合语体规范，是言语主体对动态的语境制约认识不清产生的，有人把这种不规范叫作“言语病”。

言语要对体，是针对常规情况下的表达而言的。在言语交际中，人们有时为了追求一种特殊表达效果，故意打破语体风格规范的框架，用语言语体的交叉渗透或移植来增强言语表达效果。这种变异只要变得自然，变得巧妙，变得能增强语言的魅力，还是允许的。因为这些突破打破的是表达和语体语境常规的、表面的统一，而获得的是更高层次的切情切境的艺术的统一。这也是一种言语艺术的辩证法！

案例 3-18

姓名：吴诚信

性别：男亦可，女亦可

年龄：生于 20 世纪 60 年代或 70 年代

职业：待业

确诊方法：中西医结合

一、望诊

脸色：无甚大碍，就是不会脸红。即使是“落井下石”后，也是脸不变色。

眼睛：眼睛缺乏灵活性，只能侧视或者向“钱”看。目光狡黠。

鼻子：鼻头上翘，鼻孔变大，嗅觉间歇性失灵。只能闻官气、贵气，不能闻民气、贫气。

舌头：发生变质，发音不准确，舌间形状有变为弹簧的趋势。说谎话发音清晰，说真话则发音含糊，吐词不清。

二、把脉

脉搏沉、快、促、紧、滑、涩——典型的吹牛皮后心悸、早搏导致的心脏衰

---

① 转引自刘凤玲：《论修辞语用中的实用原则》（辞章学论文集下册），海潮艺术摄影出版社，2003 年版，第 258 页。

竭的先兆。

三、透视

1. 肝肺呈现出暗红色，甚至变黑。

2. 脊椎有弯曲迹象，病情表现为直不起腰。

四、血样采集

血色分子结构多种多样，血有“才”、有“貌”、有“钱”、有“思”，其中，前三者居多，惟独缺“信”“诚”细胞，血小板几乎没有。

五、基因鉴定

经过精密仪器测试，基因已经发生变异，已经不能显示系何族子孙，“信、义、忠”结构已经被破坏，虽然基因测试确定不出系何族，但其行动都具有浓厚的封建小农意识。表现为见了五斗米就折腰（当然，脊椎已查明有问题），勾心斗角，尔虞我诈，挖人墙脚，落井下石。

六、治疗方法

1. 换血：注入大量“人文”氧气，替换体内有害健康的拜金主义“二氧化碳”。

2. 每天早晚一次扪心自问，摸摸自己的良心在否。[①]

此文妙就妙在把自己的真情实感，移植在一篇医生的“就诊报告”中。表面上看，是医生的一份病历记录，而实际上是把“无诚信”一类人的特征由表及里地活脱脱刻画出来，入木三分，作者又扩展至基因鉴定，含蓄地揭示“丧失诚信”的原因，提出了恢复诚信的治疗方法，加上作者妙用双关、反语等修辞手法，使全文诙谐辛辣，鞭挞入理，收到新颖别致、活泼风趣、耐人寻味的效果。这类语体移植大多是发生在文艺语体或接近文艺语体的表达中，以艺术化的方式对其他语体加以突破，这是艺术表现中的有益创造，有时在口语交际中大词小用、小词大用或术语生活化，也可以形成语体移植，形成一定的表达效果。但这种突破必须以符合场合、对象、环境等方面的要求为准，在允许的范围内进行。

二、时代背景语境的顺应

“什么时代说什么话。”这句话十分准确地说明了言语表达对时代的适应性。一定的时代有一定的社会环境、一定的文化面貌、一定的生活状况、一定的语言特征，时代与语言虽然不是整齐对应的，但有着千丝万缕的联系。时代特点影响着言语表达的内容和方式，言语表达无时无刻不打上时代的烙印，有什么样的时代背景就有什么样的语言面貌。

---

① 转引自刘凤玲、戴仲平：《社会语用艺术》，暨南大学出版社，2002 年版，第 73 页。

案例 3-19

（1）……两位胖胖的先生，彼此弯腰拱手，满面油晃晃的正在开始他们的攀谈——

“贵姓？……”

“敝姓钱。”

“哦，久仰久仰！还没有请教台甫……”

“草字亭。”

“高雅高雅。贵处是……？”

“就是上海……”

“哦哦，那好极了，这真是……”①

（2）我告诉你，大小姐，一个女人就像一个风筝。别看她花红柳绿的，在半空中摇摇摆摆，怪美的，其实那根线儿在人家手里呢？不服气，你就挣断那根线儿，好，你就头朝下，不是落在树上，就是挂在电线上，连尾巴带翅膀，全扯得稀烂，比什么都难看！②

（1）中使用了大量虚伪的客套话，它是旧时代交际场合经常使用的应酬话语，非常有时代的特点。（2）是《四世同堂》中的大赤包教训她大女儿时说的话。在旧社会，妇女受“三纲五常”“三从四德”“女子无才便是德”等封建礼教的迫害，既没有社会地位，也没有经济地位，更没有政治地位，在家庭和男人面前居于从属地位，根本掌握不了自己的命运，用“风筝”来比喻，与她们当时所处的地位十分相称。

今天，时代发生了很大的变化，人们的观念、思想、思维方式、审美习惯等都同以前有很大不同，语言上也表现出诸多新的特点，交际者要善于把握时代特点，积极适应社会时代语境并为我所用。言语交际适应时代背景，要注意下面几个问题。

第一，在交际过程中，言语表达者对当代社会应该有比较清楚的了解。作为现实中的人，不是生活在“世外桃源”里的仙客，其言语表达也应该是现实的。从言语表达的内容上看，除特殊情况外，言语表达者的信息内容应该是当代生活里活生生的东西，或者是当代社会所熟悉的东西，即与时代相吻合的东西。从言语表达自身的特点看，要符合时代特征，如在当代社会，人们都是西装革履或皮衣牛仔裤等的装束打扮，作为一个当代社会成员，其言语表达却硬是要“长袍马

---

① 鲁迅：《且介亭杂文二集・论讽刺》，人民文学出版社，2006 年版，第 75 页。

② 老舍：《四世同堂》，人民文学出版社，1998 年版，第 102 页。

褂”，或是留着长辫子一步一作揖地与人交往，肯定会被人嘲笑。从言语表达的形式上看，言语表达者应采取现实社会生活中鲜活的言语表达方式，尽量摒弃那些与时代不合拍的表达方式。

第二，对言语接受者来说，理解接受当代言语成品，要将言语成品和当代社会联系起来综合考虑，才能比较准确地把握言语成品的意义；接受另一时代背景下的言语成品，也必须具备一定的历史知识，对言语成品形成的那个时代的面貌做系统的了解。

第三，言语表达者有时可以虚拟一个时代背景，并以这个时代背景为基点，展开言语活动。这种情况在历史小说、科幻小说、网络小说中等是常有的事。言语接受者对这类言语成品的接受，也表现在对其虚拟的时代背景的接受上。但要注意，虚拟不是虚空，它是在真实的时代背景的基础上加工而形成的。

三、场合语境的顺应

什么是场合语境？学术界有不同的理解，本书中的场合语境是指言语交际的自然环境和具体场景，具体场景又涉及时间、空间、事件、周围环境、交际氛围、场面等因素。

任何交际活动都是在某一特定的场合中进行的，场合制约着代码的选择，它不仅决定一句话该不该说，也决定该如何说、使用怎样的措辞和语气等。同样一句话，在此时此地说合适，改个时间、换个地方再说就未必恰当。

案例 3-20

有一次老张和老王在厕所门口相遇，一个想进来，一个想出去。请看以下对话：

老张：呵，老王，吃过了吗？

老王（点点头）：刚刚吃过。（急匆匆离去）

厕所里的人听了不禁大笑起来，因为这席话带来了明显的言外之意。[①]

在厕所门口问对方“吃了没有”之类的话，除了有意开玩笑之外，这样打招呼是不合适的。王谦祥、李增瑞在相声《职业用语》里说，一位医生请朋友吃饭，好心地介绍桌上的菜，把“口条”解释得很清楚：吃猪舌头，便说是“流哈喇子”的器官；吃牛心，把话题扯到心脏病上去；吃羊肝，对肝的结构、功能说了一大堆，最后扯到肝癌上面去，使他的朋友吃不下饭。

① 转引自易蒲：《说话的场合》，载《学语文》，1992 年第 4 期。

案例 3-21

苏小姐的声音很柔软："鸿渐么？我刚收到你的信，还没有折呢。信里讲些什么？是好话我就看，不是好话我就不看；留着当了你面折开来羞你。"

鸿渐吓得头颅几乎下缩齐肩，眉毛上升入发，知道苏小姐误会这是求婚的信，还要撒娇加些波折，忙说："请你快看这信，我求你。"

"这样着急！好，我就看。你等着，不要挂电话——我看了，不懂你的意思。回头你来解释罢。"

"不，苏小姐，不，我不敢见你——"不能再遮饰了，低声道："我另有——"怎么说呢？糟透了！也许同事们全在偷听——"我另外有——有个人。"说完了如释重负。

"什么？我没听清楚。"

鸿渐摇头叹气，急得说抽去了脊骨的法文道："苏小姐，咱们讲法文。我——我爱一个人，——爱一个女人另外，懂？原谅，我求你一千个原谅。"

"你——你这个浑蛋！"苏小姐用中文骂他，声音似乎微颤。[①]

小说描写的是方鸿渐在跟苏小姐交往的同时，又看上了另一个女孩，于是给苏小姐写了断交信；而方鸿渐和苏小姐打电话时是在办公室旁边，怕同事们听出其中秘密，改用法文交流，气坏了的苏小姐不理这个茬，直接用中文骂他。

正因为有许许多多的并不成文但需要人们遵守的场合规则，所以，表达时说什么话，用什么方式说，必须顾及场合影响，适当调控自己的言语表达，特别是在出现一些不尽如人意的出乎意料的尴尬局面的情况下，如果能够巧妙地临场发挥，营造出富有创意的美好的"场合效应"，则能变不利为有利，较好地达到交际的目的。

案例 3-22

一天，英国著名的文学家萧伯纳在街上行走，被一个骑自行车的冒失鬼撞倒在地上，幸好没有受伤，只虚惊了一场。骑车的人急忙扶起他，连连道歉，可是萧伯纳却惋惜地说："先生，你的运气真不好，要是把我撞死了，你就可以名扬四海啦！"[②]

萧伯纳的这一句妙语，用自己的友爱和宽容，把他和肇事者双方从不愉快的、紧张的窘境中解放出来，使这件事得到了友好的处理。

---

① 钱钟书：《围城》，人民文学出版社，1991 年版，第 207 页。

② 转引自史迪文：《世界上最会说话的人》，北京邮电大学出版社，2005 年版，第 104 页。

场合语境不仅制约着话语的表达，也对言语理解有着很大的制约作用。

案例 3-23

我在洗衣店里等老板找钱时，进来了一位穿迷你裙的小姐。我尽量目不斜视，但老板则双目凝视。“迷你”小姐步态轻盈地走过来，对老板说：“年轻人，管你自己的事吧！”“说老实话，小姐，我是关心本店的名誉。”老板答，“不是我们店里洗缩水的吧？”①

洗衣店是一个特定的环境，也是一个交际的场合，“我”是旁观者。穿迷你裙的小姐来到这一场合之中，她对老板的“双目凝视”的理解与老板的本意竟大相径庭。这位小姐认为老板有些轻浮，而老板却是关心该店的声誉。这种交际上的误差就是来自特定环境对言语、举止理解上的制约。所以，理解话语时也要充分考虑场合语境因素，结合具体时空语境对话语做出准确理解。

巧妙利用场合语境达到预期的交际目的和理想的效果，要注意以下几点。

第一，强化场合意识。有些人在交际中对人说话直出直入，惹人生气，把事情办砸，完全是主观上缺乏场合意识的结果。他们对人很诚实，遇事时往往只从个人主观感觉出发，以为只要有话就应该说，心里有什么嘴上就说什么，不管任何场合环境，结果有意无意地冒犯了他人，自己还莫明其妙，不知道毛病出在哪里。

案例 3-24

老王和老张平时爱逗闷子，几天没有见，一见面一个就说：“你还没有‘死’呀？”对方也不计较，回一句：“我等着给你送花圈呢！”两个人哈哈一笑了事。后来老王因病重住进了医院，老张去医院看望，一见面想逗逗他，又说：“你还没有死呀？”这一次，老王变了脸，生气地说：“滚，你滚！”便把他赶了出去。②

老王正在病中，心理压力很大，老张在病房里对着忧心忡忡的老王说“死”，显然是没考虑场合，人家怎能不反感、不恼火？其实，老张说这话也是好意，想让对方开心，只可惜他缺乏场合意识，开玩笑弄错了地方，才闹出了不愉快。这个事例说明，有些人说话之所以惹恼人，就是因为他们的场合观念淡薄，头脑中缺了场合这根弦。所以，在交际时，要增强场合意识，懂得不同场合对说话内容和方式的特定限制与要求，时时不忘看场合说话，努力做到每次投入交际活动时，

① 转引自网络资料：《缩水迷你裙》，http://blog.sina.com.cn/s/blog_83fe89d30100wl79.html。
② 转引自网络资料：《怎样和不同性格的人说话》，https://www.toutiao.com/a6436971629821690113/。

把场合搞清楚，据此确定自己的说话内容和方式，既要考虑自己的交际目的，又要顾及他人的“场合心理”，追求主客观的高度一致。

第二，见机行事。根据交际场合的变化灵活变换言语形式，让言语表达适应交际场合，而不是机械地应和。由于交际场合会随着交际过程的进行而变化，不同场合对言语表达的要求不同，有时对言语形式的选用就不能满足于一般的应和，而需要随机采取特殊的表达方式。

案例 3-25

凤姐笑道：“我倒不派老太太的不是，老太太倒寻上我了？”贾母听了，和众人都笑道：“这可奇了，倒要听听这个‘不是’？”凤姐道：“谁叫老太太会调理人？调理的水葱儿似的，怎么怨得人要？我幸亏是孙子媳妇，我若是孙子，我早要了，还等到这会子呢。”贾母笑道：“这倒是我的不是了？”凤姐笑道：“自然是老太太的不是了。”①

小说中写到贾母因贾赦要娶自己的贴身丫环鸳鸯为妾，气得“浑身打战”，胡乱地将在场的王夫人责怪一通，后明白自己错怪了人不好下台，又责怪宝玉、凤姐不提醒她，不料凤姐竟采用特殊的言语形式来回答。这段与众不同的机灵对话，明显地比受责的王夫人、贾宝玉及在场的薛姨妈、李纨、宝钗、探春、迎春、惜春等人的言语、态度高出一筹，说得既乖巧又得体，既解脱了自己，又不得罪贾赦，并使贾母高兴地接受了这个寓褒于贬中的“不是”。这种随机应变的言语表达，在不便直说的场合是很管用的。

有时又得言此意彼，才能适应特定场合的表达需要。

案例 3-26

蒲松龄有一次到王大官人家做客，被推到上座，可独眼管家却先从下座开始斟酒，有意把他撇下，还把壶嘴朝着他。主人装作没看见，端起酒盅说：“蒲先生，喝呀！”这显然是特意捉弄他。蒲松龄却笑着说：“大家先别喝酒，我先说个笑话助兴吧。临来的时候，见家里的正缝衣裳，就以针为题作了一首诗。”接着念道：“一头尖尖一头扁，扁头只有一只眼。独眼只把衣衫认，听凭主人来使唤。——你们说这种人可笑不可笑？”这首诗句句说的都是针，却象钢针一样锋利地戳穿了王大官人的把戏，说得大家一齐朝独眼管家望去，忍不住都笑了起来。②

---

① （清）曹雪芹：《红楼梦》（第四十六回），北京教育出版社，2013 年版，第 350 页。

② 《蒲松龄的故事》，载《人民文学》，1982 年第 9 期。

这种言此意彼的特殊表达方式，看似谈笑风生，却比直露的反击有力得多，十分切合当时的交际情境，真是奇绝妙极！

有时因特定场合的制约，还需要含糊其辞。

案例 3-27

狮王要熊、猴子和兔子做它的大臣。有一天，反复无常的狮王想找个借口吃掉自己指定的这三个大臣。它张开大嘴先要熊说出它嘴里发出什么气味，熊作了直率的回答："你嘴里的气味很不好闻。"狮子大怒，说熊犯了犯上罪，要处以死刑，便扑上去把熊吃掉了。接着又问猴子闻到什么气味，猴子亲见熊的下场，便转为讨好，说这气味很香，"跟上等香水一样好闻"。狮子又是一阵大怒，说猴子不诚实、爱拍马屁，是国家的祸根，又扑上去把猴子吃掉了。最后问兔子到底闻到什么气味，兔子知道无论说好说坏都会丧生，只得含糊其辞地回答："真是抱歉，大王！我最近伤风，鼻子都塞住了。你能不能让我回家休息几天，等我伤风好了再说？"狮子找不到借口下手，只好放兔子回家，兔子便乘机逃之夭夭了。①

在此场合，兔子对言语形式的选择是机智的，因为对狮子口中发出的臭气既不能肯定，也不能否定，又不能不作回答，只好含糊其辞，用"伤风""鼻子都塞住了"的言辞来搪塞。这里的狮、熊、猴子、兔子显然是拟人化了的。这则兔子根据特定交际场合选择言语形式来回答狮子问话的例子，确实给我们很大的启发。

第三，自觉摆脱表达上的惯性。人们的言行往往带有一定的习惯性，有些不当的话语并不是主观上想这样说，而是受习惯的支配一不留神顺嘴说出来，造成与场合环境的不协调。

案例 3-28

小李陪妻子高高兴兴上街买东西。在熙熙攘攘的商场里，妻子兴致很高，从这个柜台到那个柜台，买了这件，又看那件，快到中午了仍没有打道回府的意思，小李有些不耐烦了。当妻子提出再买一件高档羊毛衫的时候，他忍不住，生硬地说："你还有完没有，见什么买什么，你挣多少钱哪？"这句话刚出口，顾客们都朝他们身上看，妻子本来微笑的脸顿时变了，生气地驳道："怎么，我还没有花你的钱呢，你急什么？我就要买，怎么着!"直把小李顶得说不上话来，难堪极了。接着发怒的妻子也不买了，蹬蹬地自个儿走出商场。使小李不解的是，妻子的性

① 转引自金童话编：《最经典的365夜睡前故事·兔子伤风》，化学工业出版社，2013年版，第93页。

格本来很温顺，在家里从来不大声说话，更不要说发火了，说她什么都不计较，可今天为什么她的火气这么大呢？[①]

很显然，是小李忽略了场合因素，把在家庭中惯用的说法拿到公众场合来，用生硬口吻指责妻子，刺伤了妻子的自尊心，才引发妻子为维护自己的面子而表现出强硬态度。

所以，人在特定的场合中交际时要有意识地摆脱自己表达上的惯性，养成顾及场合、随境而言的良好表达习惯。在交际活动中把交际对象、交际场合、交际时间等多种相关因素都考虑进去，想一想如何张口，选择最恰当的方式说话，以便使自己的谈吐既符合场合要求，又符合对象的接受心理，最大限度地实现与交际对象的沟通。

四、社会文化语境的顺应

文化和言语交际是息息相关的。人们的交往与交际，是一种以文化为背景，又以文化为纽带的交际与交往。从文化本身的角度看，文化最大的特征其实就在于它的积淀性，这种积淀性直接制约着主体的思想和行为，并反映在他们的言语行为之中。有时候一些文化观念对人们的交际起到了控制作用。

案例 3-29

“万岁”是我们这一代人童年时代天天操练的词，留下的记忆忽冷忽热，但毕竟有一种重温儿童读物般的亲切。

用“万岁”做儿子的名字，自然就成了我先生十几年来的梦想。今年夏天这个姓万的男人接近中年首度得子，责无旁贷地做起了“万岁”的父亲。

于是关于“万岁”的大辩论开始了。给孩子起名太不严肃，对他的一生太不负责，这是由家里老人和觉悟很强的朋友组成的反方代表提出的主要论点。朋友中有些疯癫的人则大多支持我们的“发疯”。其实无论支持还是反对，大家都有一句心里话不好说出来：这是冒天下之大不韪，气焰十分嚣张。

“万岁”的父亲开始预见，这个孩子很可能是全世界最孤独的人，没有人肯心甘情愿地称呼他，而名字不被人提及的唯一好处仅仅是免了被老师当堂提问。也有好心人提醒我们：这个名字还会给他的上级造成心理障碍，一辈子别想得到提升。身为人母，我看得更远一些，我的儿子难免会有百年之后，到时候讣告的第一句就这么写：“万岁，男，终年 100 岁。”这岂不是搬起石头砸自己的脚。

我和先生相互安慰：对我们儿子这样的“新新生代”，“万岁”应该仅仅是

① 转引自网络资料：《摆脱自己口语表达上的惯性》，http://blog.fang.com/blog_26461981.htm。

一个普通字眼儿，挨不上意识形态之类。但架不住劝告的人太多，我们也免不了想起一些公认的忌讳，骨子里面开始担心这小小的生命是否扛得住这个名字。

到出生 3 个月必须申报户口时，这个名字已在亲友中闹得沸沸扬扬，但我们却突然发现，我们自己从未用“万岁”来称呼孩子。叫“万岁”太沉重，这是一个证据。

梦想破灭的人聊以自慰，好歹做了 3 个月“万岁”的母亲。当“万岁”已成为过去，不少人又开始惋惜。毕竟，在汉语中，万和岁是天生的绝配。[①]

从封建社会到现在，中国人都把皇帝称为“万岁”。人们一说“万岁”马上就想到了“皇帝”，“万岁”成了“皇帝”的代名词。久而久之，这个观念已经内化为人们的潜意识。所以，给儿子起名字为“万岁”，必然会闹得沸沸扬扬，因为人们马上就感到是“犯上”，至少是不慎重。足见文化观念力量之强。言语交际的纽带是文化，各种文化要素也都影响和制约着言语交际。这里分别从物态文化、行为文化、心态文化三个层次谈文化对言语交际的制约。

（一）物态文化对言语交际的制约

物态文化指人的物质生产活动及其产品的总和，是看得见、摸得着的具体实在的事物，如人们的衣、食、住、行等。物态文化影响着交际，即使相差不远的地区，由于物态文化的差异，交际者也很难理解异地的物态文化特征，从而影响到对话语的理解。

案例 3-30

大队食堂外面忽然热闹起来。起先是拉了一牛车的羊砖来。他问爸爸这是什么，爸爸说：“羊砖。”——“羊砖是啥？”——“羊粪压紧了，切成一块一块。”——“干啥用？”——“烧。”——“这能烧吗？”——“好烧着呢！火顶旺。”后来盘了大灶。后来杀了十来只羊。萧胜站在旁边看杀羊。他还没有见过杀羊。嘿，一点血都流不到外面，完完整整就把一张羊皮剥下来了！[②]

主人公萧胜一开始跟奶奶住在坝下，奶奶去世后又跟爸爸到了坝上，虽然都属于一个区域，但物态文化有很大不同，萧胜不知道什么叫“羊砖”、羊砖有什么用，因为这些物态文化，他在坝下是不曾见识过的。

在交际中，如果不了解彼此物态文化的差异，认为只有自己所在群体的物态

---

① 黄利：《给儿子起名叫“万岁”引发争议》，载《北京青年报》，2000 年 11 月 8 日。

② 汪曾祺：《黄油烙饼》，选自《汪曾祺作品集（小说卷）》，现代出版社，2016 年版，第 72 页。

文化才是正确的文化形式，就会导致错误的认识；如果因此而讥笑其他群体的物态文化，还会导致交际的障碍。

（二）行为文化对言语交际的制约

行为文化表现为一个群体对他们特定习惯和风俗的认同，“五里不同风，十里不同俗”就是行为文化差异性的反映。行为文化对语言的影响也是显而易见的。安徽黄山茶乡有“以壶还壶”的说法，还有跟“壶”有关的歌谣：“黄山茶乡故事多，董妃雪庄贵相知，交友重义不重财，一片情谊寄砂壶。”这些语言现象显然跟当地行为文化有关。在当地，亲友往来常常把砂壶当作礼品赠送，砂壶的珍贵程度不是靠价钱来衡量的，而跟产地远近有关，砂壶产地越远，砂壶越珍贵。还有一种供儿童玩耍的套壶，大的如鸡蛋，小的只有蚕茧般大小，非常可爱，用于送人，是最受欢迎的。而在我国北方地区情况却不同，涉“壶”的熟语有许多是贬义的，如“茶壶煮饺子——有嘴倒不出”（形容一个人有文化、有知识，但口才不好），“哪壶不开提哪壶”（形容专拣敏感的、容易造成麻烦的话题说话）。

言语交际适应行为文化主要表现在两个方面：一方面，说话要入乡随俗，在认可不同习惯和风俗的基础上组织话语；另一方面，说话人也要保持自我，尽可能避开陈规陋俗来组织话语。

（三）心态文化对言语交际的制约

心态文化表现在价值观念、审美情趣、思维方式等方面。人类文化存在着共性，也存在着差异，心态文化的差异性是非常突出的。

价值观念是一个群体的生活态度和准则，它会因地区、人种等的不同而出现差异。贾玉新认为：“价值观念因文化而异绝对是普遍现象，Triandis 和他的助手对美国、希腊、印度、阿拉伯和日本等文化的价值观的比较结果充分证明了这一点：美国人高度崇尚自信、个人进步、适应性、地位、心灵的平静和成就；而希腊人则崇尚归属（affiliation）、社会兴盛和遵守规范（Philotimos）；印度人却对个人社会地位的升迁、荣耀、社会兴盛等极端崇拜；日本人则崇尚宁静、美的享受、知足、进步和适应性；阿拉伯人则把好客、慷慨、勇敢、荣誉和自尊放在首位。”[①] 当然，价值观念即使在同一个群体当中，有时也会呈现出差异。例如，在对待卫生的态度上，有些人的价值观念是“不干不净，吃了有病”，而有些人则是“不干不净，吃了没病，乱七八糟，吃了上膘”。价值观念也有高下之别，一些落后的价值观念是应该摒弃的。例如，传统社会对待妇女的态度，“娶来的媳妇买来的马，任我骑来任我打”“婆娘家三天不打，上房揭瓦”“唯女子与小人难养也”“青竹蛇

① 贾玉新：《跨文化交际学》，上海外语教育出版社，1997 年版，第 74 页。

儿口，黄蜂尾上针，两般皆是可，最毒妇人心”等，都是陈旧落后的，甚至是不人道的观念。

审美情趣也常常表现出很大的文化差异性。例如，中国人喜欢以汉字为审美对象，除了书法篆刻等与汉字有关的艺术外，还常常用汉字做游戏的工具，如谜语、酒令等。而拼音文字的这种审美功能就非常逊色了。不过近年来，有人把汉字和拼音字结合起来做游戏的材料，也是非常新颖别致的。例如，“Aop”打一成语，谜底为“相依为命”，因为 Aop 合起来近似汉字的“命”字。再如，“morning”打一字，谜底为“谭”，取“西言早”（西方人说“早”）之意。审美情趣也有高低之分，它是一个人素质状况的反映。

案例 3-31

有一群人，去欧洲旅游。到埃菲尔铁塔参观的时候，正好赶上那里是公众假期，人特别多，要排队坐电梯才能上去（其实排队是很快的）。于是，他们问导游：“能不能插队？”导游说：“全世界的人都在排队。”他们就说：“一个烂铁塔有什么好看的？不看了。”就这样，花了很多钱，去了法国却没有上成埃菲尔铁塔。

还是这群人，第二天，去卢浮宫看蒙娜丽莎像。人很多，导游向他们介绍说：“这是世界上著名的一幅画，应该看看。”他们挤不进去却说：“这个烂婆娘有什么好看的？”

还是这群人，这群不看“烂铁塔”与“烂婆娘”的人，到了晚上，却一个个钻进了装了红色小灯、法国妓女揽客的小车里，第二天早上回来在车里趾高气扬地交流“经验”……[①]

可见，案例中这群人严格说来根本谈不上有什么审美情趣。相反，审美情趣高的人都是富有涵养的，一举手一投足都表现出一定的文化底蕴，因此他们的言语表现也是充满美感的。

五、事件语境的顺应

事件语境是言语交际行为所依托的具体事情。言语交际行为一般都是在一定的事件进程中发生的，具体事件的性质、原因、起始、发展、高潮、结局等环节都能影响和约束言语交际过程中的言语行为。

（一）事件的性质决定言语交际活动的总规约

事件的性质贯穿于整个事件的各个环节中，贯穿于事件发展的全部进程中，

① 转引自王松苗：《“烂铁塔”与“烂婆娘”》，载《检察日报》，2001 年 2 月 28 日。

对依托事件而发生运行的言语行为产生总体的影响和制约。例如，婚礼、寿礼等事件，其性质决定并要求言语行为热烈而不失礼仪，话语吉祥且饱含真诚；追悼会、葬礼的事件性质决定并要求言语行为沉稳肃穆，话语要沉痛而哀伤；而运动会事件中的言语行为则应活泼而富有朝气，话语应激情饱满而富有鼓动性。

案例 3-32

“敬郝伯伯一杯酒。”郝书记欠起身子，庄重地接过这杯酒，刚沾唇，眉头立即紧蹙，暗道：“什么味儿？”话溜到了嘴边，忽然心头一动，探询的目光绕桌子一圈，屏气将酒喝了下去。然后，咂咂嘴笑道：“好酒，祝新郎新娘白头到老。”……另外一个科长酒杯刚沾唇，脸色骤变，把酒杯重重地放在桌子上，正色道：“怎么耍笑开我啦？敬酒咋让喝醋？”①

小说中由于帮忙办事的人的粗心和疏忽，把醋精倒进空洋河大曲瓶子里，又和酒瓶混在一起，新郎新娘敬酒开始，首先给年长的郝书记敬酒。郝书记虽然知道酒杯里是醋，但还是赞不绝口地说是“好酒”，并给新郎新娘以美好的祝福，这是因为他激活并调动储存在自己大脑记忆中的婚礼图式，把握住了婚礼事件的喜庆性和标志性，并以此来约束自己的言语活动，不破坏婚礼的喜庆性，不使人生中的重大标志性事件给新郎新娘造成永远抹不去的阴影和遗憾。而后边这位科长的一番话弄得满座皆惊，婚礼喜庆、欢乐、热闹的气氛一扫而光。

（二）事件进程对言语行为的约束和要求

事件是动态的、发展的，事件的不同环节对言语行为有着不同的约束和要求。把握住事件的进程就把握住了许多已知的信息，在言语交际过程中，就可以用极简单的话语传递关于事件发展中某一阶段的完整信息。鲁迅的《药》中华老栓和华大妈的对话：“得了么？”“得了。”②为了不让小栓知道取人血馒头这件事，以免影响小栓吃“药”，华老栓和华大妈都避免在公开的谈话中提到“人血馒头”，也避讳直接提及到刑场去取人血馒头这件事。所以两人一问一答，从表面看是非常简短含混的，然而处在特定事件过程中的交际主体华老栓和华大妈都知道对方指的是怎么一回事，是什么东西。读者把握了这一问一答所依据的事件后，也完全明白其中所包含的具体内容。

从接收者方面来看，事件语境为解读语码所负载的信息提供条件。不了解事件背景，不把言语交际过程纳入事件语境中，就很难解析出话语所负载的真实信

① 转引自网络资料：《交际的矛盾和修辞的原则》，https://max.book118.com/html/2017/0610/113096141.shtm。

② 鲁迅：《药》，选自《呐喊》，漓江出版社，1999 年版，第 92 页。

息。李六如在《六十年的变迁》中写了这样一个情节，季交恕告诉方维夏一个惊人的消息："蒋介石开刀了!"方维夏听了问："什么病开刀？"季交恕回答道："你还睡觉！杀人!"①这里的"开刀"指的是 1927 年 4 月 12 日蒋介石在上海抓捕共产党人的事。方维夏不知道这一事件，没有把"开刀"纳入特定事件语境中，而是把这句话放在有关"开刀"的一般知识图式中去理解了。

案例 3-33

……便笑道："我看的是李逵骂了宋江，后来又赔不是。"宝玉便笑道："姐姐通今博古，色色都知道，怎么连这一出戏也不知道，就说了这么一套。这叫做：'负荆请罪'。"宝钗笑道："原来这叫：'负荆请罪!'你们通今博古，才知道'负荆请罪'，我不知道什么叫'负荆请罪'。"②

如果只在一般的时空语境中去理解这段对话，人们只能从宝钗、宝玉的对话中了解他们是在说知道或不知道"李逵骂了宋江，后来又赔不是"这出戏的名字叫"负荆请罪"。然而，宝玉、黛玉二人"听了这话，早把脸羞红了"，这是因为，他们是在特定的事件语境中解析宝钗的一番话的。因为前不久宝玉和黛玉曾吵过架，后来宝玉向黛玉赔了不是。宝钗的话表面上是指李逵向宋江赔不是，实际上是挖苦宝玉向黛玉"负荆请罪"。可见，把话语纳入特定的事件语境中才能正确有效地传递和接收语码所负载的信息。

这里需要说明，语境的诸要素之间并不是彼此孤立、互不相干的，诸要素在言语交际中是一个有机的统一体，在言语交际时，诸要素是以整体形式发挥作用的。所以言语交际中的语境顺应是指整体性的顺应，即指语境要素之间存在着紧密联系，从其中任何一个方面入手，都可以观察到语境其他要素在某一言语交际过程中的相互作用情况，是所谓"牵一发而动全身"，而适应语境，其实是指以某一要素为代表的诸多方面的适应。与之相对，语境的违反也是整体性的违反，即指在言语交际中，不可能只违反某一类要素的要求而不违反另一类要素的要求。也就是说，在言语交际中，只要违反了某一类语境要素的要求，往往也就同时违反了整体语境的要求，进而可能影响交际效果，甚至导致言语交际的失败。

思考训练题

1. 什么是言语语境？什么是言外语境？用学过的语境知识作答。
2. 如何理解语境的制约功能？并举出发生在你身边的例子。

---

① 李六如：《六十年的变迁》，人民文学出版社，1982 年版，第 161 页。
② （清）曹雪芹：《红楼梦》（第三十回），北京教育出版社，2013 年版，第 222 页。

3. 如何理解语境的解释功能？并举出发生在你身边的例子。

4. 用语境相关知识分析下列案例：

（1）据说作家李准具有“三句话叫人落泪”的本事，未见此景者未免有些怀疑。电影艺术家谢添就有点不相信，偏巧在豫剧演员常香玉“舞台生涯 50 周年庆祝大会”上，谢添和李准不期而遇，谢添就说：“我想当众试试你，你说几句话就能让常香玉哭一场，我才服你！要么你签字服输也行。”李准皱了皱眉头，摊摊手对常香玉说：“您看看老谢，今天是您的大喜日子，他偏要我让您哭，这不是为难人吗？”常香玉痛快地说：“你今天能让我掉下眼泪真算你有本事！”一下子把李准的退路给堵死了。其实，李准表示为难，只是为了争取时间，即兴构思。面对会上的喜庆气氛，要想把人说哭，需要冷却气氛，转换情绪，需要选取与庆祝会有联系的、相呼应的话题。李准侃侃道来，只用一句话完成了这个过渡。

“香玉呀，咱们能有今天，真不容易啊！您还是我的救命恩人哩！——我十岁那年，跟着逃荒的难民来到西安，眼看人们都要饿死了，忽听有人喊：‘大唱家常香玉放饭了！河南人都去吃吧！’哗——人们一下子都涌去。我捧着粥，泪往心里流。心想，日后见了这个救命恩人，我得给他叩个头！哪里想到‘文化大革命’您被押在大卡车上游行……我站在一边，心里直落泪。我真想喊一声：让我替替她吧，她是我的救命恩人哪！”

“老李，你别说了！”常香玉捂着脸，转过身，满脸泪水滚了下来。整个大厅没有一点声息，人们都沉浸在一种伤感的情绪中，就连谢添也轻轻地吸了吸鼻子，他的表情已经使人感到他早已忘了这是在和李准打赌。[①]

（2）作为新闻发言人，陈建的语言技巧是令人叫绝的。

在 1994 年 9 月 29 日的记者招待会上，有记者问发言人陈建：“邓小平先生会不会出席‘十一国庆’？”陈建回答：“邓小平同志是否出席，以及参加哪些国庆活动——我跟你们一样，会在 10 月 1 日的报纸上看到。”[②]

（3）曾读过一则故事，说是从前有对乡下夫妻在后门口纳凉，老婆问：“当家的，皇上天天上山打柴用的一定是把金斧子吧？”老公冷笑道：“蠢婆娘！当了皇上还用打柴吗，他老人家一准儿天天在院子里摇着扇子乘凉的，喝小米粥还有人侍候着呐！”

著名作家贾平凹在一篇散文《老西安——历史的记忆》中说：“一位南郊的九十岁的老人曾对我说过他年轻时与人在城南门口的河壕上拉话儿，缘头是由‘大芳’照相馆窗里蒋介石的巨照说开的，一个说：蒋委员长不知道天天吃的是什么

① 康家珑：《三句话叫人落泪》，载《读书文摘》，2012 年第 5 期。

② 转引自网络资料：《外交部发言人为什么问不倒？回避、解套有高招》，http://news.163.com/05/0712/09/1OEVESRP00011246.html。

饭，肯定是顿顿捞一碗干面，油泼的辣子调得红红的。他说：我要当了蒋委员长，全村的粪都要是我的，谁也不能拾。”①

5. 技能训练：

（1）同学们参加慰问活动，如果让你去慰问陷入困境中的人，你见到当事人应该怎么说？请看下面的情景。

你们班同学张红家境贫困，母亲因病长期卧床不起，最近她父亲又在一次车祸中受伤，她因此辍学在家，全校师生闻讯后立即主动捐款捐物，为她家分担困难。如果学校派你作为学生代表，拿着钱物去探望她父亲并鼓励她克服困难，面对张红和她的父亲，话该如何说？

（2）阅读下文，填上符合特定语境的话语。

某理发师手艺高超，口才也好。

甲顾客理完发后，照了照镜子说：“头发理得太长了。”理发师笑着解释：“头发长一点，显得你潇洒文雅而又含蓄深沉，颇为符合你的身份。”贵客满意而去。

乙顾客理完发后，照了照镜子，说“头发理得太短了。”理发师应怎么解释？

丙顾客理完发后，没有什么可以挑剔的，却还这样说：“20 分钟解决问题，理得也太快了吧。”理发师从容回答____________，顾客微笑而去。

① 转引自苏迅：《小民的想象力》，载《大公报》，2001 年 2 月 24 日。

第四章　言语交际的基本原则

➢ **本章学习目标**

1. 熟悉言语交际基本原则和主要表现。
2. 灵活运用言语交际的基本原则。

言语交际的基本原则是社会交际活动中为保证交际顺利进行，交际主体运用语言工具来表情达意、进行信息交换所需要遵循的准则，这些准则贯穿于言语交际活动的每个方面及每个阶段，对言语交际构成制约和影响。在人际交往的过程中，只有自觉遵循这些原则，才能使言语交际顺利进行，成功达到交际目的，实现或强化言语交际的效果；如果违背这些原则，就会削弱言语交际所能达到的效果，甚至破坏整个言语交际过程。

第一节　目 的 原 则

言语交际是一种有意识的组织话语的形式，是以取得特定交际效果为目的的社会活动。皮特·科德说："大多数话语确实都有认识的成分，但这并不等于说，语言的功能就只是表达那种成分而已。所有的语言都有一种表态成分，即与说话者的意图有关的那种表态成分，说话者正是靠这种成分来表达其心理状态、活动和讲话的原因。"①这就是说，人们进行言语交际，无论是说话还是写文章，心里都有一个动因、目的或要达到的目标。例如，你想到一个朋友那里去，或者告诉他什么消息，或者请他帮忙，这些交际任务就要通过话语来完成。这时，你说话的动机就是告诉你朋友消息或请他帮忙，目的就是要他知道你要告诉他的事，或使他帮助你。再如，你要给父母写信或打电话，这时，你就要考虑写什么或说什么，要达到什么目的，然后再考虑如何去写或如何去说。促使人们去说或写的心理因素就是言语动机，而通过说或写要达到的预期目标，就是言语交际的目的。

言语交际的目的渗透在话语的字里行间，并贯穿于交际过程的始终，支配着言语行为方式的采用和对方的反应。在言语交际中，说者、写者没有无目的的言语行为，听者、读者也没有不关注对方行为目的而停留于字面理解的被动接受。

① 转引自陈建民：《良好的言语交际心理》，载《南昌大学学报》（人文社会科学版），1987 年增刊。

话语形式及其所表现出来的言语行为方式，只不过是实现交际目的的一种手段，交际双方所关注的大多不是话语的形式本身，而是它作为一种行为的目的所指，以便决定做出相应的行为反应，达到各自的交际目的。这是人类言语交际的一大特点。

在言语交际的过程中，人们除了要遵循语言本身的因素外，还要注意语言外部诸多因素和人际交往中各种规则对言语交际可能产生的影响，使语言朝着有利于交际目的的方向发展，以便取得良好的交际效果。也就是说，在言语交际活动的过程中，人们总是要实现某种目的。因此，言语交际活动自始至终都受到目的意图的严密控制，言语目的在言语交际过程中有两个作用：一是制约话语信息，二是制约话语形式。言语交际中，人们说什么，写什么，一定程度上是由言语目的所决定的。话语提供多少信息量，以什么样的表达方式提供，都取决于言语目的。由于说话人的目的意图不同，必然导致言语交际的表现形式不同。

所以言语交际中要紧扣交际目的，服从表达目的，有的放矢，选择切旨（符合目的）的言语形式，准确表达自己的交际意图，达到最佳交际效果。总之，一句话：语表心声，话随旨遣。

案例 4-1

一位广告模特要参加大赛，为一家外语学校做广告，宣传学习外语的重要性。这位选手在展示了独具魅力的身材和风度之后，不是讲述大道理，也不是空喊口号，而是巧妙地、绘声绘色地编了一个小故事：有一天，老鼠妈妈领着小老鼠去散步，迎面碰上了黑猫警长，小老鼠很害怕，老鼠妈妈便学了两声猫叫，黑猫警长以为是同伴，便扬长而去了。这时，老鼠妈妈得意地对小老鼠说："孩子，我说过了吧，多学一门外语总是有用的。"[①]

广告模特的话音一落，便赢得了观众长时间的喝彩。广告模特设计的话语好就好在不仅紧扣广告的宗旨，还利用了"言语趋异"的话语策略，自然巧妙地宣传学习外语的重要性而又丝毫没有流露出广告的痕迹，让观众在轻轻松松的娱乐中领悟故事中的道理，令人印象十分深刻，这就使其广告语不落俗套，获得成功。这里需要对"言语趋异"的话语策略做一简要解释：是指"交际中的一方使自己的言语或语体变得与说话对象的言语或语体不同。言语趋异主要是保持说话人自己的社会身份特征和群体特征。"[②]实际上也就是让言语别具一格，与众不同。

说话者根据不同的交际目的来选择不同的语言形式、语体风格和语言技巧。

① 转引自刘凤玲、戴仲平：《社会用语艺术》，暨南大学出版社，2002 年版，第 69 页。

② 刘正光：《言语适应理论研究述评》，载《语言文字应用》，2001 年第 2 期。

例如，闲聊时话题是随意的，并没有一定的主题，语言是轻松的，没有多少顾忌；当对对方有所请求时，往往会对语言字斟句酌，语调也会变得谦恭；劝人时要设身处地从对方的立场来考虑，一般是拔高和肯定对方等。听话者要根据交际的目的正确领悟说话者的真正意图。有时候说话者语言的表面意思并不是他的真正意图，这就需要听话者根据交际的目的来做出正确的判断。例如，在招聘会上，主考官要应聘者随便谈谈自己，应聘者应考虑到对方说话的目的是选拔人才，因而应尽量展示自己适合这个岗位的才能，而不能真的随便谈谈。

遵守目的性原则看起来容易做到，实际上并不那么简单。在言语交际时，有的人由于表达能力的局限，心里想的和嘴里说的很难保持一致，这就会出现词不达意、言与意违的现象。

案例 4-2

有一个著名的刘大，他作五十大寿时请（了）张三、李四、王五和赵六，结果等了半天，只来了三个人，还缺赵六。刘大等得不耐烦了，就一边招呼三位朋友喝茶，一边叹气地说（叹着气说）：“唉，该来的怎么还不来？”张三心想：“我可能是不该来的吧。”于是掉头走了。刘大见张三走了，心里更着急了，便说：“哎呀，不该走的又走了！”李四一听，心想：“看来我是该走的了。”也就起身告辞了。刘大见李四也走了，更不知所措了，两手一摊对王五说：“你看，我又不是指他们！”王五心想：“你不是指他们，那一定是指我了？”于是气呼呼地也走了……[①]

请客本是高兴之事，而刘大三句“言不及义”的话，引起了连锁反应，使大家误解，不欢而散。

案例 4-3

几位年轻的领导干部去慰问一位退休老工人，见面以后问道：“您老身子真够硬朗，今年高寿？”老工人回答：“79 啦。”“人生七十古来稀，厂里数您最长寿吧？”“哪里，某某活到了 84 呢！”“那您老也称得上长寿将军啊。”“不过，某某去年归天了。”“这回可轮到您了。”谈兴正浓的老工人听到这句话，脸色陡变。[②]

年轻干部前面部分的话语是切旨的，后面老干部刚说完“老张归天”的事，年轻干部却接着说“轮到您”，让老人产生了误会。

---

① 转引自彭玉兰、王立军：《修辞应用通则》，春风文艺出版社，2000 年版，第 27 页。

② 转引自网络资料：《做人做事不败的底线——谨慎言行，说话前先过脑》，http://www.360doc.com/content/16/0710/05/10101824_574380947.shtml。

案例 4-4

丘吉尔八十岁过生日，一位冒失的新闻记者有意讨好地说："丘吉尔先生，我今天非常高兴，希望我能再来参加你的九十岁的生日宴。"丘吉尔耸了一下眉毛说："小伙子，我看你身体满（蛮）健康的，没有理由不能来参加我九十岁的宴会。"①

记者有意讨好丘吉尔，却没有考虑丘吉尔的特殊心理，信口开河，建构的话语事与愿违，引起了丘吉尔的强烈反感，并遭到妙语回击，弄巧成拙，没能达到言语交际目的。

言语交际目的的实现有赖于言语行为的自我控制，说话者务必清楚自己的交际目的，恰当选择和及时调整言语表达。当表达的一方按照预期目的发出话语信息，或因措辞不当、对交际对象缺乏了解，引起对方的误会及反感时，就得加以控制调节，换一种说法，使对方乐于接受。有时交谈的开始阶段是按照原定目的进行的，可是中途或因对方反应及周围情况的变化，或因兴之所至，谈走了题，偏离了原定目的，这时同样需要自觉控制，调节言语行为，以便回到原定话题上来。这是言语交际中贯彻目的性原则和最优化原则的控制手段。坚持目的性原则，还要注意"说什么"和"怎么说"，紧紧围绕讲话的目的和谈话的中心进行表达，否则便达不到交际目的，有时还会事与愿违。

案例 4-5

在一次婚礼上，司仪宣布下面请新郎讲话。当了几年秘书的新郎向大家欠了欠身子，咳了两声，说："衷心感谢大家在百忙之中来参加我们的婚礼。这是对我们极大的关怀，极大的鼓舞，极大的鞭策。由于我们俩是初次结婚，缺乏经验，今后还有待于各位对我们多多帮助、大力扶持。今天有不到之处，恳请大家提出宝贵意见，以便下次改进，欢迎再来。"②

这些貌似彬彬有礼的客套话，实则很不得体，未能达到理想的交际目的。

案例 4-6

张先生与顾小姐的婚礼正在热烈进行，在场的亲友一致要求新郎新娘介绍他们的恋爱经过。这位姓张的新郎推辞不过，对大家说："本人姓张，我这位姓顾，

---

① 梁实秋：《年龄》，选自《雅舍小品》，天津人民出版社，2001 年版，第 73 页。

② 转引自康家珑：《语言的艺术》，海潮出版社，2003 年版，第 119 页。

我俩尚未认识时，我东‘张’西望，她‘顾’影自怜；后来，我‘张’口结舌去找她，她左‘顾’右盼等着我；再后来，我就明目‘张’胆，她也无所‘顾’忌，于是，我就请她择日开‘张’，她也就欣然惠‘顾’了。”①

张先生的表达可谓话随旨遣、幽默得体、滴水不漏，收到了良好效果。

在言语交际时，为了实现话语目的，必须考虑话该如何说，不能随便乱说而不顾效果。

案例 4-7

一位农村老大娘去百货大楼买布料，女售货员迎上前去热情地打招呼：“大娘，买布呀？您看这布多结实，颜色还好。”谁知那位老大娘听了不冷不热地说：“要这么结实的布有啥用，穿不坏就该进火葬场了。”百货大楼那位女售货员略一沉思，笑眯眯地说：“大娘，您看您说到哪儿去了，您身子骨这么结实，再穿几件也没问题。再说，我看您气色又好，比我家老妈面嫩多了。”一句话，点亮了大娘胸中的心灯，大娘高兴地不由自主地摸了摸自己的脸说：“是吗？那你说我买这布料好看？”老大娘爽快地买上布料走了。②

就售货员一方来说，当然是想将布卖出去，这是其交际目的，但由于话中有急于推销之嫌，反而使大娘不快，售货员在倾听了大娘冷冷的话语之后，准确地把握住老人求吉利愿长寿的心理，得体地恭维大娘身子骨结实，再穿几件也没问题。言语形式上采用委婉语，不用“死”“进火葬场”，而用“再穿几件也没问题”，称呼用敬称“您”“大娘”，这些言语形式的调节选用，最终赢得大娘的心理认同，激发其购买欲。

案例 4-8

木老爷家养了许多大肥猪，杀了九只，还剩下三只，阿一旦想，可以动手了，不然就晚了。

阿一旦买来半斤花椒，和在饭团里，丢给那三口肥猪吃，不一会儿就发作了，肥猪又叫又跳。

阿一旦连忙跑到上房喊道：“老爷快来看，肥猪疯了！”

木老爷到猪圈前一看，只见三口肥猪睡在地上，口吐白沫，满眼都是血丝，

① 转引自欧阳友权、朱秀丽《口才学教程》，高等教育出版社，2004 年版，第 39 页。

② 转引自网络资料：《服装导购员如何用语言留住顾客的心》，http://www.360doc.com/content/18/0417/19/52779164-746437769.shtml。

仇恨地看着他，嘴里不断地哼着，象（像）要吞下他的样子。木老爷吓得撒腿就跑。一边跑，一边喊，“快把猪杀了！快把猪杀了！”

阿一旦说：“杀了怎么办？疯猪不能吃，人吃了也会疯。”

“你把肉背到街上去卖，卖给别人吃。”

不一会儿，阿一旦和几个仆人就把猪杀好了。他们背了猪肉到街上去卖。

阿一旦边走边喊：“卖疯猪肉！卖疯猪肉！”

别人一听说是疯猪肉，一个也不敢买。他们在城里转了一圈，又把猪肉全部背回去。

木老爷见猪肉一点也没有卖掉，就大怒骂道：“你这个笨蛋，只会吃，不会办事。”接着又教训道：“人要放聪明点，不要说是疯猪肉。”

第二天，阿一旦和几个仆人又去城里卖肉。阿一旦一边走一边喊：“快来买不疯的猪肉！快来买不疯的猪肉！”

别人看见他昨天喊“卖疯猪肉”，今天喊“卖不疯的猪肉”，还是不敢买。[①]

阿一旦进城卖猪肉，第一次说“卖疯猪肉”，第二次又说“快来买不疯的猪肉”，这样说能够把猪肉卖出去吗？其实，这正是阿一旦聪明的表现。他想用这种言语形式把顾客吓跑，使猪肉卖不出去，达到捉弄木老爷，并使穷人在过年的时候能吃到肉的目的。

可见，明确“说什么”和“怎么说”对于言语交际是非常重要的，在言语交际时，话语建构要与言语动机、言语目的保持一致。

一方面，话语信息量要与言语动机、言语目的相一致。

案例 4-9

在公共汽车上，甲不小心踩了乙的脚。乙恼怒地说：“没长眼吗？你踩我脚了。”对方一听火了：“废话，我看见了还能踩你脚吗？”这时第三者发话了：“吵什么！吵什么！不就是踩了一下嘛，有什么大惊小怪的，忍一下不就得了嘛。你也是的，踩了别人的脚，还自觉有理，道个歉不就得了吗？”这时争吵的双方不再吵了，但却同心协力把矛头转向了第三者。乙说：“说得真轻巧，没踩你的脚吧？站着说话不腰疼，踩踩你的试试。”甲也不客气：“关你什么事儿，道不道歉是我的事。真是狗拿耗子——多管闲事。你旁边儿歇着去吧！”第三者一听，也火了：“真是好心做了驴肝肺，给你们劝架这倒劝出不是来了。吵吵吵，吵吧，使劲吵！”于是，三方爆发了一场新的争吵。[②]

---

① 转引自高等学校文科教材：《民间文学作品选・三口疯猪》，上海文艺出版社，1980 年版，第 282 页。

② 转引自姚锡远、张红运：《语言文学修养》，气象出版社，2001 年版，第 56 页。

踩别人的脚或被踩一下，这在公共汽车上本是一件很平常的事，但为什么会酿成一场纠纷呢？从言语交际学的角度看，主要原因是交际者违反了言语目的与话语表达相一致的规律。本来，乙的言语目的并不是想与甲吵架，而只是想提醒对方把脚挪开，或没有听到对方的道歉而心理不平衡。但其话语与其言语动机却不一致，让对方认为他是在责备、嘲讽。如果把话语说成："唉，您踩我脚了吧？"此时，对方析出的信息会是，对方在提醒我移开脚或表示歉意。也许，对方会表示歉意，说声"对不起"。而实际上，甲的话语动机也并不一定是要与乙吵架，但其话语却与其动机相反，话语信息多余。作为劝架的第三者，其言语动机本应是抚慰、劝阻双方，但其话语信息却与其言语动机和目的不相适应，提供了过量的信息。如果他只是说："别吵了，双方相互谅解嘛，不要伤了和气。"争吵双方都比较容易接受。此时，各种矛盾也就会冰消瓦解。这充分说明，言语交际过程中应保持话语信息量与言语动机、言语目的的一致性。

另一方面，话语理解要与言语动机、言语目的相一致。言语交际是双向的，话语建构与话语理解是辩证统一的。只有充分准确地理解对方的话语，才能确定对方话语建构的动机，并据此选择适当的话语方式。

案例 4-10

我在水果店里听见朋友唉声叹气，我就把水果放下，询问他（有）什么事。"我刚才碰到旧邻居钟太太，"她哭丧着脸说，"我问她丈夫可好，却不知她丈夫已于上星期去世了。她说：'他不在了。'我还以为他出门旅行去了，我说……"

那句话好像卡在她喉咙里。

"你说了什么？"我追问，"你说的可是'不在的好'？"

"比这还糟。我说的是：'你为什么没跟他一起去？'"[①]

"我"的朋友唉声叹气，显然是说错了话。为什么她的话语建构失误呢？不言而喻，她没有准确把握对方话语的信息。"他不在了"，其语言意义是"他不在这个地方了"，如"出差""旅游""上班"等。但在一定语境中，它的言语交际功能是"他死了"，是一种委婉语。此处，因是自己的丈夫去世不久，钟太太伤感于谈到丈夫的死，所以，她用了委婉语。而"我"的朋友对此没有知觉，理解失误，因而导致言语交际失误。其实，如果"我"的朋友稍加注意，她就会发现对方说"他不在了"时，语气、语调应该与平常是有所区别的，但她忽视了这一点，理解时没有从话语的形式中准确地分析出说话者的言语动机。

言语交际中，许多情况下，说者、写者往往把话语形式与言语动机分离，采

① 转引自网络资料：《每日笑话》，https://tieba.baidu.com/p/528508137?red_tag=3300900786。

用间接的表达方式。此时，更应注意话语的言语意义与言语动机之间的统一关系。唯有如此，才能准确把握对方的言语目的。

案例 4-11

我们乘坐的汽车行驶在高速公路上，司机俨然一副赛车手姿态，以 150 公里的时速在大小车辆间飞窜（蹿），乘客们担心极了。

"亲爱的，"一个外貌敦厚的乘客对他的太太眨了眨眼睛说，"奇怪呐！昨天晚上我梦见了我去世的祖父，他站在一座桥上对我招手。"

他太太若无其事地说："哦！那你最近可要小心点了！"

司机以狐疑的眼神望了他们一眼，然后，车速渐渐慢了下来。终于，我们平安抵达了目的地。①

司机一开始玩命地飞驶，很危险，但他后来为什么把车速减慢了呢？显然是两位乘客的对话起了作用。但两位乘客并没有直接说："你开得太快了，十分危险，应该慢一点。"没有直接表达他们想让司机减速的动机，而是采用了间接的方式。"他"通过说梦见去世的祖父站在一座桥上对他招手，暗示要发生不吉利的事。而司机联系语境信息，特别是自己的车速，从中推导出乘客的言语动机——车速太快了，危险！从而减慢了车速。

因此，人们在运用语言进行交际时，为了达到预期目的，需要想尽一切办法，采取一切有效手段，来控制自己的言语行为，选取相应的言语表达形式。

第二节　规 范 原 则

语言是全民的交际工具，交际活动是一种社会行为，话是说给别人听的，文章是写给别人看的，要让别人听得懂、看得懂，正确地接受其中的信息。只有运用全社会共同的规范的语言，才可能顺利地进行交际活动，达到预期的交际目的。

语言规范作为言语交际的基本原则即指每个使用语言的人都要遵守公认的语言规范。所谓公认的语言规范，指的是社会公认或法定的语言及具体的语音、文字、词汇、语法标准。我国政府采用汉族共同语为国家通用语言，并推行以北方话为基础方言，以典范的现代白话文著作为语法规范的普通话。所以，言语交际中语言的运用应当以普通话为公认规范，即符合汉语语音、词汇、语法、修辞、逻辑的规则，符合汉族约定俗成的语言习惯，以求正确地运用汉语来服务交际。张志公先生曾说，在汉语的规矩面前，"只能听话，不能'自由'。因为人人样样

① 转引自网络资料：《交通安全小笑话》，https://tieba.baidu.com/p/1950739244。

事都‘自由’，那可不得了。社会就乱套了”[1]。所以只有规范化的言语交际，才能让对方听得清楚，看得明白，才不会失去语言作为交际工具的作用。

遵守语言规范与表达、接受都有关系，但表达应负更为重要的责任，因为语言表达既是对现成语言要素、表达手段的运用，又是对它们的改造和发展——当已有的要素、手段不合自己特时特地表达特意特情的需要之时，必须对之做一定的改造；当现有语言系统中缺乏自己需要的语言要素和表达手段时，必须设法创造发明。创造与发明都直接与现有语言规范发生联系，并影响着现有语言系统今后的规范，因此表达更应该注意使语言这个全民交际工具沿着不违背原有语言规范的正确、健康的道路发展。

言语交际中的规范具体表现在语音、词汇、语法、文字等方面。

一、语音规范

语音规范就是要求在言语交际中发音正确，准确掌握声母、韵母和四种声调的发音方法，进而掌握音节的发音标准，同时还应熟练掌握轻声、儿化和变调的语音知识，了解语音变异的情况。我国地域辽阔，方言复杂，人们的语音差别很大，不同方言区的人们之间的交往，如果“口音”过重，或普通话发音不标准，就常常会闹出笑话，甚至产生误会。

案例 4-12

有位湖南老乡在北京商场向一位梳小辫儿的售货员买“皮箍”（高压锅内的皮垫圈）。他用湖南话开了腔：“喂，细妹子，有皮箍卖吗？”小辫子把“皮箍”听成了“屁股”，眼珠子一瞪，用北京话答了腔：“买屁股？流氓！”老乡以为在告诉他皮垫圈的价钱，把“流氓”听成了“六毛”，便笑嘻嘻地说：“管他六毛七毛哩，反正是我老婆……”还没等他说完“是我老婆叫买的”，小辫子更加火上浇油（生气）：“还嬉皮笑脸的，畜生！”这下可惹怒了老乡，质问道：“么子？出身？买个皮箍还要查出身？告诉你我是贫农出身！”老乡拂袖而去，小辫子哑然而立。[2]

这场误会当然是由于交际时没有把字音咬准造成的。湖南老乡用方言说买皮箍，售货员误听为屁股，人家骂他流氓、畜生，他听成六毛、出身，生意不成，两相气恼。所以，不同方言区的人们在交际时，要尽可能使用全国通用的标准普通话，避免因语音差异造成交际障碍。

---

① 张志公：《张志公语文教育论集》，人民教育出版社，1994 年版，第 153 页。

② 转引自谭汝为：《令人捧腹的方言隔阂》，http://blog.sina.com.cn/s/blog_4b6668a1010007rs.html。

二、词汇规范

词汇规范就是在言语交际时应尽量使用规范语词和规范地使用语词。亚里士多德在《修辞学》中说："为了要做到通俗明白，选用词汇的时候，就应该选用那些通行的、日常的词汇。"①但是，运用常见常用的语词，也要注意语词的规范化问题。有时自己认为是常见常用的语词，而实际上是不规范的语词，说出来别人也没法听懂。

语词的规范，具体来说是指什么样的语词合乎要求，属于普通话的词汇，可以推广使用；不合乎要求的语词，不能列入普通话。普通话的语词规范在逐步地明确，较好的词典能够把它规定下来。凡是词典里列有的条目，大体上就是大家可以采用的语词。词典为我们提供了具体的语词规范。语词规范除了把词典作为依据以外，还有一个主要的方面，就是看一个词是不是具有普遍性，使用它听众能否接受，语言实践是否需要，有没有使用价值，是否符合汉语的发展规律和结构规律。

使用规范的语词，我们要注意以下几个主要的问题。

首先，不要把方言词当成普通话的语词来使用。方言词是指普通话里不用而只在某个地区里使用的语词。方言区有大有小，狭小的地区所使用的方言词叫土语词，如上海话的"白相"（玩），广东话"靓"（漂亮）、"打尖"（不按顺序排队）、"托大脚"（阿谀奉承）等。方言词或土语词，不具有全民族的共性，有许多人说起普通话来，语音还比较标准，只是经常把方言语词当成普通话的语词来使用，结果，他的话还是无法让别人听懂。

其次，不要随意生造词。为了满足交际的需要，不断地创造一些新词是必需的，但是新造的语词必须符合汉语构词法的规律，必须建立在大家能够共同理解的基础之上。如果所创造的新词不为大多数人所接受，这样的语词就是生造的语词，就是不规范的语词。生造词是破坏语言规范化的表现，毫无生命力，高尔基称之为"一生下来就死掉了的婴儿"，叶圣陶先生把它们比喻为"私印的假钞"。

生造词也包括"滥用缩略语"。在语用中，为了节约时间，避免语言啰唆，大量使用缩略语，这是自然而然的事情。但是，使用缩略语并不能犯自由主义的错误，脱离语用实际，随意把语词缩略。在语言运用中，要根据语言运用的实际需要，看缩简以后的意思是否明确，如果不需要、不明确，那就不能缩简成一个新词，否则就会产生交际障碍。

再次，谨慎使用同音词。同音词是音相同而意义不相同的一组或几组词，如"骄气"和"娇气"，"期中考试"和"期终考试"，"公式"和"公事"，"工事"

① [古希腊]亚里士多德：《修辞学》，罗念生译，生活·读书·新知三联书店，1991 年版，第 32 页。

和“攻势”等就是同音词。这些同音词，如果是在书面上，人们也许能够明白它们的不同意思，不会引起信息交流的混乱，但如果口头说出来，就有可能引起混乱。

案例 4-13

甲：我爸爸……说：“先吃饭，吃完饭全家开个午会。”

乙：怎么，吃完饭要跳舞哇？

甲：没跳舞。就是开了一个给我们解决思想问题那么个会。

乙：怎么叫“舞会”呢？

甲：中午开会。①

这段相声口头说出来，产生了误会，给相声制造了包袱。如果写在书上，乙就可以读懂，不会把“午会”当成“舞会”，自然也就构不成笑料了。因此，我们在口头表达的时候，遇到同音词应该慎重运用，以免引起误解。

最后，词汇规范还要求在言语交际时不仅要准确掌握词的读音，还要做到词义明确，避免歧义，传情达意正确无误。如果只清楚所要表达的意思，而用词用语不当，也容易出现表意不准确的现象，有时还会引发纠纷。

案例 4-14

1997 年 9 月 15 日，原告张某骑自行车被王某驾驶的小货车撞伤。经调解，王某愿赔张某医疗费等 6700 元，立有字据。1998 年 6 月 18 日，王某到原告家还部分欠款。还款后，王某在原欠条下方注明“还欠款伍仟柒佰元整”的字样，未签名。后原告向被告再催时，被告称已还原告欠款 5700 元，尚欠 1000 元。而原告称只收了 1000 元，尚欠 5700 元，两人争执不下，张某诉至公堂。

法院经审理认为，原告张某提供的被告欠款的欠条证据有歧义，被告在原欠条上写的“还欠款伍仟柒佰元整”的“还”字是多音字。究竟是还（huan 音），还是还（hai 音）不明。如果该“还”字读作（huan 音），则被告尚欠款 1000 元；如读作（hai 音），则被告尚欠款 5700 元。法院认为，由于原告提供不出充分的证据，法院无法认定，据此驳回原告请求。宣判后，原告不服表示上诉。②

“还”有两个读音，一个是“huan^{35}”，意思是“归还”；另一个是“hai^{35}”意思是“现象继续存在或动作继续进行”，相当于“仍然”。这样，“还欠款伍

① 侯宝林：《红状元》，选自《再生集》，山西人民出版社，1978 年版，第 148 页。

② 转引自何兵：《依法断字——多音字诱发的官司》，http://blog.sina.com.cn/s/blog_584f23b30101d9kb.html。

仟柒佰元整”就出现了歧义。如果是读“huan^{35}”，这句话的意思就是：归还了欠款伍仟柒佰元整；如果是读“hai^{35}”，这句话的意思就是：仍然欠伍仟柒佰元整的款。显然，两者的意思大相径庭，因此产生了纠纷。如果被告归还欠款时，原告注意到“还”的多音异义性，可能就不至于出现这种纠纷了。由此也可以看出用词准确性的重要价值。

三、语法规范

语法规范就是句子要符合汉语组词造句的语法规律，按汉语语法规律造句，使人听得懂，看得明白，否则就会令人费解。

案例 4-15

据说福建省沙县有一农民黄某，购买了一种叫“保果灵”的农药，没想到果树喷药 7 天后，200 多棵柿子树的叶子果实全部掉落。后经有关部门详细了解才知道，是农药说明书说而不明所致。说明书上说到（道）：“连续使用两次，间隔期为 20 天。”黄某看了说明书，当天便对柿（子）树连续喷药两次，准备间隔 20 天再喷药两次，谁知这样做铸成了大错，造成经济损失 1 万多元。①

如果农药说明书说得清楚一些，说成“喷药一次后，必须间隔 20 天，再喷一次即可”，这样就不会出此差错了。

四、文字规范

普通话在用字上也有一套规范，这套规范集中体现在国家正式公布的《简化字总表》、《第一批异体字整理表》和《印刷通用汉字字形表》上。除了一些特殊地区（如港澳台以及一些海外华语社区）和特殊领域可以使用繁体字外，言语交际的书面表达应当坚持写规范的简体字、正体字，不写繁体字、异体字和错别字。但在现实的言语交际中，还有一部分人大写特写繁体字、二简字，甚至有人常常错用汉字。文字运用的不规范有时会给交际带来很大影响，不可等闲视之。

第三节　合 作 原 则

合作原则由美国语言学家赖斯首先提出，后来成为语用学的核心内容，并作为指导言语交际的重要原则，得到了较为普遍的认可。言语交际是言语交际双方合作完成的一项活动，交际双方必须互相配合、达成默契，才能保证会话活动的

① 转引自刘凤玲、戴仲平：《社会语用艺术》，暨南大学出版社，2002 年版，第 46 页。

顺利进行，实现交际的目的，这就是言语交际的合作原则。具体来说，包括数量准则、质量准则、关联准则和方式准则。

一、数量准则

数量准则是指在交谈时针对话语内容的详尽程度，准确来说，是针对话语里所包含的信息量，要求说话人该说多少说多少，不能多也不能少。

数量准则要求在交际过程中，言语行为的参与者在参与程度上要与对方保持均衡，既不能滔滔不绝，也不能心不在焉。所说的话应包含交谈目的的足够信息，而且在言语形式上繁简得当。比如：

甲：请问去我市某某地的单程车票是多少钱？

乙：好像不太贵。

丙：不贵，45 元。

丁：一点都不贵，才 45 元钱一张，如果团购的话还能再便宜，现在 45 元钱能买着什么东西呀？

用数量准则来分析的话，丙的信息量不多不少，正好符合会话顺利进行的前提。乙的信息量太少，显得不够用心、不够热情，丁的信息量太多。

任何一次交际活动都是从一个话题出发，并且大都是以一个话题为中心而展开的。因此，在言语交际中，要根据话题来选择语言材料和组织话语，不蔓生枝叶。话语偏离了话题，天马行空，言语不着边际，这样的表达是不得体的，是不符合数量准则的。

案例 4-16

有一位小姐在公用电话亭打电话，明明讲的是一句“今晚七点钟我请你一起看电影”为中心的话，却啰唆了一大堆。她是这样讲的：“喂，我找某某某，呵！你就是！你猜，我是谁？不对，再猜，不对！请再猜，呵，是了！我还以为你贵人多忘事，把我忘了。呵！我说的是‘富贵’的那个‘贵’字呀，就是说你富贵发达，成了贵人啦！没有说你是桂林人，我知道你是湖北的。什么事情？没有什么，你们今天晚上开不开会呀？开什么会？那我怎么知道呀？学习会、传达会、讨论会、福利会……没有会开，那好，我想请你看一场电影。不知道你喜欢看什么影片？我是爱看惊险片的。那有什么好看呀！第一次看还有点味道，再看几回就不行了。不是那个演员演的，那个演员也太老了。什么？你看不出她老，眼底下的鱼尾纹都露出来了。……影片是七点开映的，六点四十五分我就在电影院对过的那间玫瑰咖啡店等你，那里的咖啡是不错的，经营的是海南人，海南人最会炒咖啡了。……

好，OK，好，再见！”[①]

这位姑娘可算是说话啰唆的典型代表，东拉西扯，不得要领，浪费了别人的时间和精力。

在日常交际中，我们绝大多数时候是遵循数量准则的，故意违反数量准则的情况并不多见，但有时为了达到特殊的交际目的，参与交谈的一方会故意不提供对方所需要的足够信息，或提供一些对方不需要的信息，这是故意违反数量准则的“变异”用法。

案例 4-17

在一个周末舞会上，一位妙龄少女不仅相貌出众，而且舞姿优美，令许多男青年为之倾倒。其中有一位修养较差的青年对其纠缠不清，趁休息时他与这位少女搭讪：

男：我好像在哪见过您，您贵姓？

女：我姓我父亲的姓。

男：那么，您的父亲姓什么呢？

女：当然是姓我祖父的姓了。

男：您做什么工作的？

女：干四个现代化的。

男：您家住在哪里？

女：地球上。

男：您家有几口人？

女：和我家的自行车一样多。

男：那么，您家有几辆自行车？

女：每人一辆。[②]

少女回答青年提问时，很显然违背了数量准则，而且是以不合作的态度故意违反的。表面上男女双方交谈自然而随意，实际上问者别有用心，答者是刻意闪避，表面上所谈内容不少，实际上除了表示轻蔑和婉拒之外，答者什么也没有告诉问者。这是一种既不失礼，又于己无损的应对之法。

① 转引自网络资料：《保险天使特训教程话术技巧特训 B 篇》，https://www.jinfuzi.com/wz/id-1534761.html。

② 转引自李元授、杨志海、邹振宇：《公关与交际》，华中科技大学出版社，2006 年版，第 264 页。

二、质量准则

质量准则是针对交谈中的话语内容的真实程度来讲的，要求说话人不说假话，不说没有根据的话，话语所传递的信息要真实而可靠，这是言语交际得以顺利展开的基础。质量准则具体要求：不说自己明知是虚假的话，不说缺乏足够证据的话，不无中生有，更不能造谣中伤。

会话以真实为根本，表达者和接受者都要坚持话语的真实性才行。在日常生活中，大多情况下会话双方都能够遵循质量准则，但是也有故意违背质量准则的现象，主要表现如下。

（一）出于礼貌交际

案例 4-18

一个星期六下午，二奶奶三奶奶同来作首次拜访。鸿渐在报馆里没回来，柔嘉忙做茶买点心款待，还说："为什么两个孩子不带来？回头带点糖果回去给他们吃。"三奶奶道："阿凶吵着要跟我来，我怕他来了闯祸，没带他。"二奶奶道："我对阿凶说，大娘的房子干净，不比在家里可以随地撒尿，大伯伯要打的。"柔嘉不诚实道："那里的话！很好带他来。"①

柔嘉心里明明讨厌方鸿渐的两个侄子，却出于礼貌没有表现出来，而是违心地埋怨他们的母亲没有将他们带过来。这样的话很大程度上减少了双方在情感上的对立，显示了主人应有的礼貌。

（二）出于幽默诙谐

案例 4-19

一对情侣在公园散步，男的突然想伸手去牵女友，女的故意装着生气样，带着微笑说："怎么，想揩油啊？"男的故作无辜状说："是啊，因为我被你先揩油太多了，现在想揩一点点回来。"女的很惊讶："哪有？我从来不揩油的。"男的就伸出自己瘦削的手说："就有，就有，否则，我怎么会那么瘦呢！"②

男方在女友说他揩油时，就把自己消瘦的原因归结于女友先揩油太多，这样既回应了女友的问题，避免了尴尬，又使得双方都知道这是不真实的一句玩笑话，

① 钱锺书：《围城》，人民文学出版社，1991 年版，第 203 页。

② 转引自王维维：《言语交际案例教程》，清华大学出版社，2012 年版，第 121 页。

因此除了幽默一笑外谁也不会真的在意。他正是违反了质量准则，说了明知不真实的话，而产生了幽默的交际氛围。

案例 4-20

李大嘴他娘：我吃的盐比你吃的米还多呢！
李大嘴：那是您口重！
李大嘴他娘：我过的桥比你走的路还多呢！
李大嘴：那是我懒得动！①

这段话中，李大嘴他娘在用一些道理教育李大嘴，毕竟老人的经验、知识等都要比年轻人丰富，但李大嘴不虚心接受批评，故意通过违反质量准则来抵制他娘的教诲，于是搞笑的效果随之产生。

（三）出于求吉避凶

求吉避凶是人们普遍的心理，在平时的言语交谈中，人们总是喜欢说一些话，显示很吉利，以此表现我们的良好祝愿，其实这些话很大程度上是经不起质量准则推敲的。如古代人对皇帝说："吾皇万岁万岁万万岁"。人怎么可能活到一万岁呢？这只是一个长生不死的祝愿和对皇帝的敬畏而已。现代社会我们经常对别人说"祝您福如东海，寿比南山"，同样是一种美好的祝愿，经不起质量的推敲。恋人之间经常会说"爱你到天荒地老，海枯石烂"，这种情形没有谁能够提供足够的证据来证明它的真实性，只能说是人的一种心理而已。

三、关联准则

关联准则是指交谈中话语的内容要切题，要求交际者既做到自己在前后对话中发出的语句话题相互关联，更要做到与对方的语句和谐衔接。这样通过上下句的关联性，把交际对方的语句串联成一个有意义的内在联系的言语整体，充分体现双方的合作性。当然关联有时候也体现在言语形式上，也就是交际双方在言语交谈风格上也要有关联。

案例 4-21

一位书生被蝎子咬（蜇）了。一开始他摇头晃脑地喊：贤妻，迅燃银灯，尔夫为毒虫所袭！连说几遍，他妻子并没有反应。书生这才想起自己的妻子不识字。

① 根据电视剧《武林外传》台词整理，http://www.iqiyi.com/v_19rrk2h4f8.html。

于是赶紧喊道："老婆子，快点灯，蝎子咬（蜇）着我啦！""什么什么，怎么让蝎子咬（蜇）着了？"妻子听到他说第一时间就跑了过来。①

根据不同的交际对象，要及时调整自己的言语交谈风格，这样才符合关联准则，这是一种交谈语体风格的关联。

案例 4-22

但她最终还是把王小二的事一五一十地说给王大一听。王大一不能不知道，也不能不管一管。可是王大一却真的不想管，他仿佛听的是别人的故事，与他一点关系都没有。他闭着眼，叼着烟，脸上没有任何表情。蓝彩荷话音一落，他就站起来，伸了伸腰，说："圣诞节快到了，我得去多进些货。哈尔滨这地方跟别的不一样，哈尔滨圣诞节过得跟洋人一样热闹，有多少东西都卖得掉，我得去进货。"

蓝彩荷说："王小二怎么办？王小二怎么会做出这样的事来？"

王大一说："羽绒衣从上海进，围巾从广州进，毛衣一直都是石狮的款式最漂亮，还是进石狮的货吧。"

蓝彩荷跺跺脚，大声说："王小二怎么办？你儿子王小二！"

王大一静静地看了蓝彩荷一会，转开脸，对着墙壁说："我儿子？哼，我儿子！"

蓝彩荷愣了片刻，扑过来，抱住王大一："你相信我，王小二真的是你的儿子！"

王大一推开她，说："我得去进货了。"然后，他拉开门，屋外一股冷风立即刀一样地灌进来。

蓝彩荷迎着风追几步，大声喊道："大一！大一！"但王大一头也不回地走了。②

这是一个消极违反关联准则的案例。当言语交际者面对着于自己不利，不以为然或不感兴趣的话题时，他可以将话题转移开，故意说一些不着边际的话来敷衍对方，或者立刻调整言语交际方向以避害。案例中王大一怀疑王小二不是自己的儿子，所以对王小二的事情不关心，表现出不合作的态度，话语答非所问，反复违背关联准则。

---

① 转引自网络资料：《言语交际原则》，https://wenku.baidu.com/view/fcfa124ff7ec4afe04a1df47.html。

② 同①。

四、方式准则

方式准则是针对交谈中话语的表达方式来讲的，要求言语交际中的话语清楚明白、条理严整，避免晦涩啰唆、混乱无章。如果言语表达晦涩难懂，前言不搭后语，话语可以这样理解，也可以那样理解，或者重复啰唆，说个没完，会大大削弱表达效果，甚至给交流造成很大障碍。

当然，在实际言语交际中，言语表达者经常会有意违反方式准则，以达到某种特定的目的，或为了制造幽默，或为了避免尴尬，或为了欺骗别人，或为了保护自己，等等。

案例 4-23

“也许有罢，——我想。”我于是吞吞吐吐地说。

“那么，也就有地狱了？”

“啊！地狱？”我很吃惊，只得支吾着，“地狱？——论理，就该也有。——然而也未必，……谁来管这等事……”

“那么，死掉的一家的人，都能见面的？”

“唉唉，见面不见面呢？……”这时我已知道自己也还是完全一个愚人，什么踌躕，什么计画，都挡不住三句问。我即刻胆怯起来了，便想全翻过先前的话来，“那是，……实在，我说不清……。其实，究竟有没有魂灵，我也说不清。”①

《祝福》中的“我”是不相信有地狱和鬼魂的，但是面对濒临末路的祥林嫂，说出真话未免太残忍，撒谎又于心不安，“我”处于矛盾和犹豫之中，只能故意支支吾吾、欲言又止了。这是一个有意使言语晦涩含糊的案例。因为有些话语如果用很清晰的方式直接说出来，会有一定的刺激性，别人难以接受。这时可以用晦涩含糊的方法加以闪避。

案例 4-24

唐僧：喂喂喂！大家不要生气，生气会犯了嗔戒的！悟空你也太调皮了，我跟你说过叫你不要乱扔东西，你怎么又……你看我还没说完，你又把棍子给扔掉了！月光宝盒是宝物，你把它扔掉会污染环境，要是砸到小朋友怎么办？就算砸不到小朋友砸到那些花草也是不对的！

（悟空一把抓住唐僧手中的月光宝盒）

---

① 鲁迅：《祝福》，北京日报出版社，2013 年版，第 13 页。

唐僧：干什么？

悟空：放手！

唐僧：你想要啊？悟空，你要是想要的话你就说嘛，你不说我怎么知道你想要呢？虽然你很有诚意地看着我，可是你还是要跟我说你想要的。你真的想要吗？那你就拿去吧！你不是真的想要吧？难道你真的想要吗？……

悟空：我……

（悟空一拳将唐僧打倒）

观音：啊？孙悟空！

悟空：大家看到啦？这个家伙没事就长篇大论、婆婆妈妈、叽叽歪歪，就好像整天有一只苍蝇，嗡……对不起，不是一只，是一堆苍蝇围着你，嗡……嗡……嗡……嗡……飞到你的耳朵里面，救命啊！

（悟空倒地翻滚，异常痛苦）[1]

这段对白给电影增加了戏剧效果，也给观众留下了深刻印象，但唐僧的这种啰啰唆唆、说个没完的话语行为，严重违反了方式准则。在现实生活中可能会遇到这种人，这主要取决于个人语言能力的运用。

案例 4-25

甲：一问他多大年纪啦，“我今年十八岁”。

乙：那就是“抗战八年”？

甲：是呦，后来仔细研究才明白，敢情他们家里没床，他在炕上站了八年。[2]

“抗战”与“炕站”读音相同，但意义完全不同，如果只听口语，接受者以为是在打仗，哪知是指在炕上站着，回答完全出人意料，令人啼笑皆非。

应该说，合作原则的提出，强调交际行为中交际双方开展合作的重要性，为解释言语行为提供了一定的理论依据。但合作原则只是言语交际的理论性原则，具有一定的理想性、主观性和现实受限性。事实上，现实的言语交际中，时时处处都存在着大量违背合作原则的现象，从我们列举的案例中就可以看出这一点。

之所以说合作原则过于理想化，是因为在现实的言语行为中，“言语羡余”所占的比例是很大的。可以说，由于各种主客观因素的存在，言语羡余是不可避免的，而这种羡余恰恰是对合作原则的数量准则的违背。此外，在现实生活的很

---

① 根据电影《大话西游》整理，http://www.iqiyi.com/v_19rriflhue.html。

② 根据侯宝林、郭启儒相声《改行》视频整理，http://www.iqiyi.com/w_19rrbvu74t.html。

多情形中，我们并不是有意要违反合作原则，但是受限于各种条件，我们必须采取不合作的原则。例如，学生在考前问老师试卷的内容，老师必须采取不合作的态度，申明不能透露试题。再如医生安慰一个重症患者，告诉他只要有信念，病一定会好的。这其实也是违反了合作原则中的质量准则，但却是语境和人际关系的要求所必然的，被称为“善意谎言”。因此很多时候我们不能盲目追求合作原则。

格莱斯在谈合作原则时，也提出了若干不遵循合作原则的情况，其中特别分析了说话者故意违反合作原则的情形，指出说话者这样做的目的并非要破坏或中止其言语交际链，而是传达另外一层意义，即会话含义。会话含义主要指话语的隐含意义，而非表层意义，是话语行为真实的交际意图，说话人在交际过程中试图使听话人认同自己的这种潜在的意图，并使自己的愿望及自己的交际目的得以实现。同时，会话含义的提出，也补充说明了合作原则存在的一些问题，解释了部分故意违反合作原则的交际行为。

总之，合作是交际的必要条件之一，但仅靠合作原则，难以对交际过程做出充分有效的解释，并且现实生活的经验证明，交际并非必须合作，人类的语言交际中充斥着各种离心式的、不合作的交际对话，特别是在争执、辩论等情形中。但是了解合作原则，对于我们的言语交际行为，对于我们交际能力的培养是十分有利的，在需要履行合作原则以顺利达成交际目的的一些重要场合，合作原则的遵循还是十分必要的。

第四节　礼貌原则

礼貌是人类文明的标志，是人类社会活动的一条重要准绳，是一个人有良好教养的体现。作为一种社会行为，言语活动也同样受到这条准绳的约束，并将其作为言语交际的一条原则。俗话说，“良言一句三春暖，恶语伤人六月寒”。礼貌的言语交际，能使人感到人间的温暖与友爱，体味到感情的真挚与诚恳，创造尊重、融洽、和谐、宽容的气氛，建立良好人际关系。如果交际时粗话连篇，语言污秽，甚至出口伤人，不仅有损个人形象，败坏社会风气，而且会引发人际间的矛盾和隔阂，甚至导致对抗和冲突的产生。

案例 4-26

北京某大学的一位物理学教授乘公共汽车时，由于司机的急刹车，这位教授没站稳，撞到了前面一个姑娘的身上。这姑娘修养较差，很不高兴地望着教授说：“什么德性？”车内气氛紧张起来，有人担心会发生口角。但这位教授只淡淡地望了姑娘一眼，说："不是德性，是惯性。"车厢内爆发出笑声。[①]

姑娘对无意撞她的教授出言不逊，教授并没有以牙还牙，而是做出科学、客观、简明的解释，一场风波春风化雨了。可见，礼貌言语是人际关系的润滑剂，人有礼则安，无礼则危。

可以说，文明礼貌是言语交际获得成功的保障，因为只有能够文明地进行人际间的沟通和社会交往，在交流中注意对象和场合，尊重对方、理解对方，运用得体的言语、表情和语气，使说话的格调优美高雅，具有感染力和说服力，才能达到交流的目的。

礼貌原则是相对的，它受到一系列社会因素的制约，这些因素决定了在特定的场合下，什么是"最礼貌"的形式，因而表达基本相同的语意内容时，可能有一系列可供选择的言语形式，它们之间的礼貌级别不同。

礼貌原则包括得体准则、宽容准则、赞誉准则、谦虚准则、同情准则、一致准则。

一、得体准则

得体准则是指会话中尽量让别人少吃亏、多得益，尽可能减少他人的损失。

案例 4-27

此时宝钗正在这里。那黛玉只一言不发挨着贾母坐下。宝玉没甚说的，便向宝钗笑道："大哥哥好日子，偏生我又不好了，没别的送礼，连个头也不得磕去。大哥哥不知我病，倒像我懒，推故不去的。倘或明儿恼了，姐姐替我分辨分辨。"宝钗笑道："这也多事。你便要去也不敢惊动，何况身上不好，弟兄们日日一处，要存这个心倒生分了。"宝玉又笑道："姐姐知道体谅我就好了。"[②]

当宝玉向宝钗解释因病没能参加薛蟠的生日时，宝钗用委婉的话语让宝玉觉得他的缺席得到了她的谅解，她知道宝玉不喜欢觥筹交错的场合，一句"弟兄们日日一处，要存这个心倒生分了"让宝玉愧疚的心情得到缓解。

案例 4-28

有一次也是没话找话说，说的是他早晨出来碰到一对老夫妻在门口吵架，男的骂女的是尼秃子，女的骂男的是老滑头。对门的老头儿劝架了："别骂了，你们

---

① 转引自欧阳友权、朱秀丽：《口才学教程》，高等教育出版社，2004 年版，第 81 页。

② （清）曹雪芹：《红楼梦》（第三十回），北京教育出版社，2013 年版，第 222 页。

的水平比我差得远哩！”老头儿把帽子一脱，头上连一根毛都没有，油光光的。①

老头儿用有损自己形象的做法来劝架，使他人趁势下了台，自己受损，但话语表达恰到好处。

二、宽容准则

宽容准则又叫慷慨准则，就是会话中尽量让自己少得益、多吃亏，做到得理让人，给人留面子。俗话说“退一步海阔天空”“得饶人处且饶人”“宰相肚里能撑船”，都是与人为善、宽宏大量的话。宽以待人是我国的传统美德，是建立良好人际关系不可缺少的积极心态。对说话人来说，克己才能容人，要允许与你不同观点的存在，允许别人在个别方面与你不同，即使别人无意中伤害了你，也应以善良容忍之心谅解他，因为人无完人；得礼也让人，是有觉悟、有修养、有气度的表现，别人也会尊敬你，愿意与你交往。对听话者来说，如果受了误解或无端指责，要善于控制自己的感情，冷静从事、泰然处之，无须发火冲动。必要时可做申明解释；原则问题，守住底线；无伤大雅之事，可用理智或委婉的方式甚至微笑来扭转局面。做到不失态，有风度；不失言，应对得体；不失礼，尊重对方，尊重自己。

案例 4-29

在林肯当选美国总统的那一刻，整个参议院的议员们都感到尴尬，因为林肯的父亲是个鞋匠。

当时美国的参议员大部分出身于名门望族，自认为是上流社会优越的人，从未料到要面对的总统是一个卑微的鞋匠的儿子。

于是，林肯首次在参议院演说之时，就有参议员想要羞辱他。

当林肯站在演讲台上的时候，一个态度傲慢的参议员站起来，说：“林肯先生，在你开始演讲之前，我希望你记住，你是一个鞋匠的儿子。”

所有的参议员都大笑起来，为自己虽然不能打败林肯但能羞辱他开怀不已。等到大家的笑声止歇，林肯说：“我非常感激你使我想起我的父亲。他已经过世了，我一定会记住你的忠告，我永远是鞋匠的儿子。我知道，我做总统永远无法像我父亲做鞋匠那样做得那么好。”

参议院陷入一片静默。林肯转过头来对那个傲慢的参议员说：“就我所知，我父亲以前也为你的家人做过鞋子，如果你的鞋子不合脚，我可以帮你改正它，虽然我不是伟大的鞋匠，但我从小就跟父亲学到了做鞋的技术。”

---

① 陆文夫：《井》，载《中国作家》，1985 年第 3 期。

然后他对所有的参议员说："参议院里的任何人，如果你们穿的那双鞋是我父亲做的，而它们需要修理，我一定尽可能帮忙。但是有一件事是可以确定的，我无法像他那么伟大，他的手艺是无人能比的。"说到这里，林肯流下了眼泪，所有的嘲笑声都化成了赞叹的掌声。①

面对挑衅，林肯没有发怒，也没有躲避，而是通过不同角色的有机融合，使"总统"和"鞋匠的儿子"合乎分寸地融为一体。他承认自己的出身，并感情真挚地怀念了自己的父亲——"伟大的鞋匠"。虽然以他当时的身份与所处场合，说这些话也许并不完全合适，但他用对父亲无限的爱与尊重，委婉而坚决地回击了对手恶意的嘲讽。林肯的自制不仅没有降低总统的尊严，反而更能显现出其与总统身份非常吻合的自信、大度，赢得了大家的接纳与尊敬。

三、赞誉准则

赞誉准则就是在会话中对别人少贬低、多称赞。俗话说：予人玫瑰，手留余香。说话时减少对别人的贬损，多赞誉别人，不仅可以让对方有个好心情，从而营造良好的交际环境，而且赞誉的话也会让别人更愿意亲近你。赞誉的时候要做到适时、适事、适境。

案例 4-30

甲乙两个猎人，各得两只兔子回家。甲的妻子看见后冷冰冰地说："只打到了两只吗？"甲猎人心中不悦："你以为很容易打到吗？"乙猎人的妻子却欢天喜地说："你一下子就打到两只啊！"乙听了心中喜悦："两只算得了什么，明天给你打四只看看。"②

一个妻子表现不满，丈夫的自尊心受到伤害，一个妻子欢天喜地，大加赞扬，使丈夫获得极大满足，前者的愚蠢、后者的聪明是显而易见的。

当然，赞誉时要有一定的事实根据，要真诚、发自内心，还要具体，同时，赞誉也须得体、适度，不要把赞誉变成阿谀奉承、溜须拍马。

四、谦虚准则

谦虚准则就是在会话中对自己少称赞、多贬低。俗话说，"满招损，谦受益"。一个人要正确看待自己的长处，正视自己的不足，不能因自己有某方面的优势而

---

① 林清玄：《鞋匠的儿子》，http://blog.sina.com.cn/s/blog_78234a960101cltm.html。

② 转引自姚锡远、张红运：《语言文学修养》，气象出版社，2001 年版，第 51 页。

得意忘形、趾高气扬，甚至贬低他人。在面对表扬的时候，要适当地贬损自己，做到谦虚低调，这是中华民族的传统美德。

案例 4-31

甲：听说你的文笔不错。

乙：他们净是瞎说。

甲：能不能给咱单位写个总结？

乙：我那两下子，写个小豆腐块还能凑合，要是写总结这样重要的稿件，恐怕我难以胜任。

甲：别推辞了，就这样，交给你了。

乙：那好吧，我试试，我尽最大努力。①

乙遵守了谦虚的准则，在谈话中表现出了较高的语言修养。

但要注意的是，谦虚不能过分，过谦往往适得其反，正所谓“谦虚过度是自大”。

五、同情准则

同情准则也叫理解准则，是指双方在交谈时尽量减少分歧和对立，增加理解或谅解，设身处地为对方着想。

案例 4-32

某西餐馆内顾客和服务员之间的一段对话：

顾客：“我要的菜还没有做好吗？”

服务员：“您定了什么菜？”

顾客：“炸蜗牛。”

服务员：“我去厨房看一下，请您稍等片刻。”

顾客：“我已经等半小时啦！”（生气地说）

服务员：“这是因为蜗牛是行动迟缓的动物……”（两人都笑了）②

当时的语境是，顾客等菜时间太长，大为不满，服务员充分理解了顾客的心情，并用幽默的话语消除了顾客的不满情绪。如果服务员说：“菜没烧好，等的时间长，我们也没办法的，你不想等就走吧！”顾客的反应将是：争吵、退钱、

① 转引自姚锡远、张红运：《语言文学修养》，气象出版社，2001年版，第52页。

② 转引自姚锡远、张红运：《语言文学修养》，气象出版社，2001年版，第53页。

找经理。

六、一致准则

一致准则是指会话时尽量减少自己与别人在观点上的不一致，尽量增加与别人在观点上的共同点。言语交际学中有一句常说的话是“少说‘不’，多说‘是’”。心理学研究表明，在说“不”的时候，人体的肌肉、神经等都会出现紧张状态，使全身呈现拒绝对方的姿态；反之，若答以“是”时，身体自然会轻松起来，会变成易于接受外界事物的状态。言语交际遵循一致准则，就是要解除心理障碍，使双方的态度变得和谐一致，将对方的心理准备朝“是”的方向修正。

案例 4-33

一天晚上，妻子问丈夫：“在外面是你说了算，那在家里呢？”丈夫说：“当然我还是头啦！”妻子非常不高兴，丈夫忙说：“我是头，你是脖子，你想头还不是受脖子管？脖子让头往哪转，它就得往哪转。”妻子会心地笑了。①

丈夫完全是出于维护夫妻情感，不让妻子扫兴，才减少与妻子在观点上的分歧，满足了妻子的虚荣心，避免了矛盾。

当然，保持一致并不是不让交谈双方提出不同的看法，而是在提不同意见时，要分清情况、注意方法、讲究艺术。

案例 4-34

有一次，胡适的夫人埋怨社会上的“大男子主义”，胡适听了后摇摇头说：“也不全是，其实当男人的也有‘三从四德（得）’嘛……”胡适夫人听了之后诧异地问道：“哦，男人的‘三从四德’从何说起呢？”只见胡适不紧不慢地说：“三从，指太太出门要跟从，太太命令要服从，太太说错了话要盲从。四德（得）：指太太化妆要等得，太太生日要记得，太太打骂要忍得，太太花钱要舍得。”②

胡适以“三从四德”的谐音，否定了“大男子主义”，巧妙地发表了不同看法，反映了他的温和谦让，以及幽默乐观的态度。

思考训练题

1. 请用简单的几句话来礼貌地赞美早上进教室你看到的第一位同学。

---

① 转引自姚锡远、张红运：《语言文学修养》，气象出版社，2001 年版，第 72 页。

② 转引自张彦：《浅谈语文教师课堂教学语言艺术》，http://www.doc88.com/p-3139056614795.html。

2. 作为一个高年级学生，如果你接到任务，安慰一个因想家而哭泣的新同学，而她又表现得很不合作，想想自己该说些什么，尽量让她缓和情绪？

3. 如果你走在路上被一个推销员缠住，他喋喋不休地向你讲述他们产品的好处，让你试用他的产品，而你实在对此没有兴趣，心里很反感，你该怎么拒绝？

4. 运用言语交际的基本原则理论综合分析下面几段话。

（1）一位教师对学生讲道："古代的'吕'是接吻的意思，口对口，很形象。"在座的一个学生问道："如果'吕'是接吻的意思，那么，'品'是三人接吻吗？'器'又怎么解释呢？"老师默然。①

（2）一对小夫妻因生活琐事发生矛盾，两人赌气分了居。工会干部在调解时对男方说："我们已经找过你妻子了，她说了你很多长处，也检讨了自己不该为小事大动肝火。"然后又找到女方认真相告："你丈夫很后悔，他说你操持家务很辛苦，平时对你关心不够，还对你发脾气，太缺乏男子汉的气概。"一来二去，夫妻双方都做了自我批评，重归于好。②

（3）当年，28岁的梁启超已成为世界驰名的（著名的）新派（维新派）人物和资产阶级的启蒙宣传家。一位华侨的女儿何惠珍非常钦佩他的人品、学识，向他表白达了爱慕之意。梁启超虽已有家室，但对风韵娉婷、才华出众的何小姐也很倾慕，一时按捺不住，便经常约会畅谈。消息不胫而走，不久，梁启超接到妻子李惠仙的来信，使他心潮滚滚，遂复信告知详情。妻子通情达理，反劝公公接纳何惠珍。而梁启超反倒忐忑不安起来，联想到自己在国内创立了第一个"一夫一妻世界会"就更加惭愧，决心与何小姐分手。有位朋友劝他一举两得，他拒绝了。何小姐了解此事后也十分愧疚，毅然割舍了对梁启超的恋情，表示愿与他以兄妹相称，并亲切地称李惠仙为嫂子，经常书信往来。③

（4）法国著名作家大仲马的小说畅销世界，有一次，一家书店老板获悉大仲马即将光临，便立即把别的作者的书统统从书架上取下，全部换上大仲马的书，是想讨好这位大名鼎鼎的作家。大仲马到书店一看，便询问别人的书都到哪里去了，老板急不择言，应声答道："都卖完了。"④

---

① 转引自网络资料：《言语交际第三次过程性考核[精品资料]》，https://www.taodocs.com/p-42113283.html。

② 同①。

③ 同①。

④ 转引自网络资料：《表达意图要准确》，https://club.1688.com/threadview/25068150.html。

第五章　跨文化言语交际

➢ **本章学习目标**

1. 了解文化的含义和特征。
2. 掌握跨文化言语交际的概念及特征。
3. 熟悉跨文化言语交际的常见失误。
4. 提高跨文化言语交际的能力。

第一节　文化和跨文化言语交际

一、关于文化的理解

人们对“文化”的解说林林总总、色彩纷呈，有人统计，现在中外有关文化的定义有 500 多种，这里列举几种有代表性的观点。

（1）文化或文明，就其广泛的民族学意义来说，乃是包括知识、信仰、艺术、道德、法律、习俗和任何人作为一名社会成员而获得的能力与习惯在内的复杂整体。①

（2）文化是一个大的人群在许多代当中通过个人和集体的努力就获得的知识、经验、信念、价值、态度、角色、空间关系、宇宙观念的积淀以及他们获得的物质的东西和所有物。文化表现于语言的模式以及生活和行为形式（中）。这些模式和形式是人们适应性行动和交际方式的样板，它使得人们在特定的技术发展阶段、特定的时间、特定的地理环境中的社会里生活。②

（3）一个社区诸成员有着共同的政治或伦理观念，以及在很大程度上对解释世界的方式、客观现象如何分类和赋予这种分类以何种意义有着类同的认识。各社区有一共同历史，并对什么是重要的、什么是不重要的有着共同概念，即有一个共同的价值体系。他们对于干活、穿衣、吃饭、结婚、信仰、子女教育的正确与错误方式有共同观念，所有这一切就是（构成一个民族的）各社会文化。③

---

① [英]泰勒：《原始文化》，引自威廉·A·哈维兰：《当代人类学》，王铭铭等译，上海人民出版社，1987 年版，第 241 页。

② 转引自胡文仲、高一虹：《外语教学与文化》，湖南教育出版社，1997 年版，第 5 页。

③ [爱丁堡]夸德尔：《应用语言学导论》，引自朱文俊：《人类语言学论题研究》，北京语言文化大学出版社，2000 年版，第 64 页。

（4）文化是一系列规范和准则，当社会成员按照它们行动时，所产生的行动应限于社会成员认为可接受的范围之中，是社会成员通过学习从社会上获得的传统和生活方式，包括已成为行为模式的重复的思想方式、感情和动作即行为。①

（5）文化是指整个人类环境中由人创造的那些方面，既包括有形的也包括无形的。所谓一种文化，它指的是人类群体独特的生活方式、他们整套的“生存式样”。②

（6）文化指的是某集团的人们的整个生活方式，包括人们所想的、所说的、所做的、所制作的一切。③

（7）文化这个名称的定义可以是：一个社会所做的和想做的是什么。④

（8）一般地说，文化指人类社会历史实践过程中所创造的物质财富和精神财富的总和。⑤

（9）文化主要是指那些既存在于人的行为中，又存在于他的精神和物质产品中的构想、信念、观念、世界观所组成的一个系统。简单地说，文化就是指人类生活的，以及人类实现自我和改造世界的方法。⑥

从以上所列文化的各种定义中可以看出，文化的辐射范围很广，几乎无所不在、无所不存、无所不包，人类所创造的一切财富都属于文化的范畴。

二、文化的特征

文化是一种社会现象，是人们通过他们的创造性活动而形成的产物，因此，文化是相对于自然而言的。从言语交际学的角度看，文化具有如下特征。

（一）文化并非先天所有，而是通过后天习得的

文化不是人天生具有的东西，不是生理的遗传，而是在社会化的过程中逐渐习得的。一个人具有什么文化并不取决于他的民族，而是取决于他生活的环境。如果一个中国孩子从小被外国人收养，长大以后虽然他的长相还是黄皮肤、黑头发，但是他的思想和行为方式则会完全体现他所成长的环境的文化特征。美国有一种“香蕉人”的说法，是指在美国成长的华裔，外表是中国人的长相，但内心却是美国人的观念，一开口、一对话、一看其做人做事的方法，则发现有典型的

---

① [英]哈维：《文化人类学》，引自王希杰：《修辞学通论》，南京大学出版社，1996 年版，第 111 页。

② [美]克鲁克亨：《文化概念》，引自庄锡昌、顾晓鸣：《多维视野中的文化理论》，浙江人民出版社，1987 年版，第 117 页。

③ 转引自胡文仲：《不同文化之间的交际与外语教学》，载《外语教学与研究》，1985 年第 4 期。

④ [美]爱德华·萨王尔：《语言论》，陆卓元译，商务印书馆，1985 年版，第 95 页。

⑤ 夏征农主编：《辞海》，上海辞书出版社，1999 年版缩印本，第 1859 页。

⑥ [德]马勒茨克：《跨文化交流》，潘亚玲译，北京大学出版社，2001 年版，第 12 页。

美国风格，这些都是文化习得的结果。从这个意义上说，“人生而有文化，文化生而有约束”。[①]

（二）文化是一个群体或社团所共有的，并世代相传

文化不是个人的特征，它是一个群体共同创造的社会性的产物，是一种集体意识，是生活在一个群体中的人们共同分享的语言、价值观和行为方式。纯属个人私有的东西则不是文化，只有当个人的文化心理和文化行为被人们普遍接受，并成为社会人的普遍观念和行为模式时，或者说被一定社会和群体共享时，它才可能成为文化现象。共享的文化不是在短时间内形成的，而是慢慢积累起来的。孩子从父辈那里学习了文化的规则，又用这种规则教育自己的下一代，使文化得以代代相传。例如，中国人重视家庭、尊重长辈、讲究人际关系和谐的价值观，这可以追溯到几千年以前的儒家和道家思想，而这些传统的价值观至今还深刻影响着现代中国人的观念和行为。

（三）文化具有民族性

文化是一个群体区别于另一个群体的显著标志。当我们区分不同人群的时候，并不主要依据他们的外貌等生理特征，而是主要依据他们的文化特征，如思维方式、价值观、行为方式等来进行区分。人类自从形成民族之后，文化内容往往以民族的形式表现出来，映射出鲜明的民族色彩。一个民族使用共同的语言，遵守共同的风俗习惯，养成了共同的心理素质和性格。

案例 5-1

有人做过这么一个试验，他把两男一女编成一组，把他们放到一个孤岛上，看看会发生什么事情。三天以后，这个试验者来到了英国人的岛上，看见这三个英国人都坐在那儿不动。于是这个人就问：“三天了，你们之间都没发生点什么事？”“我们连话都没有说。”这个试验者就很奇怪，说：“为什么？”英国人很生气地抱怨说：“你临走的时候忘了给我们介绍。”因为英国人是讲绅士风度的，陌生人之间未经介绍不能说话，所以他们就苦坐了三天。这个人又来到了西班牙人的岛上，看见两个男的不见了，剩下一个女的在跳舞，就问：“那两个男的呢？”她说那两个男人为了争夺她而去决斗，他们都死了。然后这个人来到法国人的岛上，一男一女不见了，一个男的拿把剪刀在修剪树枝，吹着口哨，很快活。这个

---

① 转引自江秋丽：《各美其美 美美与共——北京与莫斯科文化交流研究》，载《中华文化论坛》，2014 年第 1 期。

试验者就问他那两个人到哪儿去了。他说："我们一上岛就商量好了，我们两个男的轮流做她的情夫。今天轮到他，所以他们两个正在那树林子里面快乐。"而且他还说得很清楚，他们正在树林子里做一件与社会、与他人无关的两个人快乐的事情。最后他来到俄国人的岛上，看见两个男的，女的不见了。两个男的干什么呢？在喝伏特加，在打牌。他就问："那个女的呢？"俄国人醉醺醺地回答："啊啊，啊啊，你找谁呀？""你说，还有一个女的到哪儿去啦？""啊，你问，女同，女同志啊？劳动妇女在集体农庄建设社会主义。"然后这个先生问："那你们两个在干什么呢？""你难道没有看到领导在开会吗？"①

案例 5-2

说到咖啡馆喝咖啡，发现杯子里面有一只苍蝇。第一个发现的是英国人，他很生气。但英国人讲究绅士风度，喜怒不形于色，他就一声不响掏出钱包来，把钱放在咖啡杯下面，走了，算是无声的抗议。第二个是日本人，一看咖啡里面有苍蝇，"啪"的一声把杯子搁下了，"八格呀噜"，一顿臭骂。第三个是美国人，端起杯子一看，笑了，往那椅子上一靠，手指头一勾，把小姐叫过来："亲爱的小姐，在我们美国咖啡不是这样上的。在美国喝咖啡，边上有一小罐牛奶，一小碟方糖，还有一小碟苍蝇。顾客自己决定放不放，想放多少放多少。"美国人很幽默，对不对？②

从这两个案例里面我们可以看出，不同民族、不同国家的文化具有显著的不同，不同的文化对人的思想和行为的影响不同。

事实上，不仅一个民族有着不同于其他民族的文化，而且在一个历史悠久、人口众多、幅员辽阔的国家中，由于社会结构、历史和地理等因素的不同，各民族要想在文化的细节上保持完全一致也是不大可能的，于是形成了一个主导文化和若干具有自身特征的群体文化或地区文化并存的格局。

（四）文化是动态可变的

文化的形态与一定的历史时期相关联。如果生存条件发生了变化，那么作为观念形态的文化必然也会发生变化，这是文化可变性的内在原因。对中美两个国家的人来说，面对对方对自己的赞美，美国人会欣然接受，而中国人则更偏向于推辞谦让；面对对方询问年龄，美国人会觉得侵犯了隐私，而中国人则觉得没什么不可。不过，现如今这种状况正在发生改变，中国人在接受赞美方面的态度越

① 转引自网络资料：《中国文化与中国人》，https://weibo.com/p/1001603893067869497618。

② 同①。

来越开放，接受赞美、回赠赞美已很常见。同时，中国人的隐私意识越来越高，对于年龄这样的问题也小心谨慎起来了。这些变化说明，对待文化我们一定要结合文化所处的社会历史背景来观察、分析。

三、语言与文化的关系

语言与文化有着密不可分的关系。语言是文化的载体，也是人们认识世界的一种途径，要真正理解或研究一种文化，必须掌握作为该文化符号的语言，而要习得和运用一种目的语，必须同时学习该语言所负载的文化。在跨文化交际中，对目的语的文化了解越多，越有利于语言交际能力的提高。语言与文化的关系，归纳起来有以下几点。

（一）语言是文化的重要组成部分，语言与文化是部分与整体的关系

语言和文化都在社会发展过程中形成，是社会的产物，是生活在该社会的人们世代沿袭下来的符号体系，也是在人们出生以后在一定环境中获得的。一种文化不可能没有与其相对应的语言；抽去了文化内容，语言也不能独立存在。萨丕尔说:“在人类学中，文化指的是社会共同体的一个成员受全体成员制约的全部生活方式，很明显，按照文化的这种概念来看，语言就是文化的一个部分，而实际上是最重要的部分之一，是唯一的凭其符号作用而跟整个文化相联系的一部分。”①一个社会的语言是该社会的文化的一个方面，语言和文化是部分和整体的关系。

（二）语言是用于记录文化的符号体系，是文化的主要载体

语言是交际和思维的重要工具，而文化的创造和发展离不开人的思维活动及社会成员之间的交际。正是由于人类有了语言，人类的知识才得以积累，文化才得以传承。在没有文字的社会，人们通过口头将自己的经验、知识、信念、观念等传于后世；在有文字的社会，人们通过各种著作、法规等将文化代代相传。因此可以说，语言是文化的载体。文化的保存、传播和继承都要依靠语言，没有语言，就没有文化，语言像一面镜子，反映着民族的全部文化，像一个窗口，揭示着该文化的一切内容，是文化的活化石。

（三）语言和文化相互依附、促进和制约

文化的发展必然带动语言的发展，如现代社会中，人们的发展趋向类型化，形成对某类事物的文化意识，出现了“很男人”“很绅士”“很淑女”“很中国”等“很+N”的格式，这在以前的汉语语言规则系统中都是不成立的。语言的发展也

---

① 转引自汪晓辉：《寓隐性文化教学于语言知识教学中》，载《佳木斯教育学院学报》，2011年第1期。

促进文化的交流与发展。另外，文化与语言也在相互制约，不能很好地掌握一种语言，就无法深入理解、体会语言运用规律的差异，从而制约跨文化交际中语言的理解和表达。例如，汉语把颜色分为七色，有的语言则只有五色或三色，显然这类语言对颜色文化的认识不如前者丰富，而要发展其对颜色词的认识就必须增加有关颜色的词语。

四、跨文化言语交际及特征

（一）什么是跨文化言语交际

跨文化言语交际是指发生在不同语言和文化背景的人们之间（本族语者和非本族语者之间）的言语交际活动。交际离不开人，人不是生活在真空中，而是生活在复杂的社会环境中。人们在一种特定的文化中成长，在习得语言的同时也习得了该文化的言谈规约、社会规范，交际双方各自不同的背景和经历都会影响交际活动。如果交际双方来自同一文化背景的社会，他们之间的交际是同文化交际；如果交际双方来自不同文化背景的社会，他们之间的交际就是跨文化交际。

这里需要指出的是，文化背景的差异是一个宽泛的概念，既指不同文化圈之间的差异，也指同一文化圈内部亚文化之间的差异。我们所说的文化差异主要指不同文化圈之间的差异，尤其是中国和欧美国家的文化差异。因为从跨文化交际的实际情形来看，由于文化背景的差异导致交际失误，容易引起冲突的主要是中国和欧美国家的人际交往。中国同亚洲国家，如日本、韩国，以及东南亚一些国家的人际交往，虽然也有文化差异的一面，但要顺利得多，这是因为这些国家与中国同属于东方文化圈，彼此之间在文化取向和交际规范方面有很多相通的地方。

（二）跨文化言语交际的特征

跨文化言语交际也是交际，因此一般言语交际的要素、过程和特性在跨文化言语交际中同样存在，除此之外，跨文化言语交际还有异质性和冲突性两个突出特点。

1. 跨文化言语交际的异质性

与同一文化背景下的言语交际相比，跨文化言语交际的异质性十分突出。文化对一个人的认知、信仰、态度、价值观等方面的影响，直接塑造了一组特殊的言语交际形态。不同文化背景下的人们之间进行交际时，最明显的差异在于无法共享语言符号系统，或者常常赋予相同符号以不同意义。这种异质性是跨文化言语交际的最大障碍。

案例 5-3

二十余年前第一次踏入美国，到那里的第二天，我和住在那里的老朋友到公园踏青。正在路旁喂鸟时，一个可爱的美国女孩突然走向我来，问道："Do you have time？"我愣了一下，不知如何回答。朋友看到我傻在那里，赶紧向那女孩说道："现在是十点十分。"这句十分简单的句子，把我弄傻了，因为我把它直接译成"你有时间吗？"在台湾，如果一个女孩子问我是否有时间，可能意味着她要跟我约会，要不然可能是在招揽客人。哪知道英文的意思是"请问现在几点？"听朋友的解释后，我吓出一身冷汗，还好没有会错情，表错意，以为美国人真的是那么开放。[①]

文化之间的差异，也称文化距离，存在大小的不同。两种文化的共同点越多，文化距离越小，而共同点越少，文化距离就越大。

东方人与西方人的文化距离最大。如果这样两个人同在一个单位做事，外表长相、宗教信仰、语言、饮食习惯、社会风俗、哲学思考、教育方式等都有很大的差异。相对而言，中国人与日本人，因地缘、文化、历史的关系，与中国人和美国人相比，文化距离就要小得多。

2. 跨文化言语交际的冲突性

跨文化言语交际的冲突性是指，交际主体之间由于价值观念、社会准则、思维模式、风俗习惯等方面的不同，在言语交流中出现误解、不适应，甚至对立、排斥和否定的状态。这种冲突既有言语本体上的，也有言语表达方式上的。

案例 5-4

妈端上了她拿手的清蒸排骨和腌菜，这从来是她的精心之作。尝了一小口后，她便故意抱怨着："哎呀，这菜不够咸，淡而无味。"她不满地摇摇头，"简直无法入口。"这从来是我们家的惯例：先吃上一口，然后称赞一番妈的手艺，但这次未及我们开始，里奇便说道："它所需要的，就是加点酱油。"然后便顺手从调味盆里拣出酱油瓶，于是，在妈的恐怖的注视下，一注黑色液体倒进了排骨。即便如此，我还是希望，妈能发现一点里奇的善良和随和，他的幽默和可爱的孩子气。

只是里奇对这一切，却是浑然不觉。那晚回家后，他还甜嗲嗲地凑上来："嗯，我与你父母挺合得来的。一切都很好。"完了，便开始像只卷毛狗似的，呼哧呼

---

① 转引自刘艳春：《语言交际概论》，北京大学出版社，2007 年版，第 66 页。

哧地喘着气，一心等着得到爱抚。

我套上睡袍，暗示今晚我没那份情绪。我又想到刚才里奇是如何紧紧抓着我爸妈的手摇晃不已，一边在他们肩头拍拍就如他平时对待客户似的，口里还要没大没小地说："再见，琳达，龚丁，我们会再来看你们的。"竟然对我父母分别叫琳达和龚丁，但除了少数老亲，从来很少有人对他们直呼其名。那场景令我回想起来，依旧心惊肉跳。

"呃，你妈说什么了？"里奇问。他这是指我们的婚事。早几天我曾跟里奇说过，我要先跟妈提这事，再让妈转告我爸。

"我没有捞到机会跟她说这事。"我说。那是真话。真的没有合适的机会。①

妈妈故意抱怨自己的菜淡而无味，其实想等大家品尝后对自己的厨艺大加赞扬，但准洋女婿里奇却没有听出弦外之音，非但没有给出称赞，反而直接拿酱油倒在妈妈最拿手的菜上，造成了尴尬局面；同时里奇在称呼上犯了中国人的大忌，即直呼长辈姓名。

当然，跨文化沟通的异质性和可能带来的冲突，并不表示人类跨文化言语交际前途的暗淡和失序。在当前全球化潮流的冲击下，跨文化言语交际是各国人民相互了解与相互协助的重要渠道。只有经由适当的跨文化言语交际，不同文化背景下的人们才能逐渐彼此理解、相互学习，最终建立一个更为和谐的人类社会。

第二节　跨文化言语交际中的语用失误

跨文化言语交际中的语用失误是指文化不同的交际者在交际过程中因未能根据双方的语言规则和文化背景准确及时地编码与解码而导致的误解、不和乃至冲突等语言交际障碍现象。语用失误包括语言语用失误和社会语用失误。

语言语用失误是指不合外语的语言习惯，误用外语的表达方式，或交际者不懂外语的表达方式，将本族语的语义和结构套用在外语上造成的语用失误。也就是说，语言语用失误是语言本身的失误。例如，一位中外合资公司的女秘书工作干得很出色，她的经理感到十分满意，对她说："Thanks a lot, That's a great help." 秘书回答说："Never mind." 其实"Never mind"常用于对方表示道歉，而自己不介意的场合，是安慰对方的套语。这里，秘书显然用错了表达式，是语言语用失误。

社会语用失误是指交际中因不了解谈话双方的文化背景差异而影响语言形式选择造成的语用失误，牵涉哪些话该讲，哪些话不该讲，人际关系的远近，人

---

① 转引自阮桂君：《跨文化交际与实践》，武汉大学出版社，2017 年版，第 41 页。

们的权利与义务等，与谈话双方的身份、语域、熟悉程度等有关。例如，有一位访美女学者在宴会上听到别人称赞她的衣服："That's a lovely dress you have on. "她马上按汉语习惯答道："NO，NO，It's just a very ordinary dress."这些谦虚有礼的答谢语让英美人听起来觉得有些虚伪，他们会误以为中国人对别人的赞扬太不领情了，甚至听话者会认为这种答话暗示着她连衣服的好坏都分不清。

这里需要注意，上面两类语用失误的区分并不是绝对的，由于语境不同，双方各自的话语意图和对对方的话语的理解都不可能相同，因而某一不合适的话语，从一个角度看，是语言语用失误，而从另一个角度看，也可能是社会语用失误。例如，商店营业员对顾客说："您要点什么？"中国人会认为是营业员在主动打招呼，提供帮助，如果营业员把这句话套到英语中去招呼英美人："What do you want？"顾客就会感到售货员不礼貌，这里既有语言语用失误，又有社会语用失误，"What do you want？"与"您要点什么"这两句话语义相同，但"言外之意"不同，在英美人听来好像是不客气的询问。从这一点来看，这种失误属语音本身导致的语言语用失误。但在实际交际中，英美人听到这种类似审问、呵斥的话而感到不快，这种失误就成了社会语用失误。

下面，我们就从语言语用失误和社会语用失误两个方面来分析跨文化交际中的语用失误的表现。

一、语言语用失误

（一）语音方面的语用失误

作为语言物质外壳的语音，是不论何种语言都共同拥有的一个要素，语音所具有的物理、生理、社会属性也是其普遍性质，但如果从区别特征上看，两种语言的不同之处首先表现在其语音的不同上，跨文化交际中如果对目的语的语音特点了解不够，不能正确掌握其发音原理及方法，就很容易造成语音上的语用失误。

案例 5-5

……我有一个学生约翰，一见我的面就自豪地声称他已自学过汉语了，接着便开始卖弄起他的汉语"学问"来："你嚎（好）小姐郭，我很歌星（高兴）扔死你（认识你）。"

在以后的学习中，约翰的汉语常常令我啼笑皆非，比如他告诉我说："我的媳妇（西服）在皮包里"，每次走到楼梯口，约翰都会略微躬着身，伸出手臂，一派典型的英国绅士风度，口中说道："请小心裸体（楼梯），下流，一起下流（下楼）吧。"

……一位初到北京的美国留学生踏进饭馆开口就将包子说成了"报纸"。他想吃饺子，冲口而出的却是“轿子”，听得服务小姐如入云雾之中，尤其令小姐莫名其妙甚至气愤的是，这位美国人居然声称他最喜爱的一道菜是“红烧屁股”。显然这种侮辱使小姐不悦起来。这位洋学生赶忙将菜单指给小姐看，小姐这才弄明白，原来他是想吃“红烧排骨”。

有位英国小伙总爱一口一个“我的老伴儿”。二十岁出头的年轻人何来的“老伴儿”呢？听了几次我才恍然大悟：他是在说他课余打工的老板，只不过他自作主张将“老板”加上了儿化音，成了“老伴儿”。[①]

这里面既有韵母方面的错误（如歌星、扔死、楼梯）又有声调（媳妇、报纸、轿子）和儿化音（老伴儿）方面的失误，引起了种种误解。

除了声、韵、调等方面之外，话语表达时的语气、语调、停顿、语速等方面也会造成跨文化交际中的语用失误。例如，一位美国人请朋友到家做客，他对一位中国朋友说：“I'm going to have a party tonight at my home, come if you want.”这位中国人听了他的话感到迷惑，不知应不应该去做客，因为从中国文化角度看，这种邀请似乎不够盛情，语气不够强，其实美国人认为是诚心诚意的；对朋友的邀请看上去比较不正式，但是因美国人追求一种平等，他想请你，但又不想把来做客这件事强加于你，因为大家都是平等的。所以用“come if you want”，如果这位中国人了解这种语气的美国文化背景，把这个邀请理解为“请您到我家做客”就不会产生误解了。

由于特殊语调而产生的寓意对跨文化交际中其他国家的人来说很难理解，也很容易出现语用失误。

案例 5-6

一个刚学汉语的外国小朋友看见两个中国小孩在争一张漂亮的图片，小男孩说：“这是我的，你还我！”小女孩听后往小男孩面前一伸，笑笑说：“这画是你的？我还你!我还你!还你!”边说边撕图片，外国小朋友感到莫明其妙，“说还为什么还要撕呢？”[②]

因为外国小朋友没听懂小女孩的第一句话用了升调表示反话，其含义为“这画根本不是你的”。

停顿同样会使跨文化交际者产生误解。一个人说话之后停顿多久才意味着一个话轮的结束，不同的文化认识不同，那就可能产生这样的情况：甲认为乙沉默

① 郭莹：《我在英国教汉语》，载《读者》，1998年第10期。

② 转引自吴洁敏：《停延初探》，载《语文建设》，1990年第3期。

不语，乙认为甲抢着说话。例如，美国人常指责法国人缺乏教养，因为美国人认为法国人与他们谈话时老插嘴，或打断他们的话。法国人则认为美国式的交谈令人厌倦，这是因为法国人与美国人讲话时，话与话之间停顿的时间不一样。美国人是 0.5 秒，法国人只有 0.3 秒。也就是说法国人等对方讲话停顿超过 0.3 秒就插话，美国人则要等 0.5 秒。结果，当美国人还在有礼貌地等的时候，法国人又重新讲话了，美国人老插不上嘴；或者说美国人话还没讲完，只是中间停顿，法国人就插话了。所以法国人在交谈中往往给人一种咄咄逼人的印象。在很多文化里，抢着讲话，打断别人，被认为是很不礼貌的。但法国人似乎并不这样认为。他们觉得，在对方讲话的空隙，插插话，只要次数不太多，不但可以加快谈话的节奏，活跃气氛，而且可以表示自己对谈话的积极参与。很多交际中的误解，就是由于对停顿的不同理解造成的。

（二）词汇方面的语用失误

词汇作为语言的基本要素，是语言赖以存在的基础，当人们想要用语言表情达意时，首先要选择恰当的词，选词恰当与否，是跨文化交际能否成功的重要一环，选用词语实际是对词义的理解和运用。跨文化言语交际中词汇的语用失误集中体现在词义方面。

利奇在《语义学》一书中主张把词义的研究置于整个社会背景中，以突出交际功能，重视整体交际效果，为此，他把词义分为七个层面：①概念意义；②内涵意义；③风格意义；④情感意义；⑤联想意义；⑥搭配意义；⑦主题意义。上述七个意义层次中，第一层一般在交际中并不构成严重障碍和困难，其他六层都具有不同的语用特征，往往与人们的生活经验、语用意图、情感以及特定语言集团的社会文化特征密切相关，有的语言学家称之为语用意义。语用意义的差异是造成跨文化交际词汇语用失误的主要原因。

案例 5-7

外国人初学汉语，弄不清“东西”的指代范围和语用状况，更不知修辞和感情色彩。

老师问学生：“什么是‘东西’？”

学生回答：“桌子是东西，椅子是东西，我是东西，你是东西。”

老师提醒：“不对，不对。”

学生连忙更正：“啊，对不起，你不是东西。”

老师又好气又好笑，再次提醒：“更不对了，不能说‘你不是东西’，这是骂人的话。”

这时学生愕然，问道："那么你到底是不是东西？如果你是东西的话，你是个什么东西？"

老师连忙说："不行，不行，'你是什么东西'也是骂人的话。"

学生听了更加茫然不解。①

汉语中存在大量的多义词，当这些词语进入交际时，又会在语境等因素的影响下呈现出内涵意义、情感意义、联想意义等丰富的语用含义。"东西"一词在汉语词汇系统里包含诸多含义，正是学生没能全面掌握"东西"的这些丰富含义，从而造成诸多迷茫和误解。只有当一个词语对说者、听者、写者、读者来说都是同样的意思时，理解才是充分的。所以，把握不同语言里词语在语义上的特点，是有效进行跨文化交际的关键之一。

同时，由于不同民族在不同的社会历史过程中对主、客观世界的认知方式有差异，分类和概括范围有所不同，所以具体词语的语义内容就有差异。这种在词语的宏观对应关系中存在着的许多不对应或不完全对应的情况容易造成跨文化交际中的失误。具体来说，这些不对应关系包括以下几个方面。

1. 词汇空缺

每种语言都有所谓的文化局限词，这类词是和说那种语言的人的文化背景有关的，是代表那种独特文化产生出来的东西的概念。另一种文化没有这种东西，于是也就没有对应词。在不同文化中，词汇空缺是十分自然的现象，可以概括为三大类：①由于生活经验的差异而引起的词汇空缺；②由于世界观的不同而引起的词汇空缺；③由于语言、文化本身的原因而引起的词汇空缺。当一种语言的词在另一种语言中空缺时，该词是不可译的。譬如，汉语中的"饺子"在英语中就是空缺的，因为这是中国的名吃。英语中虽然也有表示类似于"饺子"这种食物的词，如"dumpling"和"ravioli"，但其实"dumpling"是"汤圆、团子、苹果布丁"，"ravioli"指的是有馅的小包子，西方是没有"饺子"一词的。诸如馄饨、荔枝、冰糖葫芦、炕、太监、走资派、和尚、知青、磕头、武术、麻将、旗袍、气功、乌纱帽等，在英语中都没有对应的词，严格地说，它们都是无法翻译的。同样，英语中的一些词在汉语中也是空缺的，如汉语中的表亲关系泾渭分明，表兄和表弟，表姐和表妹，区别甚严，既要说出性别，还要分出大小，而英语却笼统地称之为 cousin。同理，英文中的 uncle 和 aunt 在汉语中亦无外延完全相同的对应词。

这种词汇只以本民族文化内容为依托而在其他民族文化中找不到对应概念

① 转引自刘焕辉：《言语交际学教程》，中央广播电视大学出版社，1995 年版，第 86-87 页。

和形态词义，其理解和运用也如同它的文化属性一样被限定在一种语言即一个民族、地区、时代中，它们赖以产生的环境就是它们唯一存在的“词域”，离开这个“词域”，它们的词义将无所依托，从而失去交流信息的意义。当词汇空缺出现在跨文化交际中时，接收信息的一方无法理解，但是也不容易误解对方的意思。接收信息的一方可以通过询问对方，让对方用容易理解的词汇去解释它，这也是信息接收方向对方学习的好机会。

2. 概念意义等值，文化意义不等值

“词汇空缺”只不过是文化海洋中的一滴水，更能反映文化差异的乃是不胜枚举的词汇的社会文化意义。我们知道，不同民族之间，总是存在着词汇的对应关系，这是双语词典编撰的基础，也是跨文化交际的基本条件，但这远非词义的全部，甚至可以说仅是词义中很少的一部分内容。表达同一理性概念的词，由于在不同的文化氛围里不断使用，就有了附加在理性概念意义之上的不同的社会文化意义，这种文化意义的差异既表现为此有彼无或此无彼有，又表现为截然相反，因而会引起不同的心理反应。不了解这些差异，就不能吸收语符所承载的全部信息量。

例如，一个中国学生跟一个外国学生开玩笑，说：“你是二百五”。这个外国学生说：“不，不，我不是二百五，我是汤姆。”这个外国学生只知道作为数字的“二百五”，并不知道字面以外的特殊文化内涵，出现误解。数字“13”在中文和英文中字面意义相同，但在英文中有贬义的文化色彩，在汉语中既无褒义也无贬义。汉语中的“松、竹、梅”能使中国人联想到“岁寒三友”，具有高雅的风范、坚定正直的性格等联想意义，但英语中的 pine、bamboo、plum 却没有类似的联想意义。

又如中英两个民族都有养狗的习惯，但对狗却有截然不同的看法。英语中的 dog 具有肯定的伴随意义，dog 被认为是“人的最好的朋友”，甚至被看作家庭成员，狗常用来比人：Every dog has his day（凡人皆有得意之日），Dog does not eat dog（同类不相残），Lucky dog（幸运儿），Love me, Love my dog（爱屋及乌），a top dog（胜利者），help a lane dog over a stile（助人渡过难关），an old dog（老手）等谚语就是很好的证明。在汉语中，狗基本上具有否定的伴随意义，狗虽被认为忠实、可靠，但用狗来形容时却基本是坏的意思：人模狗样、走狗、狗汉奸、狗急跳墙、狗咬狗、狼心狗肺、狗仗人势、狗眼看人低等，甚至连狗身上的东西也是坏的代名词：狗腿子、狗头、狗屎等。正是因为这种差异，汉语中的“走狗”译为“running dog”，英美人并不认为可憎，反而有点“可喜”。例如，一位留学生看到老师在运动场上跑得很快，便说：“老师跑得像狗一样快”，结果弄得老师哭笑不得[①]。这一误会的产生就是因为留学生不了解“狗”一词的文化差异，按母语习惯来使用的结果。当中国人毫不留情、痛打落水狗时，英美人却同情心油然而生。再如，虽然“狐狸”和“fox”在概念意义上等值，但在文化意义上是不等值的。英语中“Your wife is a fox”表示对女性的赞美，因为英语中的“fox”一词除了狡猾意义之外，还有“漂亮、可爱”等意思，在汉文化中，女人和狐狸之间的相似点只能是“风骚”，所以如果一个外国人对中国男性说：“你老婆是狐狸!”便只能是骂人的话，引起对方的误解。

跨文化交际中，一旦信息发出者和信息接收者赋予词语的社会文化意义在质上出现差异，便很容易引起误解，甚至导致交际的冲突。如果信息发出者的词语文化义是褒义，而信息接收者那里没有褒义，信息接收者就会失去友好的信息含量，就不能了解对方的好意；如果信息发出者的词语文化意义没有贬义，而在信息接收者那里却有贬义的话，接收者就会增加不友好的信息量，引起冲突；词语文化意义如果在双方那里刚好相反时，交际冲突就会更加强烈。

3. 跨文化言语交际常见的词汇语用失误

在跨文化交际时，交际者往往在使用时间词、颜色词、称谓词、谦敬词、委婉词、成语、典故、俗语及可能产生不同语用含义的词时出现语用失误。这里只选取其中几个方面进行说明。

1）时间词语

中西文化都把时间看成一个连续体，但由于文化的差异，在用“前”与“后”分别指称过去和未来时，采取了不同的观点。中国人把已经发生的事情看成在前面，而把待发生的事情看成在后面，因而有“前无古人，后无来者”，以及“前所未有”“后继有人”之说，而西方人把将来放在他们的面前，过去则在他们的背后。试比较：

But we are getting a head of the story.

不过，我们说到故事后头去了。(不是前头!)

再如，英语的 the latest news，就不能译成“最后消息”，而只宜译为“最新消息”。类似的例子还有不少，如 the latest development of sth, the latest discovery of sth 等。

案例 5-8

一次，一个外国学生拜访他的中国老师，老师想请他吃饭，就说：“你下星

① 王建勤：《跨文化研究的新维度——学习者的中介文化行为系统》，载《世界汉语教学》，1995 年第 3 期。

期六来我家吃饭，好吗？”学生很高兴地接受了邀请，并约好了具体时间。

过了两天，到了星期六，学生来了，老师很感意外，由于毫无准备，老师很尴尬，幸好跟这个学生很熟，于是就说“前天我说的是下星期六请你，你看，今天我什么也没准备……”学生说：“前天说下星期六请我吃饭，不就是今天吗？”①

这场误会完全是对“下星期六”的不同理解造成的。在实际运用中，“上星期六”和“下星期六”与英语的“last saturday”和“next saturday”有时不是对应的，其区别是英汉观察时间的参照点不同，汉语说“下星期六”时，是以说话时的那个星期为参照点，如说话时是星期三，那么说“下星期六”就是指过了这个星期以后下一个星期的星期六。而英语则是以说话的这一天为参照点，假如说话时是星期三，那么说“下星期六”，则是指过了星期三以后即将到来的那个星期六，于是发生了案例中的误会。

2）颜色词语

颜色词语也有着特殊的文化含义，不仅在于人们对颜色进行客观上的切分的不同，更在于颜色词语有其特殊的联想意义，它能引起人们的特殊联想，产生特别的社会意义。例如：“红”“白”“黑”“绿”作为基本颜色词时，中英文的字面意义是相同的，但其象征意义则各有千秋。这种不同的社会文化意义常常造成跨文化交际中的语用失误，如一位中文老师要求用“绿色”一词造句，一位外国留学生写道：“我喜欢戴绿色的帽子。”令老师哑然失笑，这是他不知道在汉语里，“绿”除了象征生机与活力外，还指“因妻子的不贞而使丈夫受辱”，“绿帽子”是那些被蒙在鼓里或默许妻子不贞的男人的代名词。②

有时，同一所指对象的字面意义不同也会造成跨文化交际中的语用失误。英美学生可能会问中国人：“你喝绿茶还是黑茶？”何为“黑茶”？显然是错把英语中的 black tea 直译成汉语“黑茶”了，而没注意到汉语并非叫黑茶，而应根据茶的汤水颜色称之为“红茶”。这正如日本学者池上嘉彦指出的：“语言的使用与我们的生活有着何等深刻的关系呢？如果在一种语言中，对于某种特征的确认是义务性的，而在另一种语言中却不是这样，那么，面对同样的对象时，不同语言的使用就可能采取不同的理解方式。”③

3）称谓词语

称谓与交际的关系极为密切，代表了人与人之间的一种社会关系。双方见面只要开口说话，一般先有称谓，故而这也成为跨文化交际失误的重点“雷区”。在

① 转引自张彦群：《跨文化交际中的语用失误及原因分析》，陕西师范大学 2002 年硕士学位论文，第 21 页。

② 同①。

③ [日]池上嘉彦：《符号学入门》，国际文化出版公司，1985 年版，第 19 页。

跨文化交际中，由于双方文化背景不同，称谓的差异也很大，如果彼此对对方称谓的构成或使用缺乏了解就会经常出现语用失误的现象。

一种称呼准则的特色不在于其他文化有没有这项准则，而在于用作称呼语的词项。汉语里很有礼貌的称呼在英语文化里有可能是不礼貌的，如“小+姓”“老+姓”等在汉语里是亲切的称呼语，但若如此称呼英美人，对方听起来就会不舒服，这对他们来说是不礼貌的。反过来，英美人喜欢用名字称呼对方，或以姓相称以示亲切，即使是子女对父母，学生对教授也可直呼其名、其姓。如果外国学生直呼中国老师其名、其姓，听起来就很刺耳，如果外国人直呼一个不太熟悉的女士王丽娟为“丽娟”或“王”或“娟”就很容易造成误解。

再以亲属称谓为例，汉语中习惯将大量亲属称谓引入社交场合，扩大到社会甚至用于陌生人身上（泛化），如“爷爷、奶奶、叔叔、阿姨”等都可以用来称呼非亲属成员，但在英美文化里却行不通。一位美国人曾讲述过自己的一段亲身经历，她应邀去参观一家中国的托儿所，刚进门，孩子们便一拥而上，喊着“Aunty”“Aunty”，她为此感到莫名其妙，她不是孩子们的 Aunt，怎么能这么称呼她呢？一位中国留学生初到国外，当他对房东太太称“Grandma”时，就被对方回绝，她宁愿让学生直呼其名，而不愿领受“奶奶”的尊称。与此相反，在说英语的本族人之间，上年纪的人有时会称年轻人为“son”以示亲切，这种称谓并无侮辱别人之意，可是，在汉语里，称别人为“儿子”是不可容忍的。

此外，尽管有时中国人和外国人都可以用姓名称呼对方，但由于中外姓名构成次序不同，不少国家的人的名字是名在前姓在后，中国人的名字是姓在前名在后，所以两种文化的人在交往过程中常常出错。

不了解一个词的文化含义，就不可能理解该词的意思（尽管他也能说出或译出这个词），这种无知会造成很多误会，只知道怎样说一个词是不够的，必须知道该词在何种情况下使用，在何种情况下又必须避免使用，使之在交际功能上协调一致。

（三）语法方面的语用失误

跨文化交际中，对目的语的使用是要求交际者建立一套崭新的语言系统，所以交际者在没有形成目的语的语法观念原则之前，在对目的语语法结构方式的理解上常常表现为思想上的迷惑，而造成跨文化交际中的语法语用失误。这里以中英跨文化言语交际为例，分析语法语用失误的主要表现。

1. 词类功能不同造成的语用失误

每种语言都有各自的词类系统，并且词与词之间的组合形式也不尽相同，或者说词法规则不尽一样，跨文化交际中缺乏对词法规则的了解造成的语用失误是常见的现象。

案例 5-9

中文里的量词，也是令老外们大为头痛的难题。一次考试让学生解释何谓“一条好汉”，一个美国学生充分施展了想象力，写道：“一条好汉，意思就是一个瘦而高、相貌好看的男人。”他解释“一条”自然是长而直的意思，至于“好汉”理所当然应该是模样好看的男人。还有一位学生告诉我昨晚他在山间公路上看到“一张兔子”，我立即纠正应该是一只兔子，他却表情认真地反驳说，千真万确是一张兔子，因为野兔已经被汽车轧死了，压扁了的兔子理所当然变成为一张兔子，就如同一张纸、一张相片一样。除此之外，诸如什么“一对裤子”，学生还振振有辞地辩解，因为裤子都有两条裤腿，两条即一对，因此没错。甚至有洋人到处找中国人辩论，坚持称应当是“一套屁股”这才符合逻辑，甚为滑稽。①

英语中量词极少，没有汉语那么丰富的量词体系，同时，汉语量词与名词之间的匹配也有一定的要求，外国人之所以用错量词，是因为缺乏对量词使用规则的了解，造成了语用失误。

不但量词，其他词的运用如不遵守其词法规则亦会造成语用失误。例如，外国留学生不懂介词“对”和“对于”的使用规则，如一位姑娘说：“啊，今天我终于知道我是属于猪的。”

2. 词序方面的语用失误

英语和汉语在词序方面的差异非常明显。形态变化与词序关系密切，英语是形态丰富的语言，词序灵活，词序改变了，可以凭借形态标志判断句子是否合乎语法。而汉语是典型的分析语，缺乏严格意义上的形态变化，在建构句子时词序相对固定，词语之间的关系主要是靠词序和虚词来表达，一般情况下，词序发生变化，句法关系随之而变。英语和汉语在词序方面的不同会对跨文化交际中的交际者产生一定的干扰，造成语用失误。例如，英语里的短语或句子做修饰语时，要放在被修饰语后面，跟汉语不同，所以英语国家的人说汉语时由于受到母语干扰经常会出现下面这类错句。

（1）这是一个好方法**学习汉语**。

（2）连一个学生**明白他的意思**都没有。

（3）我现在和一个中国学生**名字叫张红旗**住在一起。

这些句子里加粗的部分，按英语习惯，都是将短语或句子放在被修饰语的后

① 郭莹：《我在英国教汉语》，载《读者》，1998 年第 10 期。

面，但是按照汉语的语法要求，都该在短语或句子后面加上“的”字放到被修饰语的前面。这类失误在初学汉语的英美人当中更常见。

3. 被动和主动方面的语用失误

被动语态是英语的一种常见语法现象，而且结构被动句要比意义被动句多。英语被动式可借助形态变化来表示，因而形式很多：有限定动词多种时态的被动式，也有非限定动词（不定式、分词、动名词）的被动式；有非人称被动式（impersonal passive），如 it is believed 等，也有双重被动式（double passive），如 the date is expected to be announced soon，等等。这些结构被动式不仅应用范围很广，而且使用的频率也很高，而汉语里被动句的运用要比英语少得多，同时，由于受到形式和意义的限制，汉语被动句又常用意义被动，少用结构被动。这种在主被动上的差异会对交际者产生负迁移作用，在交际过程中形成语用失误。

（1）他被人人尊敬。（He is respected by everybody.）

（2）仪式被雨缩短了。（The ceremony was abbreviated by rain.）

（3）约翰真的爱玛丽，也被玛丽爱。（John actually loved Mary and was loved in return.）

这三句话正确的汉语表达应是：①人人都尊敬他。②因为下雨，仪式举行得很简短。③约翰真的爱玛丽，而玛丽也爱约翰。正是由于英语和汉语在主被动句式上的这种不对应，英语国家的人在表达时更容易出现错用汉语被动句的情况。

4. 对目的语句子的肯定否定不能把握

是非问句在汉语和英语中都很常用，看起来也很简单，但对是非问句的应答却反映出不同语言思维方式的差异。例如：有一次老师组织外国学生去颐和园游览，老师听说外国学生约翰不想去，想确认一下他是不是真的不去，就问：“约翰，你不去吗？”约翰回答说：“不，我不去。”约翰的回答显然是不符合汉语习惯的，汉语中回答是非问句时的“是”或“非”是对提问者所说的话做肯定或者否定的回答，如对“你不去颐和园吗？”的肯定回答是：“对/是的，我不去。”否定回答是：“不/谁说的，我去。”英语对是非问句的肯定或否定回答不是针对对方，而是表达答话人自己“去”或者“不去”的意向，“去”则做肯定回答，“不去”则做否定回答，不考虑问话者的语气相承，所以英语中回答“Aren't you going to the Summer Palace？”时，或者是“Yes, I am.”或者是“No, I am not.”再如：

A：She is not at all happy working here.

她在这儿工作一点也不愉快。

B：<u>Yes</u>, she is.

<u>不</u>，她很愉快。

No, she isn't.

对，她不愉快。

对反义疑问句的回答：

A：She has not gone to town, has she?

她没进城，对吧？

B：Yes, she is.

不，她进城了。

No, she isn't.

对，她没进城。

存在这种是非颠倒差异的原因是，说英语的人着眼于自己对客观事实的主观看法或态度，说汉语的人则着眼于对交谈对方所发出的信息或表明的态度所做出的反应，即承认（或不承认）否定的意思，强调的是交际双方的呼应和配合。

又如，汉语中肯定和否定句法结构并存但表义相同的句子：好容易找到你——好不容易找到你；难免要犯错误——难免不犯错误；差点要滑倒——差点没滑倒；看我打死你——看我不打死你；等等，表示的到底是肯定还是否定，对外国人来说很难理解。

总之，英汉跨文化交际中的语言语用失误是非常复杂的，表现是多方面的，这些都应引起跨文化交际者的高度重视。这就要求我们加强对英汉语言的对比学习和研究，尤其要注意两者之间的差异，熟练掌握和运用两种语言之间的转换方法、规律与技巧，在交际时做到心中有数，游刃有余，减少语言失误，提高跨文化交际的效果。

二、社会语用失误

语言作为一种社会现象，具有载储功能，即积累和贮存文化历史经验的功能。语言的交际功能是同它的载储功能紧密相联并互为条件的，每种文化都有其独特的风格和内涵，每种文化在其准则、规范、行为模式的表面下，都有着整套的价值系统、社会习俗、道德观念、是非标准、心理取向、思维特征等，正是它们决定着语言的使用。每种文化中都有大量其他文化所没有的特殊现象，有些在某一民族文化中习以为常的现象，在其他文化中却无此传统和习惯，这些现象在跨文化交际的社会成员中经常起作用，并反映到语言上，要想使跨文化交际能顺利有效地进行，就必须注意并了解双方文化的背景特征，并采取相应的言语行动。对双方文化背景了解得越充分，跨文化交际的效果就越好，质量就越高。如果对对方的文化背景不了解，在跨文化交际中往往会无意中把本国特有的文化意识形态通过语言强加给对方，造成社会语用失误，使人惶惑不解，闹出笑话，有时甚至失礼。从这个角度讲，社会语用失误也可视为文化的语用失误。

（一）社会语用失误的表现形式

跨文化言语交际中，社会语用失误主要表现为三种形式：

1. 同一功能用不同形式表达

例如：任何一种文化，都要表达感谢，但表达方式不同，中国人现在多用口头语“谢谢”“非常感谢”等，有时配以双手拱拳的手势语。日本人在接受别人的帮助后，光说“谢谢”不足以表达谢意，还常常一边鞠躬一边说“对不起”，这一点常让他人感到困惑：你没有做什么对不起我的事，为什么老说“对不起”呢？在日本人看来，请别人帮忙是给人添麻烦，于是表达谢意时还常说“对不起”。

又如：在分手道别时，英语和汉语的表达法也有所不同。英语除了“Bye”“Bye-Bye”“Good-bye”外，多半说些表示祝愿的话，如“Wish you a pleasant Journey!”“Have a good trip!”或者“Good luck!”有时还表达彼此见面的愉快心情，如“It's a nice meeting you!”“Pleased to meet you”。在汉语的道别语中，人们除了说“再见”“一路顺风”之类的话语外，很多时候会说“恕不远送”“慢走”“走好”等表示关切、友好的话。被送的人在对方热情送别的情况下往往说声“请回”“请留步”等。这些话直译成英语就会让人感到困惑。说英语的人是不会使用这类话的，特别是送人者说的“慢走”，他会奇怪：为什么要慢慢走，快点走就不礼貌吗？

2. 同一形式表达不同的功能

例如：外籍教师刚上完课，一位中国教师见了他热情打招呼说：“你好，辛苦了。”如直译成英语“Good morning, you must have had a tiring job”或者“You must have been tired”都会产生误解，因为这一问候语在外国人那里可能会产生两层含义：一是这个班级很糟，教师上课很费力；二是教师的体力或能力很差，上一堂课似乎就感到累了需要休息。外籍教师若取此义就会感到受辱而气愤。例如：

（1）A：“你看书呢？”

B：“怎么？”（心想：对呀，你不是看到我在看书吗？）

（2）一段老师和留学生道别时的对话：

A：“你有空的时候我们一起吃饭!”

B：“什么时候？”

3. 同一表达，同一形式，不同功能

例如：表示感谢。英语用“Thank you!”，汉语用“谢谢你”，但英语中的感谢使用频率更高。所以这两种文化的人交往时，中国人会觉得他们感谢太多，过分客气，甚至有点虚伪，英美人觉得中国人过于冷漠，该道谢时不道谢，不大懂礼貌。在中国，关系越密切，道谢话使用得越少，道谢话一般是在与陌生人交往时或在正式场合使用，好朋友之间一般不用致谢，因为使用“谢谢”似乎让人感到关系距离拉大，所以即便谢谢，对方回答也常常是“自己人，谢什么”，表示不用客气。在英美国家，哪怕是子女和父母之间，只要为对方做一点事情，对方都会说声谢谢。而在中国，家庭成员之间很少用“谢谢”一词，如女儿给妈妈倒茶，妈妈不说谢谢，认为女儿这样做是应当的；妻子给丈夫倒茶，丈夫如果说“谢谢”，妻子会疑心丈夫有意疏远自己。

再如：表达请求。一般使用比较客气的语气，但客气的程度要依谈话对象而定。“如果您现在不用的话，能不能让我用一下您的词典？”这句话如果用于陌生人或长者、尊者是合适的，如果对很熟悉的人则不合适。在饭店付账时，我们只需叫一声“小姐”或“先生”，她（他）即会过来，如果我们说“对不起，你能不能过来一下，我们现在可以付钱吗？”则会让人觉得好像是讽刺。

（二）常见的社会语用失误

1. 问候语的社会语用失误

日常生活中，问候语所起的作用非同一般，它是人们之间联络感情、增进了解不可缺少的纽带，如果熟人相见，态度冷漠，无疑会给人际关系罩上一层阴影。问候语一般不传递什么实质性的内容，但具有重要的寒暄功能。使用问候语时，不同文化背景的人经常出现失误，产生误解。

案例 5-10

一位从美国来上海教英语的女教师，听到人民公园有一个“英语角”，便去那里观光一番。回来后有人问她观感如何，她面带不悦之色，回答道：“我好像去（了）一次海关或警察局，因为他们老是问我‘你叫什么名字？’（What’s your name？），‘你几岁？’（How old are you？），‘你有几个孩子？’（How many children do you have？），‘你丈夫是干什么的？’（What does your husband do？），‘你在中国挣多少钱？’（How much do you earn in China？）”[①]

这些问句在语法上都是正确的，问题在于，提问的内容涉及英美人的“隐私”。各个语言社团的人都有自己的隐私。在英美人看来，凡是关于个人圈子的事，如行动去向、年龄、收入、支出、家庭婚姻状况和宗教信仰等，都属于隐私的范围。

① 转引自戚雨村：《语言对比和文化对比》，载《外国语》，1992 年第 5 期。

跟他们交谈，不要随便问：“Where are you going？”（你上哪里去？）“What are you going to do？”（干吗去呀？）或“What did you do？”（干吗去了？），不要直接问：“Are you married or single？”（你结婚了吗？），不要打听：“What’s your religion？”（你信什么教？）“Do you go to church？”（你去教堂吗？）“Where do you come from？”（你从哪来啊？）对这些问话，英美人在心理上的反应（一般情况下不会说出）是：Why do you ask？甚至是：It’s none of your business（关你何事）。案例 5-10 中及以上所列诸多问候语，好多都是中国人习用的客套话，是一种随和、友好、亲昵的问候方式，表明了中国礼俗语言的特殊含义：一见如故，待朋友如亲人。中国人习惯通过问候给人以亲切温暖之感，因此，汉语问候与客气话中大量涉及个人情况，问话人并不是真想弄清被问者的情况或行动去向。此外，即便是不涉及隐私的普通问候语“吃了吗？”（Have you eaten yet？）“你早”（You are early）等也会引起英美人的误会，他们会真以为你要请他们吃饭，因为这是他们请人吃饭的开场白。而且中国的一些关切式的问候语也会引起英美人的误会。

案例 5-11

A：你最近越来越瘦了。

B：是啊。

A：怎么了？是不是想家了？

B：不是，我前些天常常头疼，白天看不了书，夜里睡不好觉。

A：多长时间了？

B：两周多了。

A：找医生看过吗？

B：看过几次。

A：现在怎么样？

B：头不太疼了，可是身体越来越弱了。

A：你还参加体育锻炼吗？

B：学习太紧张了，没有时间啊。

A：学习越紧张，越应该注意身体锻炼啊！①

这段文字中国人听后感到很亲切，很温暖，表现了朋友之间的关心，但如果以同样的方式对英美学生讲的话，他们可能会产生抵触情绪，因为这让他们颇有警察审问犯人或父母审问淘气幼儿之感。

① 转引自李德津、李更新：《说话课本》，北京语言学院出版社，1988 年版，第 49 页。

另外，中国还有两种问候方式让外国人难以理解：一是“明知故问”。例如，知道对方是昨天到的，还要问上一句“Did you arrive here yesterday？”明明看到熟人蹲在那里修自行车，他会凑上去搭话：“怎么，修自行车啦？”等。二是“见什么问什么”。见熟人拿着菜篮子，问：“上街买菜啦？”见对方夹着皮包，问：“上班去啦？”见对方提着行李，问：“出差啦？”等。[①]

2. 恭维语和自谦语的社会语用失误

恭维就是在交际中要不失时机、恰当得体地赞誉对方。不同的语言文化背景，恭维语的表现形式以及对恭维语的认识会有不同。一种语言的恭维话在另一种语言中可能会被理解成其他甚至相反的意思。例如，一位留学生到中国人家里吃饭时说：“我可以全部吃了”（I could eat all of them），以此表示他欣赏那些菜，可是让不懂英语的人听了还以为他是嫌菜少呢！又如，在西方文化中陌生男性称赞、恭维女性漂亮可以说是很平常的事，这些恭维语在英美人看来只是直接表达了对对方的肯定、认可，这是应该的，并没有什么非分之想。但在中国传统文化中这基本上是个禁忌，如果一个陌生男子对中国姑娘说：“你是个很性感的姑娘”或“你长得真迷人”，他就可能冒犯了这位姑娘。因为中国女孩对这样直率的恭维很难接受，她会感到受到了某种侵犯。造成这种差异的原因在于：英美人在恭维女性的外表时，侧重“刻意修饰的效果”，偏向于注重女性外表的吸引力，而中国人则倾向自然、未经修饰的外表，更注重人的社会价值和美德，人们普遍认为好看外表的社会价值不及品德重要。再如，中国传统不忌讳“胖”，认为“胖”是有福之人，只有“心宽”才能“体胖”，即使在因“发福”而减肥人数不断增加的今天，恭维某人“发福”也不至于使被恭维者恼羞成怒，但是英美人已经到了“谈胖色变”的地步。

案例 5-12

有位中国学生对一位美国女教师说：“What has happened to you? You look like you gained a lot of weight!”（你怎么了，看上去好像体重增加不少。）

女教师回答：“That’s none of your business.”（与你无关。）

学生尴尬地解释说：“I was just being honest.”（我只是实话实说。）[②]

只要看看西方社会处处可见的大腹便便的男男女女，只要了解一下指导人们如何节食的饮食专家的收入，这位女教师发怒的原因便不言自明。

---

① 转引自张彦群：《跨文化交际中的语用失误及原因分析》，陕西师范大学 2002 年硕士学位论文，第 30-31 页。

② 转引自林大津：《跨文化交际研究——与英美人交往指南》，福建人民出版社，1996 年版，第 108 页。

中西在自谦语的运用上迥然不同，产生大相径庭的交际心理，以致在言语交际中产生摩擦。中国的谦虚是外国人很难理解的表达方式。

案例 5-13[①]

新加坡一家家具公司的美籍经理与求职华人木工的一段对话：

美："你会干什么？"

华："不敢说会，只能说打过家具。"

美："从业时间有多长？"

华："混了三十多年。"

美："你能在本公司作坊打一张书桌给我看吗？"

华："在您这样的行家面前打桌子，岂不是班门弄斧吗？不敢不敢。"

美籍经理一听大为不悦，幸好一位在场的华人职员明白个中就里，就让木工留下来打一张书桌试试看，结果打出来的书桌精美绝伦，直乐得那位美籍经理连称"OK"。事后，美籍经理问那位木工："先生当初何不说实话？"木工答道："中国人瞧不起'王婆卖瓜，自卖自夸'的人。"美籍经理瞠目以对。

中国人的自谦有时是一种客套，这种客套常常让英美人难以理解，这样的误会在跨文化交际中有很多，如中国人宴请外国朋友，总是说："今天请各位吃顿便饭，没什么好菜招待，做得不好，大家随意吃，随意吃！"英美人就会想：既然请我们吃饭，就应该吃最好的，饭菜不好又何必请我们呢？中国的专家在作学术报告时常说："我对这方面研究得不够，所知甚少，也没好好准备，拉拉杂杂，讲得不好，浪费了大家不少时间，请多原谅。"英美人听了往往困惑不解：你既所知甚少，又未好好准备，且明知道讲不好还要浪费我们的时间，干吗还来讲话？

说汉语的人和说英语的人在接受恭维时所持的态度和反应也不大相同，这一点很容易造成会话障碍。例如，一位英国女教师称赞一位中国女学生的书法："Oh, what beautiful handwritting!"但中国女学生却说："No, not at all."（哪里，一点不好。）"You're joking."（你在开玩笑。），结果英国女教师很生气。这里中国女学生虽然恪守着谦逊准则，但她的回答可能暗示着受话人在嘲笑说话人不懂书法，缺乏审美观和鉴赏力，这对英国女教师来说意味着对恭维的否定，她会感到对方不够真诚，在怀疑她的判断力。中国人习惯用"否认"或"自贬"的方式表谦虚，如"哪里，哪里""过奖了""不敢当""差远了""不好""惭愧，惭愧"等。因为贬己尊人是中国式礼貌最大的特点，是一种谦虚的美德。

① 该节中自此案例至第三节之前部分，转引自张彦群：《跨文化交际中的语用失误及原因分析》，陕西师范大学 2002 年硕士学位论文，第 32-37 页。

中国人喜欢对别人说恭维话，却又常以拒绝的方式回应别人对自己的恭维以示谦虚，这种有礼让的答谢，英美人常常会误会，他们误认为中国人对别人的赞扬太不领情了。因为英美人在上述场合里一般都会直接感谢对方的赞誉或表达自己听后的喜悦心情，如“Thank you”或“I' m glad to hear that”等，他们甚至还会“当仁不让”地自我夸耀说“This is the best food I cooked for you”（这是我的拿手好菜），“I' ve spent the whole morning choosing this for you”（我整整跑了一上午为你挑这礼物）。再如一位外国游客与导游道别时说“Thank you very much for what you've done for me”（非常感谢你为我所做的一切）。导游说：“Not at all. That's my duty to do so.”所谓“That's my duty to do so.”在汉语中是礼貌表达法“那是我应该做的”，但英语中却含有：我是没办法才这样做的，因为这是我的职责，否则我是不会来陪你的。因此满怀谢意的客人自然会被这句不领情的话弄得尴尬不快。

这里面的冲突在于我们认为他们的迎合方式不够谦虚，自以为是，他们把我们的谦虚看成不看对象、言不由衷，甚至不惜以牺牲讲真话的准则为代价的行为。这是两种不同文化传统带来的结果。

3. 禁忌语和委婉语

禁忌和委婉紧密相联，既有禁忌就得采用委婉语加以避讳。每种语言当中都存在大量的禁忌语和委婉语，这是社会成员长期生活中在遵循礼貌原则的基础上约定俗成的产物，因而具有广泛的共同性，但是不同的文化传统中哪些现象或事物以及这些事物的哪一部分是可接受或者是受禁忌的却有不同的标准。社会价值观影响着语言，当然也影响着禁忌语和委婉语。不同社会，不同文化之间，除了那些人类共同的言语禁忌及委婉表达方式以外，还有各自社会价值体系中所特有的某些禁忌语和委婉表达方式。跨文化交际中如果一方以自己民族语言的禁忌和委婉方式去表达或理解而忽视对方的禁忌和委婉习惯，势必造成种种误解。

例如，向外国朋友介绍中国菜时，作为菜肴的“鸡”，一般都说“Chicken”，而不怎么说“hen（母鸡）”，更不说“cock（公鸡）”，因为“cock”在英语俗语中是不上台的，所以必须忌讳。又如“海参”，英语至少有以下三种说法：①trepang；②sea cucumber；③sea slug。对第①种说法的释义，英美人不大用；第③种说法，他们听了会感到“恶心”；所以一般采用第②种说法，即海黄瓜。这样，就不至于影响他们的食欲。所以在跨文化交际中一定要注意对方文化背景中的各种禁忌，尽可能不使用对方的禁忌语，因为在语言方面犯忌和在文化方面犯忌一样会显得唐突无礼，令人生厌。

各民族文化决定了他们语言里所要禁忌的范围和对象，也就由此产生了相应的委婉用语，以避免说话粗鲁无礼。然而委婉语的文化内涵是千差万别的，反映了不同民族的心理特征、价值观念、风俗习惯等，这些是引起委婉语使用时产生误解的原因。例如，英语中有关“老”“老人”的委婉语特别多，这反映了西方人特别忌讳“老”的社会心态，与其家庭结构松散密切相关。由于西方有子女成人后即与父母分居的习惯，社会养老机制又无法完全取代家庭养老，老人生活孤单寂寞，“老”成了生活中的一个大忌，千方百计忌讳“old”一词，常借用其他的词来委婉地表示“老”或“老年”这些概念。于是老人变成了“政界元老”(an elder statesman)，起码也是“年长公民”(a senior citizen)，明明是风烛残年，却美其名曰“黄金年华”(golden years)，还有 elderly（年龄较大的）、mature（成熟的）、an adult（成年人）、a distinguished gentleman（尊贵的先生）、a grande dame（贵妇人）、to feel one’s age（感觉到自己的年龄）、the third age（第三年龄），等等，花样繁多。

中国文化并不以“老”为禁忌，中华民族历来有“敬老尊贤”的传统价值观，中国社会家庭结构紧密，素有“养儿防老”及“合家团聚”的习惯，老人在家中普遍受到尊重和照顾，年老并不可怕，这方面的委婉语就较少，“老”字在中国文化中非但不是一个令人畏惧的字眼，相反它给人一种“德高望重”之感，资历深，富有经验，“老将出马，一个顶俩”“姜是老的辣”等俗语充分说明了这一点。人们爱用“老”表示尊敬与爱戴，如“您老、刘老、郭老、老张、老先生、老师傅、老干部、老革命、老教授”等，这些是对老人的尊称，显得亲切、文雅有礼，但这在英美文化中是不可思议的。英美人一般不当面称人“old”，所以如果对英美老人用中国的方式问“您老高寿？”或“几天不见，您老精神看起来更好了”，虽然看起来很礼貌，但对方一定会不高兴，因为他可能会认为你是在诅咒他，或嘲笑他年老不中用。

4. 关于邀请和致歉语

出于礼貌，中国人接受对方邀请赴宴或参加晚会等时，往往不是直接爽快地答应下来或干脆拒绝，而总是半推半就“别麻烦了”“再说吧”“我争取来”等，这种态度往往使英美人困惑不解。

案例 5-14

一位在美国的中国访问学者，接受导师的邀请赴其家宴时，在电话里不停地说“Thank you”，还加上一句“All right, I’m try to come”。导师着急起来，干脆问他“Yes or no？”遗憾的是那位学者长时间反应不过来，仍然不断地说“Thank you, I’m try”，令这位导师觉得中国人怎么这样含含糊糊，不着边际。

其实双方都觉得对方怪，根源在于发出“邀请”的同时，不同文化的人对反应方式有不同的期待。美国人邀请别人时会对被请人特别尊重，从不强加于人，因此他们会十分礼貌，给对方留有余地，请的人只说一遍，邀请者不再三强调，他们会说“Come when you want to”，被请的人也当场表示“接受”或“不接受”，最重要的是明确，如果被请者说“Thank you, I'm try to come”，会使美国人感到茫然，因为他们不能确定你是否来。但中国人面对“Come when you want to”形式的邀请，会觉得美国人的邀请极不诚恳。中国是一个注重礼仪的国家。这样的一种文化价值取向决定了我们在完成“邀请/接受”这一组织活动时，采取的是一种循环式的行为模式，即甲邀请，乙先拒绝，甲再邀请，乙再半推半就地接受。这样循环于双方都有好处：第一轮拒绝，便于邀请的人充分表现诚恳与热忱，也便于被邀请的人探测对方的真实心意，同时避免被人认为贪吃。“第一轮接受”和“第二轮接受”的社会意义是很不一样的。前者接受的只是邀请，后者接受的除了邀请外，还有对方的盛情，而且被请的人是在“恭敬不如从命”的情况下才接受的。这样一来一往，双方脸上都有光，所以邀请一个中国人往往要邀请好几次，且要明确说明赴约的时间、地点等。

类似情况还出现在接受对方“提供服务”时的应答。当英美人问一句“Will you have a cup of coffee”，我们不能按汉语的方式只用一个“谢谢”（Thank you）来表示接受；正确的英语表达方式一般以“Yes, please”表示接受；以“No, Thank you”表示拒绝。含糊的“Thank you”同样使“提供者”不知所措，他不知道是否应该给那位只说一声“谢谢”的人递上一杯咖啡。

“道歉”言语行为是说话人公开承认做了不应该做的事或没有做应该做的事。“道歉”的功能是补救某种无礼的言行，建立或恢复谈话双方的融洽关系。知道在什么时候道歉和怎样道歉，是许多社会里言语礼貌的一个重要组成部分。在道歉时，英汉两种文化也存在一定差异。中国人在道歉时常说“对不起，我错了，我不应该这样说你”，等等，而英美人常说“I apologize for what I have said”，“I apologize”或“I take back what I said”。对此，中国人则认为，说过的话是收不回来的，因而怀疑对方道歉不够真诚。另外，英语中的“Excuse me”与“Sorry”在语用上有明确的分工，“Excuse me”可用于向陌生人打听消息，用于请求打断别人发言、请求退席，用于对发出不由自主的声响（如当众咳嗽、打喷嚏）的道歉，用于对演讲、朗读时出错等的道歉。“Sorry”一般用于冲撞冒犯某人之后的道歉，但汉语中“对不起”却能用于“Excuse me”和“I'm sorry”的所有场合。

总之，跨文化交际中确实存在文化语用障碍，话题内容、表达方式或交际策略等最能反映出不同文化在人际关系、价值观念和行为道德规范上的不同取向。若再进一步从文化形成的深层结构来分析，还可以发现这些语用失误背后更深刻的历史、社会和经济文化根源。正如法国人类学家让•斯托策尔所说：“各国民族不同的价值观念和思想特征都应该在历史、经验以及各国所经历并保存在集体记忆中的民族创伤和胜利中寻找大部分解释。”①

第三节　跨文化言语交际能力的培养②

减少或预防跨文化交际语用失误要解决的核心问题在于怎样培养和提高交际者的跨文化交际能力，这是形成有效跨文化交际模式的基本条件。

一、跨文化言语交际能力的含义

所谓跨文化言语交际能力是指，在跨文化交际语境中，交际主体能够得体、有效地运用语言进行交际的能力，包括基本交际能力、情感和关系能力及策略能力等。

（一）基本交际能力

基本交际能力主要由交际个体为达到有效交际所应掌握的语言能力、文化能力、相互交往能力以及认知能力组成。

1. 语言能力

在跨文化交际中，目的语的习得和运用过程就是交际者目的语规则的形成过程，即交际者不断从目的语的输入或输出中尝试对目的语作出假设，并进行检验与修正，逐渐向目的语靠近并建构目的语的规则体系。在跨文化交际时，由于交际者缺乏相当的语言能力，不可避免地受到母语或目的语的干扰，造成语音、词汇、语法方面的失误。这些失误，用中介语言理论来看，是跨文化交际中必然的正常现象，交际者只有不断正确地模仿、记忆和运用，对语言规则的构建进行实践训练，及时纠正语言构建的失误，克服消极心理，增加对目的语语码的兴趣，才能更快地提高跨文化交际的语言能力。因此，当交际者的母语以外另一种（或几种）语言的知识（包括语音、词汇、句法）增长时，其语言能力也就会相应增长，当交际者对交际对方语码兴趣增长时，其语言能力也会相应提高。

2. 文化能力

文化能力也就是交际者获取不同文化知识的能力。当交际者对不同文化的了

---

① 转引自何安平：《文化差异与语用失误》，载《华南师范大学学报》（社会科学版），1990 年第 3 期。

② 该节中自“一、跨文化言语交际能力的含义”至“二、跨文化言语交际能力的培养”之前部分，转引自张彦群：《跨文化交际中的语用失误及原因分析》，陕西师范大学 2002 年硕士学位论文，第 55-59 页。

解增长时，其文化能力也相应增长。这种了解包括跨文化交际中交际双方对相互的文化取向、价值观念、世界观以及生活方式等有关知识的了解。与此同时，交际者还须增加其对与作业程序相关知识的了解以及获取信息的技能，以提高其文化能力。另外，当交际者的社会身份以及社会角色多样性增长时，其文化能力也相应增长，并且随着交际者自身所必备的素质的提高，其文化能力也将相应提高。这类素质包括自我调节，对文化差异高度敏感，以及对非言语行为有高度的意识性。当交际者的文化能力提高时，其跨文化交际能力也相应提高。

3. 相互交往能力

相互交往能力也就是交际者在实际交往中为达到有效交际所应具备的恰当运用目的语语用规则的能力。相互交往能力的提高与如下四个变量密切相关，即语言行为能力，交往规则的掌握，交往姿态以及交往控制能力。当交际者的语言行为能力提高时，其相互交往能力也相应提高；当交际者对交往规则或语用规则的掌握有所增加时，其相互交往能力也相应提高；当交际者的交往姿态（某一交际者对其交际对方持有正确态度）的能力提高时，其相互交往能力也相应提高；当交际者的交往控制能力提高时，其相互交往能力也相应提高，此能力使交际者不仅能达到自己的交际目的，而且也能在最大限度上满足他人的交往需求。

4. 认知能力

认知能力包含三个相互关联的方面，即描写、解释和评价。不同文化群体的成员拥有各不相同的认知方式和认知标准，如果以自己文化的认知方式和标准去描写、解释与评价他人的言行，势必会造成交际的失误。因此，跨文化言语交际时，当交际者克服民族中心主义、定式、偏见和歧视的能力提高时，其认知能力也相应提高；当交际者将对方的言语行为以及周围环境同其所传递的信息统一起来时，其认知能力也相应增长。

（二）情感和关系能力

情感和关系能力中，情感能力主要是指移情能力，即以别人的文化准则为标准来解释和评价别人行为的能力。移情者不能以自己的经验和文化准则作为解释和评价别人行为的标准，而必须设身处地，将心比心，推己及人。关系能力即交际者建立、维系某一交往关系，并通过在此关系中交际双方的彼此适应与满足而达到有效交际的能力。关系能力的提高需要交际双方的共同努力，当交际双方彼此自主和亲密交往的需要得到更多满足时，其关系能力也相应提高；当交际双方相互吸引、相互信任增长时，其关系能力也相应提高。

（三）策略能力

策略能力是在跨文化言语交际过程中，由于交际者语言或语用能力有缺陷，达不到交际目的，或造成交际失误时所采用的一系列补救方略的能力。其中包括语码转换策略、近似语策略、合作策略等。语码转换可用于词汇或篇章等方面，为了达到有效交际的目的，转换语码可以从交际双方共享的一种语言中选择；近似语策略是指采用语义近似的词语或语篇填补因语言能力缺陷所造成的空白；合作策略是交际双方共同解决交际失误或失败时采用的方略，双方使用已知的语言知识、语用规则、文化知识等共同解决困难。

二、跨文化言语交际能力的培养

跨文化言语交际能力的培养要从以下几个方面努力。

（一）知识层面

在从一种文化进入另一种文化，与另一种语言文化背景的人进行跨文化交际时，交际者不可能一下子对交际对象了如指掌，也不可能在极短时间内完全适应一种新的文化环境。从这一点说，跨文化言语交际过程本身就是一个了解与适应的过程。因此，在进行跨文化交际前，要尽可能全面了解异文化。尽快缩小对目的语文化适应的时间是顺利完成跨文化交际的重要途径，也是培养和提高跨文化交际能力的重要途径。具体来说，可以通过有针对性地阅读资料、观看音像等途径，了解和学习不同国家的文化和生活习俗、思维方式、饮食习惯、节日风俗、礼貌用语等知识，熟悉不同民族在各个方面的差异，形成对不同文化差异的认识，克服自身对异文化认识的局限。

（二）意识层面

意识层面是指在知识学习的基础上培养学习者的跨文化交际意识。跨文化交际意识不仅指个体对自身性格、能力、价值观等的了解，还包括平等、包容意识，自觉摒弃民族中心主义、消除文化偏见的文化相对主义态度。我们要从思想上认识到世界文化的多样性，尽可能地去尊重和理解异文化。每个国家、民族的文化的存在都有其合理的一面，都是人类文明的共同财富，各个国家、民族的文化不存在好坏、强弱之分。因此，我们要学会尊重不同的文化，不能因为与其他国家、民族的文化差异而一味地排斥，甚至贬损他国文化。同时，通过了解异文化，批判性地反思自文化，认识到文化的相对性和互补性，形成对待自文化和异文化的正确态度，培养积极的交际能力。当我们身处异国文化环境时，也不能为了迎合当地主流文化而抛弃本国文化，应学会换位思考，以文化融合的态度来完成跨文化适应。既要保持中国文化传统，又能够和当地社会成员建立并保持良好的关系，进而和所在国的人产生互动性影响，这就是一种文化融合的态度。

（三）技术层面

从跨文化交际语用失误的实际情况看，很多语用失误，大部分是由于母语的干扰造成的，这些干扰既有语言系统本身的干扰，也有语言文化的干扰，交际者只有从跨文化现实出发，认真地把母语和目的语进行具体比较，才能了解语误究竟在哪里。单纯地站在母语或目的语角度去研究这个问题，就不能正确地分析跨文化交际时的语用失误或冲突问题。因此，加强不同语言之间的对比，是增进彼此了解的重要途径，当然也是提高跨文化交际能力的有效方法。交际者只有善于将母语同目的语进行对比，才能更清楚地认识它们之间的差异，也才能正确分析种种误解和冲突，避免跨文化交际中出现语用失误，提高跨文化交际能力。

（四）实践层面

跨文化交际能力的提高需要在大量的日常活动中予以实践，通过实践活动才能更深刻地感受到文化差异的多样性。在国内有限的条件下也可以采用情景对话、角色扮演的方法进行各项技能的训练。当身在他国时，要积极主动地适应当地生活环境，走出自己舒适狭窄的个人空间，用开放的态度去接纳和包容当地文化，积极参与当地的社团活动，虚心学习当地语言文化，掌握灵活应对的交际策略，并通过积极的参与和实践快速提升言语交际能力。

思考训练题

1. 文化有哪些基本特征？
2. 什么是跨文化言语交际，有哪些基本特性？
3. 跨文化言语交际的失误有哪些类型和表现形式？
4. 如何有效地避免跨文化言语交际的失误？
5. 案例分析

（1）美国一所大学的中文项目主任给来自中国的两位汉语教师安排教学任务。在开会讨论的时候，两位中国老师都没有提任何反对意见，可是会后两个人分别找到主任提出自己的工作量不太合理，要求做一些调整。这位美国主任很恼火，他不明白为什么她们不在会上提出来商量解决，而是会后表示不满意。他甚至怀疑中国老师的性格有问题。对此，这两位老师的解释是：她们不好意思当面说出来，因为要顾及另一个人的面子，怕伤了和气。但是这位美国主任认为，这样会给工作和人际关系都带来不好的影响。①

（2）小兰和小丽任教于美国某学区。小兰和小丽到美国的第一周，由于还没有正式开学，于是就暂住在学监家。学监经常带着她们外出熟悉环境，为新学期准备生活用品等。在回住处的路上，学监就问她们："快要开学了，你们准备好了吗？"小兰虽然对于未来的教学有点忐忑，但为了让学监放心，还是回答说："准备好了！我很期待见到我未来的学生！"学监很高兴地回答道："学生也一定很想见到你的，你也一定会是一个好老师！"然后转过头问坐着不说话的小丽："你呢？要开学了，你准备好了吗？"小丽诚实地答道："我还没有准备好，我害怕自己讲课讲不好，学生不听我话怎么办？"学监收敛了笑容，说道："不要担心，你是经过汉办层层选拔的志愿者，经过了那么多考试和培训，肯定是没问题的。"

但是在学校开学之前，学监就发邮件给孔子学院的中方院长和美方院长，说"小丽恐怕不能胜任学校的教学工作，建议另派一名汉语教师志愿者"。后来经过中美方院长方面的协调，小丽写保证书等形式，学监终于同意小丽留下来教学。②

（3）美国的凯瑟林小姐在一所外语学院教英语。开始教学后不久，她发现学生对她的课不感兴趣，而且有好几个学生经常逃课。她决定找系主任谈一谈这件事，以获得帮助。系主任看了他的时间表后，与凯瑟林约定星期四上午10点钟在办公室见面。凯瑟林于星期四上午10点钟准时来到系主任办公室时，看见系主任正在和另一位老师谈话。系主任看到凯瑟林来了，用手指着一个座位示意她坐下。5分钟后，系主任和那位老师的谈话结束了。他向凯瑟林表示了歉意，并开始询问她的问题。正当凯瑟林说明情况时，另一位老师走了进来，手里拿着表格，让系主任签字。系主任笑着向凯瑟林道了歉，并转过身去和那位老师用中文谈了起来。凯瑟林开始有些不耐烦，心想都已经约定好的，为什么还有这么多人来打扰呢？虽然她和系主任的谈话仍继续下去，但凯瑟林对这样的事感到非常气愤。③

（4）现在在美国做教授的吴森，原来在中国台湾。有一天来了两个美国客人，于是老板就让他请这两人吃顿饭。吴森想，这两个美国人加自己是三个人，不好点菜，于是又叫上几个弟兄，加起来一共八个人。八人一桌，好吃饭，反正饭钱是老板的。一到饭厅，吴森就把菜单拿出来，请客人先点菜。其中一个美国人吃过中国菜，于是就点了个"芙蓉鸡片"。啊，很内行!另外一个美国人一点都不懂。吴森就说，那我们自己先点，每人点一个。最后这个菜谱又转了回来，哝……还

① 转引自祖晓梅：《跨文化交际》，外语教学与研究出版社，2015年，第23页。

② 转引自阮桂君：《跨文化交际与实践》，武汉大学出版社，2017年版，第90页。

③ 转引自阮桂君：《跨文化交际与实践》，武汉大学出版社，2017年版，第67页。

是不会点。吴森一看，点了很多菜，没有汤，他说："要不然你点个榨菜肉丝汤吧？"很好，OK！好，上菜了。第一道就是芙蓉鸡片。那美国人认识啊！他说："这是我点的菜吗？""Yes."他就把它端过来，一个人吃了起来。怎么办？吴森说，那就主随客便，谁点的菜谁吃吧！于是有吃鱼的，有吃虾的，还有吃青菜豆腐的。最后上来一碗榨菜肉丝汤。吴森觉得很不好意思，"哎呀，你看这，是不是给你换一个？""NO，NO，我点的我吃。"那个美国人把一碗榨菜肉丝汤喝完了。[①]

针对以上案例，谈谈你的认识。

① 转引自网络资料：《中国文化与中国人》，https://weibo.com/p/1001603893067869497618。

第六章　言语交际的辅助语言

➢ **本章学习目标**

1. 了解辅助语言的内容和特点。
2. 认识辅助语言手段在言语交际中的重要性及其功能。
3. 把握副语言与言语交际的关系。
4. 在实际的言语交际中正确运用辅助语言手段。

言语交际是实现人际沟通的重要方式，在言语交际中，人们除了使用语言符号达到传递信息、表达感情，实现交际的目的外，还会借助表情、手势、体态以及非语词声音等“非语言”手段实现人际沟通。这些伴随性的非语言手段就叫作辅助语言。顾名思义，既然是辅助语言，就意味着它们在言语交际中只能起辅助作用，而不能起主导作用。辅助语言多种多样，包括副语言（类语言）、体态语（体态行为）、空间位置（体距行为）、时间行为、外表行为等。本章主要介绍副语言、体态语、空间位置。

第一节　副　语　言

一、什么是副语言

副语言又称“类语言”，是一种有声而无固定语义但能传达思想感情的“语言”，是相对于人们日常交际中最常用的普通语言而言的，它是一种和语言相伴随而存在的辅助性语言。副语言有两种类型：一种是伴随有声语言出现的语音特征，如个人的音量、音域、音速、音质、语调以及特殊的语音停歇；另一种是表意的功能性发声，如笑声、哭声、干咳声、叹息声、口哨声、呻吟声以及因惊恐而发出的叫喊声等。口头交际中运用的副语言是指伴随有声语言而出现的特殊语音现象。

口语交际中，有声语言虽然是最重要的交际工具，副语言是辅助性的交际工具，但是副语言的作用是不容忽视的。事实上也是这样，在口语交往中，要想获得理想的表达效果，就必须借助副语言和体态语的巧妙运用。

二、副语言的交际功能

副语言的交际功能主要有以下几种。

（一）展示个性

每一个人说话的声音都不一样，高低强弱、轻重缓急都表现出人物的性格特征。

案例 6-1

凤姐虽恨秋桐，且喜借她先可发脱二姐，用“借刀杀人”之法，“坐山观虎斗”，等秋桐杀了尤二姐，自己再杀秋桐。主意已定，没人处，常又私劝秋桐说：“你年轻不知事。她现是二房奶奶，你爷心坎儿上的人，我还让她三分，你去硬碰她，岂不是自寻其死？”

那秋桐听了这话，越发恼了，天天大口乱骂，说：“奶奶是软弱人，那等贤惠，我却做不来！奶奶把素日的威风，怎么都没了？奶奶宽洪大量，我却眼里揉不下沙子去。让我和这娼妇做一回，她才知道呢！”凤姐儿在屋里，只装不敢出声儿。气的尤二姐在房里哭泣，连饭也不吃，又不敢告诉贾琏。[①]

这一段文字，用三种不同的副语言，鲜明地刻画出王熙凤、秋桐、尤二姐三个人的不同性格特征。王熙凤平日伶牙俐齿，敢哭敢笑敢骂，这回却“不敢出声”，自己不出面，借秋桐之口杀死尤二姐，她一反常态的沉默，表现出她性格中阴险狡诈的一面。秋桐“天天大口乱骂”，给别人当枪使自己还不知道，既凶狠又愚笨。尤二姐只会“哭”，连“诉”都不敢，表现出她软弱的性格。

（二）突出重点

我们说话的时候，声音总是在不断地变化，如果像念经那样平直，对方就什么也听不到了。这个声音上的变化，实际上就是我们对副语言的运用。同样的一句话，声音的处理不一样，表达的意思就不一样。变化最大的地方，应该是最需要突出强调的地方。这个变化是相对而言的，整个句子读得轻而某一处重，重读的地方是重点。相反，整个句子读得重而某一处轻，则轻读的地方是重点。除了轻重之外，声音的强弱、大小、高低、长短、升降等，都是我们可以发挥的广阔天地。我们在说话的时候，应该自觉地运用声音的各种变化来突出重点，提高表达效果。

① （清）曹雪芹：《红楼梦》（第六十九回），北京教育出版社，2013 年版，第 543 页。

（三）渲染气氛

在交际过程中，副语言可以制造紧张的气氛，也可以缓和紧张的气氛，并传递出相应的交际信息，强化交际的效果。

案例 6-2

一面说闲话儿。只见一个小丫头子在外间屋里，悄悄地和平儿说："旺儿来了，在二门上伺候着呢。"又听见平儿也悄悄地道："知道了。叫他先去，回来再来。别在门口儿站着。"袭人知他们有事，又说了两句话，便起身要走。凤姐道，"闲来坐坐，说说话儿，我倒开心。"因命："平儿，送送你妹妹。"平儿答应着，送出来。只见两三个小丫头子都在那里，屏声息气，齐齐地伺候着。袭人不知何事，便自去了。①

贾琏在外面偷娶尤二姐的事被王熙凤知道了，王熙凤非常生气，正要讯问了解此事的仆人旺儿。袭人偏巧这时候来了，她虽然不知道凤姐这里出了什么事，但是，从"一个小丫头子在外间屋里悄悄地和平儿说""平儿也悄悄地道""两三个小丫头子都在那里屏声息气"等迹象中，已感觉出事情很严重，于是说了两句话就告辞离开了。这个案例很形象地说明了副语言渲染气氛的功能。平儿等人的话语内容本身传达出的信息是一般性的，但是说话时的语气却不一般，渲染出一种紧张的气氛。"悄悄地说""屏声息气"，使人感到一场暴风雨即将来临。

三、副语言类析

（一）语调

语调即句调。这是整个句子声音高低的升降变化。最佳的语调是说话者征服听者的第一步。心理学的知识告诉我们，在口头交际中，人们首先感知到的就是语音，精妙的语音语调能够给人悦耳动听、亲切轻松的感觉，能够引起对方浓厚的兴趣，使其处在积极的情绪状态，较好地调动其积极思维，参与再创造。汉语的语调按调型可分为平直调、弯曲调、降抑调和高升调四种类型。每种语调都有自己的基本职能，不同的语调表达不同的语气和情感，区别不同的意义。

案例 6-3

星期天的早晨，妻子见到丈夫要起床，一看表才七点。便说：

① （清）曹雪芹：《红楼梦》（第六十七回），北京教育出版社，2013 年版，第 528 页。

孩子他爸，→今天星期天呢!↘

于是丈夫又躺下了。这时 5 岁的女儿进来，看到爸爸还在睡觉，就到床边说：

爸，→你怎么忘了，↘今天星期天呢!↗

爸爸听到女儿一说，想起了自己的许诺“星期天爸带你去动物园看大象”，便一骨碌爬起来亲亲女儿，赶紧说：

嗳，→没忘，没忘!↗今天是星期天呢!（此处为升降调）爸马上起来。①

这里三个人所说的“今天是星期天呢”，口气都不同：妻子是温柔体贴的口气，女儿是娇嗔、催促的口气，爸爸是恍然大悟和热情慈爱的口气。其中所包含的意思也不一样：妻子的意思是“星期天没事，再睡一会儿吧!”女儿的意思是“快起来吧，你说过带我去看大象。”父亲的意思是“好!我马上起来，带你去动物园”。

古人云，“根情，华声”。感情是根，声音是花。无根之花是假花死花。“情动于中，声于外”，感情是语调的动因，语调是情感的外露形式，语调能够把情感体贴入微、淋漓尽致地表现出来。因此，在谈话时，要表达复杂的情感，语调就会分化出许多变体，这就使语调变得复杂起来。影响语调变化的主要因素是表达思想情感的需要，假如这些思想的光辉和温暖未能渗透到语音形式中，那么，即使有美妙动听、丰富多样的语音形式，即使这种语音形式的种种优点与最生动活跃的分节意识结合起来，也并不足以产生出同精神相匹配的语言。

帮助语调变化的手段则是语音的音长、音高、音强、音色等。口头交际中，正确使用这些语调可以准确无误地传递信息，如：“你别结婚了。”读成降调，用来表示祈使或命令，也可以因音长、音高、音强、音色的不同而显示出其他不同的感情。一般说来，读成强音可以表示坚决，读成弱音可以表示冷淡；读成长音可以表示迫切或强烈，读成短音可以表示亲切；读成颤音可以表示恳求，读成跳音可以表示鼓动；读成曲音可以表示反意，读成滞音可以表示亲昵。其中颤音、滞音等都属于表情音色。表情音色附着在音节之外，也可以单独出现，如哭声、笑声、气声等。

语调与情感通常有密切的关系：

“气徐声柔”的语调，可以给人一种温和感，通常用来表示“爱的感情”；

“气促声硬”的语调，可以给人一种挤压感，通常用来表示“憎的感情”；

“气沉声缓”的语调，可以给人一种迟滞感，通常用来表示“悲的感情”；

“气满声高”的语调，可以给人一种跳跃感，通常用来表示“喜的感情”；

“气提声凝”的语调，可以给人一种紧缩感，通常用来表示“惧的感情”；

“气短声促”的语调，可以给人一种紧迫感，通常用来表示“急的感情”；

① 吴洁敏、朱宏达：《汉语节律学》，语文出版社，2001 年版，第 348 页。

“气粗声重”的语调，可以给人一种震动感，通常用来表示“怒的感情”；
“气细声黏”的语调，可以给人一种踌躇感，通常用来表示“疑的感情”。

语调除了常规用法之外，还可以有超常用法，语调的超常用法是指该用甲语调而巧用乙语调来增添话语表达效果的语音技巧。例如，在一次宴会上，一位先生要求向大家讲几句，大家鼓掌表示欢迎。而从宴会厅的左角传来了一句细语：“他是谁↘？”说话者运用短降调，巧妙传递了他对发言人轻蔑、鄙视的弦外之音。俗话说，“锣鼓听声，听话听音”。口头表达中有些弦外之音往往也是通过妙用语调表现出来的。

语调的超常规运用不仅能配合有声语言更有效地传情达意，而且有时可以代替有声语言独立传递各种情感。心理学家做过这样一个实验：让 8 位实验对象（四男四女）通过朗读若干英文字母，表达愤怒、害怕、高兴、喜爱、嫉妒、紧张、骄傲、悲伤、满足和同情十种不同的情感。实验结果证明：通过语调的变化，没有内容的声音（字母）形式也可以表达情感，沟通感情。这就说明，语音的优质首先表现在语调的优美动听上，即使不考虑意义，只要语音灌注了情感，抑扬顿挫变幻有致，也同样能够以声夺人，举座动容。

案例 6-4

意大利著名悲剧明星罗西应邀参加一个欢迎外宾的宴会，外国客人要求他即兴表演一段悲剧，于是，他用意大利语念了一段台词，尽管客人听不懂台词的意思，然而他那动情的声调和表情，凄凉悲惨，使人不由得流下同情的眼泪。可是一位意大利人却忍俊不禁，跑出厅外大笑不止，原来，罗西念的根本不是台词，而是宴席上的菜单。[①]

罗西之所以如此成功，原因是多方面的，但最主要的原因就在于他朗诵的语调具有抑扬顿挫的丰富多彩的变化，他将悲伤的情感倾注在多变的语调中，充分发挥了语调的传情作用。

（二）停顿

在口语交际时，话语中语音的间歇叫语音停顿，简称语顿。人讲话不可能真的口若悬河、滔滔不绝，尤其是讲长一些的句子或大段的话语时总是要停下来歇息一下的。但是，口语中的间歇不仅是说话时换气或句子结构的需要，还具有表情达意的作用。同样一句话，停顿不同所表达的意思就不同。语顿也分常规语顿和超常规语顿。常规语顿即语法停顿，指词语间、句子间、段落间的正常停顿。

① 转引自于保泉、鞠荣祥：《言语交际案例教程》，上海交通大学出版社，2011 年版，第 211-212 页。

一般情况下，词语间的语顿最短，句子间的语顿稍长，段落间的语顿最长。这种常规语顿也不属于副语言研究的范畴。副语言中的语顿，是指超常规的语顿，它是言语交际中一种重要的口语表达技巧。超常语顿的运用，不仅能使表达造成悬念、促进联想，增添语言波澜，而且能使言语表达隽永深刻、幽默风趣，增强言语的生动性。

案例 6-5

有一次，周总理与国民党代表辩论，他机敏的话语，犀利的言辞，驳得对方理屈词穷。于是，国民党代表恼羞成怒，胡说同我方谈判是“对牛弹琴!”这时，周总理灵机一动，接过话题，当即顶了回去：“对，牛弹琴!”[①]

这个案例中，敌方借用一个成语“对牛弹琴”来构成一个非主谓句，企图辱骂我方不懂道理。而周总理在这个成语中巧设语顿，使其语意幡然更新，巧妙地回击了敌方，收到了奇妙的表达效果。

超常语顿是口头表达中停顿技巧的娴熟运用，它是建立在熟练驾驭常规语顿的基础上的。人们在语言交际中必须首先懂得运用常规语顿，倘若常规语顿都掌握不好，该停不停，该连不连，就不能完成基本的表达任务。

案例 6-6

一位厂长在会上宣读文件，文中有这样一句话：“已经取得大专学历的和尚未取得大专学历的干部……”这位厂长坦然念道：“已经取得大专学历的和尚，未取得大专学历的干部……”听众大笑，厂长还不以为然，说：“笑什么？时代不同了，当和尚也要大专学历嘛!”于是引来了一阵大笑。[②]

案例中的厂长，连常规的语顿都掌握不好，要巧妙运用超常规的语顿来增添话语的表现力就是空中楼阁了。

言语交际中语顿的运用是为了高效地表意传情，而不是做毫无意义的语音游戏，更不是愚弄他人的手段。否则，就会令人反感。

（三）语速

语速，就是语流的速度，即单位时间里吐词的多少。语速可分为正常语速和超常语速两种。语速与感情表达有关，也与传播环境有关。在日常交际会话中，

---

① 转引自刘凤玲、戴仲平：《社会语用艺术》，暨南大学出版社，2002 年版，第 135 页。

② 同①。

不受特殊心理活动和情感影响时的语速称为正常语速，而超常语速则是指受某种特殊心理或某种强烈情感的支配而产生的特快或特慢的语速。语速通常有快、中、慢三种。快速是每分钟说 200 字以上，用这种速度说话，通常是为了表达紧张、激动、惊惧、欢畅、鼓动、诡辩、责问等内容，或是叙述急剧变化的事情，刻画人物的机警、活泼、热情，表现质问、斥责、雄辩的声态。中速是每分钟 200 字左右，一般用于感情没多大变化的句子，或者是一般的记叙、说明、议论的句子，一般用来作平静的叙述。慢速是每分钟 100 字左右，常常被用来表达哀痛、沉着、失望、深切等情感，或者是叙述平静、庄重的情况。

语速可以直接影响交际的效果，是一种不可忽视的口语表达技巧。选择不同的语速与信息的内容有关，一般的信息可以说得快一些，重要的信息可以说得慢一些。选择不同的语速还应考虑受者的身份，对方是青年人，语速快一些也无妨，对方是孩子或老年人，语速则应该慢一些。从说话者方面看，说话需要补充气流，不控制语速，不能满足生理需要；说话要思考，不控制语速，就不能给思维留下空间。太快了，气不足，想不出，语言就容易卡壳。从听者方面看，声音进入大脑需要停留 6～10 秒钟才能进入信息选择、储存反馈等思维阶段。一个人要完成这样一个接受—理解语言信息的过程，是需要一定时间的。如果说话速度太快，就容易使人听不清或听不懂，造成信息接受“耳不暇接”，听者来不及反应，使信息传递出现脱漏、中断甚至空白的问题。

说话不能用一种速度说到底，其中应该有些变化，在改变语速的时候，要有一个适当的过渡。例如，由慢转快，中间应该有一个逐渐加快的过程，这样听起来就比较自然。

案例 6-7

敌人的白衣、白布还在播晃着，又扔了两支枪下来，接着又扔下来一挺机关枪。

“连机关枪都扔下来了!”石东根大叫着。

战士们纷纷爬上战壕，同声地叫着：“机关枪!机关枪!”

“二排长!三排长!带队伍上去!缴枪，捉俘虏!”石东根发出了命令。

二排长林平有些犹疑，望望石东根，又望望罗光。

“听见没有？命令!赶快上去缴枪，捉俘虏!怕什么？”石东根暴怒地喝令着，睁大眼睛望着林平。①

这一段话描写了吐丝口战役的热度达到了沸点，敌人耍花招假投降，我军连长石东根因急于结束战斗，麻痹大意而上了敌人的当。整个情节是紧张的，因此

① 吴强：《红日》，陕西师范大学出版社，2009 年版，第 189 页。

在口头表达时的语速主要用快速，但要快中有慢，其中的叙述部分要比人物对话说得稍慢一些，叙述二排长林平有些犹疑的那一段，可以用中速。

在言语交际中可以对语速作特殊处理，也就是说，为了增强表达效果，该用中速的地方，却用快速或慢速，该用慢速的地方却用快速等。

案例 6-8

中央电视台曾播放了这样一个商品广告：荧屏上出现了一辆小货车，载着一台崭新的威力牌洗衣机沿着乡间林荫大道行驶，然后在村边的屋前停了下来，一群村民围观，一位老奶奶笑容满面，看着洗衣机。而配合这组画面的有声语言是："妈妈：我梦见了村边的小溪，梦见了您，梦见了奶奶。妈妈，我给你们捎去了一件好东西——威力牌洗衣机，献给母亲的爱。"①

在通常情况下，为了节省时间，电视商品广告运用的语速是中速或快速。而这则广告的语速却采用慢速，亲切地回忆了妈妈和奶奶到村边小溪洗衣服的辛劳情景，表达了为减轻老人劳动强度而献上威力牌洗衣机的爱心。广告巧用慢速，不仅有利于抒发对长辈的敬爱之情，而且更使听众一字一句都听得清楚，告诉大家威力牌洗衣机是件"好东西"，从而更好地收到了广而告之的效果。

说话的速度还与停顿有关系，语速快，停顿就少；语速慢，停顿就多。总之，影响确定语速的因素很多，应当根据情境、说话者思想感情的变化，以及表达内容的需要来确定语速。该快则快，该慢则慢，有快有慢，做到快而不乱，慢而不断，缓急有致，不松懈乏味，能以声传情。这样就可以真实生动地表达不同的内容和情境，使思想的分量，情感的色彩，外化得轻重有别，浓淡分明。不顾需要的过快、过慢或均等，都是不恰当的。快了让听者思想跟不上；慢了让人感到疲劳，听得不耐烦：速度始终均等，有时又不能激发情绪，这些都会影响表达效果。

同样一句话，有人出口成趣，有人却说得平淡如水。一个重要原因就是语调、语气、停顿、语速等方面各有巧妙和不同：半遮半掩的圆巧婉约，浓淡相宜的隐而不发，有时快接快对，有时轻言慢语，都能使一句看似平淡的话顿然生趣。所以，在言语交际过程中，交际者要善于挖掘和利用丰富多彩的语音手段，根据表情达意需要，科学合理地组织语音要素，提高言语交际的效果。

（四）笑声

与每一种功能性发声相同，笑声既是一种生理现象，也是一种心理现象。作为一种生理—心理负荷形式，笑不仅是情绪的外在表现，同时也常常被用作信息

---

① 转引自刘凤玲、戴仲平：《社会语用艺术》，暨南大学出版社，2002 年版，第 137 页。

传递的重要手段。笑声千姿百态，如哈哈大笑、捧腹大笑、开怀大笑、狂笑、奸笑、冷笑、嘲笑等，这些笑声不仅有程度上的差异，而且有表意功能的区别，同一形式的笑声，也可能负载着多种意义。例如，哈哈大笑，有时可能是表示一种“高兴”“赞同”的思想感情，有时也可能是一种“不祥之兆”；捂着嘴微笑，可能是“不好意思”，也可能是“惧怕某人的威严”而不敢放声大笑；直愣愣地笑是“傻乎乎”人的一种特征，但也有可能是太“出乎意料”的意思；含着泪笑，既可能是“激动”时的一种表情，又可能是“有苦难言”的一种流露；等等。笑声的这种多义现象，只有在一定的语境中，语义才是明确的、单一的。

在言语交际活动中，恰当地运用笑声，不是说话，却能辅助说话，等于说话，有时胜似说话。被国际外交界赞誉为世界一流外交家的中国原外交部长乔冠华在联大一次辩论发言之后，走下台来刚入座，另一个大国的外交代表登台发言便气急败坏地向中国提出抗议。这时具有诗人气质与才子风度的乔冠华在座席上仰天大笑不止，竟以震撼大厅的笑声压倒了对方的抗议，使得这位大国的外交代表狼狈不堪地败下阵来。后来，美国《纽约时报》曾对此进行专题报道，题目就是“乔的大笑”。乔冠华的大笑显示了中华人民共和国的气势与中华民族的自信和自豪，同时也使人们领略了笑声的巨大威力。

言语交际活动中的笑声运用要自然得体。笑声是人们内心情感的自然流露，而不是无笑装笑的矫揉造作；运用笑声要注意时间、地点、对象、感情色彩等，如果笑得不合时宜，笑声也会给自己招来麻烦。如果我们在听台上的某人就某个严肃的问题发表演讲时，突然想起一件有趣的事情而忍不住发出笑声，就有可能使演讲者产生一种被羞辱或被嘲弄的感觉，而那些正专心聆听演讲的人，也会对你表示厌恶，朝你瞪眼。因此，在与人共处的时候，一定要对当时的具体情况有所了解，当笑则笑，不当笑的时候，最好三缄其口。

第二节　体　态　语

一、什么是体态语

体态语，又叫“人体语言”“动作语言”“态势语言”“行为语言”，它是用表情、手势或体态来交流思想的辅助工具，是一种伴随语言。

体态语的使用甚早，可以说，有了人类，就有了体态语，但比起有声语言，人们对体态语的系统研究却甚迟。在西方，20 世纪 70 年代前后，才有人对体态语进行全面、系统的研究。在中国，虽然著名修辞学家陈望道早在 1932 年撰写的《修辞学发凡》中就明确给体态语下了定义，分了小类，但是，这毕竟还是零星的研究。20 世纪 70 年代以后，西方学者研究体态语的丰硕成果，引起了中国语言学界、心理学界的关注，学者们在注重有声语言研究的同时，又逐渐注意对体态语进行探索。

体态语不同于人们的一般动作。体态语指的是用表情、动作和体态来做交流思想工具的语言，是表露人的内心、寄予人的感情的语言，具有表意性和交际性。因而，它是一种具有一定语义的伴随语言。而一般动作是人人都有的常态，它是全身或身体的一部分功能性的活动，既无表情作用，又不传递交际信息，因而，一般动作不属于体态语言。

体态语和语言的不同之处，主要有以下几个方面。

（一）模糊性

各种体态语之间没有任何组织规律，不能明确地表达复杂精密的思想，只能传递比较模糊的情意。只有在语言的主导之下，它才能表达明确的意思，这就决定了它只能做表情达意的辅助手段。

案例 6-9

一僧号不语禅，本无所识，全仗二侍者代答。适游僧来参问："如何是佛？"时侍者他出，禅者忙迫无措，东顾复西顾。又问："如何是法？"禅不能答，看上又看下。又问："如何是僧？"禅无奈，辄瞑目矣。又问："如何是加持？"禅但伸手而已。游僧出，遇侍者，乃告之曰："我问佛，禅师东顾西顾，盖谓人有东西，佛无南北也；我问法，禅师看上看下，盖谓法平等，无有高下也；我问僧，彼且瞑目，盖谓白云深处卧，便是一高僧也；问加持，则伸手，盖谓接引众生也：此大禅可谓明心见性也。"侍者还，禅僧大骂曰："尔等何往？不来帮我。他问佛，教我东看你又不见，西看你又不见；他又问法，教我上天无路，入地无门；他又问僧，我没奈何，只假睡；他又问加持，我自愧诸事不知，做甚长老，不如伸手沿门去叫化也罢。"①

正是由于体态语用于表意时在语义内涵上存在着不确定性，造成信息交流中表达者表达的内容和接收者的理解存在出入。

（二）真实性

由于种种原因，人们说话有真有假，不易鉴别，而体态语是人体大脑活动的外露和显示，有时，某些体态语甚至是无意发出来的人体信号，所以它不仅能传递出一般的信息，还常常会显露出动作者内心真实的情感。人们对语言信息的操

① （明）乐天大笑生：《解愠编》，中国戏剧出版社，1999 年版，第 67 页。

纵一般来说都是自觉的，“脱口而出”的情况毕竟不会很多，这样，语言信息就有虚假性的可能。有时语言的表达本身掩盖了真实的信息，这就是说，语言信息中常常有“言不由衷”的成分，如我们平时说的“应景”的话，其实所传达的并非是真实的信息，到别人家做客，即使有时菜做得很不可口，吃完后都会说上一句“今天的菜做得很好”等。但一个人很难做到自觉地去控制体态语所呈现的信息(如当人们说着违心的话时，神态却能够流露出真实的思想感情；嘴里说不怕，可身体却在发抖)，尽管有些体态语信息也可能带有一定的虚假性，如面部表情所传递的信息可能会是假的，但就大部分情况来说，非语言信息都具有真实性。要指出的是，我们说语言信息有虚假性，并不是说所有的语言信息都是虚假的，而是说语言信息有可能是虚假的，而体态语一般是不会传递虚假信息的。

研究者曾经观察过说谎人的动作，发现说谎时人们手部的动作减少了。因为在下意识里，人们觉得挥动双手会把自己的秘密泄露出去，于是在说谎时就不自觉地把手藏起来，放进口袋里或者互相紧握着。说谎时，摸鼻子和掩嘴的动作增加。当谎话要出口时，大脑里有一部分会觉得不舒服，于是就想用手来制止这话的说出。掩嘴的意图过于明显，于是又演变成摸鼻子。研究者认为，要掩饰掩嘴的动作，鼻子是最方便的工具，如果要改摸下巴或脸颊的话，抬到嘴上的手还得往旁边或往下移，而鼻子就在嘴的上方，并且又凸出来，所以摸鼻子最方便不过了。

人们脸上有一个容易被忽略的部位，发出来的信号最真实，那就是会随光线发生变化的瞳孔。瞳孔的大小，不只随光线变化，同时也受情绪的左右。当人们看到感兴趣的事物时，瞳孔会比平时扩大，如果看到让人厌恶的东西，瞳孔会比平时缩小。瞳孔的改变，由于不是人的意志所能控制的，因此可以帮助我们了解他人的真实情感。

研究者曾经用一系列女人的画片做测试。这些画片中有迷人的月历女郎，也有美国画家及雕刻家惠斯勒“画家的母亲”画像。一般人在被问到对这些画片的观感时，都会对惠斯勒“画家的母亲”画像给予很高的评价，但是根据瞳孔的反应，其实很少有人对她感兴趣。广告商往往用这种方法来决定选用哪一则广告。

（三）立体性

语言具有线条性，语言信息的传递大多只能在单通道内进行。例如，话语要一个词一个词地说出来，文章要一个字一个字地写出来；听别人说话，也只能一句一句地听，不可能也做不到“十句”“十句”地听，看文章，只能通过视觉器官一行一行地看，即使有一目十行的本事，也总要“十行”“十行”地看。这说明语言信息的传递是一维的。而体态就不同了，体态语信息可以用“多通道”立体式地传递，如我们对某一个人表示一种亲热的态度，可以通过笑容、说话的语气及口吻、面部的表情、肢体的动作等多方位地表现出来，它们可以同时出现，而不必表现完了一个再去表现另一个。用一种比喻的说法，语言信息的传递是“射击”式的，只能“一发”“一发”地射出。体态语信息的传递是“爆炸”式的，它一下子把所有的符号“爆炸”后，全景式、立体化地呈现在受者的面前，让受者动用多种感觉器官，同时去接受所带来的信息。所以，体态语信息会让人感到形象、生动，常常会带来“一目了然”的感觉。

二、体态语的重要性及其功能

（一）体态语的重要性

在交际时，一个人的仪表风度反映出他自身的文化修养和交际能力。我们常常说，交际时要特别注意言谈举止，体态语就是举止的重要内容，优雅的举止可以给人塑造良好的第一印象，产生初始信赖感，有利于言语信息最大限度地被对方接受，甚至可以弥补或遮掩言语过程中的一些“丑拙”之处，反之，不好的体态形象，会给言语交际增加负效应。所以，为了提高交际能力，我们有必要长期地注意自己仪容举止的修养。

言语交际中，体态语与有声语言一样重要。一举手、一投足、一颦一笑都会表达特定的含义，体现特定的情感，给公众留下深刻的印象。特别是那些政治家的体态语，更具有超凡的魅力，有时甚至会造成深远的影响。英国前首相撒切尔夫人能够三次连任首相，除了内在的能力因素外，还与她那端庄的举止、温文尔雅的风度分不开。周恩来总理的仪表风度，更为中外政治家所景仰。尼克松在他的回忆录中曾这样描写过周总理的交谈姿势：“他经常靠在椅背上，用富有表现力的手势来增强谈话效果，当要扩大谈话范围，或是从中得出一般性结论时，他经常用手在面前一挥，在搁浅的争论有了结论时，他又会把两手放在一起，十指相对。在正式会议中，他对一些俏皮话暗自发笑，在闲聊时，他又变得轻松自如，有时对善意的玩笑还发出朗朗的笑声。”[①]可见，周总理那富有表现力的各种得体的手势、笑语，给尼克松留下了深刻的印象。确实，周总理坚毅的目光，沉着的举止，儒雅的风度是他高度的学识智慧水平和高度的民族文化修养的集中表现。

反之，如果忽略了体态语，就会给公众留下不好的印象，有损自己和自己所代表的组织的形象。赫鲁晓夫就是一个例子。1960 年 9 月，赫鲁晓夫出席联合国大会时，经常违反大会规定，随意站起来打断别人的发言。人们评论他的举止“就像一个粗鲁而不懂规矩的乡下人”。更有甚者，当西班牙代表发言时，他竟脱下

---

① 转引自周靖：《语言交际的艺术》，华文出版社，1995 年版，第 172-173 页。

漂亮的黄皮鞋，敲打桌子，还与部分代表一边起哄……[①]他的这种行为在联合国受到了谴责，苏联代表团因破坏会议程序而被罚款一万美元。赫鲁晓夫的体态语粗劣不堪，大大损害了苏联在国际上的形象。

体态语对于表达思想感情、塑造自我形象具有很大的作用，交际者的一举一动都是与个人或集体的形象联系在一起的，因此，体态语的运用在交际中具有重要意义。著名的人类学家霍尔教授告诫我们："一个成功的交际者不但需要理解他人的有声语言，更重要的是能够观察他人的无声信号，并且能在不同场合正确使用这种信号。"[②]

（二）体态语的功能

体态语是一种特殊的语言，在交际活动中，体态语具有重要的交际功能，孔子有论述："说之，故言之，言之不足，故长言之；长言之不足，故嗟叹之；嗟叹之不足，故不知手之舞之，足之蹈之也。"[③]这就是说，有声语言和体态语同样具有交际功能，而当有声语言表情达意不够用时，伴随而来的体态语就显得尤为重要。在交际中，体态语的功能主要表现在以下几个方面。

1. 辅助功能

体态语能有效地配合有声语言传递信息。例如，当你给别人指路时，在口头说明之后，再用手势指明方向；在你买包子时，可能会说两个包子，同时伸出两根手指，表示"两个包子"；当抒发心中的激情时，用手掌或手臂的动作来辅助抒情，能补充和强化有声语言在交流思想时表情达意的作用，运用得好，可以有效增强有声语言的表达效果。

案例 6-10

倒是袭人听见帘子响，从屋里出来一看，见是黛玉，便让道："姑娘屋里坐罢。"黛玉笑着道："宝二爷在家么？"袭人不知底里，刚要答言，只见紫鹃在黛玉身后和他努嘴儿，指着黛玉，又摇摇手儿。袭人不解何意，也不敢言语。黛玉却也不理会，自己走进房来。看见宝玉在那里坐着，也不起来让坐，只瞅着嘻嘻的傻笑。黛玉自己坐下，却也瞅着宝玉笑。两个人也不问好，也不说话，也无推让，只管对着脸傻笑起来。袭人看见这番光景，心里大不得主意，只是没法儿。忽然听着黛玉说道："宝玉，你为什么病了？"宝玉笑道："我为林姑娘病了。"袭

---

① 转引自网络资料：演讲（一），http://www.doc88.com/p-7324229876036.html。

② 转引自吕叔春：《透过举止看人性》，中国电影出版社，2007 年版，第 73 页。

③ 《礼记·乐记》，选自郭绍虞、王文生：《中国历代文论选》，上海古籍出版社，1995 年版，第 19 页。

人紫鹃两个吓得面目改色，连忙用言语来岔。两个却又不答言，仍旧傻笑起来。①

这是贾家已经商定要宝玉娶宝钗之后，黛玉去找宝玉时的一段文字描写。宝玉定亲，是一件牵动贾府许多人利害关系特别是对宝玉和黛玉有深刻影响的大事。在这非常时刻，紫鹃的“努嘴、摇手”，黛玉和宝玉的“对着脸傻笑”，补充了小说情节的进展和人物思想感情的波澜。千言万语要讲，却又均妙在不言中。此时的体态语对有声语言起到了很好的补充作用。

2. 替代功能

体态语可以暂时离开有声语言，仅用表情、手势、眼神等体态来传递信息和交流感情，如眼神、握手、点头、微笑、躬身等体态语都可以直接而明显地代替礼貌语言传情达意，这些体态语的运用，都有代替有声语言的作用。

案例 6-11

赵姨娘听了笑道：“罢，罢！再别提起！如今就是榜样。我们娘儿们跟的上这屋里的哪一个儿？宝玉儿还是小孩子家，长的得人意儿，大人偏疼他些儿，也还罢了。我只不服这个主儿!”一面说，一面伸了两个指头。马道婆会意，便问道：“可是琏二奶奶？”赵姨娘唬的忙摇手儿，起身掀帘子一看，见无人，方回身向道婆说：“了不得，了不得！提起这个主，这一分家私要不都叫她搬了娘家去，我也不是个人!”②

这一段中的几个手势就具有指示替代的功能。赵姨娘恨凤姐，但又怕隔墙有耳，不敢明说，所以一面嘴里说“这个主儿”，一面伸了两个指头，把手势和话语的意思综合起来，马道婆明白她指的是凤姐。赵姨娘不敢说，马道婆却替她说出了口，她当然很害怕，连忙摇手示意，让马道婆不要再说下去。摇手、伸出两个指头都具有指示作用，能够替代有声语言传递信息。

体态往往是内心情感的外现。体态语替代有声语言，更多的是用于表达感情。用体态语替代有声语言传情，有时比有声语言更细腻、更丰富，有更好的表达效果。电影《唐伯虎点秋香》中秋香对唐伯虎嫣然一笑，传达了一种美好的感情，使得这位江南才子“触了电”，丧魂落魄，就不顾一切、死劲地追求，乃至当家僮也愿意。经过一番波折，终于得到了秋香的爱情，两人结成百年之好。这表明秋香的笑是非常具有魅力的，比什么语言都更能传达好感和爱慕之意，而且这感情

① （清）曹雪芹：《红楼梦》（第二十一回），北京教育出版社，2013 年版，第 168 页。

② （清）曹雪芹：《红楼梦》（第二十五回），北京教育出版社，2008 年版，第 181 页。

很难用语言来表达。这里的体态语起到了极好的替代作用。所以古人有“眉目传情”“暗送秋波”等说法。

在交际时，如果言语表达者由于某种原因不便说出，或不好表达，或无法讲明，这时换之以体态语中某个特殊举动，可以示意其要说而未说出的内容。

案例 6-12

自此严监生的病一日重似一日，……病重得一连三天不能说话。晚间，挤了一屋的人，桌上点着一盏灯。严监生喉咙里痰响得一进一出，一声不倒一声的，总不得断气，还把手从被单里拿出来，伸着两个指头。大侄子走上前来，问道：“二叔，你莫不是还有两个亲人不曾见面？”他就把头摇了两三摇。二侄子走上前来，问道：“二叔，莫不是还有两笔银子在那里，不曾吩咐明白？”他把两眼睁的溜圆，把头又狠狠摇了几摇，越发指得紧了。奶妈抱着哥子，插口道：“老爷想是因两位舅爷不在跟前，故此记念。”他听了这话，把眼闭着摇头，那手只是指着不动。赵氏慌忙揩揩眼泪，走近上前道：“爷，别人都说的不相干，只有我晓得你的意思。……你是为那灯盏里点的是两茎灯草，不放心，恐费了油。我如今挑掉一茎就是了。”说罢，忙走去挑掉一茎。众人看严监生时，点一点头，把手垂下，登时就没了气。①

严监生在弥留之际，从“把手从被单里拿出来，伸着两个指头”，到“把头摇了两三摇”，到“把两眼睁的溜圆，把头又狠狠摇了几摇，越发指得紧”，到“把眼闭着摇头，那手只是指着不动”，到最后“点一点头，把手垂下”，这一连串的微小动作变化的细节展示，真实细腻地勾勒出一个悭吝人的禀性，具有极大的典型意义，也足见体态语的替代功能的巨大作用。

3. 昭示心理

人们的心理活动往往通过体态语反映出来，反过来，我们也可以从动作观察说话人的心理。

案例 6-13

鸳鸯一径回来，……此时园内无人往来，只有班儿房子里灯光掩映，微月半天。……刚转至石边，只听一阵衣衫响，吓了一惊不小。定睛看时，只见是两个人在那里，见她来了，便想往树丛石后藏躲。鸳鸯眼尖，趁着半明的月色，早看

① 吴敬梓：《儒林外史》，人民文学出版社，2007 年版，第 291 页。

见……是迎春房里的司棋。鸳鸯只当她和别的女孩子也在此方便，见自己来了，故意藏躲，吓着玩耍，因便笑叫道："司棋！你不快出来，吓着我，我就喊起来，当贼拿了。这么大丫头，也没个黑家白日只是玩不够！"

这本是鸳鸯戏语，叫她出来。谁知她贼人胆虚，只当鸳鸯已看见她的首尾了，生恐叫喊出来，使众人知觉，更不好；且素日鸳鸯又和自己亲厚，不比别人，便从树后跑出来，一把拉住鸳鸯，便双膝跪下，只说："好姐姐，千万别嚷！"

鸳鸯反不知她为什么，忙拉她起来，问道："这是怎么说？"司棋只不言语，浑身乱颤。鸳鸯越发不解。再瞧了一瞧，又有一个人影儿，恍惚像是个小厮，心下便猜着了八九分，自己反羞的心跳耳热，又怕起来。因定了一会，忙悄问："那一个是谁？"司棋又跪下道："是我姑舅哥哥。"鸳鸯啐了一口，却羞的一句话也说不出来。司棋又回头悄叫道："你不用藏着，姐姐已经看见了。快出来磕头。"那小厮听了，只得也从树后跑出来，磕头如捣蒜。鸳鸯忙要回身，司棋拉住苦求，哭道："我们的性命，都在姐姐身上，只求姐姐超生我们罢了！"鸳鸯道："你不用多说了，快叫他去罢。横竖我不告诉人就是了。你这是怎么说呢！"①

鸳鸯原本并没有看清司棋和谁在一起，是司棋自己胆虚，做出一系列心慌害怕的动作："往树丛石后藏躲""一把拉住""双膝跪下""浑身乱颤"，才使鸳鸯感觉到不是好事。如果司棋不浑身乱颤，鸳鸯也不见得会发现另一个人是男的，事情也可能就糊弄过去了。通过鸳鸯的动作，如"心跳耳热""因定了一会""啐了一口""忙要回身"等，可以推测她当时也害羞，急于逃离现场，并不想张扬出去。司棋因为自己心慌，已经失去了观察能力，所以第二天就吓得病倒了。

在交际中，我们应该学会观察别人的体态动作，以便全面地了解对方的心理活动。下面我们就介绍一些常见动作所反映的心理状态，供大家参考。

自信：动作快、果断，走路脚步平稳，站立时展肩、腰部背部挺直，背手站立，双手叉腰站立，稳坐且双手随便地放在腿上，手势不多，出手时多掌心向上、向里，前面有桌子时双手十指交叉放在桌面上。

期待：总向一处张望，双手或双拳向前舞动，搓手掌，搓下巴摸胡子。

感兴趣：身体前倾，频频点头，侧头，四肢动作极少。

激动：握拳，挥拳，跳跃，手发抖，拍桌子，拍大腿。

犹豫：动作缓慢，徘徊，捏手指，手指敲头，手触摸脸部的次数增多。

焦急、后悔：捶胸，跺脚，抓头，用掌或拳打头。

紧张：双手紧握或不断搓磨，玩弄手指，一手握拳另一只手将它紧紧包住。

恐惧：捂眼，缩脖子，浑身发颤。

---

① （清）曹雪芹：《红楼梦》（第七十一回），北京教育出版社，2008年版，第564页。

防卫：双臂交叉，抱肩，双足交叉而坐，双腿紧并，一只手握另一只手臂或玩弄另一只手上的手表。

厌烦：东张西望，垂头，身体靠后，四肢动作增多，来回变换姿势，打哈欠，抖腿，用脚拍打地板。

傲慢：仰头，晃动肩膀，把椅子坐满，把腿放在桌上，双手搂头坐。

三、体态语的特点

（一）使用的广泛性

有声语言以外的辅助性交际工具有许多种，如旗语、烽火、红绿灯、信号弹等。旗语、烽火等会受到场地、气候等各种条件的限制，体态语的使用则很简便快捷。只要人们开口说话，都会有意或无意地运用体态语来辅助有声语言传情达意，甚至有时在不开口说话的情况下，也能运用体态语传递一定的信息。体态语花样繁多，使用频率高、范围广，而且简便易行，是其他任何一种辅助性的交际工具所不及的，具有广泛性的特点。

（二）表意的直观性

在语言交际中，有声语言传递信息主要是通过说话人的发声器官和听话人的听觉器官来实现的，一般不靠视觉去感知。有人做过这样的统计，在人的各种感官中，听觉和视觉的作用占90%以上，其中视觉的作用又特别显著，有87%的感觉印象来自眼睛。有声语言诉诸人们的听觉，不具有视觉的可感性，而体态语则以它立体的动作、姿势、表情等构成一定的人体图像直接作用于对方的视觉神经和触觉神经来传递信息、交流思想，具有直观性的特点。例如，各种球类比赛中，裁判将左手横着，右手竖起并将手指靠着左手心，双方队员一看就知道，裁判命令“暂停”。

（三）运用的依附性

一种表情、一个动作，往往不止一个义项。例如，瞪眼的动作有如下几个义项：①表示愤怒；②表示好奇；③表示诧异；④表示仇恨等。又如点头的动作，可表示以下11种意义：①表示致意；②表示同意；③表示肯定；④表示承认；⑤表示赞同；⑥表示感激；⑦表示应允；⑧表示满意；⑨表示认可；⑩表示理解；⑪表示顺从。体态语的这种多义性决定其对语境及有声语言的依附性。离开一定的语境，孤立地分析某个体态语，其语义就不明确。有时，即使在一定的语境中，若长时间离开有声语言的配合，体态语的含义也不一定明确。

案例 6-14

巫师伸出一个手指头，阿凡提就伸出两个，巫师接着伸出一个巴掌，阿凡提就伸出一个拳头。巫师与阿凡提就各自离开了。人们问巫师，“您与阿凡提‘说’了些什么意思？”巫师说：“我伸出一个指头，说胡大只有一个，阿凡提却伸出两个指头，表示胡大有两个；我又伸出五个指头，问他一天是不是坚持做了五次祈祷，他握紧拳头伸出来给我看，表示一点也没有放松。这样看来，阿凡提真是一个虔诚的教徒啊！”这话传到阿凡提耳朵里，他大笑着解释说：“完全不是那么回事！巫师伸一个指头，我以为他表示要挖掉我一只眼，我就用两个指头回答他，我要挖掉他两只眼；他伸开巴掌表示打我，我就伸出拳头表示回敬！他害怕了，这才赶紧离开。[①]

为什么两人依据同样的体态语（有歧义的体态语），却作了完全不同的解释与判断？这就是因为缺少其他手段（有声语言或别的条件）的帮助。不少的体态语不仅要依附一定的语境，更要依附有声语言，才能明确有效地传递信息。

（四）民族性

体态语是在长期的交往活动中由一定的民族或社会成员约定俗成的，它的形式和内容的关系是比较固定的，这正是它具有民族性的原因。体态语鲜明的民族性表现在以下方面。

一方面，表示同一语义，运用的体态语会因为文化和环境的差异而不同。例如，见面时打招呼的体态语，不同国家就有不同的表示：中国人见面打招呼是双方握手或点头以示问好，欧美人常以拥抱和亲吻的方式表示，日本人盛行鞠躬，爱斯基摩人用拳头捶打对方的头和肩，萨摩亚人互相嗅闻对方，瑞典的拉普人互擦鼻子，太平洋群岛上的波利亚人见面时边拥抱、边抚摸对方的后背，而拉丁美洲有些地方是以拍背为礼……；又如大多数国家和民族都以摇头表示反对、不同意，以点头表示赞成、同意，但是保加利亚人、尼泊尔人以及中国的独龙族却相反，摇头表示同意，点头表示反对，他们是“点头不算摇头算”。

另一方面，同一体态语，有时也会因国家文化的不同而具有不同的含义。例如，跷起大拇指的手势语，在中国表示赞扬、夸奖、了不起的意思，在日本表示“老爷子”，在希腊表示叫对方“滚蛋”，在英国、澳大利亚、新西兰等地不仅有“搭车”之意，还是一种侮辱人的信号；又如用大拇指和食指构成“O”型手势，在讲英语的国家表示“好”“行”“是”“对”之意，这与他们的文字有关，

① 转引自周靖：《语言交际的艺术》，华文出版社，1995 年版，第 179-180 页。

可是在法国，“O”型手势表示“没有”或“微不足道”之意，在日本表示“金钱”，在中国表示“零”，而在一些地中海国家或其他地区却是一个粗俗下流的动作。

随着各国交际的频繁，在言语交际中，使用体态语必须注意它的民族差异，否则会出现信息误差，影响交际。例如，西方某国领导人到巴西访问，一下飞机，就做了个“OK”的手势，自认为这是友好的表示，却使巴西人哑然。又如中国人在交谈时，常常自然地跷起二郎腿，而在东南亚国家，这一体态会被认为是极不礼貌、极不友好的表示，与他们交谈时，跷起二郎腿，以至鞋底朝向对方，或者哪怕是无意中稍微碰了对方一下，也会被认为是不可忍受的无礼之举。

（五）时代性

体态语会随着时代的变化而演变。例如，在我国封建社会中，下级见上级、晚辈见长辈，需要跪拜；男子平辈之间用拱手或作揖表示礼节或欢迎；女子见面施礼是双手襟前合拜，口称“万福”，表示对对方的祝颂。这些体态语都是受封建社会的文化习俗影响而形成的，深深打上了封建社会的时代烙印。

古代的波斯人平辈之间的礼节是互吻对方的嘴唇，上下辈之间则吻面额，如果两人身份悬殊，则一方要拜在另一方面前，而现在这些体态语也都成为历史了。又如脱帽礼，源于中世纪的欧洲，脱去头盔表示是“自己人”。辛亥革命后，脱帽礼在我国比较流行，而现在人们见面时，不再盛行这种礼节，只在灵堂、陵园脱帽用以表示向死者致哀的意思。

（六）含义的隐喻性

体态语还有一种隐喻性。所谓隐喻性，就是暗示性，指交际者无意中用动作证实了他的有声语言的真实性或含意。其特点是体态语与内心活动形成明显的反差，即“言”与“行”的不一致性。体态来自潜意识深层，是无意举动，因而能真实、深刻地反映一个人的内心世界；尤其是当嘴里所说和心里所想大相径庭而又想刻意掩饰时，体态传递的信息更加耐人寻味。

例如，小孩子犯了错误，在大人面前说谎话，他总是不自然的，或用手遮住嘴巴，潜意识是想防止谎话从嘴里说出来，或者脸红，或者手背在身后，或者目光躲闪，这些体态语就表现出他在说谎；警方在审讯嫌疑人时，总是将其放在光线强烈的地方，让其体态语言暴露无遗，这样很容易看出嫌疑人是否在说谎，而且让其身体无所依傍（如不背靠墙，一般用凳子而不用椅子），从而解除其防备心理，促其彻底坦白。又如，你去同事家串门，尽管主人表示欢迎，但却多次看表，那表明此时你的来访打扰了他，告别时，尽管他再三挽留，但身体准备从沙发上起来，眼光瞟向门边，则表明你是时候离开了。

四、体态语的运用

从体态语的部位和表现力着眼，可以把体态语区分为表情语、手势语和体姿语三类。下面我们分别介绍它们在言语交际中的应用。

（一）表情语

面部处于人体首位，也是最暴露的部分。人的面部表情是非常丰富的，有的研究者认为人的脸能做出 25 万种表情，占人体语言的 35.7%。面部表情无时无刻不在传递着各种信息，在言语交际中起着重要的辅助作用，如眉飞色舞、愁眉苦脸、横眉怒目、龇牙咧嘴、目瞪口呆、怒发冲冠、挤眉弄眼等。法国作家罗曼·罗兰曾经说过：“面部表情是多少世纪培养成功的‘语言’，比嘴里讲得更复杂到千百倍的‘语言’。”[①]表情不仅能给人以直观印象，而且能给人以艺术感染，它同有声语言配合，能产生极佳的交际效果。据心理学家研究所得出的结论，人们传达信息的总量中，55%是靠面部表情来获得的，所以有人认为面部是思想感情的“荧光屏”。人的面部表情由脸色的变化和眉、目、鼻、嘴、肌肉的动作来体现，面部表情中使用最广泛、表现最有力的是目光语和微笑语。

面部表情的交际功能主要有协调强化和弥补暗示两种。

第一，协调强化。在交际过程中，运用表情配合话语，表情所传递出的意思与言语的内容一致，能够使言语的内容更加鲜明突出。

案例 6-15

“这样最好。他们志同道合，都是研究诗的。”……大家都说辛楣心平气和得要成“圣人”了。圣人笑而不答，好一会，取出烟斗，眼睛顽皮地闪光道：“曹元朗的东西，至少有苏小姐读，苏小姐的东西，至少有曹元朗读。彼此都不会没有读者，还不好么？”大家笑说辛楣还不是圣人，还可以做朋友。[②]

苏小姐是赵辛楣的意中人，因为追求方鸿渐不成而赌气嫁给了曹元朗。曹元朗曾被众人取笑为四喜丸子，大家对苏、曹的结合感到莫名其妙。赵辛楣所作的解释也是一种幽默的讽刺，他所作的表情是“圣人笑而不答”，“眼睛顽皮地闪光”，很自然地配合了谈话的内容，增添了诙谐的气氛。

表情和言语协调一致，可以起到强化言语内容的作用，如果不一致，就会削弱话语的可信度。李杰群先生曾经做过试验，有人向他问路，他嘴上说在西边，

① 转引自岑运强：《言语交际语言学》，中国人民大学出版社，2008 年版，第 81 页。

② 钱锺书：《围城》，人民文学出版社，1991 年版，第 182 页。

可是眼睛却看着东边。问路者的反应是一致的，他们都充满疑惑地看着他，不相信地再问一遍："你说什么？"直到他把眼光转过来、也望着西边的时候，他们才放心地朝西走去。

第二，弥补暗示。在交际过程中，有时不便说话，有时话语的力量达不到，有时嘴上说的和心里想的不一样，在这样的场合，人们往往运用表情来弥补暗示内心的思想感情。在有些场合，表达者的意思不适合用言语传达时，也可以用表情来进行暗示。例如，《红楼梦》第四十二回中有个情节：宝玉和众姐妹一起玩耍，忽然发现黛玉的头发有点乱了，于是"宝玉和黛玉使个眼色儿，黛玉会意，便走至里间，将镜袱揭起，照了照，只见两鬓略松了些"①。如果他当众说出来，会使黛玉很难堪，如果他亲自动手为她整理，更不成体统，他使了个眼色儿，向黛玉暗示，既传递出进里屋整妆的信息，又饱含对黛玉的体贴入微。

下面我们介绍两种面部表情。

1. 目光语

目光语是运用眼神和目光来传递信息、表达情感、参与交际的语言。眼睛素来被誉为"心灵的窗口"，人们心灵深处真实的东西都可以通过这个"窗口"折射出来。爱默生曾这样说过："人的眼睛和舌头所说的话一样多，不需要字典，却能够从眼睛的语言中了解整个世界。"②具体来说，目光语在交际中的作用主要表现在以下几个方面。

一是目光能塑造自我形象，能给人以鲜明的"第一印象"。一般来说，坦荡、执着的目光，是为人正直、心胸宽阔、奋发向上的表现；目光炯炯，给人以健康、精力旺盛的印象；目光麻木，呆滞迟钝，眼睛晦暗无神，给人以衰老、身体虚弱或者不求上进、无能为力或自毁自堕的印象；目光明澈，给人以坦诚的印象；目光浑浊，给人以糊涂的印象；目光闪烁，给人以神秘、心虚的印象；目光如炬，给人以威严正义的印象；目光漂浮游移，眼神狡黠奸诈，是为人轻浮浅薄或不诚实的表现。

案例 6-16

她的眼最好看，很深的双眼皮，一对很亮很黑的眼球，眼球转到眶中的任何部分都显着灵动俏媚。假若没有这一对眼睛，她虽长得很匀称秀气，可就显不出她有什么特别引人注意的地方了。她的眼使她全身都灵动起来，她的眼把她所有

① （清）曹雪芹：《红楼梦》（第四十二回），北京教育出版社，2008 年版，第 316 页。

② 转引自网络资料：《试析良好口才的构成要素》，http://www.doc88.com/p-9085142822643.html。

的缺点都遮饰过去，她的眼能替她的口说出最难以表达的心意与情感，她的眼能替她的心与脑开出可爱的花来。尽管她没有高深的知识，没有什么使人佩服的人格与行动，可是她的眼会使她征服一切，看见她的眼，人们便忘了考虑别的，而只觉得她可爱。她的眼中的光会走到人们的心里，使人立刻发狂！①

上述这段话，与其说老舍把人物的眼睛写活了，倒不如说人的眼睛本来就有这么大的魅力。这种“眼睛会说话”“眼睛招人爱”的人，在现实生活中常常可以见到。

二是目光“会说话”，能传达细微、复杂强烈的思想感情。目光语较之其他体态语是一种更复杂、更微妙、更富有表现力的语言。据科学研究发现，眼睛是大脑在眼眶的延伸，眼球底部有三叉神经元，具有分析综合的能力。目光语能真实地反映人们复杂的心理活动，瞳孔的变化（人极端兴奋、喜欢、高兴、肯定时瞳孔会放大，反之则缩小）、眼球的活动（急速思考对策时眼球转动就快，反之则慢）、眼睑的运动（遇到感兴趣的人与事，眼睛睁大；不愿意理睬某人某事，就耷拉下眼皮）、泪腺的分泌（过于激动时，眼泪像断线的珍珠般落下）等都是内心感情的“照片”。因此，有的人在某些场合，为了掩饰自己的内心活动，往往戴上一副有色眼镜。据说古时候的珠宝商人已注意到这种现象，他们能通过窥视顾客的瞳孔变化而知道对方是否对货物有兴趣，从而决定是抬价还是降价。黑格尔在《美学》中说：“不但是身体的形状、面容、姿态和姿势，就是行动和事迹，语言和声音以及它们在不同生活情况中的千变万化，全部要由艺术化成眼睛，人们从这眼睛里就可以认识到内在的无限的自由的心灵。”②

目光语所传达的极为细微、深邃、美妙、复杂的思想感情，有时连有丰富表现力的有声语言也无法替代。优秀的表演艺术家都非常重视“眼目传神”，历来即有“上台全凭眼”“一眼有神，满场皆活”等说法。人物的喜、怒、哀、乐、娇、痴、呆、傻、嗔、怨、恨、羞、骄、横、媚、俏、昏、灵等各种复杂感情，常常都可以靠眼睛来表达。

三是自然流露的目光语，能反映人物的遭遇、性格和深层心理。目光语的运用分为有意识和无意识两种。无意识的目光语，是内心世界的自然表露，从这一点看来，也是“目如其人”。孟子说：“存乎人者，莫良于眸子，眸子不能掩其恶。胸中正，则眸子嘹焉；胸中不正，则眸子眊焉。听其言也，观其眸子，人焉瘦哉？”③有人曾经幽默地说，农村老太太过世，出殡时媳妇哭的声音最大，但就是不出眼泪，闺女虽哭声小，但哭得一把鼻涕一把泪，可以从她们的眼泪多少看

① 老舍：《四世同堂》，人民文学出版社，1998 年版，第 199 页。

② [德]黑格尔：《美学》（第一卷），朱光潜译，商务印书馆，1997 年版，第 198 页。

③ 《孟子译注》，杨伯峻译注，中华书局，1960 年版，第 177 页。

出感情的深浅。

在交际中，恰当运用目光语，能增添话语的表达效果，但应注意以下几点。

第一，注意目光注视的部位。

目光注视的部位不同，表明双方的关系不同，投入的信息也不同。目光注视的部位分三种：①亲密注视。视线停留在对方的双眼和胸部之间的三角部位。亲密注视是亲人或恋人之间使用的。②社交注视。视线停留在双眼与嘴部之间的部位。也有人认为目光应停留在对方的双眼与腹部之间的三角区。社交注视适用于酒会、舞会、茶话会等各种友谊集会，这种部位的注视，利于传递礼貌、友好的信息。③公事注视。视线停留在对方前额的一个假定的三角形部位。公事注视适用于洽谈业务、贸易谈判、对外交往等正式场合。

在目光的投向上，要注意各民族的习惯与文化背景。例如，南欧人常常把注视对方看成冒犯，日本人在谈话时是注视对方的颈部，而不是面部。因此，在目光语交往中，一定要考虑文化差别的因素。另外，即使是同一民族，“亲密注视”时，注视妻子、儿子、兄弟姐妹的目光也有区别，这些都要灵活掌握。

第二，注意目光注视的时间长短。

目光注视对方时间的长短也是很有讲究的。与人交谈或谈判时，应注视对方，表示对谈话内容感兴趣，长久不注视，则被认为是冷落对方，或者是对对方不感兴趣，但又不是死盯住对方，把对方看得心里毛毛的，这被认为是失礼的行为，或者是向对方挑衅。刚一注视就躲闪，则被看作胆怯和心虚。一般来说，视线接触对方面部的时间应占全部谈话时间的20%～60%，超过这一平均值者，说明对谈话本人比谈话内容更感兴趣，如果更长时间盯着别人，还可认为是一种失礼或挑衅的行为，低于这一均值者，则表示对谈话内容及谈话本人不怎么感兴趣。如果长时间不看对方，还可认为是回避视线行为，是不愿被对方看见的“心理投射”，即意味着隐藏有不愿让对方知道的事的可能性极大。美国的亚兰·皮兹说：“有些人在与我们谈话时会使我们感觉很舒服，有些人却令我们不自在，有些人甚至会看起来不值得信任。这主要是与对方注视我们时间的长短有关。亚杰的报告中指出，若甲喜欢乙时，甲会一直看着乙，这引起乙意识到甲喜欢他，因此乙也就可能会喜欢甲。换言之，若想与别人建立良好的默契，应有60%到70%的时间注视对方，这会使对方也开始喜欢你。因此，你就不难想象，紧张、羞怯的人由于目光注视不到三分之一的时间，而就不容易被人信任了。在谈判时，应避免戴深色眼镜，以免使对方感觉你在瞪着他。”①

第三，注意目光注视的方式。

目光注视的方式有多种，如斜视、扫视、窥视、正视和环视等。不同的目光

① 转引自耿二岭：《仪态万方》，厦门大学出版社，2001年版，第117页。

注视方式确切地表明交际者的不同态度：当对对方非常重视，或者在谈严肃的话题时，一般是正视；而斜视表示对某人轻蔑或者反感；扫视显得不尊重；窥视表示鄙夷；当对某人毫无兴趣，甚至厌恶时，就会采用耷拉眼皮的姿势。言语交际中的目光注视方式是很有讲究的。在发表演说或讲课时，一般要用正视，还要适当地配合扫视和环视，既显得庄重、严肃，又照顾得很全面，这样，可使坐在每个位置上的公众和学生都不至于产生被冷落之感，利于造就和谐友好的气氛，促进交际目标的圆满实现。

2. 微笑语

微笑语是通过略带笑容、不出声的笑来传递信息的体态语。微笑语是一种世界通用语，它除了可以表示友好、愉悦、乐意、欢迎、欣赏、请求、领悟之外，有时还可以表示歉意、拒绝、否定。在日本，微笑有时还表示哀悼。

微笑的价值不仅仅在于它可以强健身体，延年益寿，是老少咸宜的“营养佳品”，更重要的是它作为一种动态的表情语，在人际交往中，其社会功能日益为人们所认识。

微笑是友好的使者，它能改善交际环境，是通向成功的桥梁。当你走进某个办公室联系公务的时候，当你坐到谈判桌前的时候，当你登上讲台的时候，当你接待顾客的时候……假如你能首先给别人一个微笑，那么，别人会感到你的友好或期待，从而也以微笑作出反馈，那就意味着“领悟”或“乐意合作”了。因而，微笑作为交际双方的一种基本姿态，是开拓的先锋，是礼貌的使者，传递着友好的信息，尤其对于初次见面的人，微笑能大大缩短双方的心理距离，使彼此获得好感与信任，促进交际目标的实现。

微笑还可以美化形象。微笑不仅可以美化人们的外貌，而且可以陶冶人们的心灵。因此，发自内心的微笑是人们美好心灵的外现。外国有一位著名的政治家说过“一个人的微笑价值百万美元”。据说，这位政治家的成功，不仅是因为他有出众的才华，更重要的是他那颇具魅力的微笑，那是造就他高尚人格的重要因素。任何人的微笑既塑造自己的个人形象，也塑造自己所代表的组织形象。

案例 6-17

两个金发碧眼的外国女郎一登上上海至广州的班机，就横挑鼻子竖挑眼。一会儿说机舱空气不好，一会儿说座位太脏，一会儿又说饮料有怪味，还口出粗言，甚至故意将饮料洒在空姐的身上。面对她们的无稽之谈、无礼之举，空姐不予计较，时而微笑着递过香水，时而微笑着换过座垫，甚至微笑着换过饮料，始终坚持微笑服务。两个外国女郎终于被感动了，临别时，她们留下一封信，责备自己太苛刻，太过分，大力赞扬中国空姐的微笑服务是世界一流的，并愿意与这位空姐做朋友。①

中国空姐能始终坚持微笑服务，正是她们善良的心地、热情的性格、高度的涵养和必胜的信念等高尚品格的外部展现，因而，她们不仅为自己树立了良好的形象，更重要的是为中国民航的服务树立了光辉的形象。

总之，微笑的魅力是多方面的，微笑能使“强硬的”变得温柔，“困难的”变得容易，“刁难的”变得通融，“对立的”变得和解，“疏远的”变得亲近，“友好的”变得更友好。微笑能弥补嫌隙，微笑能化解嗔怨，微笑能增进友谊。

值得注意的是，在运用微笑语传情达意时，要注意笑得自然、笑得亲切、笑得美好、笑得真诚、笑得得体。微笑是内心情感的自然流露，切不可为笑而笑，无笑装笑，弄得皮笑肉不笑。

另外，微笑时还要注意场合合适、程度合适。笑得太放肆、太过分、太没有节制，就会有失身份，引起对方反感；如果一笑即收，一闪而过，效果同样不会好。

（二）手势语

艾斯德拉斯说：“人类的肢体中，最重要的是手。”②因为手是人的重要劳动器官，动作最为灵活，抓、捏、掐、拿、捻、弹、敲、拍等许多细微动作都能精确完成。手与腕、胳膊配合，还可做出许多动作，表意功能很强。丧失有声语言能力的聋哑人，借助手势，在他们之间竟能成功实现全方位的交际，在许多公众场合，如交通指挥、音乐指挥、舞蹈与哑剧表演等都把手势的表情达意功能发挥到淋漓尽致的程度。可见，手势语是一种表现力很强的体态语，是传情达意的有力手段之一。手势语十分丰富，能表示各种意义，它常常被用来弥补有声语言的不足，起到辅助或者强化作用。手势语能给人以鲜明突出的视觉形象，极大地强化有声语言传递的信息，正如古罗马的政治家西塞罗所说：“一切心理活动都伴有指手画脚等动作，手势恰如人体的一种语言，这种语言甚至连最野蛮的人都能够理解。”③

在日常交际活动中，手势语的运用范围很广，使用频率也相当高。例如，“打的”时，用招手表示呼唤；当应答是否需要某件东西时，用摇手表示不需要或者谢绝；大会征求意见时，举手表示赞同或支持；当不能满足对方要求时，用搓手

① 转引自周媛：《浅论餐饮业中的微笑服务》，载《扬州大学烹饪学报》，2002 年第 2 期。

② 创洁编著：《塑造你的完美人生》，学苑出版社，1999 年版，第 39 页。

③ 转引自姚寒露：《〈红楼梦〉中体态语“笑”的统计与语用分析》，载《文物资料》，2012 年 11 月中旬刊。

表示为难；用叉手表示信心和优越感；用摊手表示坦诚或无可奈何；用拱手表示行礼或者道谢；用背手表示自由、自得或正在思考；等等。

下面，我们对手指语、握手语、挥手语的运用作简单的介绍。

1. 手指语

手指语是通过手指的各种动作传递信息的体态语。手指语的运用应做到以下几点。

首先，要看语境。例如，在庄重和谐的场合，直伸食指指向对方，就显得对对方不尊重；在怒火满腔的情况下，直指对方就非常有力，加强了有声语言的表达效果。在长辈、上级面前说话，一般不宜用手指语，在一般社交场合也不应该用拇指和中指、食指打出响声，但在招呼自己非常亲密的朋友时是可以的。其次，不要滥用手指语。在与别人交谈时，做出不友好的手势动作，会发生意料不到的后果。最后，手指使用的频率、摆动的幅度等都要讲究。如果频率过多、幅度过大，轻则给人以缺乏修养的印象，重则给人以张牙舞爪的感觉。

2. 握手语

握手语是交际双方互伸右手彼此相握以传递信息的体态语。握手作为交际领域中使用广泛的一种见面致意或道别的礼节，是人类在长期交往中逐渐形成的，也是现代交际活动中不可缺少的礼节和手段。在各种社交活动场合，能否握手、如何握手都是大有讲究的，要遵守一些规则。

（1）握手时一般不用双手捧接。只有对特别年长或身份极高的人，可以用双手握住对方的手以示对对方的毕恭毕敬，但男士对女士的敬重通常不用这种方式来表示。

（2）握手讲究先后次序。一般地说，长辈与晚辈之间，上级与下级之间，女士与男士之间，主人与宾客之间，应由年长者、身份高者、女士、主人先伸出手，或者晚辈、身份低者、男士先出手，以示“尊重”。在社会交际中，人们应该视对方的具体情况和自己的身份决定是否主动相握以及先与谁握手等问题。

（3）握手讲究相握的部位、用力的轻重和时间的长短。握手的部位很有讲究。相握时只轻轻地抓住对方的几个手指尖，会给人一种十分冷淡或不愿意合作的感觉；如果用拇指和食指紧紧地攥住对方的四指关节处，双指就像一把老虎钳子一样紧紧地夹住对方，会令人厌恶。正确的握手方式是手指微微内屈，掌心凹陷，这种握手方式是友好、亲切的表示。

（4）握手时手掌一般要垂直（手掌垂直表示双方地位的平等）。掌心向下握住对方的手有傲慢之嫌，而掌心向上握住对方的手又显得过分谦恭。

（5）握手力度轻重适宜。握手时的力度往往能体现握手者的热情，握手时用力太轻会给对方拒人于千里之外的感觉。不过，过分用力以至于弄疼对方（特别是当男士与女士握手时）也不会让对方感到愉快。所谓轻重适宜，是指握手时的力度能传递自己的热情但又不至于粗鲁。

（6）握手时要全神贯注。眼睛要望着对方，不能一边握手一边向别处张望；嘴上不能叼着香烟或嚼着食物；左手不能插在裤袋里；不能一边握手一边与其他人说话；也不能同时与两个人握手（交叉握手），这都是不尊重对方的表现，也显得缺乏交往的诚意。

（7）握手的时间长短也要注意。一触手即松开，是冷淡和疏远的表示；紧握不放，也会引起对方反感。一般认为，握手时间应保持在1～3秒为宜，老朋友之间为了表示真诚和热烈握手时间可以长一些，但一般也以不超过20秒钟为好。

（8）握手时还要注意其他体态语的配合。例如，身体可微微前倾，头微低，眼睛注视对方，面带笑容，以示“热情”，身份低者还应稍稍欠身。此外，握手时，交际双方均伸出一只手相握，是一般的礼貌表示，假如两只手握住对方的一只手，或者在右手相握时，左手又握住对方的胳臂肘、小臂甚至肩膀，都比用一只手相握更显得真挚热情。总之，握手语的运用是很有讲究的。它们都是握手人不同情感的表达和流露。

（9）注意握手的习俗差别。大部分国家握手时要脱去手套，不过，女士的装饰性手套可以不脱，根据欧美的传统，穿大礼服，戴白羊皮手套者，因不易脱下，在对方能谅解的前提下，也可不脱手套。另外，有的国家中地位高的人或妇女也可免脱手套。

3. 挥手语

举起或挥动手臂来传情达意，称为挥手语。我们在电影电视中常会看到：战场上要冲锋时，指挥员往往右手一挥，高喊“冲啊！”时，总是将手臂向上方高高举起，向前挥动。这不仅给战士指明了冲锋的方向，还给人以锐不可当、所向无敌的坚定气势，强化了有声语言的效果。

挥手语的作用主要有：表示正确的决断、坚定的信心和一往无前的精神；表达依依惜别之情（如《孔雀东南飞》中的“举手长牢牢，两情同依依”）和对告别者的安慰与鼓励；激发听众的情绪，使听众产生巨大的鼓舞等。

挥手语是一种很有表现力的体态语，但它使用的频率不宜太高，要根据情况和表情达意的需要合理运用，不可乱用，不可生搬硬套。否则不仅收不到好的效果，还有可能弄巧成拙。

（三）体姿语

体姿语是通过静态和动态的身体姿势传递交际信息的一种手段。在当今社会，体姿语不仅是“修身养性”的基本要求，在交际活动中，还是用来表现仪表、传递信息的重要体态语。例如，同样是立姿，演说家讲演时，挺身直立，头稍微高昂，给人以风度翩翩、善于鼓动的印象；下级听上级的指示时，低头微微曲腰地站着，给人以谦虚、恭敬、顺从的印象。同样是坐姿，男性张开两腿而坐，显得自信、洒脱、豁达；女性膝盖并拢而坐，显得庄重、矜持、有教养。可见，体姿不同，传达的信息也不一样。

体姿语在现代社交活动中有着极其重要的作用。例如，人才招聘、初次商务洽谈、自我介绍、登门拜访等社交场合，人们的体姿语在塑造第一印象时的作用绝不可等闲视之。有些人到哪儿都是漫不经心地“没个样儿”，由此暴露自己的素质和教养的缺陷。故而，大多数招聘者均认为，注重姿势和仪态的人，可能更忠于职守、严谨效职，也更聪敏、更守信，因而更讨人欢心。

1. 坐姿语

坐姿语是通过各种坐的姿势来传递信息的交际语言。一个人的坐姿是他的素养和个性的显现，得体的坐姿可以塑造社交者的良好形象，否则会使人反感，从这一点看来，也可以说“坐如其人”。我国古代就非常讲究坐姿。“站有站相，坐有坐相”“行得正，坐得稳”“立如松，坐如钟”，这些都是对坐姿的要求，即符合礼节，坐得端正，上身稳直。“端坐”“危坐”“斜坐”“跪坐”“倚坐”“盘坐”，这是讲坐的各种方式。“跪坐”在今天的交际中已不大用了，“盘坐”（有北方老太太“盘坐”在炕上）在交际场合也已不大采用，其他方式都还在用于交际。“坐立不安”“坐卧不宁”“如坐针毡”，是描述和形容坐的心态。“陪坐”“请坐”“请上坐”，是将坐姿直接联系到了坐者的身份（主客）、地位（尊卑）、关系（师生）上。可见坐姿本身就是在用不同方式传递丰富的信息，无论是在过去讲究礼仪的时代还是今天讲究交际艺术的时代，坐姿都是要十分注意的。

坐姿的一般要求是：入座时，应当轻而稳，不要给人毛手毛脚不稳重的印象，坐的姿势要端正、大方、自然，无论什么坐具，都不要坐得太满，上身要挺直，不要左右摇晃，腿的姿势配合要得当，一般不能跷二郎腿。交谈时，上身要稍许前倾，表示对对方的尊重和自己的专心，上身需后仰时，幅度不能太大，否则会给人困扰、无聊、想休息的印象。

坐姿有以下三种基本类型。

第一种是正襟坐姿。此即人们常说的“正襟危坐”，用在外事谈判、严肃会议或主席台就座等场合。这种姿势的要求是上身挺直、精神集中、两手平放膝上或手按着手，双脚并拢或略微分开。女性也可为双膝并拢或脚踝交叉的姿势，这种坐姿传递的信息是庄重，尊重对方和公众。但要注意不可过于紧张，造成呆板僵直的形象。

第二种是半正襟坐姿。介于正襟坐姿和轻松坐姿之间，适用于交谈、接待、座谈会、联谊会等场合。坐的姿势较轻松，如头部稍稍后仰，背靠椅背，手放在扶手上等。采取这种坐姿显得放松、自如、不拘谨，可以造就和谐融洽的气氛，缩短交际双方的心理距离。不能身子左右摇动或腿不断地抖动。

第三种是轻松坐姿。此即自由自在、随随便便的坐姿。身子可以斜着，手可以交叉放在胸前，或两手抱着后脑，可以跷二郎腿。这种坐姿一般只适用于非正式交际场合，而且交际双方或是老朋友、老同学，或是邻居、常在一起的亲戚等，彼此非常熟悉和了解，并且又不是正式交谈，只是在家中或宿舍随便聊天。这样的对象和场合才可采取这种坐姿。

坐姿的运用，需考虑以下两种情况。

一是选用什么样的坐姿，是受交际环境制约的。例如，国家领导人在接见外宾时，采用正襟坐姿；到灾区视察，在灾民家中问寒问暖时，采用半正襟坐姿；在家中休息时，采用轻松坐姿。所谓“坐有坐相”，很重要的方面是指坐得“得体”。

二是在现实交际中，往往两种坐姿结合起来运用，它们之间没有不可逾越的界线。例如，交际刚开始，气氛还不融洽，彼此还不了解，双方目的还不清楚，便采用正襟坐姿；等到关系有了较大进展，气氛比较融洽，相互了解逐步加深，各自目的已经达到，就自然而然采用半正襟坐姿。一则正襟坐姿不能维持太久，二则后面这种坐姿更适合变化了的交际环境。

2. 立姿语

立姿语是通过站立的姿态传递信息的语言，有“静立”、“侍立”（垂手）、“直立”（昂首）、“挺立”、“侧立”等。

立姿可以分为庄重严肃型、恭谨谦虚型、傲慢自负型和无理粗鄙型。

庄重严肃型：腰板挺直，全身直立，精神振作，给人以庄重、严肃的印象，如就职演说、大会讲话、接受奖励等，一般都采用庄重严肃型立姿。

恭谨谦虚型：略微低头，垂手含胸站立，给人以谦虚、诚恳、恭谨的印象，如刘备在三顾茅庐时，见孔明草堂春睡，他不让别人叫醒孔明，自己就这样在旁边站立许久。这恭谨的立姿语表现了刘备求贤若渴的愿望，也赢得孔明对他的忠心，“鞠躬尽瘁，死而后已”。

傲慢自负型：两手交叉在胸前，两脚向外分开，斜倚式站着，目光睥睨，给人以傲慢、自负、骄矜的印象，让人气愤。

无礼粗鄙型：歪斜着身子，一腿在前，一腿在后，或交叠着双膝站着，抖动着脚尖，给人以无理、粗鄙的印象，让人看了反感或厌恶，自然也就谈不上跟他交际了。

以上四种立姿语类型，后两种立姿即“傲慢自负”和“无理粗鄙”型，对一个有教养、有身份、善于交际的人来说，是不会采用的。不管对方的态度如何，也不管交际顺利与否，都要注意自己的形象。

第三节　空间位置

空间是物质存在的一种客观形式，也是人类活动的场所，每个人的身体都占有固定的空间，不仅如此，对身体周围的空间还有一定的需求。萨姆瓦说："个人空间，我们所占有的称作自己的宇宙的那一部分，包含在我们周围那看不见的界域中——并且由我们来决定谁可以和为什么踏入这一界域。当我们的空间未经允许而被侵犯的时候，我们便以各种各样的方式作出反应。"①人们不管走到哪里，个人空间的意识永远存在。对方走得太近，我们就觉得受到威胁；走得太远，又觉得受到排斥。事实上，人们都下意识地保持适当的距离，以达到和谐的目的。在交际中，空间位置不可不注意，忽视这方面就可能出现问题。

一、空间位置的交际功能

（一）表明关系

人们在交往中总会形成各种关系，这些关系往往反映在交际者在交际过程中相互保持的空间距离上。关系亲密，距离相对就近；关系疏远，距离相对就远。这时的空间距离与心理距离具有一定的对应性。

空间关系学之父美国人类学家爱德华·T·霍尔博士曾经划分出四种距离或区域。他认为，各种距离都与双方的关系相称，他还把这种相称性以数字化的方式表示出来。

第一种距离是亲密距离，为0～45厘米。亲密距离的近范围在15厘米之内，是人际交往的最小距离。此时交际者彼此间可能肌肤相触，耳鬓厮磨，相互感受到对方的体温、气味和气息。亲密距离的远范围是15～45厘米。身体上的接触可能表现为挽臂执手或促膝谈心，体现出相互之间亲密好友的人际关系。亲密距离只用于情感上高度亲密的人之间。在社交场合或在大庭广众之下，两个人如此贴近（尤其是异性）就不雅观，在相同性别的人之间，往往只限于贴心朋友，在异性之间，只限于夫妻和恋人之间。

第二种距离是个人距离，为46～122厘米。个人距离的近范围是46～76厘米，正好能亲切握手，友好交谈，这是与熟人交往的空间。陌生人进入这个距离会构成侵犯。个人距离的远范围是76～122厘米，任何朋友和熟人都可以自由地

① [英]萨姆瓦等：《跨文化传通》，陈南、龚光明译，生活·读书·新知三联书店，1988年版，第132页。

进入这个空间。人际交往中亲密距离和个人距离通常都在非正式的社交情境中使用，在正式社交场合则使用社交距离。

第三种距离是社交距离，为 1.2～3.7 米。社交距离超出了亲密的人或熟人的人际关系，而体现出一种社交性或礼节上的较正式关系。其近范围是 1.2～2.1 米，一般在工作环境和社交聚会上，人们都保持这种距离。社交距离的远范围是 2.1～3.7 米，表现为一种更加正式的交往关系。例如，国家领导人或企业代表之间的谈判、工作招聘时的面谈、大学生的论文答辩等场合，往往中间隔张桌子，以使双方保持一定的距离，增加庄重的气氛。在社交距离范围内，没有直接的身体接触，说话时要适当提高声音，需要更充分的目光接触。如果谈话者得不到对方的目光支持，会有强烈的被忽视、被拒绝之感。

第四种距离是公众距离。这是公开演说时演说者与听众保持的距离。其近范围是 3.7～7.6 米，远范围在 7.6 米外，这是一个几乎能容纳所有人的距离，交际者完全可以对处于这一空间的其他人视而不见，不予交往。在公众距离这一空间的交往，大多是当众演讲，当演讲者想与一个特定的听众谈话时，他必须走下讲台，使两人的距离缩短至个人距离或社交距离才能实现有效交际。

人际交往时空间距离的远近是交往双方是否亲近、是否友好的重要标志，也是不同类型交际的重要标志。因此，人们在言语交际的同时，往往辅以距离语言，来显示相互间的亲疏关系。

案例 6-18

宝玉见她摔了帕子来，忙接住拭了泪，又挨近前些，伸手拉了她一只手，笑道："我的五脏都揉碎了，你还只是哭。——走罢，我和你到老太太那里去罢。"黛玉将手一摔道："谁和你拉拉扯扯的！一天大似一天，还这么涎皮赖脸的，连个理也不知道。"①

宝玉和黛玉原是青梅竹马、两小无猜，宝玉要显示的是亲密无间的关系，所以越挨越近，以致拉手。而黛玉却觉得"一天大似一天"，应该和宝玉保持远距离，不能"拉拉扯扯的"，所以把手甩开了，表面上要疏远一些。一个想亲近，一个要疏远，这种不同的心理我们不仅可以通过话语，而且也可以通过距离语言观察出来。

生活中常有这样的事，如果一个熟人来找你交谈，他挨着你坐，或者将椅子靠近，这显然是在"套近乎"，对你有所求。如果你同他谈话，他却在离你较远的地方坐下，或者谈话中将椅子后移，这就表示疏远、回避，或者对你谈话的内容不感兴趣。恋人之间在一起时的距离远近常常是爱情成熟与否的标志，两人从面

① （清）曹雪芹：《红楼梦》（第三十回），北京教育出版社，2013 年版，第 221 页。

对面交谈，到并肩而坐或并肩而行，再到拥抱接吻，这从空间距离的由远而近表明爱情已趋成熟。

（二）展示地位

社会地位不同，交往的空间位置也有差异，因此，空间位置可以表明交际者的地位和关系。一般来说，空间的高度可以显示地位的高低，权势大的总是高高在上，并居于中央位置。过去皇帝的宝座要设立在中央，在最高处，显示至高无上的权威、尊严、地位。现在体育比赛的冠军领奖台也设在中央，而且冠军台要比亚军台高，亚军台又比季军台高。

空间的前后顺序也有讲究，一般来说，地位高的居前。在古代，随皇帝出行，走在皇帝前面是要杀头的。在现代的官方活动中，也按身份与职务高低安排礼宾次序，一般来说，在第一排居中位置的人都是地位最高的或最受尊重的，然后依次向两侧排开；第二排、第三排……也是这样排列。合影时，主要领导人通常也是坐在最前排的正中，走路时，主要领导人理所当然地走在最前面。当人们见到有权力、有地位的人时，不敢贸然挨着坐，而是尽量坐到远一点儿的地方，就是出于位置与地位、身份密切关系而考虑的。

案例 6-19

同时，她（指大姐）还要委托几位负有重望的妇女，帮助她安排宾客们的席次，与入席的先后次序。安排得稍欠妥当，就有闹得天翻地覆的危险。她们必须知道谁是二姥姥的姑舅妹妹的干儿子的表姐，好来与谁的小姨子的公公的盟兄弟的寡嫂，作极细致的分析比较，使他们的席位各得其所，心服口服吃个痛快。经过这样的研究，而两位客人是半斤八两，不差一厘，可怎么办呢？要不怎么，不但必须记住亲友们的生年月日，而且要记得落草儿的时辰呢！这样分量完全相同的客人，也许还是同年同月同日生的呀!可是二嫂恰好比六嫂早生了一点钟，这就解决了问题。当然，六嫂虽晚生了六十分钟，而丈夫是三品顶戴，比二嫂的丈夫高着两品，这就又须从长研究，另作安排了。①

老舍先生用幽默诙谐的笔调，描绘出身份地位和次序的关系。如果“安排得稍欠妥当，就有闹得天翻地覆的危险”，可见次序之重要。对于分量完全相同的客人，也有办法，那就是比较他们的生辰八字儿。其实，这仍旧是一个空间的次序问题，谁先来到这个世界上，谁的地位就高一点。

① 老舍：《正红旗下》，人民文学出版社，2017 年版，第 81 页。

（三）表明态度

态度指个人对某一对象所持有的评价和行为的倾向，具有对象性，它是针对某一对象而产生的。态度还具有内隐性，它是个体的一种心理活动，不能直接观察到，只能从人们的语言、表情和行为进行间接的分析和推测。一个人的距离语言，往往反映出他对某事物的态度。态度会驱使人们趋向或逃离对象，如交往时双方距离较远，身体后倾，表明一种消极的、否定的态度，反之则表明积极的、肯定的态度。

案例 6-20

一会儿，果然带了个后生来，比宝玉略瘦些，眉清目秀，粉面朱唇，身体俊俏，举止风流，似更在宝玉之上，只是怯怯羞羞有些女儿之态，腼腆含糊地向凤姐请安问好，凤姐喜的先推宝玉笑道："比下去了!"便探身一把攥了这孩子的手，叫他身旁坐下，慢慢问他年纪读书等事，方知他学名叫秦钟。[①]

很明显，我们感到凤姐对秦钟的态度是非常喜爱，也就是积极、肯定的态度。我们不仅可以从笑声、话语中感受到这种态度，而且可以从凤姐的距离语言中看出来。"探身"是身体前倾，"叫他身旁坐下"是距离由远而近，这些都是积极态度的表现。

空间距离的远近意味着态度的不同，身体的方向也反映不同的态度。两人交谈，如果是正面相对，表明两人都是积极态度；如果有一个人侧过身去，表明他态度冷淡，不太爱听；如果背转过去，表明他态度消极，不接受或反对。

案例 6-21

贾母说好像谁家的孩子也带着，宝钗接着说史湘云有一个，黛玉听了冷笑道："她在别的上头心还有限，惟有这些人带的东西上，她才是留心呢。"宝钗听说，回头装没听见。宝玉听见史湘云有这件东西，自己便将那麒麟忙拿起来，揣在怀里。忽又想到怕人看见他听是史湘云有了他就留着这件，因此手里揣着，却拿眼睛瞟人。只见众人倒都不理论，惟有黛玉瞅着他点头儿，似有赞叹之意。宝玉心里不觉没意思起来，又掏出来，瞅着黛玉，笑道："这个东西有趣儿，我替你拿着，到家里穿上个穗子你带，好不好？"黛玉将头一扭道："我不稀罕。"[②]

---

①（清）曹雪芹：《红楼梦》（第七回），北京教育出版社，2013 年版，第 56 页。

②（清）曹雪芹：《红楼梦》（第二十九回），北京教育出版社，2013 年版，第 216 页。

这一段对各种体态的描写都很精彩，这里我们只分析距离语言。黛玉讥讽宝钗特别留心别人身上带的东西，借此揭示宝钗“金玉良缘”的苦心。宝钗对这些话的态度当然是消极的、否定的，但在贾母面前又不好发作，所以“回头装没听见”，用改变身体的方向来表示抗议。同样，黛玉对宝玉的话也很不爱听，明明是替湘云收着的，却假说替黛玉拿着，因此在说拒绝的话的同时“将头一扭”，用来加强内心对宝玉的不满。

（四）反映情绪

情绪指有机体的天然生物的需要是否获得满足而产生的暂时性的剧烈情感。情绪高涨如兴奋、激动、喜悦、愤怒等，情绪低落如抑郁、烦闷、消沉、沮丧等。情绪高涨时，人们习惯于把自己的位置升高，如跳跃、举手、登上高台等；情绪低落则表现为位置变低，如低头、弓腰、蹲下等。

案例 6-22

鸿渐把杯子一顿道：“你说谁？”

辛楣道：“我说唐晓芙，你的意中人，她不是黄毛丫头么？”

鸿渐气得脸都发白，说苏文纨是半老徐娘。辛楣道：“她半老不半老，和我不相干，我总不像你那样袒护着唐晓芙，她知道你这样余情未断，还会覆水重收呢—— 斜川，对不对？——真没有志气!要不要我替你通个消息？”

鸿渐说不出话，站起来了，斜川拉他坐下去，说：“别吵！别吵!人家都在看咱们了。我替你们难为情，反正你们是彼此彼此。鸿渐近来呢，是好像有点反常，男子汉，大丈夫，为一个女孩子——”

鸿渐愤然走出咖啡馆，不去听他……[①]

方鸿渐和赵辛楣互相攻击对方的意中人，先是开玩笑，后来方鸿渐急了，激动地站起来，董斜川又赶忙拉他坐下，想用降低高度来稳住方的情绪，可是董斜川劝架的话方鸿渐也不爱听，所以他“走出咖啡馆”，借以表示自己的愤怒。

案例 6-23

忽然，儿媳妇与廉仲都大哭起来，老先生猛孤仃的爬起来……他明白了……扶住门框，他吼了一声：

“廉仲，你嫂子!”他蹲在了地上，颤成一团。

① 钱锺书：《围城》，人民文学出版社，1991 年版，第 84 页。

“爸，送信来了，去收尸！”廉仲的胖脸浮肿着，黄蜡似的流着两条泪。

“好！好！”老先生手把着门框想立起来，手一软，蹲得更低了些，“你去吧，用我的寿材好了；我还得大办丧事呢!哈，哈。”他坐在地上狂号起来。[①]

老先生卧病在床，听到大儿媳妇和二儿子的哭声，预感到不祥，他要出屋问个明白，等听到“去收尸！”的确实消息，知道大儿子已经被枪毙了，自己是白发人送黑发人，悲哀到极点。我们不仅可以从他的话语，而且可以从他先是扶住门框站着，到蹲在了地上，到蹲得更低，到坐在地上，这一系列高度上的变化了解到他情绪上的变化。

二、空间位置的运用

（一）选择形式

空间是物质存在的形式，也是人类存在的形式。每一个人都必须占据一定的空间。在人际交往的过程中，人们彼此间的位置也会构成各种不同的形式。交际的目的不同，场合不同，所采用的形式也就不同。据观察研究，我们把这种形式大致分为四种，即封闭式、开放式、相向式、平行式。

封闭式是个体或群体独处时所采取的形式，表示不愿受到他人的干扰。一个学生在校园里看书，他会背对着有人走动的地方，面朝着湖水、花草、树林等。两人密谈则都向内侧身。三人密谈，则两端的人向里侧身，把中间的人圈在里面。三人以上一般是面朝里围成一个圆圈，如球赛暂停时教练面授机宜。

开放式指交际双方大约形成 90 度的形式。开放的意思有两个，一个是与封闭相对，允许别人加入；另一个是指交谈者的心理开放，即双方的自我开放区域较大。这种形式比较适用于情感的交流或长时间的交谈。会客、门诊时多采用这种形式，开放式使双方不易产生沟通障碍，交流效果较好。有些家庭的客厅里，习惯把沙发摆在一条线上，主客坐在一条线上交谈，容易疲劳，思想感情上的交流自然也会受到一些影响，因此在条件允许的情况下，客厅的沙发应摆成开放式。

相向式指面对面的形式，表示竞争的意思。一般用于处理公事，如法庭、比赛、下达命令、买卖等场合。如果领导要同下级谈点私事，他就不会再坐在办公桌后面，而要变换一下形式。所以，领导的办公室里除了办公桌外，还要安放沙发、茶几等，就是用来供领导选择的。如果领导想用非正式的方式对待来访者，他就会离开办公桌，同客人一道坐在茶几旁的沙发上交谈。如果谈话是极为正式的，他就仍旧会坐在办公桌后面。

平行式是指肩并肩的形式，表示合作关系。一般是地位相等、目的相同的人

---

① 老舍：《月牙集•新时代的旧悲剧》，文汇出版社，2009 年版，第 49 页。

使用。例如，夫妻、好友逛街，同台演出诗朗诵、小合唱。电视节目中的主持人或四五位被邀请来的嘉宾也多采用这种形式。

（二）调节空间大小

人们应根据交际对象和需求的不同对个人所需空间进行调适。爱德华·T·霍尔在 1963 年提出个人空间是球形或环形的。后来有研究指出，有些人的背后区空间大，有些人的前面区空间大。1978 年海达克教授提出个人空间有一个纵向轴，脚周围的空间按比例可能比头周围的空间小一些，身体前区和后区的需求大小会改变个人空间的大小与形状。这也就是个人空间的一个最重要的特性——可变性。人们在各种情况下，对个人空间的需求会有所不同。当真实的个人空间大于一个人所需要的空间时，他就会感到孤独和寂寞；当真实的空间小于他所需要的空间时，或当他的空间范围受到侵犯时，他就会感到烦躁不安。例如，一个人在同熟人谈话时会比同恋人谈话时对个人空间的需求更大，同一个有敌意的人谈话又比同不太熟悉的人谈话所需个人空间更大。

人体占有空间的大小与人的欲望、情感、个性和能力等成正比。例如，地位高的人喜欢昂着头，目光向下，走路时踱方步，握手时右手从身体上区往下伸出，显示出极强的支配欲，他们的行为所占的空间大；有权势的人喜欢把双手抱在胸前，双腿重叠式就座，表示自己的主人地位；在办公室内，人们往往希望自己有独立的工作空间，有宽大的办公桌和坐椅等。

（三）讲究礼貌

主人不在场时，不要私自使用其领域内的物品，未经许可，一般不要翻动亲友，哪怕是子女的抽屉、书包、信件等，因为这种侵犯他人隐私的行为，会伤害对方的自尊，特别是面对那些个人空间观念比较强的人时更要注意，稍不留意就会冒犯对方。在进入他人敏感的空间之前，一定要征得同意，经过允许。例如，到朋友家做客，进门先按铃或敲门，经主人允许后方得进入。不经主人邀请或没有获得主人同意，不得要求参观主人卧室。即使是较熟悉的朋友也不要去触碰他的个人物品和室内陈设。在公众场合，要尽量避免侵犯他人的空间。有些人往往不注重自己的空间行为，在无意之中伤害了他人，也损害了自己的形象。例如，在公共汽车上，横着站，两手抓着两边的把手，使别人无法通过。在剧场里，或趴在前排的椅背上，或把脚蹬在前排的座位上等。

（四）注意文化差异

文化背景不同，人们对空间的需求和与空间有关的交际规则会有所不同，对空间范围所引起的联想和感觉也不同，有关空间和距离使用的价值观念也不同。

例如，中国人和西方人对待拥挤的态度不同：在中国，遇到节日、旅游、超市减价、大甩卖等的时候，大家都习惯了到处是拥挤的人群，而西方人面对这种状况会有些不知所措，甚至有些反感，认为中国人在排队时相互站得过近；西方人排队时的特点是与身体前后的人都保持一定的距离，不愿与人接触。中国的家人、同学和亲密朋友在公共场合喜欢挤坐在一起，既亲密，又热闹；而西方人却不同，他们宁可轮流用餐也不愿挤坐在一起。坐车外出时，如果座位不够，中国的同事、同学或朋友会三人挤坐在两人的座位上；西方人即使是长途旅行也会两人坐下，其他人站着，他们宁可轮流就座也不会同时挤坐在一起。再如座位安排，在家庭的小聚会中，西方人会将主人安排在主位，然后将比较重要的客人安排在主人旁边，而在中国，存在着上下分明的规矩礼仪，所以会将辈分最高或是年龄最高的客人安排在上座，主人通常会坐在比较容易招呼客人的位置。

思考训练题

1. 什么是副语言？分为哪几类？其主要特征是什么？

2. 什么是体态语？有哪些类型？其主要功能是什么？

3. 什么是空间位置？在交际中有何作用？如何在交际中有效利用空间位置？

4. 案例分析：

（1）分析体态语在下列案例中所起的作用。

①我小时候家穷，十天半月闻不到肉腥味，只盼有远客来。远客来了，妈妈一边往一碗干菜上盖一层薄薄的肉片，一边严厉地嘱咐：这一餐你不要上桌，等客人下席了，你再吃。聪明的客人知道主人家有一个很看重的男孩，便尖起筷子夹底下的干菜，肉是完好未动的；动了也只是缺了一个角儿。轮到我了，第一眼看到那油渍渍、香喷喷的肉块时，我的目光凝固了，觉得它比世界上任何东西都好看。妈妈夹了一块放在我的碗里，命令我“下桌去！”我转过背，咬了一大口，哎呀，那味道。让人激动得几乎欢叫起来。[①]

②有个风华正茂的青年，时常轻视饱经风霜的老人，包括他的父亲。

一天，父子俩同游公园。青年顺手摘下一朵鲜花，说道：“爸爸，我们青年人就像这朵鲜花一样，洋溢着生命的活力。你们老年人，怎么能和青年人相比呢？”父亲听罢，在经过小卖部的时候，顺便买了一袋核桃，取出一颗，托在掌心里，说道：“孩子，你比喻得不错。如果你是鲜花，我就是这干皱的果实。不过，事实告诉人们：鲜花，喜欢让生命显露在眩目的花瓣上；而果实，却爱把生命凝结在

---

① 转引自网络资料：《2013年7月电大〈言语交际学教程〉考试复习资料》（综合练习四），http://www.docin.com/p-1008857445-f3.html。

深藏的种子里。”

年轻人还是不服气：“要是没有鲜花，哪儿来的果实呢？”父亲哈哈大笑：“是啊，所有的果实，都曾经是鲜花；然而，却不是所有的鲜花都能够成为果实。”[①]

（2）请指出下列案例中辅助语言使用的不当之处，并和周围的同学相互探讨。

①有一次，我乘电梯，见一位老兄紧挨着一位漂亮姑娘，从头到脚死盯着看个没完，看得姑娘脸面通红，窝火憋气。当电梯停下，姑娘第一个跑出，回头骂了一句：“八辈子没见过女人，什么东西！”这位老兄一怔：“她凭什么骂人？谁招惹她了？”[②]

②有一次，陈铎出席一个座谈会，一位与会者一进门就认出他，而陈铎却不认识对方。那人惊喜地直奔陈铎而来，伸出食指指点着：“你……你不就是《话说长江》的节目主持人吗？……”但陈铎实在无法接受对方的惊喜和热情。[③]

---

① 转引自网络资料：《2013年7月电大〈言语交际学教程〉考试复习资料》（综合练习四），http://www.docin.com/p-1008857445-f3.html。

② 同①。

③ 同①。

第七章　言语交际实务

➤ **本章学习目标**

1. 了解日常言语沟通的几种常见形式和各自的主要特点，掌握日常言语沟通的基本技巧。

2. 了解演讲的特征、过程，熟练运用演讲的言语技巧。

3. 了解辩论的含义、类型，掌握辩论的基本要求，熟练运用辩论的基本言语技法。

4. 了解求职面试的主要类型，掌握面试前的各项准备工作，熟练运用求职面试的言语技巧。

第一节　日常言语沟通

一、介绍的艺术

介绍是日常沟通中为接近对方而常用的表达方法之一。通过相互介绍，达到相互接近的目的。社会交际中的介绍语主要有三种：一是自我介绍，二是介绍别人，三是他人为我介绍。

（一）自我介绍

自我介绍是最常用的日常人际沟通形式。当我们处于比较正规的场合，面对陌生的公众，首先要把自己介绍给对方。自我介绍需要注意以下几个方面。

1. 清晰、大方、简洁

自我介绍时，要及时、清楚地报出自己的姓名和身份。大方自然地进行自我介绍，可以面带微笑，温和地看着对方说“您好！”，以引起对方的注意，然后报出自己的姓名、身份，并简要表明结识对方的愿望或缘由。自我介绍要力求简洁，尽可能减少时间，介绍总时间以不超过半分钟为宜。

2. 视对象来选择介绍语

自我介绍的时候要看对方的角色。如果是把自己介绍给长辈、领导、名人等角色，那么语言要谦虚有礼，但是不可以卑躬屈膝，出言酸腐。

3. 态度自然友善、亲切随意

要充满信心和勇气，正视对方的双眼，显得胸有成竹。介绍时语气要自然，语速要正常，语音要清晰响亮，对一些容易读错的字要加以特别说明，以免造成误会。例如：有位同志名字叫单弘，他在介绍自己时特别指出：“我的名字很容易读错，有一次药房的护士叫我单弦，我成了一件乐器了。”这样介绍后，相信听众不会念错他的名字了。

（二）介绍别人

在日常人际沟通中，如果你所认识的人相互不认识，你就有义务为他们作介绍。为他人介绍通常有三种情况：为两人作介绍，向一人介绍多人，向多人介绍一人。其中最为常见的形式是为两人作介绍。当你为他人作介绍时，要注意介绍的顺序、方法和时机。

1. 注意先后顺序

介绍的顺序其实就是把谁介绍给谁的问题，也就是在介绍时到底应该把甲介绍给乙，还是应把乙介绍给甲。介绍的顺序是为了体现对长者、女士、身份高的人的尊重。一般的顺序是向长者、女士、身份高的人介绍对方，因为总是应该由年轻者、男士和身份低者主动去认识对方。但在具体的场合，介绍的顺序又略有不同。

1）一般社交场合

在一般社交场合，通常应遵循两个优先，即长者优先和女士优先。我国传统以老者为尊，因此年纪大的人在介绍的顺序中一般应处于优先的位置，也就是应把年轻者介绍给年长者。而西方文化强调的是女士优先，女士在各种场合均应受到特别的尊重和照顾，因而在介绍时通常要把男士介绍给女士（但一般 16 岁以下的女子没有这个优先权）。

一般场合的这两个优先就是中西文化互相融合的结果。在实际操作中，首先是长者优先，然后女士优先。具体可以作如下理解：当被介绍的两人，其中一人的年纪明显大于另一人时，就应把年纪轻的介绍给年纪大的；当被介绍的两人年纪相差不大时，就应把男士介绍给女士；当被介绍的两人年龄相仿，而且都是女性时，就应把未婚女性介绍给已婚女性。如果都是男性，可以随便。

2）工作场合

在工作场合则以职位高者优先，也就是应将职位低的介绍给职位高的。在现代社会的职业集团里，每一个人被分配了一个职位，而每一个职位不仅具有相应的职责，而且被赋予了履行职责的权限。职位与职位之间的关系往往就是上级与下级、领导与服从的关系，这种上下级权威关系的维持是一个科层组织得以正常运转的前提。所以，在工作场合，人与人之间的关系主要表现为职位与职位之间的上下等级关系，人们在处理交往关系时，职位是首先需要考虑的因素。

这里需要特别注意的是，在工作场合，长者与女士一般不具有优先权，只有当两人的职位相当时，才可遵从长者优先或女士优先原则。譬如，你是总经理秘书，有位女士自称是某公司的销售部经理，要面见总经理，当你带这位女士去面见总经理时，你应把这位来访的女士介绍给你的总经理，而不能把你的总经理介绍给这位女士。

3）其他场合

如果被介绍的两人有先到后到之分，那么遵循“先者为大”的原则，即先到者具有优先权，介绍时应把晚到者介绍给早到者。如果被介绍的一方是你的家人，那么通常应把你的家人介绍给别人，也就是说亲人在介绍中通常不具有优先权，以此向他人表示尊重。这一原则也可以进一步推广到朋友和熟人之间，通常把与自己关系较近的一方介绍给关系较疏的一方。例如，在同顾客的交往中，通常应把同事介绍给顾客。又如，你带你的朋友去做客或是参加某个聚会，通常应把你的朋友介绍给主人。如果与西方人交往，应先把男士介绍给女士，除非这位男士年纪很大又有较高的身份。

概括起来，在介绍别人时主要应遵循以下五个顺序：①将男士介绍给女士；②将年轻者介绍给年长者；③将职位低者介绍给职位高者；④将晚到者介绍给先到者；⑤将家人介绍给别人。

如果被介绍人同时符合两种以上的顺序，一般按后一种顺序进行介绍。如果有时你实在无法确定应以何种顺序进行介绍，可以权衡一下两人中间谁更应该受到尊重，然后把对方介绍给他（她）。

2. 信息量要适中

所谓的信息量适中就是指通过介绍使对方互相了解姓名、工作单位、职务或者特长。一般来说，只要为双方的进一步交谈引出共同话题即可，千万不要草率介绍，也不可画蛇添足。例如：

（1）我来介绍一下，这是张先生，这是王经理。

（2）这位是某某房地产开发公司的副总经理王某某，他可是一个实权派，路子宽，朋友多，谁需要就找他帮忙。

这两个介绍别人的例子，第一个信息量太少，我们只能知道一个姓，不能从介绍语中找到继续交谈的共同话题；第二个信息量太大，显得很啰唆，太庸俗，也会让被介绍者很尴尬。

3. 用语要规范

所谓规范是指介绍语要热情、文雅并且配以恰当的体态语。为双方介绍或者把某人向全体成员介绍时，是为了建立关系、联络感情、融洽气氛，因此介绍语必须热情洋溢，尤其是把某人介绍给全体成员的时候，要尽可能将此人的主要成绩、荣誉等一一加以热情介绍，切忌不冷不热、毫无生气。例如，美国的卡耐基曾谈起过一件事，约翰 • 梅森 • 布朗是一位作家兼演说家，一次他应邀去某地演讲，演讲开始之前，主持人将布朗先生介绍给公众，下面是主持人的介绍：先生们、女士们，请注意了。今天晚上我给你们带来了一个不好的消息。我们本想邀请伊塞卡 • 马克森来给我们讲话，但是他来不了，病了。最后我们试图请罗伊 • 格罗根博士来，也没有成功。结果我们请到了约翰 • 梅森 • 布朗。

这样的介绍不仅是报流水账，毫无热情，而且还有损被介绍者的自尊心，这是介绍别人的大忌。

4. 态度要礼貌

介绍要文雅有礼，切忌随便、粗俗。在介绍他人时，可以用一些敬辞、客套话、赞美语作为表达语，在实践中应该规范地应用，如“我非常荣幸地向各位介绍某某”“我们有幸请来了大名鼎鼎的某某”“能聆听他的讲话我们感到由衷的高兴”，等等。

（三）他人为我介绍

当他人为你介绍新朋友，或是向别人介绍你的时候，你应有愿意结识对方的友好表示。不应没有任何反应，更不能拒绝他人为你作介绍，除非你想自己介绍自己，或是你早已认识对方。愿意结识对方的友好表示主要有：起立、致意与寒暄、互换名片等。

1. 起立

当你被人介绍时，一般都应起立，并正面朝着对方，显示出愿意结识对方的诚意，除非你特别年长或是身份很高。

如果你是男士，当有人把你介绍给尊长或女士时，你应站起来，除非你年纪很大或是身体不适。被介绍后，如果对方没有落座，你不应先坐下。

如果你是女士，当有人把你介绍给年长的妇女、年长的男士或是其他尊长时，你也应礼貌地站起来，等对方坐下或是离开后，才能坐下。

2. 致意与寒暄

被介绍认识后，双方要互相致意。男子与男子之间一般都互相握手，并适当寒暄一下，如“认识你很高兴”“久仰”“幸会”等。男女之间可以握手，也可以不握，一般要看女方是否主动伸出手来。女士若不想握手可以向对方点头致意。女子与女子一般很少握手，通常是互相点头微笑一下。除了握手、点头微笑以外，还可以向对方行鞠躬礼来致意，特别当对方是长辈时。

介绍后的握手顺序通常由引见的对方向被引见者主动伸手。当然双方也可以同时伸手。

在握手不太方便的情况下，如在宴会桌、会谈桌旁，中间隔着一张大桌子或是中间隔了好几个人，可以不必握手，擎手打个招呼或是行个鞠躬礼即可。

如果介绍人不小心把你的姓名或是身份介绍错了，不必将错就错，应及时予以纠正。不过最好能以轻松幽默的语气纠正，免得让介绍人下不了台。

3. 互换名片

如果想与对方继续保持联系，可以互换名片，但在未确定对方的来历之前，一般不宜轻易递出自己的名片，否则有失庄重。同样，为了尊重对方的意愿，也不宜向对方索要名片（只有熟人之间为了方便联系可以向对方索要名片）。递接名片时要注意以下几点。

（1）递接名片时，态度要恭敬。一般应用双手递上名片，用双手接过对方的名片，表示你对相互间的交往是很看重的。但如果在非正式场合，为了使交往不过于拘谨，也可以用右手递接名片。

（2）向对方递上名片时，可以说上一句得体的寒暄话，如“请随时指教”“以后请多联系”或“这是我的名片”。接过对方名片时，也要相应地寒暄一句，如“不敢当”“随时领教”“谢谢”等。

（3）接过对方的名片后，要仔细地看一遍，千万不能看都不看就把名片收起来。看名片时，主要是看对方的姓名及姓名后体现身份的头衔，以便看完后能用合适的头衔称呼对方，有看不清楚的地方或是不会念的字，可以当场请教对方。看了名片后，如果能用对方名片上的身份合适地称呼一下对方，来表示对对方的敬重和深刻印象是最好的（在较为正式的交往中，这通常是必需的）。

（4）看完名片后，通常应把名片及时收藏起来，而不能一直拿在手上。名片是个人的象征，因此，收藏名片的地方也应是能体现对对方尊重的地方。一般的做法是，先把名片放进名片夹，然后，男士把名片夹放入上衣口袋里（最好是上衣左上角口袋），女士把名片夹放进随身的手提包里。不能把名片随意往裤兜里一塞，或是拿在手上不停地玩耍。如果是在办公室里，也可以暂时把它放在桌子上，但不能往名片上压任何东西，否则是对对方的不尊重。

（5）收了对方的名片后，一般要回赠自己的名片。如果随身没有带或是用完了，应向对方说明并给对方留下联系方式，或是答应下次寄去或送去。

二、交谈的艺术

（一）交谈的含义

交谈是由两个或两个以上的人共同参与的双向口语交际活动。它是人与人之间交流思想、融洽感情、增进友谊必不可少的社会生活现象，是人们增长见识、改善关系和排忧解闷的重要途径。交谈看似随便而谈，但它有自己的特点与规律、要求与技巧，交谈是一门交际艺术，直接影响着交际目的的实现。有的交谈让人如沐春风，有的交谈让人结仇生怨；有的交谈风趣幽默，有的交谈乏味枯燥；有的交谈增人见识，有的交谈干瘪空洞。交谈中可以展现一个人的素养、风度、学识等。

案例 7-1

有一次，美国记者在招待会上问："总理阁下，在我们美国，人民都是仰着头走路，而你们中国人怎么总喜欢低着头走路？"周总理笑着说："这不奇怪，原因很简单嘛，你们美国人走的是下坡路，只好仰着头走路；我们中国人走的是上坡路，当然是低着头走了。"[①]

周总理头脑冷静，应变作答，既有反唇相讥的意味，又有半开玩笑的情趣，既不影响气氛，又表现了话语中的力量，可谓恰如其分。

（二）交谈的方法

1. 主题要明确，中心要突出

现实生活里，许多人交谈起来语无伦次、颠三倒四，结果说来说去，让人抓不住重点、摸不着头脑。即便较为随意的交谈也是由一系列的话题构成的，每个话题都应有一个小中心。一般而言，交谈的情形有两种：一是话题变化，中心也在发生变化；二是话题变化，中心没有变。

案例 7-2

电视剧《贞观长歌》中，太子李承乾和他的岳父侯君集意图逼宫篡位，被太

① 转引自吴礼权：《传情达意：修辞的策略》（修订版），暨南大学出版社，2014 年版，第 8 页。

宗发现。太宗想放他们一条生路，却遭到朝臣的大肆反对，最后不得已必须牺牲侯君集来保住太子。然而侯君集是太宗的老功臣，两人的感情也十分深厚。太宗不忍，暗示房玄龄劝说侯君集自杀。

房玄龄领命去见侯君集。房玄龄和侯君集也是老同事关系了。这是个难以启齿的事情，房玄龄分了两步来进行。

狱中的侯君集对房玄龄来看他感到很高兴，二人愉快地喝酒吃饭。

房：侯君集呀侯君集，到了这个时候，你竟然还能吃得下饭。

侯：哈哈哈哈，我和皇上是什么交情，皇上怎么会杀我？顶多关我一段时间，或者流放出去。如果皇上杀了我，他不怕被世人说成忘恩负义吗？

房：你，你呀，叫我怎么说你。难道你就不惭愧吗？忘恩负义的人是谁？贪污钱财、违反军纪，皇上既往不咎，泽州一案皇上为你包庇，可你是怎么对皇上的？你居然召集旧部、意图谋反。你知道皇上这些天天天吃不下饭、睡不好觉，向个个大臣低头恳求。皇上是什么人，他什么时候向人低过头了？到了晚年却为了你低头。你有没有良心？侯君集啊侯君集，你究竟是怎么做人的？这满朝堂上都找不到一个人帮你说话呢。

一席话说得侯君集羞愧难当。于是说出实情：我这么做，都是为了海棠（侯君集的女儿，太子妃）。

房：你以为你这是帮她？你这是在害她。你看你哪次不是把事情弄得越来越糟，如果不是你的举动，太子他会被废吗？为了你的女儿、你的外孙，你也要好好想想，你知不知道，太子已经要被你害死了。

侯：什么？你说太子要被我害死了。

房：谋反这么大的罪，总要有个人承担才能平息。

侯君集长叹一声，立刻一头撞死了。①

这里有两个话题，一个话题的中心是侯君集对唐太宗的不忠不义，另一个话题的中心是侯君集对女儿女婿的伤害。两个话题一个勾起侯君集对太宗的愧疚，一个勾起他对女儿外孙的怜惜，最终都围绕一个主题：为谢罪，为保护想保护的人，当自我了断。

2. 换位思考，选择话题

如果想使你的交谈受到对方的关注，或者想和陌生人拉近距离，打开对方的心扉，就要积极寻求与对方的共同爱好点，趁势找到共同话题，做到因人引“话”，促进交际顺利进行。

---

① 转引自王光华：《实用口才交际训练》，机械工业出版社，2010 年版，第 59 页。

案例 7-3

一位推销员在火车上遇到一位老板，此时正值世界杯球赛期间，他发现这位老板非常认真地看（报纸的）足球版面。于是借机和他谈论足球赛事、球星表现，两人也渐渐热络起来，最后推销员成功地从这位老板手上拿到一笔订单。①

有人说，世间不会有比“我们自己”更感到有趣味的对象了。一般交谈的人，较关注自己的身份和职位，或者关注自己的成就和光荣。例如，就兴趣和身份而言，和母亲讨论孩子，和年轻男孩讨论运动，和中青年女性讨论服装美容，和老年人讨论保健，和小孩儿讨论动画片和玩具，都是交谈的良好开端。

作家黄宗英写过一篇名为《谈心》的文章。她多次谈过自己采访人物时运用迂回战术，从对方感兴趣的问题说起的经验。她有一次采访柑橘专家曾敏，感到很难让对方推心置腹交谈。于是她从这位专家最感兴趣的柑橘说起：“你六二年发现的好几种野生柑橘怎么样了？你创造的枝序修剪法区别在哪儿？”曾敏听到这里，脸色立即红润起来：“噢，你也懂柑橘？”一下子就有了共同的话题，找到了“切入口”。她写《大雁情》时，开始采访主人公秦官属，对方总是躲着她。她就不说采访和写文章的事，只为请教药物知识找她，在问花问草中，特别提到了“远志”这种中药，秦官属一下子被触动了。从这时开始，（秦官属）慢慢地向她讲述自己的事业和遭遇。②

3. 自觉自愿，开放平等

交谈本来就是双方自觉自愿、平等交流的事，所以任何一方都不要采取封闭的方式（只有自己说的，没有别人说的，要听话人围着自己转），不要以自我为中心，而应采取开放的方式、随和的态度。有一些过于固执、自我意识很强的人，交谈起来，只有他说的，没有你说的，明明对方说得对，他也要“找点碴”，以便显示自己“高明”；明明可以跟着对方话题谈，偏要拉回到自己的思维轨道上来；明明可以倾听对方的陈述，偏偏要急急忙忙打断对方的话。这样的交谈，十有八九都要失败。③

案例 7-4

有一次，两位同事交谈中就发生过这类事：

① 转引自王光华：《实用口才交际训练》，机械工业出版社，2010 年版，第 60 页。
② 转引自周靖：《语言交际的艺术》，华文出版社，1995 年版，第 88 页。
③ 同②。

甲：我最近看了郭沫若的《虎符》，如姬真是一位了不起的古代妇女！

乙：她很重情义，冒死报答信陵君的恩德。

甲：不，不，不，这与信陵君没关系。信陵君养些鸡鸣狗盗之徒，我瞧不起！

乙：他也是很重情义的，不然，怎么那么多人为他效力呢？

甲：如姬的品行是很值得赞许的，至于信陵君嘛，不值得一提。

乙：……（抽身走了）①

这里的“甲”就是“自我中心”过强的交谈者，听不得别人的不同意见，明明不矛盾的问题，硬要对立起来，固执到了不近情理的地步。这就无法从共同感兴趣的话题谈下去，还会搞坏气氛，使对方反感，令交谈不欢而散。其实，思考一下对方的见解，顺应一下对方话语，既有益于自己见解的修正，又能使交谈顺利开展。②

4. 语言幽默，富有情趣

交谈不是作报告、作演讲，而是双方亲切的晤谈。所以语言除了要求通俗外，还应有“味”。这就是说，交谈要有情趣和幽默性。情趣可以用幽默性获得，但也可以用带感情、有韵味的语言获得。

交谈要避免以下几点。

（1）只说不听。交谈的双方都要认真听取对方的谈话。听是交谈持续的重要环节，听是理解、尊重对方的礼貌行为，听是从交谈中获得信息的主要渠道。所以交谈双方都要重视倾听对方所说的话。有些人，说起来滔滔不绝，容不得对方插嘴，对对方的话置若罔闻，结果交谈很扫兴，并（且）无法继续下去。③

案例 7-5

传说有一个年轻人，向大演说家苏格拉底请教演讲术。他为了表现自己，滔滔不绝地先讲了许多话。苏格拉底表示，可以考虑收他为学生，但要缴纳双倍的学费。

那年轻人很惊诧：“为什么要加倍呢？”

苏格拉底说：“我除了要教你怎么演讲外，还要再给你上一门课：怎么闭嘴。”④

---

① 转引自周靖：《语言交际的艺术》，华文出版社，1995 年版，第 88 页。

② 转引自周靖：《语言交际的艺术》，华文出版社，1995 年版，第 89 页。

③ 转引自周靖：《语言交际的艺术》，华文出版社，1995 年版，第 92-93 页。

④ 转引自周靖：《语言交际的艺术》，华文出版社，1995 年版，第 93 页。

这里，苏格拉底用嘲讽的语言告诫这位年轻人，不要滔滔不绝只顾自己讲。这是应该吸取的教训。

（2）不讲礼貌。交谈是愉快的、轻松的，但同时也是礼貌的、友好的。在实际交谈中，缺乏礼貌的现象也很多，如对长者说话，直呼“你”，不用敬称；如只把对方当作无知的听者，盛气凌人、态度傲慢，不与对方平等交谈；如交谈中出言不逊、脏话连篇；等等，这些都是不礼貌的行为。[①]

案例 7-6

相传一个小伙子在路边买了老人的一个西瓜，老人说要一元伍角，他死活只给了老人一元。他往前走，见到三岔路口，又回来问：“喂，老头，去李家庄走哪条路？还有多远？”老人没好气地回答：“走大道三千丈，走小道四千。”小伙子奇怪地问：“怎么你们这儿论丈不论里？”老人呵呵大笑，说：“小伙子，原来你还知道讲里（理）？”[②]

这段生活中的对话，老人用幽默的语言批评和讽刺了小伙子的无礼之举，让其接受了文明教育。

（3）生硬教训。交谈不一定都是闲聊，也包括劝解等。事实上很多思想说服、疏导工作都是通过交谈解决的。但有一点必须注意，既然采取交谈方式，哪怕你是教育者，是上级领导，是学术权威，也不能采取生硬教训的方式，更不应该挖苦嘲讽，使对方难以接受。[③]

案例 7-7

钱某上班后跟好友李某说：“昨天我和妻子吵了一架，她不讲理，真叫我受不了。”李某一听，大肆开训：“你平时就很拗，有理没理都要争个没完。我不知道你们为了什么具体的事，但我想象你这样的人回家不跟妻子吵才怪呢。谁是你妻子也受不了这一套。唉，我是一片好意，你还是改改吧？”钱某听完这番话，白了他一眼，拂袖而去。[④]

李某的“好意”之所以遭来钱某的白眼，重要原因就是李某没能平等地与钱某交谈，而是以高高在上的态度教训钱某，致使交谈不欢而散。

---

① 转引自周靖：《语言交际的艺术》，华文出版社，1995 年版，第 93 页。

② 转引自周靖：《语言交际的艺术》，华文出版社，1995 年版，第 101 页。

③ 转引自周靖：《语言交际的艺术》，华文出版社，1995 年版，第 94 页。

④ 转引自网络资料：《实用语言表达》，http: //www.doc88.com/p-578429290707.html。

三、答问的艺术

（一）答问的含义和特点

什么是答问呢？答问是一种对问作出的回应，以解释、说明为目的的口语表达方式。它包括“答”与“问”，但在这里强调的是“答”，即“回答”对方的询问、质问、访问、追问、讯问等。“答”是对“问”的反馈，它与“问”组成了一对矛盾关系，是矛盾的主要方面。

答问具有如下特点。

1. 广泛性

在所有的口语表达形式中，应答是最具有广泛性的，这可以从两个方面来加以说明。

1）内容的广泛性

答与问相比，问是主动的、引导的、制约的一方，答则是被动的、受制的一方。问者可以海阔天空，尽兴而发，这就决定了答问的内容几乎无所不包，尤其是答记者问，大至轰动全球的国际大事，小到个人私生活的秘密，时间跨度可远至多少年以前，近至几分钟之前，甚至是将来，不管你有无准备，都得作出适当的回答或反应。

2）应用的广泛性

应答既是一种独立的口语交际形式，又是一种可以融合在各种口语形式中的表达方式：交谈中有应答，论辩中有应答，谈判中有应答，演讲中也难免有应答。

2. 随机性

随机性是指应答要相机而行，对各种问题作出灵活、恰当的口语回答。随机性是为适应以下三种情况。

（1）为了适应提问内容的广泛性。对方可以天南海北、古往今来地随便发问，答问者绝不可能事前都料到或有所准备，这就需要根据提问的情况而灵活应答。

（2）为了适应提问的突发性。提问的突发性包括：①提问者突然改变话题与思路，使你措手不及；②众人轮番发问，你防了这个，防不了那个，如诸葛亮“舌战群儒”，他面对的是东吴的一群谋士，这个问完，那个又问，使诸葛亮应接不暇；③不管时间地点，随时随地地发问，记者的采访就是如此。

（3）为了适应问答的临场性。不管是何种问答方式，问与答都是面对面的，而且往往有许多听众在场。从时间上说，不容你多思考；从受制约方面说，不容你不反应，不能老是说“无可奉告”，更不能瞠目结舌；从效果上说，现场对答，对错、是非立刻分明，反应马上可见，不容更改。

案例 7-8

一位美国记者在采访周总理时，看到总理桌子上放着一支美国产的派克钢笔，那位记者便以带有几分讽刺的口吻挑衅道：“总理阁下，堂堂中国总理，为什么会用我们美国产的钢笔呢？”周总理听后，风趣地说：“这支钢笔是一位朝鲜朋友的抗美战利品，作为礼物赠送给我，希望我留作纪念。我觉得有意义，就留下了它。”美国记者听后哑口无言。①

美国记者不友好的提问是突发的，有临场性，内容也完全“出了格”（也体现“广泛性”），谁也不会想到在这种场合美国记者会就一支钢笔“发难”，但周总理的思维敏捷，应变力极强，不仅没有被他难倒，反而以此“做文章”，赢得了口语交锋的胜利。

3. 严肃性

答问的严肃性，既指态度的严肃性，又指内容的严肃性。答问不同于日常交往，答的一方对自己的话语要负责任，一般都被记录或者被录音，特别是作为领导人、发言人、外交官，答问的政策性很强，影响也很大，所以特别要把握严肃性这一特点，慎重应答，做到滴水不漏、万无一失。

（二）答问的言语形式及技巧

回答总是以问为前提的，答问的言语形式多种多样，答问也是有技巧的，到底运用什么样的方式作答，要看对方提问的内容、方式、态度，以及对话的环境、场合。在回答时要具体问题具体分析，根据不同的提问作不同的回答。如果回答得好，就会使交际更加顺利地进行，从而实现自己的目的；如果回答得不好，就会损害相关的利益，有时候会带来严重的后果。因此，我们要掌握答问的技巧，而答问的技巧就体现在以下几种形式之中。

1. 直接回答

直接回答就是根据对方的提问，直接正面作出回答。一般是简洁、明快地回答对方的问题，对提问问题明确表明自己的肯定或否定意见，介绍事情的原委，直接陈述，不拐弯抹角。简言之，问什么，答什么；怎么问，就怎么答。这种回

① 转引自王维维：《言语交际案例教程》，清华大学出版社，2012 年版，第 9 页。

答方式一般在上下级、同事、师生、亲友、顾客与服务员之间使用较多。

案例 7-9

某功臣答青年问。

问：你们都是第一次上战场，不害怕吗？

答：说真的，开始有些害怕。但真正和敌人接上火就不怕了，尤其看到战友在自己身边倒下时，就什么也不怕了。[①]

这种回答真诚坦率，言简意赅，质朴无华，没有过多的修饰成分，令人信服。如果回答者本身害怕又不肯说出而采用委婉的方式回答："害怕是不可避免的，每个人都有害怕的时候……"就会让听者觉得不可信服，也没有说服力。

直接回答首先应该抓住问题的关键之处，有针对性地作出回应，对重点的问题作出实质性的回答；其次，要采取实事求是的态度，既交代事实的全貌和真相，又客观辩证地加以分析阐述，这样才能令人信服，相互沟通，达到良好的交际目的。

2. 婉转回答

婉转回答即回答者将不宜直说或不想直说又必须说的观点或想法，用含蓄委婉的答话来表达。婉转回答时回答者所表达的往往不只是字面的意思，回答的内容由表义和本义两部分组成。表义是回答者话语表面的意思，本义是回答者说话的主旨，是没有直接说出而潜伏在表义之后的意思，这才是回答者的意图所在。在既不愿因直接回答而得罪对方，或因直接回答而使对方难以接受，但又要使对方理解自己的真实意图时，回答者一般使用婉转回答这种方式。

案例 7-10

《古今谭概》载：张凤翼刻文选纂注，有一士大夫提出诘问："既然叫《文选》，为什么又有诗？"张答："这是昭明太子的著作，与我何干？"问："昭明太子何在？"答："已死。""既然死了，就不追究他了。"张回答说："就是没死，也难以追究。"问："为什么？"答："他读的书多。"[②]

最后一句话的本义是"你读的书少，太浅薄无知了"。这样，回答者用婉转

① 转引自岑运强：《言语交际语言学》，中国人民大学出版社，2008年版，第171页。

② 同①。

回答这种方式巧妙地表达了自己的本义，达到了交际的目的。

婉转回答能够表现出回答者的善意，刺激性较少，能够避免矛盾激化，易于为对方接受。在遇到具体的问题时，要直接回答还是婉转回答，应具体情况具体分析。有时直接回答和婉转回答结合也可以产生一些巧妙的应答方式。

3. 模糊应答

模糊应答即对那些不好准确作答，或不能如实回答的问题，采用含糊其辞的方式，使提问者无法获得明确答案的应答方法。这种方法表面看是作了正面回答，但无实质性的内容，答即没答。

案例 7-11

一位男青年同女友及女友的母亲一起划船，女友想故意“刁难”一下自己的男友，便问道：“如果我和我妈同时落水了，你打算先救谁？”男青年不慌不忙地回答：“当然要先救未来的妈妈。”①

男青年无论回答“先救你”还是回答“先救你妈妈”都不妥当、不得体，而“未来的妈妈”一语既可指其女友，也可指女友之母。男青年故意含糊其辞，一个也不得罪，可谓口吐莲花、两面玲珑、机智幽默。

4. 以问为答

以问为答即在不便回答对方提出的问题的时候，用反问的方式把同一个问题还给提问者，形成以问为答的效果。

案例 7-12

1972 年 5 月，美苏关于限制战略武器的四个协定刚刚签署，基辛格在莫斯科一家旅馆里向随行的美国记者团介绍情况，当他说到“苏联生产导弹的速度每年大约 250 枚”时，一位记者问：“我们呢？我们有多少潜艇导弹在配置分导式多弹头，有多少‘民兵’导弹在配置分导式多弹头？”基辛格回答说：“我不确切知道正在配置分导式多弹头的‘民兵’导弹有多少。至于潜艇，我的苦处是数目我是知道的，但我不知道是不是应该保密。”记者说：“不保密。”“不保密的吗？那你说是多少呢？”记者愣了一下，笑了。②

---

① 转引自李元授、杨志海、邹振宇：《公关与交际》，华中科技大学出版社，2006 年版，第 265-266 页。

② 转引自网络资料：《巧妙而委婉的拒绝》，http://www.doc88.com/p-1754932395959.html。

基辛格显然知道这些是保密的，不能回答，但他不是用“无可奉告”搪塞，而是变答为问，以问作答，十分巧妙地把难题踢给对方，使提问的记者哑口无言。

5. 牵连作答

有时面对故意刁难甚至侮辱性的提问，如果从正面回答显得无力，即使答得再好，也只是一种为自己开脱、辩解的防卫语言，这时，就可以用牵连作答的技巧，即抓住事物之间的对应、连带关系，提一个关涉答者问者的问题，造成一荣俱荣、一损俱损的态势，以抵消对方的攻势。

案例 7-13

国外有一位男经理和女秘书与另一位男经理和女秘书会谈，一方的男经理与自己的漂亮的秘书有暧昧关系，另一方男经理故意问自己的女秘书：“你觉得那位秘书怎么样？”他的秘书回答：“什么样的经理就有什么样的秘书呗！”[①]

这位女秘书思维机敏，回答也巧妙，她不去评价那位秘书的优缺点，也装着不懂自己经理问话的弦外之音，用“什么样的经理就有什么样的秘书”，将自己同经理牵连在一起，可以作各种理解（我不好，你也不好；我好，你自然好）。

牵连作答的表达奥妙，就是用话将自己与问话者牵在一起，不可分开，使对方不能处于优势的攻击者地位。牵答要注意分寸，因为“利害相连，荣辱与共”，所以对自己和对方都不要过分贬损，一般答话中会有“两可”的意思（我这样，你也这样；我那样，你也那样）。[②]

6. 取譬应答

取譬应答就是对某些棘手的问题，采用比喻的方式来回答，既形象生动，又透彻明白。如果摆开架势直接说理，不但费时费力，还不见得有好效果。

案例 7-14

古希腊著名的哲学家苏格拉底的老婆非常厉害，是个出名的泼妇。有一次，她把苏格拉底痛骂了一顿后还当头泼了一盆冷水。有修养的苏格拉底却平静地说：“我早就知道，打雷过后，必要下雨。”就这样，一场吵架甚至打架被一笑了之。

别人问苏格拉底：“为什么要娶这么厉害的女人做老婆？”苏格拉底说：“好

① 转引自周靖：《语言交际的艺术》，华文出版社，1995 年版，第 134 页。

② 转引自周靖：《语言交际的艺术》，华文出版社，1995 年版，第 134-135 页。

的骑手就应该驾驭烈马，骑惯了烈马，别的马也就不在话下了。”①

“好的骑手就应该驾驭烈马，骑惯了烈马，别的马也就不在话下了”，完备的形式应该是：有能力有智慧的男人就应该娶悍妇，应付得了悍妇，其他的女人也就不在话下了，这就好比好的骑手就应该驾驭烈马，骑惯了烈马，别的马也就不在话下了，两者道理是一样的。苏格拉底既将妻子泼妇式的行为以及自己与妻子的关系作了形象的说明，又很智慧且幽默地化解了一个有声望有地位的男人所遭遇的无法言表的难堪与尴尬。表达生动幽默、耐人寻味。

运用取譬应答，要精选作为喻体的事例，特别要注意喻体与本体之间的契合点，还要注意答话的内容，一般用在解说、论证事理方面，其他日常答话和口试答话都不大适宜，不要滥用。

总之，回答的技巧很多，但真正做到回答巧妙得体、对答如流，并非一日之功。一要加强学习，丰富知识；二要努力实践，在日常生活中锻炼提高。

四、说服的艺术

（一）说服的含义

说服，就是运用一定的战略战术，通过交互式的信息符号的传递，以非暴力手段向对方施加影响，促使对方改变观念或行为，试图达到预期目的的人类活动。在生活中，由于人们的阅历、年龄、职务、身份等各方面的不同，他们对问题的认识往往会不一致，甚至有矛盾，解决这些矛盾就离不开说服。只有长期说服后无效，矛盾性质又日益激化，才可采取非社交的强制手段，但仍然需要以说服作为辅助手段。说服不限于思想教育工作，传播知识、治疗疾病、经济谈判等都离不开说服。即使是在志同道合的挚友之间，也不可能事事处处对每个问题的认识、见解完全一致。若要取得一致，就要采用说服的方法。

（二）说服的方法和技巧

说服工作处处有，经常有，它的应用范围甚为广泛，也是一门艺术，但劝说他人并不容易，它需要一定的方法和技巧，否则可能会劝而不听，说而不服。这里我们介绍几种常用的说服方法。

1. 限制选择法

心理学研究表明，人是能做出选择的动物，并且人总以为自己的选择是最好的。因而，如果在说服过程中，你能给被说服者一定的选择机会，不仅能让他相

① 转引自吴礼权：《传情达意：修辞的策略》（修订版），暨南大学出版社，2014年版，第108页。

信你的诚意，而且也容易满足他的自尊心，达到说服的最终目的。

案例 7-15

1977 年 8 月，劫机者劫持的一架美国环球航空公司的飞机被法国警方扣留，法国警方就曾用限制选择法来说服劫机者投降："听着……你们高兴做什么都可以，不过，美国警方已经到了。如果你们现在投降，跟他们回美国去，可能只在牢里关 2 年，最多不过 4 年，而且你们可能在 10 个月内便获得假释。但是，如果你们被我们逮住，根据法国法律，你们会被判处死刑。想一想……你们该怎么办吧！"很快，劫机者选择了对他们来说较为满意的一个条件，投降了。[①]

法国警方巧妙地运用了限制选择法，说服了劫机者，达到了使他们投降、保证乘客安全的目的。

运用限制选择法时，要善于揣测被说服者的心理，根据其心理来限定选择的范围，使他们能够做出说服者所希望得到的选择，以达到说服目的。

2. 反差法

将有差异的同类物体 A 和 B 按先后顺序连续呈现在一个人面前时，这个人的感官会夸大物体 A 和 B 的差异，心理学称这种现象为"反差律"或"感觉反差"。利用"反差律"来进行说服的方法，我们称为"反差法"。日常生活中人们常常运用"反差法"这一说服技巧。例如，很多商场门口的广告牌上经常用"打折""处理""清仓甩卖"等字眼招徕顾客，这就是在运用 "反差法"来说服顾客购买商品。其实可能并没有清仓，卖的也不是处理品，而且现价说不定比原价还高，但顾客还是会上当，因为所谓打折后的价格与正常价格之间的差别使他觉得占了便宜。

运用"反差法"时，一定要注意适度、灵活，要让说服对象处在无意识的状态下。

3. 让步法

在说服活动中，有时为了谋求一致，达成协议，就要有所变通，做出让步。有时明智后退，反而可以前进，取得胜利。之所以会如此，是因为我们这时的"退"不同于实际的退却，它是包含进攻因素的"退"，其目的是更好地"进"，达到说服的意图。

① 转引自岑运强：《言语交际语言学》，中国人民大学出版社，2008 年版，第 148 页。

案例 7-16

在菲律宾大选中，阿基诺夫人同马科斯进行一系列舌战。马科斯在竞选演说中攻击阿基诺夫人“没有经验,不懂政治”，“女人最合适的所在是厨房”。对此，阿基诺夫人采用先退后进的方式，反驳说：“我承认的确没有马科斯那种欺骗、说谎、盗劫或暗杀政敌的经验。人不是独裁者，我不会撒谎，不会舞弊，但我有的上是从政的经验。”又说：“对政治,我虽然外行,但作为围着锅台转的家庭主妇,我精通日常经验。”①

这番妙语既赢得了选民的赞赏，又将矛头直指马科斯的痛处，击败了对手。阿基诺夫人在这次论辩中，在马科斯的攻击面前，从字眼上先是“退”，是在数落自己种种的“弱点和不足”，而实际是“进”，她反语正说，不但恰当准确地说明了自己可以从政的优势，而且鲜明地揭露了马科斯的种种弊端和丑行。这使她反驳的语言更加深刻有力，从而说服选民，获得竞选成功。

4. 连续肯定法

连续肯定法是指在说服过程中，先肯定对方的意见或做法，以消除对方的抵制情绪，取得其信任，进而对其进行说服的方法。

案例 7-17

有一天，孟子被齐宣王接见，(孟子向宣王)说：“君王曾经把(您)爱好音乐的事告诉庄暴，有这回事吗？”宣王变了脸色说：“我不是能爱好古代圣王的雅乐，只是爱好世俗一般流行的音乐罢了。”(孟子)说：“只要君王(果真)很爱音乐，那么齐国就(治理得)差不多了。当今的音乐和古代的音乐是一样的。”(宣王)说：“(这个道理)可以说来听听吗？”(孟子)问道：“一个人单独欣赏音乐快乐，跟别人一起欣赏音乐也快乐，哪一种更快乐呢？”(宣王)说：“(自己欣赏音乐)不如跟别人一起欣赏音乐更快乐。”(孟子又)问：“跟少数人一起欣赏音乐而快乐，跟多数人一起欣赏音乐也快乐，哪一种更快乐呢？”(宣王)回答：“不如跟多数人一起欣赏音乐更快乐。”(于是孟子又)说：“请让我给君王谈谈关于欣赏音乐的事吧。假如现在君王在这里奏乐，百姓听到您的钟、鼓、箫、笛的声音，都觉得头痛，愁眉苦脸地互相转告说：‘我们的君王这样爱好音乐，为什么使我们落到这样坏的地步呢？’……这没有别的缘故，(只是因为您能)和百姓同欢乐啊！如果现在君王能

① 刘金全：《以退为进的说服艺术》，载《心理世界》，1995 年第 5 期。

和百姓同欢乐，就能统一天下了。”[①]

面对孟子，齐宣王已经有了几分戒备，出现的话题又是“音乐”，他更心虚。孟子深知齐宣王意识到他自己爱好的不是古代的雅乐，而是当时社会上流行的音乐，将受到指责。然而，孟子并没有批评他，而是通过肯定的话语使其完全解除了对孟子的戒备心理，并且连续提出两个选择题让齐宣王作答，为自己宣讲施仁义、王天下的主张铺平了道路。这里，孟子就是运用连续肯定法说服齐宣王施仁政、与民同乐的，博得了齐宣王的信任，孟子由音乐过渡到政治，说明君民休戚相关，启发齐宣王与民同乐，以达到治理好国家的目的。

5. 纵横比较法

纵横比较法即通过共时的或历时的比较来论证自己的观点，以说服对方的方法。

案例 7-18

曹操欲讨伐袁绍，但又恐寡不敌众。最终令他决意出兵的是谋士郭嘉的这样一段说辞：“今绍有十败，公有十胜，绍虽强，无能为也。绍繁礼多仪，公体任自然，此道胜也。绍以逆动，公奉顺以率天下，此义胜也。桓、灵以来，政失于宽，绍以宽济宽，故不摄，公纠之以猛，而上下知制，此治胜也。绍外宽内忌，用人而疑之，所任唯亲戚子弟，公外易简而内机明，用人无疑，唯才所宜，不问远近，此度胜也。绍多谋少决，失在后事，公得策辄行，应变无穷，此谋胜也。绍高议揖让以收名誉，士之好言饰外者多归之，公以至心待人，不为虚美，士之忠正远见而有实者皆愿为用，此德胜也。绍见人饥寒，恤念之，形于颜色，其所不见，虑或不及，公于目前小事，时有所忽，至于大事，与四海接，恩之所加，皆过其望，虽所不见，虑无不周，此仁胜也。绍大臣争权，谗言惑乱，公御下以道，浸润不行，此明胜也。绍是非不可知，公所是进之以礼，所不是正之以法，此文胜也。绍好为虚势，不知兵要，公以少克众，用兵如神，军人恃之，敌人畏之，此武胜也。” 曹操听了此番议论，信心大增，决计出兵伐绍，结果真的取得了胜利。[②]

郭嘉的这番话之所以能说服曹操，就在于运用了纵横比较法，将曹操与袁绍的情况进行了深入对比，列举出让曹操信服的十条理由。他的理由建立在比较的

① 根据《孟子·梁惠王章句下》翻译，选自《孟子译注》，杨伯峻译注，中华书局，1960 年版，第 26 页。
② 转引自岑运强：《言语交际语言学》，中国人民大学出版社，2008 年版，第 152 页。

基础之上，真实无疑，因此具有很强的说服力。

6. 二难推理法

二难推理法是从两种不同的情况出发，推出一个相同的结论。其表现形式为：设有一种可能情况是 p，另一种可能情况是 q，相同的结论是 r。其推理过程是：如果 p，那么 r；如果 q，那么 r；或 p 或 q，总之 r。在交际中，说服者运用二难推理法，往往提出一个表明有两种可能性的命题，再由这两种可能性引申出被说服者难以接受但又不得不接受的结论，达到说服成功的目的。

案例 7-19

汉武帝整日幻想长生不老，派人四处寻找不死的秘方。一天，有个方士给他献上一坛酒，说是用仙草配制，喝后会长生不死。汉武帝听后非常高兴，命人把酒收藏在宫内，但不曾想被东方朔偷去喝了个精光。汉武帝心疼之余，准备把他杀了。东方朔运用二难推理法从容辩解说：“陛下，你不能杀我。这酒如果真能使人不死，那么，你杀我，我也不会死；如果你真的能把我杀死，那么，这酒又有什么灵验呢？难道值得为了这种酒把我杀掉吗？”汉武帝无话可答，只得赦免了东方朔。[1]

东方朔在这里就用了复杂构成式的二难推理：如果这酒是“不死之酒”，那么，你杀不死我；如果这酒不是“不死之酒”，那么，不值得杀我；这酒或者是“不死之酒”，或者不是“不死之酒”，所以，或者杀不死我，或者不值得杀我。结论所断定的两种可能使汉武帝处于进退维谷、左右为难的境地，但又无可奈何，也只能赦免东方朔。

7. 选言排除法

选言排除法就是运用以选言判断作为大前提，以直言判断作为小前提和结论的推理方法进行说服的方法。

案例 7-20

某商场服务员小张上岗三个月，经常和顾客争吵，营业额也上不去。商场公关部负责人找她谈话，让小张自己分析问题的原因。这位服务员列举了自己年龄小、没经验、柜台位置不好、货品不新潮等一大串原因，对主观原因虽有提及，

① 转引自岑运强：《言语交际语言学》，中国人民大学出版社，2008 年版，第 153 页。

却明显轻描淡写。公关部负责人听完小张的陈述后，仔细地将小张所列举的原因逐一进行分析："……跟与你一同上岗的人相比，你的年龄不是最小的，他们也都没有工作经验；你所管的柜台在你上岗前已设置了三年，过去的服务员从未抱怨过位置不好；该柜台所售货品近一年来一直是国内知名品牌……"听完这番话后，小张确实觉得自己无话可说，诚恳地进行了自我批评。[①]

这位公关部负责人在谈话中很好地运用了"选言排除法"来说服服务员，一一排除了她所找到的很多借口，使她认识到自己主观上的原因才是根本原因，从而使谈话收到了理想的效果。

8. 激将劝导法

激将作为一种谈心说服的艺术，是指说服者通过一定的语言手段刺激对方，激发对方的某种情感，由此引起对方的情绪波动和心态变化，并使这种情绪波动和心态变化朝着自己所预期的方向发展的一种心理战术。

案例 7-21

19 世纪，维也纳上层社会的妇女中，时兴一种桶高、檐宽的帽子，而且在帽檐上装饰着五颜六色的羽翎。女士们一进入剧场，观众们就只能看到她们戴的帽子，而看不见戏台。剧场经理在无可奈何的情况下，只好一再请求女士们脱下帽子，可谁也不予理睬。这时经理灵机一动，根据女士们爱美、爱年轻的心理状况和志趣特点说："年纪大的女士可以不脱帽！"话一出口，女士们竟纷纷脱下了帽子。[②]

经理的说服之所以能够起到立竿见影的效果，是因为他抓住了"西方女性即使五六十岁，也都自命年轻貌美，不愿被称为高龄衰老女性"的心理，有针对性地巧妙采用激将语言策略，以此让不摘帽的妇女做出他所期望的举动，收到了理想效果。

9. 晓之以理法

劝说就是讲道理，晓之以理法即先让对方明白其中的道理，再用这个道理来说服对方。

---

① 转引自网络资料：《楚庄王使传话》，http://www.jiangshi99.com/article/content/123020.html。

② 转引自网络资料：《浅析言语交际的原则》，http://www.docin.com/p-1533010989.html。

案例 7-22

村民张三的父亲进城卖菜，不慎被某村运输专业户的拖拉机撞成重伤，不治身亡。张三悲愤交加，一怒之下从家里拿了一把菜刀，要砍司机为父报仇，声称“杀了他，我也不活了！”这时，村长赶来喝道：“你爸刚死，你也不活了，你死了剩下你娘谁来养活？你忍心叫你老婆年轻轻守寡？孩子没爹？嗯？”听了这些话，张三一愣怔，菜刀“当啷”一声落了地，抱头大哭起来。村长缓口气劝道：“司机小王一不是坏人，二不是仇人，他也是一时的闪失，加上你爹耳背……不管怎么说，出了事咋处理，咱得靠政府，按法律办事。眼下你应该好好安慰你妈，把你父亲安葬了……”①

在这里，村长先是用刚言震慑、当头棒喝的说理方式，遏制事态扩大，然后再循循善诱、层层说理，让对方在缓和冲动以后明白事情的道理，终于有效说服了对方，阻止了一场恶性案件的发生，达到了理想的劝说效果。

一般而言，晓之以理劝说时，口气要委婉，切忌盛气凌人，以势压人。而且，在讲道理时，其道理要有深有浅，有大有小。被劝说者一般不喜欢别人讲大道理，劝说者应该选择特定的角度和层次，将道理化整为零，化大为小，从抽象到具体，慢慢说服对方。

10. 情感共鸣法

“动人心者，莫先乎情。”通情才好达理。人是情感动物，劝说他人时一定要先把对方的“心门”打开，用真挚的情感去感动对方，加深对方对道理的认知，使之放弃原有的立场、观点，信服劝说者所提出的建议，这是说服成功的重要保证。换言之，劝说者既要以理服人，更要以情感人。

案例 7-23

据说，有一对年轻夫妇，由于女方无端猜疑丈夫有外遇，致使感情不和。男方提出离婚，女方不同意，夫妻感情处于破裂的边缘。当地妇联的一位干部知道这一情况后，让他俩八岁的独生女儿给爸爸妈妈写了一封信，信中诉说了父母闹离婚给她的身心带来的伤害：无心读书、成绩下降、精神压抑、老做噩梦、饮食起居不正常……这一切使她失去了生活的信心，恳请爸爸妈妈不能光顾自己，也要为她想想，让她的生活重获欢乐。妇联干部拿着这封充满感情的信交给这对正闹离婚的夫妇，动情地说：“你们难道忍心让你们可爱的女儿这样痛苦下去？”果

① 转引自欧阳友权、朱秀丽：《口才学教程》，高等教育出版社，2004 年版，第 184 页。

然，女方泪水纵横，捧着女儿的信看了一遍又一遍，愧疚不已，男方也眼泪汪汪，原谅了妻子，二人很快和好如初。[①]

这位妇联干部的劝说工作之所以卓有成效，就在于找到了一个“情”字，用女儿情打动夫妻情，用“动之以情”这把钥匙打开了锁。

11. 主动诱导法

说服中，不要一味强攻硬取，而要用巧力智取。就像二人角力，说服者可以借用被说服者之力，如思维、推理的能力等，来启发或诘难，诱导被说服者进入说服者设计的思路，达到说服成功的目的。

案例 7-24

一位纪检书记（甲）发现一位商店经理（乙）有严重的违法行为，为了教育其迷途知返，发起了一场心理战：

甲：假如你家里养了一只猫，只会偷鱼吃肉睡懒觉，从不抓老鼠，还常打烂盘碟，你怎么办?

乙：把它赶出门!

甲：假如你的商店里有个售货员迟到早退，不负责任，缺斤短两，还把商品偷回家去，你怎么办?

乙：开除他!

甲：假如他的经理知情不报，还与他暗中勾结，中饱私囊，索贿受贿，你怎么办?

乙：这……[②]

这位纪检书记巧妙地诱导商店经理说出其理应得到的惩罚，使其心服口服，无话可说，进而达到委婉表达自己的意见、巧妙说服对方的目的。

五、赞美的艺术

（一）赞美的含义和作用

赞美，是指在人际交往中，一方给予另一方的称赞和表扬，它侧重于对人的某一方面价值的肯定和褒奖。美国行为主义学派的詹姆斯教授说，人性中最深切的禀赋，是被人赏识的渴望。在我们的生活中，人人需要赞美，人人喜欢赞美，

---

① 转引自欧阳友权、朱秀丽：《口才学教程》，高等教育出版社，2004 年版，第 184 页。

② 转引自网络资料：《欢声笑语学作文（下）》，http://www.docin.com/p-70948092.html。

这并非虚荣，而是渴望上进、寻求理解、需要支持与鼓励的表现。爱听赞美，是出于人的自尊的需要，这是人的一种正常的心理需要。卡耐基在谈到如何处理人际关系问题时说：“在你每天的生活之旅，别忘了为人间留下一点赞美的温馨，这一点小火花会燃起友谊的火焰。”[①]在日常交际中，善于发现别人身上的优点，恰到好处地夸赞别人，不仅能给他人带去巨大的精神力量，起到鼓舞人心的作用，而且能密切人与人之间的关系，收获更多的友谊和帮助。

（二）赞美的原则

赞美他人不是要一味地夸赞他人，对谁都口中抹蜜，好话多说，甚至吹牛拍马，给人灌“迷魂汤”，而是要遵循一定的规范和原则。最主要的原则有以下三条。

1. 实事求是

赞美他人应当实事求是，让人心服口服，这就要求将赞美建立在客观事实的基础上。譬如，明明这个人学习成绩不如人，你却说他“名列前茅，百里挑一，才智过人，聪明绝顶”，这必定会让他反感，认为你是在讽刺他，别人听了也不服。

2. 把握分寸

古人说得好，过犹不及。赞美的尺度掌握得如何往往直接影响赞美的效果。一般情况下，在事实确凿的基础上，措辞要得当，不要油嘴滑舌、大而无当地夸人，恰如其分地赞美才能收到好的效果。例如，赞美一个孩子时，可以说：“你真是个好孩子，又听话，又聪明，还很懂礼貌，将来一定有出息。”这样就很有分寸。如果你说：“这孩子绝顶聪明，智慧过人，真是个天才，世上无人能比，将来必做大官、成伟人”，这样的夸奖就过分了。赞美一旦过了头就会变成吹捧，谄谀和捧杀，都是带糖衣的毒药。

3. 态度真诚

赞美要发自内心，出语真诚，让别人觉得你是真心夸赞，不虚伪，不客套，这样才会有好的效果。有的人逢迎拍马，见面便说：“久仰大名，如雷贯耳。”“小弟才疏学浅，请阁下多多关照。”“你真是才高八斗，学富五车，貌比潘安，才如子建啊！”这类话像是从古书上学来的，听起来酸溜溜的，让人感到言不由衷，应付敷衍，缺少诚意。如果说：“早就听人说起过你，说你文章写得不错，课讲得挺受学生欢迎，我还说要去找你聊聊呢！”这样的赞美别人一般都爱听，因为态

---

① [美]卡耐基：《人性的弱点》，中国妇女出版社，2006 年版，第 61 页。

度恳切，真心实意。

（三）赞美的技巧

1. 既要“锦上添花”，又要“雪中送炭”

锦上添花是好上加好，被赞美者自会高兴，譬如赞美名人、有成就的人即属此类。一个人取得成就或成功后，四面八方都会有掌声、笑脸和鲜花，你去赞美当然未尝不可，特别是作为一种社交方式，有时是必要的，因为他们能为别人排忧解难，为社会作出贡献。不过你在这个“锦”上添的“花”必须有特色、有个性，方能为人注意，否则便会被淹没在“花”的海洋中，成了“有你不多、没你不少”的凑热闹。实际上，对于那些尚未成名，甚至不起眼的“小人物”，我们也许应该投以更多的赞美眼光，这才是雪中送炭。

日常生活中的普通人，平日不大受人关注，如刚刚步入社会的年轻人、尚未迈进文坛大门的文学青年、孜孜求学的年轻学子、曾经犯过错误又希望改邪归正的失足者等，他们往往更需要人们拉一把、扶一扶、鼓励一下。世界上没有无可赞扬的人，每个人都有自己的优点，关键是要善于发现别人的优点，并加以赞美。有的人自卑感强，是人群中的“丑小鸭”，他们平生很难听到一声赞美，一旦被人真诚地称赞，就有可能尊严复苏，自尊心、自信心倍增，精神面貌焕然一新。这将有助于开发他们潜在的智慧，鼓舞他们的创造力，使他们在成功的路上更上一层楼。例如，在学校里，教师对学习成绩较差而又有所进步的学生及时给予表扬，他可能备受鼓舞，学习更认真、更努力。

2. 要恰当运用笼统赞美与具体赞美

笼统赞美与具体赞美是两种不同的赞美方式，它们各有各的用处和功能，运用哪一种赞美更好，要依据具体情况而定。例如，要赞美一个群体，如小组、班级、分队、单位等，一般可以笼统一些、抽象一些。如果出于策略上的考虑，只宜浅层次地表扬某人，说得太具体可能不合适，需要笼统一些。还有一些纯属应酬式的赞美，也不必讲得太具体、太深入，不妨笼统一些。例如，赞美一个女孩子漂亮，对于一般性的社交场合来说，只需笼统地说“你真漂亮”就可以了，说具体了别人会不好意思，甚至会以为你不怀好意。

但在交际时，对于大多数情况而言，赞美他人应以具体为好。例如，你的同事剪了新发型，与其泛泛地说“你的发型不错”，不如说“你这个新发型真好，让你年轻了十几岁”。如果再用一个问题衔接下去，效果则会更好，如“你是在哪家做的？”或“你怎么想到选择这种发型的？”这样的赞美方式更能显示你赞美的诚意，表明你不是在随意奉承。

3. 要善于运用直接赞美和间接赞美

赞美他人，要根据赞美对象的不同选择不同的赞美方式，有时需要直接赞美，如家长称赞孩子、老师称赞学生、领导赞美部下等，多半是直接的。但对有些人，如不喜欢或者不习惯于当面被别人直接赞美的，可以运用间接赞美，得体的间接赞美有时效果比直接赞美更好。当然，这里有个身份、地位、彼此间关系的差别问题，一般说来，下级对上级、晚辈对长辈、年轻者对年老者，更适于间接赞美，反之，则适于直接赞美。

案例 7-25

这熙凤携着黛玉的手，上下细细打量一回，便仍送至贾母身边坐下，因笑道，“天下真有这样标致人儿！我今天才算看见了！况且这通身的气派竟不像老祖宗的外孙女儿，竟是个嫡亲的孙女儿似的，怨不得老祖宗天天嘴里心里放不下。”①

王熙凤这几句话一是直接夸赞黛玉“标致”“气派”，以讨黛玉的欢心；二是间接赞美了贾母，说黛玉像老祖宗的“嫡亲的孙女儿似的”，意思是说贾母也非常“标致”“气派”。同时，当着黛玉和在场的人说“怨不得老祖宗天天嘴里心里放不下”，意在向众人说明贾母是何等的心地善良、慈悲，非常疼爱这位外孙女儿，明夸黛玉，暗夸贾母，可谓一石二鸟，处处讨好，这王熙凤真是赞美的高手。

人们通常认为“第三者”所说的话比较公正、实在，因此，以第三者的口吻间接赞美对方，更能博得对方的好感和信任。所以，如果赞美别人说“你看起来还那么年轻”，就不如说成“你真年轻，难怪某某说你一直那么年轻”。这样好像证实了自己的赞美，对方就容易信以为真，不会怀疑你是在随便奉承他。

六、批评的艺术

（一）正确认识和对待批评

生活中不能没有赞美，人生也少不了批评。赞美如阳光，是肯定，是鼓励，批评如雨露，是鞭策，是爱护，二者犹如助人前行的两轮、催人奋飞的两翼，共同推动人的进步和发展。金无足赤，人无完人。人生在世，孰能无过？若有过失，就要虚心接受别人的指教和批评。即使有自知之明，也不文过饰非，讳疾忌医。有道是，当局者迷，旁观者清。善意的批评是人生的良师益友，是人生的一面镜

---

①（清）曹雪芹：《红楼梦》（第三回），北京教育出版社，2013 年版，第 21 页。

子，它能照出我们身上的污点，帮助我们察利弊、明得失、少失误。

父母从不批评孩子，是溺爱；教师从不批评学生，是不负责任；朋友之间只有恭维，从无批评，不是良朋益友，而是酒肉伙伴；那种只会滥用廉价的表扬，从不敢正言批评的领导，更是处世圆滑、怕得罪人的平庸之徒，在他们所主管的部门、单位，必然纪律松弛、人心涣散。

（二）批评的方式方法

俗话说，“良药苦口利于病，忠言逆耳利于行”。这两句话常用来说明人们要虚心接受批评，而不要计较批评的方式方法。然而，方式方法问题，被批评者可以不计较，但批评者却不能不讲究。善于批评的批评者即使批评他人，也能做到“忠言”不“逆耳”，老少都爱听。这里我们介绍几种常用的批评方法。

1. 直接批评法

直接批评法即开门见山、一针见血地指出被批评者的错误、缺点。对于思想基础好、性格开朗、乐于接受批评的人可以采取这种方式。这样做，被批评者不但不会感到突然和言辞激烈，反而会认为批评者有诚意、直率，是真心帮助自己进步。

案例 7-26

《周恩来外交风云》一书中，写了这样一件事：

1961 年 9 月，英国陆军元帅蒙哥马利再次访华。周总理特意让办公厅副主任参加接待小组，并陪同蒙哥马利到外地去访问。在洛阳的时候，蒙哥马利和陪同人员晚上在街头散步，路过一个小剧场，蒙哥马利要求进去看看。当时，剧场里正在上演豫剧《穆桂英挂帅》。幕间休息时，蒙哥马利退场了，他说：“这出戏不好，怎么能让女人当元帅？”这位副主任解释说：“这是中国的民间传奇，群众很爱看。”蒙哥马利认真地说：“爱看女人当元帅的男人不是真正的男人，爱看女人当元帅的女人不是真正的女人。”副主任也较上了劲：“中国红军就有女战士，现在解放军就有一位女少将。”蒙哥马利说：“我对红军、解放军一向很敬佩，不知道还有女少将，这有损解放军的声誉。”副主任也急了，说：“英国女王也是女的，按照你们的体制，女王是英国国家元首和全国武装部队总司令。”蒙哥马利涨红了脸，一声不吭。

回北京后，周总理听取了副主任的汇报。当副主任提起和蒙哥马利的争论时，周总理变得严肃起来：“你讲得太过分。你说这是民间传奇就够了。他有看法，何必驳他？你搞了这些年外交工作，还不懂得‘求同存异’的道理吗？弄得人家无话可说，就算你胜利了？鲁迅讲过，‘辱骂和恐吓绝不是战斗’，引申一下，讽刺和挖苦绝不是我们的外交。”

周总理的批评很尖锐，但这位副主任还是打心里服了。[①]

周总理对这位副主任的批评采取直接批评的方式，毫不隐瞒自己的观点，指出了对方的失误。这样直率严肃的批评，具有很强的刺激和警策力，有助于使对方幡然醒悟。周总理在这次直接批评中，还巧妙地把疏导渗透其中，以理服人，从而增强了批评的效果。

2. 欲抑故扬法

欲抑故扬法即先故意肯定对方的某一长处或者赞扬其某些观点，营造良好的心理氛围，然后再加以批评。

案例 7-27

（原）美国总统柯立芝 1923 年入主白宫。这位总统平常总是少言寡语，因此人们称他为“沉默的卡尔”，但有一天他却出人意料地赞扬起了别人。原来柯立芝有一位漂亮的女秘书，人虽长得非常漂亮，但工作中却时常粗心大意。一天早晨，柯立芝看见女秘书走进办公室，便对她说：“啊！露丝小姐，今天你穿的这身衣服真漂亮，正适合你漂亮迷人的身材。”这句话出自柯立芝口中，简直让女秘书受宠若惊，有些不敢相信。柯立芝接着说：“但你也不要骄傲，我相信你对工作的处理也能和你本人一样漂亮。”果然从那天起，女秘书在公文上很少出错了。[②]

柯立芝批评女秘书用的就是“欲抑故扬”的批评技巧。他开始故意表示对秘书的赞美，让她心理上“受宠若惊”，然后适时地对之进行委婉批评，收到了良好效果。

应该指出的是，作为一种批评说服艺术，“欲抑故扬法”的运用必须注意：首先，“扬”是策略手段、方式方法，“抑”才是真正的目的，“扬”是为“抑”服务的；其次，“扬”的过程要考虑条件、场合、分寸，适可而止，绝不是无条件的肯定和赞扬，以免不可收拾，达不到“抑”的目的。

3. 暗示侧击法

受到批评者难免有某种不快之感，有时当面指出错误会造成剧烈的反抗，而

---

① 转引自吴甘霖、邓小兰：《执行重在到位》，机械工业出版社，2008 年版，第 39 页。

② 转引自网络资料：《批评的艺术•故事两则》，http://blog.sina.com.cn/s/blog_4cb7380c0100hcl1.html。

通过巧妙地暗示，旁敲侧击，让对方意识到自己的错误并主动改正错误，就是暗示批评法。

案例 7-28

晋文公亲自率领大军，要去进攻卫国。公子锄跟着出发，走到半路，他突然仰天大笑起来。当被追问笑什么时，他给晋文公讲了他邻居的故事："邻居送他妻子回娘家去，走在路上，看见一个采桑的妇女很美貌，他被迷住了，撇下自己的妻子，嬉皮笑脸地走上前去，想要调戏那个采桑女，只听见背后发出叫骂声，他扭头一看，原来自己的妻子也正被另一人挑逗呢！臣想到此事就不禁好笑。"

晋文公听到这里，猛然醒悟。急忙下令停止进军，立刻从原路折回。这时正好接到京城的紧急报告，北边的敌人趁他南进时，兵临边境了。①

此例中，公子锄劝阻晋文公出兵进攻卫国使用的就是"暗示侧击法"。从表面上看，公子锄是在"窃笑邻人"，实际上则是在批评晋文公。这里，公子锄声东击西，既收到了批评效果，又没有因直接劝谏使君王难堪，可谓一箭双雕。试想，假如公子锄不是运用"暗示侧击法"，而是直言劝谏，不但晋文公听不进去，恐怕公子锄本人也会有杀身之祸。

4. 渐进批评法

渐进批评法就是逐渐输出批评信息，有层次地进行批评，这样可以使被批评者对批评逐渐适应、逐步接受，不至于一下子"谈崩"，或因受批评背上沉重的思想包袱。

案例 7-29

1949 年 9 月，陈毅作为上海市市长到北京参加政协会议，由于住房紧张，他主动从豪华的北京饭店搬出来，把房子让给傅作义将军，自己住进了陈旧的小平房。他还代表上海市赠给傅作义两辆名牌小汽车。这在部队引起很多议论，说："像这些大战犯不杀就便宜他了，凭什么腾房子，送汽车？"陈毅听到后，在一次会议上批评这些同志说："同志们，我的老兄老弟们，要我陈毅怎么讲你们才懂啊！我陈毅不住北京饭店，照样上班，照样骂人！他可不一样了！你们知道不知道，傅先生到电台讲了半小时话，长沙那边就起义两个军！为我军减少了很大伤亡！让傅先生住了北京饭店，有了小汽车，他就会感到共产党是真心交朋友的。"他越

① 转引自岑运强：《言语交际语言学》，中国人民大学出版社，2008 年版，第 158-159 页。

说越冒火，用手指敲着桌子说："我把北京饭店让给你住，再送你十辆小汽车，你能起义两个军？怎么不吭声呢？"他的火气出完了，又心平气和地说："我们是共产党嘛，要有太平洋那样的胸怀和气量咧，不要长一副周瑜的细肚肠！依我看，你想把中国的事情办好，还是那句老话，团结的朋友越多越有希望！"①

在这段批评中，陈毅先是摆出事实，让战士们了解傅作义将军所作的贡献，然后表明自己的态度与观点，接下来细讲道理。对这样的批评，大家听后不但没有怨气，反倒觉得一身轻松。

5. 幽默诙谐法

所谓"幽默诙谐"，是指在批评中曲意婉转，语言风趣，在轻松巧妙的表达背后，潜藏批评的内涵，进而让对方认识到自己观念或行为中的不恰当之处，并及时予以改正。

案例 7-30

宋祁写文章时，喜欢用别人看不懂的冷僻字，来显示自己的博学多才。欧阳修同他一起修《新唐书》时，很想找个机会指出他的毛病。有一次，欧阳修去探望宋祁，不巧宋祁不在，于是欧阳修在门上留下一句话："宵寐匪贞，札闼洪休。"宋祁回来之后百思不得其解，只好跑去问欧阳修。欧阳修见宋祁疑惑的样子，哈哈大笑起来，说："你忘了，这八个字是'夜梦不祥，题门大吉'啊！"宋祁听罢，埋怨欧阳修干吗要用这些让人看不懂的字呢。欧阳修趁机反驳道："这就是您修唐书的手法呀！'迅雷不及掩耳'，多明白的字句，您偏写成'震雷无暇掩聪'，这样写出的史书谁能读得懂呢？"听了欧阳修的话，宋祁深感惭愧，表示以后要改掉这个毛病。②

这里，欧阳修就是很好地运用了"幽默诙谐法"，使宋祁认识到滥用冷僻字是不当的，从而在轻松、和谐的气氛中，有效地完成了批评活动。这样，既避免了严肃的针锋相对的犀利和尴尬，又收到了良好的效果。

6. 类比烘托法

类比烘托法即借助与所批评的现象相近的人、事或物，运用类比的方式烘托出批评的内容，从而彰显对方所犯错误，促使其自我反省。

---

① 转引自网络资料：《批评人 但不得罪人的实用技巧》，http://www.360doc.com/content/16/ 0713/16/11498314_575230512.shtml。

② 转引自网络资料：《幽默式批评，避免尴尬气氛》，http://blog.sina.com.cn/s/blog_a24a16e50101d73x.html。

案例 7-31

有位老师上课时发现有两位学生趴在桌上打瞌睡，他先将这两位学生叫醒，然后为大家讲了一个小故事：“听说有一只企鹅，在跟它的师傅学垒巢时，总是爱把头和脖子贴到地面上待一会儿。它师傅问：‘你这是什么意思？’小企鹅回答：‘我这是对师傅的礼貌。’由此我深受启发，有的同学上课不注意听课，总是喜欢把头贴在桌子上，可能这也是对老师的礼貌吧？”老师说完，全班同学哄堂大笑，两位瞌睡的同学满脸羞愧，从此上课再也不打瞌睡了。①

这位老师不是采用简单粗暴的语言批评学生，而是采取讲故事的方式，对错误的现象作了幽默式类比，取得了良好的效果。

7. 以问代责法

以问代责法即将批评谴责的话用疑问句形式表达出来，让对方认识到错误。

案例 7-32

1989 年年底，在纽约哥伦比亚大学物理楼，李政道博士为 120 多名中国留学生作学术报告，可是坐在后排的学生有的不认真听讲，互相讲话，李政道博士非常生气，声色俱厉地说：“请各位听着，你们有这个机会再不听的话，你们是没有前途的。你们要自己尊重自己。你们考上中国—美国联合招考的物理学研究生算得了什么？你们考第一名又算得了什么？难道中国青年就是这样吗？你们谁学了东西？请举手。你们对得起自己吗？你们必须努力。两百年来中国人是受压迫的，炎黄子孙是要抬头的。你们是精英，你们必须尊重自己，你们是要负责的。”②

李政道博士对留学生的批评，连用了五个诘问，以引发大家的思考，使大家思之得之。用提问的办法进行批评，适用于善于思考、性格内向、各方面比较成熟的人，这些人一般都有一定的思考接受能力，对自己的过失，多数情况下可以自我醒悟，把批评信息传给他们，他们就会加以注意并随之在思考中认识到自己的错误。

8. 以褒代贬法

以褒代贬法，就是通过名义上的褒奖和赞扬来实现实际上的批评的技巧。

---

① 转引自梁桂：《教师批评技巧探析》，载《职业》，2014 年第 12 期。

② 转引自网络资料：《批评人 但不得罪人的实用技巧》，http://www.360doc.com/content/16/0713/16/11498314_575230512.shtml。

案例 7-33

洪承畴降清后，在南京总督军务时，有一次亲自审问夏完淳，诱劝夏归降。夏完淳装作不认识洪承畴，故意高声说："我是大明忠臣，怎能劝我反叛？我经常听人谈起我大明忠臣洪承畴先生的事迹，他在关外与清军血战阵亡，名传天下。我虽年幼，说到杀身报国，还不甘心落后于他呢！"洪承畴满脸涨得通红，无言以对，不知所措。这时，洪承畴的幕僚真以为他不认识洪承畴，连忙上前悄声去提醒他面前的就是洪承畴。夏完淳趁机大骂："胡说，洪大人早已为国捐躯，天下谁人不知？当今天子亲自祭哭洪大人，满朝群臣都痛哭流涕。上座这个无耻叛徒是什么东西，竟敢冒洪大人名来玷污他的'忠魂'。"把个洪承畴骂得目瞪口呆，无地自容。①

夏完淳成功地运用了以褒代贬法：他假装不认识洪承畴，名义上颂扬"洪大人"的"忠"，实际上却是在痛斥其叛徒行径，弄得洪承畴尴尬万分，哭笑不得，还奈何不了他。

（三）批评时应注意的几个问题

1. 目的端正，批评准确

目的端正，是出发点问题。从动机上说，批评者的出发点必须是善意的、真诚的，做到尊重、理解和信任被批评者。因此，批评他人要持有公正的立场和与人为善的态度，切忌冷嘲热讽，语言粗暴，翻出老账，没完没了；切不可公报私仇，夹杂个人恩怨，更不能存心找麻烦；幸灾乐祸，落井下石，借他人犯错误的时候而泄私愤，图报复，更不可取。

批评准确，是态度问题。准确，是批评的生命。批评要准确，是说对他人的批评一定要有根有据，切不可主观臆断、想当然、听风就是雨。批评的目的，在于帮助他人认识错误并改正错误，提高能力和素质。如果批评得不准确，被批评者就容易产生困惑和误解，容易产生反感和抵触情绪，有时即使批评的动机很好，被批评者也会拒绝接受，这就达不到批评的目的。因此，在批评之前，批评者要实事求是地弄清楚错误的基本事实，包括行为动机、原因、过程、性质、后果等，分清是非、有的放矢。批评时切忌"上纲上线"，应该就事论事，对事不对人，批评不扩大、不缩小，事实确凿，定性准确。

① 转引自岑运强：《言语交际语言学》，中国人民大学出版社，2008 年版，第 163 页。

2. 找准时机，选择场合

所谓找准时机，就是批评他人要适时，既不能过早，也不能过晚。心理学研究表明，语言的“分量”是随机而分轻重的。这主要决定于所说的话语与听者切身关系的大小，听者对话语的精神准备程度，外界环境的情况，以及听者兴奋性刺激物和抑制性刺激物的多少等条件。批评也是如此。若批评过早，条件不成熟，往往达不到预期目的；若批评不及时，会让对方认为“我一直都这么做，怎么你过去就没意见呢？”这容易让对方产生种种猜测，以为另有原因，出现不必要的隔阂。

所谓选择场合，就是批评他人时，场合要适合于错误的性质，要适合于纠正错误的需要。对他人的错误该批评的就要批评，但最好不要当众斥责或有第三者在场时直接批评，否则很可能会使他无地自容，自尊心严重受损，而不是首先意识到自己所犯错误的严重性，甚至会以敌视的态度来反击批评者，以保护他受到威胁的自尊心，这样的批评除了增加对方的反感和抵触外，很少有积极的效果。

3. 注意态度，把握分寸

所谓注意态度是指批评要站在他人的立场上，从爱护他人的角度诚心诚意地进行，做到心平气和、诚恳认真、冷静耐心，使他感受到你的温暖和关怀，卸下戒备和抵触情绪，真心接受你的批评。批评他人时，还应注意不要发怒，不要恶语伤人，不要以权压人。虽然批评是否定的，但批评语言要有“温度”，应该是“未成曲调先有情”，这样才能使批评的内容为受批评者所接受，达到启发人、引导人的批评目的。

所谓把握分寸，就是批评他人的深浅要适度，不能无度、缺度或过度，不要超过对方的心理承受能力。同时，批评的本身应该是扬弃，因此，批评时要一分为二，不搞全盘否定，一个人犯了错误，并不等于他一无是处，在批评那些错误的、应该否定的东西的同时，不应抹杀其成绩、功劳和优点。那种全盘否定的批评容易激化矛盾，不利于思想的转化。

4. 因人而异，对症下药

不同的人由于经历、文化程度、性格特征、年龄等的不同，接受批评的能力和方式有很大区别。面对批评，有的人努力改进，有的人神情沮丧、心灰意冷，有的人恼羞成怒，有的人甚至寻求报复。这就要求批评者根据不同批评对象的不同特点，采取不同的批评方式和语气。例如，对年轻人，批评时要语重心长；对中年人，宜于旁敲侧击，点到即止；对长辈和上级，要巧妙提醒，含蓄委婉；对那些“老虎屁股摸不得”的不讲理者，要理直气壮，以正压邪，在严厉批评之后，再辅之以耐心说服。

七、拒绝的艺术

（一）交际中为什么要学会拒绝

拒绝是指说话人为否定听话人的思想观点、利益要求、行为表现而做出的一种反应。在社会交往中，人们都会有各种各样的要求，有求必应是每个人都在追求的理想目标。但是，由于主客观条件的限制，我们不可能任何时候都做到有求必应。例如，有人邀请你，可你却认为不该到场；有人向你赠送礼品，可接受的代价却是丧失原则；有人求你办事，可你实在无能为力；有人向你表白，可你却对对方不感兴趣；有人缠住你向你借钱，可你的手头不宽裕，难以满足对方要求；有人向你兜售商品，但你并不需要它；等等，生活中这些事情经常遇到，不一而足。因此，拒绝虽是令人深感遗憾的，但却又是难以避免的。如果本该拒绝的要求没有拒绝，轻易承诺了自己不愿、不该、不必、不能做的事情，而又没有兑现，轻者耽误他人的事、伤害感情、影响关系，重者自食其果、付出惨重代价。可见，学会拒绝，是人们进行社会交往所必需的技能要求，是处理人际关系的大学问。例如，《红楼梦》中的林黛玉初到贾府后，马上去拜见了大舅母邢夫人，邢夫人苦留黛玉吃晚饭，黛玉婉言答道："舅母爱惜赐饭，原不应辞，只是还要过去拜见二舅舅，恐领了赐去不恭，异日再领，未为不可，望舅母容谅。"[①]初到大舅母家，主人留饭，吃与不吃，确是难题。吃吧，天色已晚，不能去见二舅舅；不吃吧，又有不识抬举之嫌。黛玉礼貌地说明原因，并许诺"异日再领"，既不伤大舅母面子，又领了情，双方都理解了这份遗憾，不失为高明的拒绝。

（二）拒绝的技巧

如何把拒绝带来的遗憾缩小到最低限度，做到既不伤害对方的自尊与感情，又取得对方的谅解与支持，是需要一些技巧的。这里介绍几种常见的拒绝技巧。

1. 直截了当拒绝法

对那些不能接受的要求、无法承诺的事情、不切实际的幻想，特别是对那些违背原则、法律、纪律的不正当要求，应该直截了当地予以拒绝，态度坚决，不迁就、不犹豫、不含糊，切忌模棱两可，使对方产生误解，对此仍抱有幻想。不过在拒绝时语气要诚恳，要向对方耐心地解释你拒绝的理由，表示歉意，请求对方谅解，不要让对方觉得你是一个冷漠无情的人，甚至觉得你对他有成见。

---

①（清）曹雪芹：《红楼梦》（第三回），北京教育出版社，2013 年版，第 22 页。

案例 7-34

东汉人杨震是个颇得称赞的清官。他做过荆州刺史，后调任东莱太守。他去东莱上任的时候，路过冒邑。冒邑县令王密是他在荆州刺史任内荐举的官员，王密听到杨震到来，晚上悄悄去拜访他，并带金十斤作为礼物。王密送这样的重礼，一是对杨震过去的荐举表示感谢，二是想通过贿赂请这位老上司以后再多加关照。可是杨震当场拒绝了这份礼物，说："故人知君，君不知故人，何也？"王密以为杨震假装客气，便说："幕夜无知者。"意思是说晚上又有谁能知道呢？杨震立即生气了，说："天知、地知、你知、我知，怎说无知？"王密十分羞愧，只得带着礼物，狼狈而回。①

杨震的拒绝干脆利落、直言不讳、态度明确、正气凛然，拒贿有方，收到了很好的效果。

2. 委婉含蓄拒绝法

"拒绝"本身就是一种有损"面子"的行为。中国的传统文化中最讲究"以和为贵"，所以很多人把拒绝别人当作很不给面子的事，因而在拒绝别人的时候，对于一般性的要求，要尽量避免说"不"，因为断然拒绝容易伤害他人的自尊心，而应当采取委婉含蓄的方式，暗示对方我对此无能为力，无法满足你的要求，这样更容易让别人接受。

案例 7-35

一次，庄子正在河边悠然钓鱼，突然来了两位楚王的使臣，他们恭恭敬敬地对庄子说："先生，我们大王想请您到朝廷做官，您同意吗？"庄子无意当官，直截了当地拒绝又有失礼貌，于是做了一个这样的回答："我听说过从前楚国有过一神龟，已死去三千多年了。大王对它十分的敬仰，用精美的竹器盛着，上面还盖着极华贵的丝巾，高高地供在庙堂之上。不过有一点我搞不明白，你们替我说说看，这就是，在那只龟自己看来，究竟是死了后被人把骨头当作宝贝高高地供起好呢，还是像生前那样快活地生活在泥里摇头摆尾好？"两位使臣听了立刻回答："当然是快活地在泥里摇头摆尾好呀！"庄子听了也就立即答道："那么二位请回，且容我继续在泥里摇头摆尾吧！"②

庄子的拒绝，既是委婉的又是温暖的，既达到了自己的目的，又照顾了对方

① 转引自网络资料：《关于拒绝的名人故事》，https://www.ruiwen.com/zuowen/mingrengushi/870838.html。

② 转引自张玉庭：《有种妙答叫"所答非所问"》，载《小作家选刊》，2011 年第 10 期。

的面子，拒绝得有礼有节、恰当得体。

3. 转移话题拒绝法

对那些碍于情面的要求，你不便马上拒绝，可以采取转移话题、答非所问、寻找借口等方式，暂时把对方说话的焦点转移开，从而达到间接拒绝的目的。

案例 7-36

某大酒店有位姓张的小姐，长得非常出众，因此经常有些不三不四的小青年对她出言不逊，但她总能灵活地予以对付，堪称游刃有余。有一次，又有几位男青年找上门来，瞅着张小姐就说："你就是张小姐吗？听说你长得挺漂亮，我们哥几个特意来看看你。"对于这样的事情，一般的服务员也许要么破口大骂，要么针锋相对进行反击。但是这样一来，就会影响到酒店的生意，而且当面给他们下不来台，他们很可能以后经常来捣乱，对酒店的名誉也有影响。面对此情况，张小姐并没有发怒，而是微笑着说："你们是来喝酒的吧？别光说漂亮话，几位吃点什么？"几位小青年一见，面面相觑，反而不知如何是好，只好坐下来点了几个菜了事。[①]

这里，张小姐对几个青年的挑衅装作不知道，反而笑脸相迎，热切招待，对他们的话置之不理，而是以发问的形式巧妙转移话题："你们是来喝酒的吧？"给这几位小青年一个既贴切、不失礼貌，同时又隐含讽刺的招呼。她接着进行反击："别光说漂亮话，几位吃点什么？"既暗示了对方语言的无礼，又彬彬有礼地尽到了服务员的职责，同时拒绝了几位小青年无礼的挑衅。

4. 暗示拒绝法

对那些实难启齿的拒绝，你可不必开口，而用一些体态、动作、表情来暗示自己拒绝的意图。例如，用身体欠佳、疲劳、倦怠、打呵欠的举止，使对方感到不安；或中断微笑、"晴转多云"，目光老向别处看等，暗示对他的要求不感兴趣；或频频看表，抑或催家人做饭、倒水，催小孩睡觉，等等，暗示对方离开。

5. 先"Yes"后"No"拒绝法

对对方的请求不是直接说"不"，而是先表示同情、理解，然后再根据实情说明自己的难处，表明这个请求不是自己力所能及的，让对方了解自己拒绝的苦衷和歉意，态度要诚恳，语言要温和，获得对方的理解。其中，"Yes"是手

---

① 转引自网络资料：《社交谋略与技巧》，https://kb.cnblogs.com/page/57208/22/。

段，“No”是理由，拒绝才是目的。例如，“我很愿意帮助您，只是……”“论理倒是这个理儿，不过……”“您的意见是正确的，但是……”“我很理解您的难处，可是……”等。

案例 7-37

一位老师办高考补习班，遇到不少老领导、老同学、老熟人，他们一见面就直截了当提出要求：“我的孩子没考上大学，没别的办法，只好上补习班，请你帮这个忙。”可是名额已满，教室再也容纳不下，怎样拒绝他们呢？老师不是一开口就说“不行”，而是接过话茬说：“是呀，孩子考大学是大事，谁能不操心呢？去年我的孩子没考上大学，急得我没办法，才办了这个班。”然后再据实陈述情况：“我们这个高考补习班只有一间教室，很小，已经挤得满满的，讲台两边都摆上书桌了，实在没地方啊……”然后带着他们去实地察看，果然再也没有放书桌的地方。[①]

这位老师先说了一些赞成、同情的话，尊重了对方的愿望，然后再陈述实情，让对方知道之所以拒绝是出于不得已，于是就达成了“理解的遗憾”。

6. 幽默诙谐拒绝法

在社会生活中，我们经常会遇到一些需要拒绝而又不好拒绝别人的时候，这时我们如果巧妙地运用一下幽默，往往会得到满意的结果。

案例 7-38

美国总统罗斯福在海军担任要职时，一位朋友向他打听海军在加勒比海的一个小岛上建立潜艇基地的保密计划，罗斯福向四周看了看，压低声音说：“你能保密吗？”朋友答道：“能，当然能，我会守口如瓶。”罗斯福微微一笑跟着说：“那么，我也能，我也会守口如瓶”[②]

罗斯福在海军担任要职，当然懂得保守军事机密的纪律，但是面对好友的询问，他又不好直接回绝。在这种情况下，他能够适用幽默的语言，给对方以巧妙的拒绝，既不伤害朋友之间的感情，又避免了违反军纪，真是一举两得，堪称社交活动的典范。

---

① 转引自欧阳友权、朱秀丽：《口才学教程》，高等教育出版社，2004 年版，第 189 页。

② 转引自王光华：《实用口才交际训练》，机械工业出版社，2010 年版，第 69 页。

7. 借人说“不”拒绝法

在拒绝别人的过程中有时候需要“善假于人”，就是在拒绝时善于利用第三者的帮助。这里的“人”既可以指单个的人，也可以指某一个团体。利用他人帮助我们拒绝对方，这样的方法在日常生活中用得很多。例如，当一位姑娘被男士邀请去看电影或吃饭但又不想去时，她经常说的话就是：“对不起，我爸爸今天让我早点儿回家，我不能陪您去。”这种说法，隐藏了自己的主观原因，而是以他人的原因为借口来拒绝对方，既减轻了对方的失望和难堪，也减轻了因拒绝别人在自己的心理上产生的压力。借用他人来拒绝对方，选用的第三者并不是任何人都可以的，一般要选择对方所尊敬的对象或具有权威性的人物，这样更有利于“不”的说出。

借用他人说“不”时，有时事先要“准备好”第三者。例如，中国有“无酒不成席”的传统，在酒场上，对于喜欢和善饮的人来说，当然是无所谓，而对于确实不会饮酒、不能饮酒的人来说不亚于是“一场灾难”。因此，人们想出了许多拒酒的招数，其中一招就是“三十六计，走为上计”，在喝酒中途找个借口“开溜”。具体做法是，在喝酒之前事先安排好一个第三者，让他在关键时刻来喊你：“某先生，你有紧急电话。”或说：“某先生，你家有急事，你爱人让你马上回去！”你便可做欲走还留状，并连说：“对不起，各位！我去去马上就来，马上就来。”而只要一离开酒席就躲起来，到酒席结束时再回来说几句道歉的话，一般对方也不会太在意。

利用第三者说“不”时，一定要考虑周密，灵活掌握，不要因此而伤害了朋友之间的感情。

8. 望梅止渴拒绝法

对那些非原则性的要求，拒绝时不要把话说死，而是适当给对方以希望、盼头。一个好的办法是，在拒绝对方之后，再说上几句补救的话，以缓和对方因遭拒绝而产生的负面情绪，例如：

甲：“你今天能陪我看电影吗？”

乙：“真是对不起啊，我今天确实很忙，有个紧急事情还要处理，实在不能陪你，你看改天如何？”

甲：“那好吧，下次你一定要陪我去啊。”

这里的“你看改天如何？”就是对前面拒绝的一种补救。乙通过这种拒绝方式让甲在情感上得到较好的满足，有效减缓了甲因为乙的拒绝而产生的不快情绪。

（三）拒绝中应注意的问题

1. 要对事不对人

拒绝的话，谁都不愿意听，但又不能不说。是否拒绝，应以所求内容是否合理、是否办得到为准，而不应以对方地位的尊卑、双方利害关系的大小为准。在这个前提下，先向对方诚恳地表示充分的尊重、理解、同情，再讲求拒绝的方法技巧，就可以把拒绝带来的遗憾缩小到最低限度，既不伤害对方的自尊心与感情，又取得对方的谅解、支持，从而增进情谊。

2. 说话要客气

所谓说话客气，就是对人要有礼貌，不能因为别人提出的要求自己不能够接受，就毫不客气、出言不逊、出口伤人、不把别人放在眼里。常言说“买卖不成仁义在”，即使别人对你的要求在你看来非常过分，你也应耐住性子，以礼相待，这样，就给你拒绝别人铺了一条好路；否则，你认为别人的要求非常不合理，使你难以接受，就对他毫不客气，脸红脖子粗地大吵一顿，一下子就把你要拒绝别人的路子堵死了，而且还会给人留下很不好的印象，以后别人就再也不愿意与你接触了。因此在拒绝别人时要给对方以安慰，多说几个“对不起，请原谅”之类的话，这样，即使你拒绝别人，别人也容易接受些。即使对方无理取闹，也应该客客气气地拒绝，因为客气本身就是一种无形的力量。

3. 要懂得换位思考

求助者要理解被求助者的难处，知道每个人都有自己的难处，他没有答应你的要求，一定有他的困难和苦衷，不要因此而抱怨；而被求助者则应该热心诚恳，乐于助人，扶危济困，急他人所急、想他人所想，尽一切努力为他人排忧解难。如果因为客观原因，难以满足对方的要求，需要拒绝，也应该说明原委，让对方明白你实在是无能为力，不必强求。如果双方都能这样做，拒绝就成为“可以理解的遗憾”。

4. 要区分对象

如果对方胸襟开阔，易于接受，最好及早开诚布公地说明拒绝原因，以便他另作安排、打算；如果对方毫无思想准备，承受心理压力的能力很低，猛然被拒，轻则可能烦忧、痛苦不堪，重则可能出现极端后果，最好以商量、研究之后再奉告为借口，以拖延战术再加上旁敲侧击，逐步暗示对方使其意识到自己已被拒绝；如果对方是你的上级、长辈，与其让他一再催你答复，不如主动登门说明原因，委婉拒绝，以免失敬；如果对方是你的下级、晚辈，即使所提的问题不便回答，所提的要求不合理，也不宜当众耻笑、训斥，而应耐心解释或暗示拒绝的原因；如对方对拒绝的理由信不过，仍想纠缠，不妨再加上人或物或事做旁证，以增强拒绝理由的可信程度。

5. 要预防反驳

一般情况下，在拒绝别人的时候，只要能够善于观察对方心理，并能灵活运用各种拒绝方法，就能顺利地拒绝别人，而且不会损及彼此的感情。但是，并不是说，拒绝别人的工作就到此为止了。其实，从某种意义上说，拒绝别人的工作只完成了一半，更重要的还是看你如何巩固这种拒绝的成果，从而达到彻底地拒绝对方的目的，否则一旦拒绝失败，后续会徒添很多不必要的麻烦。因此，我们需要预防别人对我们的拒绝进行反驳，即不给对方反驳我们的拒绝的机会，使我们的拒绝贯彻到底，而不是半途而废。

首先，拒绝者自己要有坚定的信念和决心，无论对方如何反驳也绝不动摇。

案例 7-39

有一位姑娘和一个小伙子搞对象，可是她的父母却不同意。原因是他们认为这个小伙子家境贫寒，怕女儿嫁过去后吃苦。可是女儿却铁了心要跟他，无论父母怎样反对她也不动摇。最后，她跟父母摊牌说："在这件事上，我的决心已定，我希望你们能理解女儿的心。嫁过去后吃苦受累我都认了，我自己心甘情愿。如果你们硬不同意，那也没有办法，你们就当没有生我这个不孝的女儿。不过，我内心是多么希望你们能理解和支持我，我会感谢你们的。"到了这份儿上，父母还能说什么呢？他们并不想失去女儿，既然女儿已铁了心，父母为什么还要逼她呢？最终，他们还是同意了女儿的选择。①

其次，拒绝前要充分地了解对方，对对方有一个比较准确的认识，并根据所掌握的情况，采取不同的手段，实施自己的拒绝行为。

案例 7-40

某大公司下属的一个工厂的老厂长，虽然工作能力很强，但有一个毛病，就是自尊心太强，喜欢跟别人对着干，别人要他这样，他偏那样，因此人们都管他叫"倔厂长"……一次，公司要求下属的部分工厂采用某种新设备，但是暂时还

① 转引自网络资料：《社交谋略与技巧》，https://kb.cnblogs.com/page/57208/22/。

轮不到他们厂。公司主管知道，你越是不给他，他越是盯着你要。为了巧妙地拒绝他，防止他无理取闹，这位主管便先找上门去，主动向“倔厂长”推荐这种设备。果不出所料，“倔厂长”连听都不听就拒绝了，说他的厂没用什么新设备，不也生产得挺好嘛！这位主管装模作样地劝说一番后，显得非常遗憾地走了。但他心里却在暗暗地笑，为自己顺利地战胜“倔厂长”而庆幸。①

这个案例充分说明了在拒绝之前事先做好准备的重要性。

再次，在拒绝中要保证语言的严密逻辑性和拒绝理由的充分性。大凡你在拒绝别人的时候，对方都会找出一些理由来反驳你，很少能轻易地接受你的拒绝。因此我们在拒绝别人的时候就应该时刻警惕，注意自己语言的逻辑性，随时避免给对方提供反驳自己的机会。例如，一些口才好的人就经常使用一种让你多说“是”的“劝诱法”来反驳拒绝，慢慢诱导你连连说“是”，逐渐使你同意他的观点，使你在不知不觉中就放弃了自己的拒绝。因此，在拒绝别人时，对别人的提问应尽量避免说出“是”来。

最后，拒绝时要有充足的理由。在拒绝别人时，有充足的理由是必不可少的，只要你的理由真实，语言诚恳，对方就能心服口服，一般不会再对你的拒绝进行反驳。

案例 7-41

春秋时期，有这样一个故事：齐国的宰相晏婴的妻子又丑又老，而年轻美貌的齐景公的女儿对他产生了爱慕之情，并由齐景公亲自向晏婴来说这件事。可是晏婴却不同意，他对齐景公说道：“大王，我不能从命啊！我妻子确实又丑又老，但我们生活多年，感情很深，我们曾经发誓要夫妻恩爱，白头偕老。您虽有那番美意，但我却不能背离誓言。”说完，给齐景公拜了两拜，坚决拒绝了。齐景公见他言辞恳切，也就无法再难为他了。②

总之，拒绝在社交中是一种逆势状态。拒绝的艺术就是把由于拒绝满足对方的要求而给对方造成的失望与不快控制在最小限度内。这样，既可以使自己从两难的困境中解脱出来，又可以使对方在和谐、理解的气氛中接受拒绝。

---

① 转引自网络资料：《社交谋略与技巧》，https://kb.cnblogs.com/page/57208/22/。

② 同①。

第二节　演　　讲

一、演讲含义及其类型

演讲，亦称“演说”，就是在特定的场合中，讲话者凭借自己的口才，运用有声语言，并辅之以体态语，如姿态、动作、手势、表情等，面对广大听众发表意见，从而达到感召听众并促使其行动的一种现实的信息交流活动。演讲根据不同的标准，可分为不同种类。

（一）从内容上划分

从内容上可以把演讲分为政治演讲、生活演讲、竞选演讲、学术演讲、法庭演讲、礼仪演讲六种形式。

1. 政治演讲

政治演讲是指为了一定的政治目的，出于某种政治动机，针对国家内政事务和对外关系而表明立场、阐明观点、宣传主张而发表的演讲。例如，政府官员的施政演讲、外交演讲、政治宣传演说等。政治演讲是一种高度严肃的演讲，具有明确的政治目标、鲜明的政治立场，它要求演讲者具备一定的政治见解，有一定的政治远见和政策水平，并有高度的社会责任感。演讲者对所述观点应深思熟虑，用严密而深刻的论证，阐述国家政治生活中的各种现实问题，增强自己演说的可靠性和鼓动性，对公众起政治引导作用。

案例 7-42

昨天对夏威夷群岛的进攻，给美国海陆军队造成了严重的损害。我很遗憾地告诉各位，很多美国人丧失了生命。此外，据报，美国船只在旧金山和火奴鲁鲁岛之间的公海上也遭到了鱼雷袭击。

昨天，日本政府已发起了对马来西亚的进攻。

昨夜，日本军队进攻了中国香港。

昨夜，日本军队进攻了关岛。

昨夜，日本军队进攻了菲律宾群岛。

昨夜，日本人进攻了威克岛。

今晨，日本人进攻了中途岛。

因此，日本在整个太平洋区域采取了突然的攻袭。昨天和今天的事实不言而明。合众国的人民已经形成了自己的见解，并且十分清楚这关系到我们国家的安全和生存的本身。

作为陆海军总司令，我已指示，为了我们国家，采取一切措施。[①]

这是1941年12月7日，日军无耻疯狂地偷袭珍珠港，给驻扎在那里的美国太平洋舰队及无数军人毁灭性的攻击后，时任美国总统的罗斯福在参众两院联席会议上发表的一篇演说：《1941年12月7日——一个遗臭万年的日子》。他以简练的语言陈述了12月7日前后日本突然袭击珍珠港、发动太平洋战争的事实，表示了美国一定要赢得绝对胜利的决心，向美国公众发出了战争动员令。不到10分钟的政治演讲结束，参众两院仅用了33分钟就通过了美日处于战争状态的决议，这在美国历史上是绝无仅有的一次。

2. 生活演讲

生活演讲是指就社会生活中存在的社会问题、社会现象等发表的演讲。生活演讲的特点是题材广泛、形式多样、时代感强。它可以讴歌生活中的真善美，也可以鞭挞生活中的假恶丑；既可以采用命题方式，也可以采用即兴形式。生活演讲应该从丰富多彩的现实生活中提炼有价值的演讲主题，找到新颖典型的材料。

3. 竞选演讲

竞选演讲是指在一定的组织形式中，凭口才自荐，竞争某一职务或某项工作的一种演讲。竞选演讲要求演讲者具备良好的心理素质和较高的言语表达水平，还应当事先对可能提出的问题做好充分的准备，避免太多的随意性。竞选演讲实际上是一种自我推销，用据理力争的方式，巧妙地说明“他不行，我行”，或者“他行，我更行”，达到让听者支持并投票的目的。当然，竞选演讲中的自我推销要有艺术性，切忌为了竞争而贬低对手。

4. 学术演讲

学术演讲指表述学术见解、介绍科研成果、传授科学知识的演讲。学术演讲的运用范围比较广泛，包括学术会议上的发言、学术讲座、论文答辩等。学术演讲的特点是：内容科学严谨，观点独到新颖，论证细致严密，语言平易准确等。

5. 法庭演讲

法庭演讲又称诉讼演讲，是指自诉人、公诉人、辩护人、诉讼代理人在法

---

① 转引自王光华：《实用口才交际训练》，机械工业出版社，2010年版，第148页。

庭上发表的演讲。法庭演讲可分为自诉演讲、公诉演讲和辩护演讲三大类。自诉演讲是指原告人或其法定代理人为追究被告人的法律责任而进行的演讲；公诉演讲是指检察机关代表国家为追究被告人的法律责任而进行的演讲；辩护演讲是指被告人及其辩护人在法庭上否定原告人指控事实所进行的演讲。法庭演讲的特点是：第一，公正性。在法律面前人人平等。在法庭上，无论是自诉、公诉还是辩护都要遵循公正的原则。第二，针对性。无论是自诉人、公诉人还是辩护人，都是针对具体的犯罪事实的，所以说法庭演讲有极强的针对性。第三，准确性。法庭辩护要求以事实为依据，以法律为准绳，使用的材料要准确无误。

案例 7-43

1936 年邹韬奋、史良等七位爱国民主人士因宣传抗日救国被国民党当局逮捕是为轰动全国的“七君子事件”。国民党以他们与共产党和张学良有公开电信往来为据，强加给他们一个“联合共产党反对政府”的罪名。在法庭上，邹韬奋在辩护演讲中义正辞严地反驳了国民党政府强加给他们的罪名：我们电请张学良抗日，起诉书说我们勾结张、杨叛变；我们发了同样的电报给国民政府，为什么起诉书不说我们勾结国民政府？共产党给我们写公开信，起诉书说我们勾结共产党；共产党也给蒋委员长发公开信，是不是蒋委员长也勾结共产党？[①]

法官们听完邹韬奋的辩护词，无言以对，只好宣判七位爱国民主人士无罪。

6. 礼仪演讲

礼仪演讲是指在公众节令或者重要仪式上发表的演讲。它是调节人际关系的重要手段，主要有祝贺和凭吊两种类型。

祝贺演讲指具有庆祝、恭贺性质的演讲，如结婚祝词、生日祝词、国家和团体的礼仪祝词等。凭吊演讲是为悼念死者而进行的演讲，凭吊演讲不仅在葬礼上使用以寄托哀思，还常常在周年祭或纪念会上发表，借歌功颂德激励后人。

礼仪演讲的特点是语言庄重，感情强烈，篇幅比较简短。毛泽东在张思德同志追悼会上所作的《为人民服务》的演讲，周恩来 1972 年在欢迎美国总统尼克松的宴会上的祝酒词都是礼仪演讲中的名篇。

---

① 转引自网络资料：《逻辑案例与习题》，http://www.doc88.com/p-6921968868292.html。

（二）从表达形式上划分

1. 命题演讲

命题演讲就是由别人拟定题目或演讲范围，并经过准备以后所作的演讲。命题演讲包含两种形式：一是全命题演讲，二是半命题演讲。全命题演讲一般是由演讲的组织者确定一个固定的演讲题目，演讲者依此而进行的演讲；半命题演讲是演讲者根据演讲活动限定的演讲范围，自己拟定具体题目而进行的演讲。命题演讲的特点与要求是：第一，有鲜明的主题；第二，针对性强；第三，内容稳定；第四，结构完整。一般来讲，它在结构上应当包括是什么、为什么、怎么办等。

2. 即兴演讲

即兴演讲是指演讲者在事先无准备的情况下，就眼前的场面、情境、事物、人物有感而发，临时由兴而起发表的演讲。即兴演讲的特点是：第一，有感而发。即兴演讲往往是因受眼前的某种“由头”触动而发表的，它要求演讲者善于捕捉，巧于生发。这种演讲最能体现演讲者的水平、能力、个性和修养。第二，时境感强。即兴演讲要求“到什么山唱什么歌，见什么人说什么话”，所以演讲内容一定要与当时的话题和环境紧密相关。第三，言简意赅。即兴演讲事先多无准备，最多也就打打腹稿，所以即兴演讲不适宜长篇论说，应该言简意赅。

（三）按其他标准划分

（1）按场所标准，演讲可以分为会场演讲、课堂演讲、巡回演讲和广播电视演讲等。

（2）按功能标准，演讲可以分为“使人知”“使人信”“使人激”“使人动”“使人乐”的演讲等。

（3）按风格标准，演讲可以分为激昂型、深沉型、严谨型、幽默型等。

二、演讲的特征

（一）“讲”“演”同步，“声”“形”结合

演讲必须具备三个要素：演讲者、信息和听众。演讲的基本形态是“一人讲，众人听”。对演讲者来说，他要靠声音和体态语来传递信息；对于听众来说，他不仅要听，而且要看，视听同时起作用来接受演讲者所传达的信息。由此规定了演讲必然是“讲”与“演”同步，“声”与“形”结合。

讲，就是陈述，是把经过组织的语言说出来，表达清楚，并追求言辞的表现

力和声音的感染力。演，包含“演绎”和“表演”两层含义。演绎，是指讲话的内容有一定的逻辑推演过程，讲话必须运用逻辑方式或事实依据把道理讲得清楚明白；而表演则是指演讲者运用面部表情、手势动作、身体姿态乃至一切可以理解的体态语，为所讲的内容服务，使话语“艺术化”起来，从而产生一种特殊的艺术魅力。演与讲之间，要以讲为主，以演为辅，演服从于讲，为讲服务。讲是将有声语言传达给听众的听觉，是“声”；演是借助体态语作用于人们的视觉，是“形”。所以“讲”与“演”同步，也就是“声”与“形”结合。

（二）说服力强，鼓动性大

说服和鼓动是演讲的重要特征，也是演讲的目的。1775 年，美国政治活动家、演说家帕特里克•亨利发表了为独立而战的《在弗吉尼亚州议会上的演说》。据历史记载，他的这个演说给人的感触非常强烈：当他讲完后，整个会议厅鸦雀无声，直到几分钟后，议会的一部分成员才从座位上跳起来，兴奋地喊出：“拿起武器！”接着，大厅像刮起旋风一般，“拿起武器”的吼声此起彼伏，人们眼里闪烁着爱国热情的火花。他的演讲很快传遍全美各英殖民地，成为美国人民反击英殖民主义的战斗动员令和争取独立自由的宣言书，使千百万人觉醒，掀起了一场为独立与自由而战的伟大斗争。其说服力之强、鼓动性之大，真是“一人之辩，重于九鼎之宝；三寸之舌，强于百万之师”。[①]

为什么演讲会具有如此大的鼓动性呢？首先，演讲者态度鲜明，或褒或贬、或赞扬或批判，泾渭分明，毫不含糊，他所讲的又切合听众的需要，启迪了听众的思维，所以能引起共鸣。其次，演讲者在演讲时总是饱含炽烈的情感，他要以自己的心声呼唤听众的心声，以自己的感情火花去点燃听众的感情火花，激发听众对现实的关注和思考。最后，演讲是演讲者与听众面对面的交流，演讲的直观性也加强了它的鼓动性。

（三）时代感强，时效明显

演讲是一种针对性很强的社会实践活动，同时它直接诉诸听众的视听感觉，这就决定了演讲具有明显的时效性。从宏观上看，演讲具有十分强烈的时代色彩，古今中外的演讲，无不切合时代的脉搏，为时代呐喊。从微观上看，演讲还要受到演讲的时间、空间和听众可接受程度的制约。

（四）艺术性高，感染力强

精彩的演讲应该具有相声般的幽默、诗歌般的激情、戏剧般的冲突和优美的

① 转引自仫华编著：《跟我学：演讲口才》，中国经济出版社，2006 年版，第 113 页。

体态动作，具有很强的艺术感染力。演讲稿是书面的语言艺术，演讲的话语是有声语言艺术；演讲内容波澜起伏，具有戏剧特点；演讲者的幽默机智有如相声曲艺；背景环境的布置和演讲者的“演”构成一种画面感；而演讲者的姿势、手势短暂停留的一瞬间，又具有雕塑感。这一切有机地统一，就会形成特定的审美效果和较高的艺术性，产生综合的艺术感染力。

三、演讲的过程

实际的演讲过程分为诸多环节，而各环节又有一定的结构方式。有人借鉴元代散曲家乔梦符的话，把演讲的各环节描述为“凤头、猪肚、豹尾”。意思是说演讲起要美丽、中要浩荡、结要响亮，前后贯穿，首尾圆合。

（一）演讲的开场白

俗话说，“好的开端是成功的一半”。演讲亦是如此。演讲的开场白是一门艺术。一个引人入胜的开头，至少可以有两方面的作用：一是营造气氛，引起兴趣，控制情绪，开始初步的思想情感交流；二是为所要讲述的主要内容铺平道路。因此，每个演讲者几乎无一例外地都会对演讲的开头作精心的设计和安排。演讲的开头千变万化，常见的有以下几种。

1. 由演讲的题目讲起

演讲者开篇就直奔主题，不拖泥带水，开场便用精辟的语言直接亮明自己的思想观点，这是最简单、最常用的开场法。这种开头不仅交代了题目，而且便于引起下文，使听众觉得自然流畅。

案例 7-44

同学们，你们说“天下兴亡”的下一句是什么？（台下声音：“匹夫有责”）——不，是“我的责任”。如果今年高考每个人都额外加 10 分，那不等于没加吗？“天下兴亡，匹夫有责”等于大家无责。“匹夫有责”要改成“我的责任”，我是这样教我的学生的。所以说，现在我们大陆教育办得不好，是我高震东的责任，只因为这样，我才回祖国专门举办道德方面演讲。（掌声）

“以天下兴亡为己任”是孟子思想。禹是人，舜是人，我也是人！他们能做到的，我为什么不能呢？“天下兴亡，我的责任”，唯有这个思想，我们的国家才有希望。我们每个学生如果人人都说：学校秩序不好，是我的责任；国家教育办不好，是我的责任；国家不强盛，是我的责任……人人都能主动负责，天下哪有不兴盛的国家？哪有不团结的团体？所以说，每个学生都应该把责任拉到自己身上来，而不是推出去。①

演讲一开始就简单明了，直奔演讲的主题，即“天下兴亡，我的责任”。这样的开头方式既可以开门见山，进入演讲情境，勾起听众凝神静听的愿望，又可以紧扣话题展开演讲内容，给听众留下深刻的印象。

2. 由演讲的缘由讲起

这种方法一开始便三言两语向听众说明演讲的起因，然后顺水推舟导入下文。

案例 7-45

每个青年都关心自己祖国和民族的命运，国家的正气，民族的正气，是团结鼓舞群众积极向上的巨大力量，是一个国家、一个民族兴旺发达的重要精神支柱。我今天就想以“国家、民族与正气”为题做一个发言。②

这种从缘由讲起的方法，不仅能使听众知道演讲的主题和动机，引起听众的关注和兴趣，而且和正文的衔接也显得自然流畅。

3. 由具体事例讲起

闻一多的《最后一次演讲》就是用事例开的头：这几天，大家晓得，在昆明出现了历史上最卑劣、最无耻的事情！李先生究竟犯了什么罪，竟遭此毒手？

这样的开场白能一下子就进入正题，抓住听众的心。

4. 幽默式开场白

演讲时用幽默法导入，亦庄亦谐、妙趣横生，不仅能够较好地表现演讲者的智慧和才华，而且一开始就能营造一个轻松愉快的氛围，使听众乐于接受演讲的内容。

案例 7-46

一次，林语堂应邀参加一所学校的毕业典礼，在他前面有不少人做演讲，都讲的冗长乏味。轮到他演讲时，时间已经过了正午，学生们已经开始不耐烦了。林语堂走上讲台，开口就说：“绅士的演讲，应当像女孩子穿的裙子一样，愈短愈

---

① 转引自于保泉、鞠荣祥：《言语交际案例教程》，上海交通大学出版社，2011 年版，第 215 页。

② 李燕杰：《国家、民族与正气》，选自《著名演讲辞鉴赏》，山东人民出版社，1992 年版，第 369 页。

好。”此言一出，全场哄堂大笑，听众们精神为之一振。[1]

幽默是智慧和信心的表现，运用得好，会让人感到演讲生动传神又回味悠长，使演讲具有无穷的魅力。

5. 用名言警句开场

演讲者在演讲中适当运用名言警句开场，可以强化演讲开场白的分量。这种开场没有废话，用好了会很精彩，给听众留下难忘的印象。例如，李燕杰教授常常用诗开头，有一次演讲时，他是这样开场的：“我今天发言的主题思想用一句话概括，叫：海到无边天作岸，山临绝顶我为峰。是什么意思呢？……”[2]营造了一种学者演讲的气氛。

6. 以设问的形式开场

在演讲一开始就提出一个或几个问题，以引发听众的思考，吸引听众，控制听众情绪。这种方式要求所提问题具有一定的新鲜感，内容最好是听众略有所知的，同时演讲者本身对问题要有比较可信而新颖的答案。

案例 7-47

教育家陶行知 1925 年在南开中学做过《学做一个人》的演讲，他是这样开头的：

我要讲的题目是：学做一个人。要做一个整个的人，别做一个不完全的人。中国虽然有四万万人，试问有几个是整个的人？诸君，试想一想：“我自己是不是一个整个的人？”[3]

陶行知提出，做人就要做“整个的人”，那么“有几个是整个的人？”“自己是不是一个整个的人？”这样的设问循序渐进，把听众的思路一步步引向深处。

7. 自报家门式开场

演讲一开场就来个自我介绍，或分享个人经历，或讲述性格爱好，或表明立场观点。这样的开头显得诚挚坦率，能调节气氛，吸引听众。

---

① 转引自网络资料：《名人轶事：幽默大师林语堂二、三事》，http://blog.sina.com.cn/s/blog_4b81ef2301000bv9.html。

② 转引自黄哲东：《每天一堂演讲口才课》，国家行政学院出版社，2010 年版，第 107 页。

③ 陶行知：《陶行知全集（第 2 卷）》，四川教育出版社，2005 年版，第 290 页。

案例 7-48

如相声演员牛群登台介绍自己时，做过这样的开头（开场白）：我大哥叫牛路，我爸希望他像牛一样扎扎实实地走路；三姐叫牛步，学牛走路一步一个脚印；我二哥叫牛铎，就是牛脖子上的铃铛。几个孩子一大群，该我出生了——“这孩子叫什么？”“就叫牛群吧。”[①]

另外，演讲还有通过向听众致意开场，用称赞的话开场，用故事、寓言开场，用传闻轶事、个人经历、偶然事件、新闻事件开场，以及通过描述情景、表述细节、阐发哲理开场等。

演讲者不管用什么样的方式作开场白，一定要注意以下四点：①形式上，要力求新颖别致、巧趣，一下就抓住听众，吸引他们；②内容上，要有新意，出奇制胜，使人耳目一新；③要有容量，意境深远，内涵丰富；④要有声势，有先声夺人之势。

（二）演讲的中间环节

1. 紧扣主题，语不离宗

从开头到结尾，展开论证也好，进行叙述也好，纵然千波百转，也要紧扣主题。一个问题可能是多侧面、多角度的，但无论多少个侧面和角度，必定有其主要的一面；一篇演讲可能包含几个问题，但无论多少个问题，它们都应当相互联系，并有主次之分。演讲者必须抓住主干，理清脉枝，分清主次轻重，不可“开口千言，离题万里”。

2. 条理清楚，层次分明

要做到这一点，就必须在科学分析的基础上，把散乱的材料分门别类，分清主次和先后，把它们组织安排好，从而更充分、更有力地表现主题。例如，哪些应该先说，哪些应该后讲，哪些要详讲，哪些要略说；如何开头，如何结尾，如何照应，如何过渡，都要有周密的计划，做到胸有成竹。这样才不至于眉目不清、条理不明、乱七八糟、支离破碎，特别要处理好层次、过渡与照应的关系等。

所谓层次就是内容的先后次序，也就是演讲展开的脉络和步骤。演讲可以围绕主题采用总分、并列、递进、因果等方式层层展开，说明道理，阐述观点，表达感情。

所谓过渡与照应，也叫起承转合。过渡就是在两层意思或两段之间做到承上

---

① 铁人：《牛群：说话和说相声一样“牛”》，载《演讲与口才》，2002 年第 2 期。

启下、前后衔接；照应就是上文与下文的内容或前后的内容要关照呼应。前面想到的问题，后面要有着落和结果，后面提到的问题前面要先有交代和暗示，这样才能前后呼应，浑然一体，而不至于有头无尾或有尾无头。需要照应的情况有以下几种：①演讲的开头和结尾；②演讲的内容和题目；③提出的问题和解决的问题；④演讲的材料与观点。

3. 有张有弛，跌宕起伏

"文似看山不喜平"。演讲也是一样，演讲的内容应当千波百折，有起有伏，使整个结构富于变化，多姿多彩，以其结构的艺术性吸引、打动并说服听众。演讲过程一定要避免叙述过程的一马平川、平淡无奇。心理学家认为，人听讲话的有意注意力每隔 5～7 分钟就会有所松弛，而跌宕起伏、张弛有致的结构，就能很好地适应听众的这一特点。演讲者应当时而严峻地说服，时而又轻松地谈笑，时而慷慨陈词，时而诙谐幽默，甚至还可以根据需要适当穿插一些奇闻轶事、小故事、诗文警句、谈资笑料等。这样会使内容丰富多彩，也使形式摇曳生辉，使听众精神振奋，乐于倾听。

同时，在演讲中，要恰当地构筑若干高潮，形成思想内容升华的"顶点"。在这一过程中，情和理随着激越的语句喷薄而出，表现出最强的力度，具有最大的感召力。高潮应该是自然而然的"水到渠成"的产物，而不是矫揉造作、故弄玄虚的结果。思想内容未达到这一爆发点，仅仅靠语言形式的硬凑形成的不是高潮，而是无病呻吟，不可能有感动听众的魅力。因而构筑高潮必须首先根据内容情感的需要，必须恰到好处，千万不能以为用了高亢的语调甚至声嘶力竭，或者用了接二连三的设问、反问就形成了高潮。高潮是相对于低潮而言的。一席演讲既有"山峰"又有"低谷"，在起伏波动之中，才会显出生气和活力，所以形成高潮须对内容作精心的安排，使之起伏有致，有重有轻。内容的起伏轻重形之于相应的语言形式就会在重和轻的"点"上表现出高潮，从语言形式看，要在高潮处多用排比句、反问句、设问句等句式。一个演讲者应该善于设置和构筑演讲的高潮，并利用高潮的特有感染力，使信息的传递达到最佳状态。

（三）演讲的结束语

常言道，"编筐编篓，难在收口""头难起，尾难落"。演讲的结束语是演讲走向成功的最后一步，是给听众留下的一个"最后印象"。收尾不好的演讲是失败的演讲，好的结尾才能使演讲"功德圆满"。好的结束语应该既是收口又是高峰；既水到渠成又戛然而止；既铿锵有力又余音缭绕；既别开生面、不落俗套又自然得体。演讲的结尾方式很多，常见的有如下几种。

1. 概括观点，深化主题

演讲者在演讲结束前，用简洁的语言对全篇的主要内容进行概括总结，一则可以再次强化主题，使中心更为突出，二则能够通过近因效应，使演讲给听众留下更加深刻的记忆。

案例 7-49

亲爱的同学们，让我们一起在自学中自立，在自立中自强吧！青春无权闲适，光阴无权荒废，要使人生放出光彩，只有不断攀登，才能“一览众山小”；只有以苦作舟，才能到达理想的彼岸。一句话，送给我们在座的各位同学：叹息无出路，爱拼才会赢，让我们一起在我的大学中努力为靓丽的明天划上一个圆满的句号！①

这是一位青年在演讲《爱拼才会赢》中的结尾，他用两个“无权”，两个“只有”，将全文要点恰当地概括出来。之后又用两个简洁有力的短句加以总结，铿锵有声，如重锤一样敲击着听众的心扉，使人过耳不忘。

2. 发出号召，增强气势

这种结尾方式就是运用一些情感激昂、富有鼓动性和号召性的语言向听众发起呼吁，激起听众的情绪、信念，鼓动干劲，促进行动。

案例 7-50

我们的同胞已经身在疆场了，我们为什么还要站在这里袖手旁观呢？先生们希望的是什么？想达到什么目的？生命就那么可贵？和平就那么甜美？甚至不惜以戴锁链、受奴役的代价来换取吗？全能的上帝啊，结束这一切吧！在这场战斗中，我不知道别人会如何行事，至于我，不自由，毋宁死!②

这是美国独立战争前夕，国务卿帕特里克·亨利在弗吉尼亚州会议上演讲的结束语。亨利以“至于我，不自由，毋宁死”九个字来激励听众行动起来，争取他们站到自己的立场上来。

3. 立言立誓，表明决心

演讲者讲完主要内容后，在结尾的时候，旗帜鲜明地表明自己的态度和决心，

---

① 转引自于保泉、鞠荣祥：《言语交际案例教程》，上海交通大学出版社，2011 年版，第 220 页。

② 同①。

以发自肺腑的真诚之声表示“我”或“我们”的决心。这种结尾诚挚悲壮、坚定豪迈，能树立起自己的形象，同时也可深深感染听众，引起共鸣。

案例 7-51

如今，我在山区已经工作四十个年头了，不少人劝我说：“落叶归根，退了休就回城去吧。”我的回答是：“不，我生虽不是山里人，但死也要做山里的鬼。我要把余热洒在那块土地上，把我的骨灰留在那个校园里，我最大的心愿是，要看着山里的孩子健康成长，成为国家的栋梁。”①

这是演讲者在叙述完自己在山区工作的经历和贡献后，以“我生虽不是山里人，但死也要做山里的鬼”，直接向听众表明自己的决心，要把自己最美的青春奉献给山里的孩子们。

4. 引用名言，激励听众

演讲结束前引用名言做结束语，能产生“权威效应”和“名言效应”，给演讲内容提供有力的证明，对听众的心理具有极强的撞击作用，给听众留下深刻的印象。“名言”可以是警句、格言、诗词，它们深邃、美好、受人青睐，其特点是精炼、生动而且富有节奏感。用得好，很容易形成气势，增强感召力。

案例 7-52

黑人领袖马丁·路德·金有句名言：“这个世界上，没有人能够使你倒下。如果你自己的信念还站立着的话。”是的，即使在最困难的时候，也不要熄灭心中信念的火把。同学们，不管你现在的成绩怎么样，不管你现在的基础怎么样，只要坚定信念，超越自我，你就有了努力的方向，你就有了奋斗的目标，你就有了生活的动力，你就有了成功的希望。②

这样的结尾言已尽而意未绝，令人回味，发人深思。这种方式用好的关键在于：所引语句必须与所述内容相吻合；引句的内容要高度凝练、精辟，且为人熟知。

除以上几种结尾方式外，还有祝愿式、希望式、展望式、赞语式、幽默式等，“尾无定法，妙在巧用中”。不管用哪种方式，都应当坚持这样四个原则：①收拢全篇，揭示题旨；②表达新颖，不落俗套；③铿锵有力，号召性强；④简洁明快，

① 转引自于保泉、鞠荣祥：《言语交际案例教程》，上海交通大学出版社，2011 年版，第 220 页。

② 转引自于保泉、鞠荣祥：《言语交际案例教程》，上海交通大学出版社，2011 年版，第 221 页。

耐人寻味。演讲结尾忌讳：①草草收场，敷衍了事；②拖泥带水，画蛇添足；③精疲力竭，底气已尽；④翻来覆去，冷饭回锅；⑤故作谦虚，言不由衷。

四、演讲的言语技巧

（一）通俗易懂

通俗易懂，是演讲言语的一个特点，也是演讲者言语表达的一个基本标准，即用听众熟悉、能马上理解的语言，把要讲述的内容用浅显明白的话语表达出来。避免采用生涩、艰深的词语，避免引用不好理解的古文和诗词，避免过多使用专业术语和学术名词。总之，语言要明朗化、浅易化、大众化。

（二）逻辑严密

就文体来说，演讲属于论说文体，虽然也讲事实，也有描述、抒情，但那些只是手段，议论才是总体特点和要求。演讲者要阐明自己的主张、见解与态度，通过说理，启迪人、说服人、感染人、教育人、打动人，只有逻辑性强的演讲，才能真正地令人信服。因此，在演讲过程中，不要忽视语言的逻辑性。

案例 7-53

你为什么浪费国家的水？你为什么浪费国家的资源？如果大家每天洗脸都为国家省一盆水，一年省多少水？你算算，你们学校六千学生，每人每天节省一盆水，一年省多少水？省水就是省电，就是节省国家资源……从自己身边做起，我们国家才有希望——这就是“天下兴旺，我的责任”的积极负责的道德观念，这就是道德教育……[①]

这一系列的反问，组成了一个逻辑强大的包围圈。此段演讲几乎全是短句，层层推进，气势逼人，而且语感急促明快，听来条条是理、头头是道，不可不服。

（三）情真意切

成功的演讲总是以情感人的，只有使用自身的感情力量才能使听众动情，产生感情上的共鸣，从而达到演讲的目的。要使听众听了你的演讲激动、兴奋，产生共鸣，不仅心服，而且心动，不仅认识有所提高，而且愿意行动，只有言语情真意切才能做到。有的演讲不能打动人，就是因为演讲者所表达的感情是“模仿”来的，不是他自己的，让人感到似曾相识。

---

① 转引自于保泉、鞠荣祥：《言语交际案例教程》，上海交通大学出版社，2011 年版，第 217 页。

案例 7-54

麦克阿瑟将军 1962 年 5 月 2 日作了一次题为《责任—荣誉—国家》的著名演讲。他说："我的年事渐高，已近黄昏。我的过去已经消失了音调与色彩，它们已经随着往事的梦境模模糊糊地溜走了。这些回忆是非常美好的，是以泪水洗涤、以昨天的微笑抚慰的。我以渴望的耳朵徒然聆听着微弱的起床号声的迷人旋律、远处'咚咚'作响的鼓声。在我的梦境里，又听到的枪炮声、'咯咯'的步枪射击声，战场上古怪而悲伤的低语声。可是，在我记忆的黄昏，我总是来到西点，那里始终在我的耳边回响着：责任—荣誉—国家。"①

将军在垂暮之年回顾自己的军人生涯，缅怀自己当年在西点军校生活的点点滴滴，以特有的方式表达他在"黄昏"时节的"梦境"和"渴望"，徐徐传出对战斗岁月的眷恋和强烈的自豪感、荣誉感，充满深情地诉说了一个有血有肉的"真人"的特有感情，带给听者深深的震撼。

（四）富有气势

气势是演讲成功的重要法宝。有了气势，演讲才能震撼听众的心灵，调动听众的感情，使听众感我之所感。增强演讲气势的方法多种多样，如用短句、问句、排比句、感叹句等。

案例 7-55

回到密西西比去吧！回到阿拉巴马去吧！回到南卡罗来纳去吧！回到乔治亚去吧！回到路易丝安纳去吧！既然知道这种境况能够而且必定改变，那么就回到我们北方城市中的陋巷和贫民窟去吧！我们决不可以在绝望的深渊中纵乐。

今天，我对大家说，我的朋友们，纵使我们面临着今天和明天的种种艰难困苦，我仍然有个梦想，这是一个深深植根于美国之梦的梦想。

我梦想着，有那么一天，我们这个民族将会奋起反抗，并且一直坚持实现它的信条的真谛——我们认为所有的人生来平等是不言自明的真理。

我梦想着，有那么一天，甚至现在仍为不平等的灼热和压迫的高温所炙烤着的密西西比，也能变为自由与平等的绿洲。

我梦想着，有那么一天，我四个孩子，能够生活在一个不是以他们肤色，而是以他们的品性来判断他们的价值的国度里。

我梦想着，有那么一天，就在邪恶的种族主义者仍然对黑人活动横加干涉的

---

① 转引自武传涛主编：《著名演讲辞鉴赏》，山东人民出版社，1992 年版，第 306 页。

阿拉巴马州，就在其统治者拒不取消种族歧视政策的阿拉巴马州，黑人儿童将能够与白人儿童如兄弟姐妹一般携起手来。

我梦想着，有那么一天，沟壑填满，山岭削平，崎岖地带铲为平川，坎坷地段夷为平地，上帝的灵光大放光彩，芸芸众生共睹光华！

这就是我们的希望！这是我返回南方时所怀的信念！[①]

演讲中，马丁•路德•金相继连用 4 个“回到……”、5 个“我梦想着……”、3 个“怀着这个信念……”一系列的排比句段，发自肺腑地、淋漓尽致地表达了千百万黑人对实现自由平等、消除种族歧视的渴望。语言气势磅礴、波澜迭起、简洁有力，强烈地激起了广大黑人为实现自由平等而斗争的信心和力量。

（五）巧用语音

巧用语音要做到以下四点。

一是做到发音准确响亮，吐词清晰圆润。这是对演讲者最基本的口语表达的要求。

案例 7-56

历史上的项羽虽然“力拔山兮气盖世”，但由于骄傲自负，**刚愎**自用，最后弄得众叛亲离，自刎乌江。刘邦则知人善任，能屈能伸，终成大业，一统天下！[②]

有一位演讲者将“刚愎”读成了“刚腹”，结果听众交头接耳。读错字音，一方面直接影响听众对一个词、一个句子，甚至整篇内容的理解；另一方面也直接影响演讲者的声誉和威信，降低听众对演讲者的信任感。

发音准确是指不念错别字；吐词清晰，是指将词语准确地念出来，让听众听得清清楚楚。不能过快过慢，不能结结巴巴、丢三落四，不能破坏语句的内在结构和本来联系。要使听众感到很流畅、很顺利。有的人演讲起来口齿不清，嘴里像含着一个东西，这些都是毛病，应该在平时或演讲时努力改正。

二是语速要适中。处理好语速，需要注意以下三点。

第一，就整体而言，语速不可过快，也不可过慢，正常的演讲语速，每分钟讲 120～150 个字，过快，像“放鞭炮似的噼里啪啦”，一则听众难以听得十分清楚，二则难给听众留下边听边思考的余地，形成信息的“供过于求”，引起听众烦躁，影响演讲的效果。过慢，像老奶奶讲故事似的，拉腔拖调，会给人以愚笨、

---

① [美]马丁•路德•金：《美国给黑人一张不兑现的期票》，引自周靖：《语言交际的艺术》，华文出版社，1995 年版，第 147-148 页。

② 转引自网络资料：《演讲的语言技巧》，http://www.doc88.com/p-9075701583375.html。

迟钝的感觉，也容易使听众无精打采，或者心不在焉，势必也会影响演讲效果。因此，演讲语速要快而不乱，慢而不拖，快中有慢，慢中有快，不能总是“一崭齐”。这样，便能显示出语言的清晰度和节奏感，使演讲具有音乐美。

第二，语速要以内容为转移，要根据思想情感表达的需要，做出恰当的处理，做到快慢得体、急缓有致。这样做本身就是语言艺术性的体现。就内容来说，表现深深思索、非常失望、过于哀痛处要用慢速；交代情节、插叙故事等处，要用中速；抒发激情、鼓舞志气、号召行动、抨击责问等处，要用快速。就句式来说，陈述句、被动句要用慢速；反问句、感叹句要用快速。全篇的语速基调到底如何确定，哪里当快速，哪里当慢速，要在演讲前处理好。同时，语速的变化不能太突然，要有过渡，只能逐渐加快或减慢，否则，就会给听者造成突兀的感觉，使他们在理解和感受时出现困难。

第三，要把握好重读。重读是指将句子的某些词语读得比较重的现象。重音可以起到强调重点、加重语气、突出感情的作用。同一句话，由于重音的位置不同，表达的感情和含义就会不同。演讲中，要根据思想内容表达需要和演讲者感情与心理的变化，合理安排句中需要重读的词语。下面这段演讲可以这样处理重音：

一切都是针对**我们**而来，而不是针对**别人**。英国政府如此长久地锻造出的**锁链**要来**桎梏**我们了，我们该**何以**抵抗？还要靠**辩论**吗？先生，我们已经**辩论十年**了，可辩论出什么更好的**抵御措施**了吗？**没有**。①

强调重音如何确定？①应该从全篇内容和演讲主题来考虑和安排，不能只从个别句子出发。②要考虑各重音的力度差别，以上段为例，后面的“没有”的读音应该比其他重音力度更强，因为它是总结性的短语。③要处理好非重音与重音之间的过渡和渐递（逐渐地递增或递减），不能忽高忽低，给人一种一惊一乍的不舒服的感觉。只有这几点都做好了，才能使思想性和艺术性达到圆满的结合。

三是恰当地停顿。恰当的停顿，可以使演讲的内容得到清楚的表达，语言呈现鲜明的节奏感。停顿的作用有三：①呼吸唤气；②提示话题；③加强语言表达效果。斯坦尼斯拉夫斯基说过：“顿歇本身仍然具有影响听众情绪的力量。”②

演讲中要注意运用好以下三种停顿。

第一，语法停顿。语法停顿一般用标点符号表示出来，按标点停顿，但有时在较长的主语和谓语之间、动词和较长的宾语之间、较长的附加成分和中心词之间、较长的联合成分之间，虽然没有标点符号，也可作适当停顿。这种停顿往往是强调某一观点或突出某一事物。

第二，呼吸停顿。呼吸停顿是换气的需要，在遇到长句子时，就用这种停顿

---

① 转引自网络资料：《不自由，毋宁死》，http://blog.sina.com.cn/s/blog_4ef816ff0100ll4o.html。

② 转引自网络资料：《语言表达》，http://www.docin.com/p-450669614.html。

来调节呼吸。当然它不是破坏语法停顿，而是在语法停顿的基础上所做的停顿。

案例 7-57

主席先生：没有人比我更钦佩／刚刚在会议上发言的先生们的／爱国精神与见识才能。但是，人们常常／从不同的角度／来观察同一事物。因此，尽管我的观点／与他们截然不同，我还是要毫无顾忌、／毫无保留地／讲出自己的观点，并希望／不要因此而被认为／是对先生们的不敬。[①]

第三，强调停顿。强调停顿是为了强调某个问题，或突出某种感情而做的停顿。这种停顿不是为了调节呼吸，也不是受语法停顿的限制。例如：

（1）只要大家团结起来，/你，/我，/他，/紧紧地拧成一股力量，/就没有克服不了的/困难。

（2）他这么做/到底/有什么不对？/请大家好好想想。

（1）中的“你、我、他”一词一顿，就是为了突出和强调我们“大家”团结的重要性；（2）中在“做”与“底”之后做停顿，就是为了强调他这么做没有什么不对。

四是语调要贴切。同样一句话，由于语调轻重、高低长短、急缓等的不同变化，可以表达出种种不同的思想感情。语调的选择和运用，必须切合思想内容，符合语言环境，考虑现场效果，做到贴切自然。一般说来，表达坚定、果敢、豪迈、愤怒的思想感情，可以语气急骤，声音较重；表达幸福、温暖、体贴、欣慰的思想感情，可以语气舒缓，声音较轻；表达优雅、庄重、满足的思想感情，可以语调前后稍弱，中间较强。只有做到语调的选择恰如其分，演讲才能绘声绘色、入耳入心。

（六）句式灵活

总体看来，演讲的句式是短句多，句式比较整齐，句型多样，句式运用比较灵活。

案例 7-58

哈娜，你听见我在说什么吗？不管你在哪里，你抬起头来看哪！抬起头来看哪，哈娜，乌云正在消散，阳光照射进来！我们正在离开黑暗，进入光明！我们正在进入一个新世界——一个可爱的世界。那里的人将克服他们的贪婪、他们的

① 转引自网络资料：《不自由，毋宁死》，http://blog.sina.com.cn/s/blog_4ef816ff0100ll4o.html。

仇恨、他们的残忍。抬起头来看哪，哈娜，人的灵魂已长了翅膀，他们终于要振翅飞翔了。他们飞到了霓虹里——飞到了希望的光影里。抬起头来看呀，哈娜！抬起头来看呀！①

这段演讲，以短句为主，长短句交错；以陈述句为主，疑问句、感叹句和祈使句俱备；句式也多种多样，有主谓句、非主谓句。主谓句中，有一般主谓句，有带宾主谓句，有省略句；非主谓句中，有无主句，有独词句等。通过这种变化多彩的语言结构，把演讲者寻觅和平与自由的意志和愿望倾诉出来，而且倾诉得那么动人，那么有魅力。

总之，“冰冻三尺，非一日之寒。”演讲口才的训练，不仅要勤练、苦练，而且要巧练，要练习得法，摸清规律，掌握要领。

第三节　辩　　论

一、辩论的含义

辩论，也称论辩，有着悠久的历史。在中国古代，辩论被称为“辩”。先秦时的墨子说：“俱无胜者不辩也，辩也者，或谓之是，或谓之非。”“彼以此其然也，说是其然也；我以此其不然也，疑是其然也。”②“辩，争彼也，辩胜，当也。”③“谓辩无胜，必不当。说在辩。”④就是说，辩论之所以出现，就是因为各方对于某一事物存在不同的看法，如果都没有对错是非的分别就没有辩论；辩就是互相的争论，都认为自己的观点是对的，对方是错的，而最后理由充足或观点正确（当）的一方胜利。可见，辩论是思维的碰撞，是勇气的比试，是文化的激荡。《墨子·小取》里还对辩论作过这样的解释：“夫辩者，将以明是非之分，审治乱之纪，明同异之处，察名实之理，处利害，决嫌疑。”⑤就是说，辩论的作用在于划清是非的界限，探察世道治乱的标准，判断区别事物同异的根据，权衡利害得失，解决存在的疑惑。

《现代汉语词典》对“辩论”的解释是：“彼此用一定的理由来说明自己对事物或问题的见解，揭露对方的矛盾，以便最后得到正确的认识或共同的意见。”⑥

① 转引自网络资料：《要为自由而战斗》，https://baike.so.com/doc/6354390-6568021.html。

② 张永祥、肖霞：《墨子译注》，上海古籍出版社，2016 年版，第 116 页。

③ 张永祥、肖霞：《墨子译注》，上海古籍出版社，2016 年版，第 112 页。

④ 张永祥、肖霞：《墨子译注》，上海古籍出版社，2016 年版，第 110 页。

⑤ 张永祥、肖霞：《墨子译注》，上海古籍出版社，2016 年版，第 117 页。

⑥ 中国社会科学院语言研究所词典编辑室编：《现代汉语词典》（第 6 版），商务印书馆，2015 年版，第 83 页。

本书对辩论作如下定义：辩论是对同一议题持有不同意见的人，通过正误之争，辩明是非、探求道理，证明自己的观点正确，用于说服别人放弃原有的观点，以达成一致意见或获得正确认识的一种沟通活动，它是一种语言直接对抗的形式，包括以下几层意思。

（1）辩论是一种行为。这种行为是通过语言来进行的，辩论是语言表达的一种。

（2）辩论是一种有辩论各方和同一辩题的行为。只有一方，没有对手，争辩不起来；有多方存在，没有同一争辩题目，即辩题，大家各说各的，互不相干，风马牛不相及，辩论也不会存在。

（3）辩论是辩明是非、追求胜利的行为。辩论的目的就是要对方信服自己的观点，谁的理由充分，谁就能说服对方，取得胜利。

二、辩论的类型

辩论作为适用领域较广的社会活动，其表现形式多种多样，根据不同的标准，我们可对其进行不同的划分。例如，以参辩方的数量来划分，辩论有双方辩论与多方辩论之别，在多方辩论里又有一对一、一对多、多对多的辩论之分；按事先有无准备来划分，辩论可分为有准备辩论与无准备辩论；根据辩论的气氛来划分，辩论可分为愉悦式辩论和敌对式辩论；根据辩论领域和不同内容来划分，辩论可分为政治辩论、外交辩论、决策辩论、竞选辩论、法庭辩论、学术争鸣等。这里我们根据论辩背景的不同，侧重介绍日常辩论、专题辩论和赛场辩论三种类型。

（一）日常辩论

日常辩论，是人们在日常生活中随时随地就某一事物、某一论题所进行的辩论。这样的辩论，自由随意，一般是在双方都没有准备和约定的情况下，由眼前突然触发的情况即兴引起的，并非有意识地提前组织。没有固定的地点，没有固定的参与人，也没有一定的规则。它不同于日常的吵架，不能辱骂，而是采用摆事实、讲道理的方式来取得胜利。

进行日常辩论，要注意以下几点。

（1）辩论的论题要有意义。日常辩论的论题有两类：一是原则性的问题，二是属于琐碎小事的非原则性问题，对双方都没有利害关系。

（2）辩论要大度，有分寸。辩论不能只凭感情用事，只顾个人意气，对争论中观点的冲突和对方情绪的波动，要有容人的器量；对一些非原则性的辩论不妨主动认输，情绪激动时，应注意礼貌，避免用过激言辞，要做到不算老账、不揭隐私、尊重他人人格，力求保持大家风范。

（3）辩驳方式要委婉、巧妙。在日常辩论中，为不使矛盾激化，有时没有必要直接正面地去反对、驳斥他人的意见，可委婉地表达自己的观点。

案例 7-59

在一次宴会上，美国著名作家马克·吐温与一位女士对坐。出于礼貌，马克·吐温说："你真漂亮。"那位不懂礼节的女士却说："可惜我无法同样地赞美您！"马克·吐温立即回答："那没关系，你可以像我一样说一句谎话。"[①]

这样的回答反其意而用之，显得委婉巧妙，反比直言争辩更为有力。

案例 7-60

庄子与惠子游于濠梁之上：

庄子曰："鲦鱼出游从容，是鱼之乐也。"

惠子曰："子非鱼，安知鱼之乐？"

庄子曰："子非我，安知我不知鱼之乐？"

惠子曰："我非子，固不知子矣；子固非鱼也，子之不知鱼之乐，全矣！"

庄子曰："请循其本。子曰'汝安知鱼乐'云者，既已知吾知之而问我。我知之濠上也。"[②]

两人的辩论虽然有哲学意义，属学术争论，但是发生在日常生活中，而且彼此都没有利害考虑，这是一种非实用性的日常辩论。

（二）专题辩论

专题辩论，是指在专门场合对某一领域的特定议题进行的辩论，包括法庭辩论、会议辩论、外交辩论和竞选辩论等。各种形式的专题辩论存在着辩论场合、参辩者身份、辩论目的等不同，因此各有其特点。但不管各种形式的专题辩论各自有何特点，进行辩论时有一点是共同的，即必须熟悉专题辩论的程序和规则，明确此种辩论的目的和特点，事先做好充分的准备，做到有备无患、应付自如。

以法庭辩论为例。法庭辩论是在案件调查审理的过程中，双方当事人及其代理人在法庭上就有争议的事实和法律问题进行辩驳和论证，辩明事实真相，明辨是非曲直，以确保判决的公正，防止冤假错案的发生。在辩论之前，参辩者应做好充分准备，掌握诉讼法律的有关知识，查找有关法律条文，围绕双方分歧较大的焦点问题进行调查取证，以有力支持自己的观点。

① 转引自欧阳友权、朱秀丽：《口才学教程》，高等教育出版社，2004 年版，第 140 页。

② 陈鼓应：《庄子今译今注》，中华书局，2001 年版，第 192 页。

案例 7-61

鲍西娅扮律师上。

公爵：把您的手给我。足下是从培拉里奥老前辈那儿来的吗？

鲍西娅：正是，殿下。

公爵：欢迎，欢迎，请上坐。您有没有明了今天我们在这儿审理的这件案子的两方面的争点？

鲍西娅：我对于这件案子的详细情形已经完全知道了。这儿哪一个是商人，哪一个是犹太人？

公爵：安东尼奥，夏洛克，你们两人都上来。

鲍西娅：你的名字就叫夏洛克吗？

夏洛克：夏洛克是我的名字。

鲍西娅：你这场官司打得倒也奇怪，可是按照威尼斯的法律，你的控诉是可以成立的。（向安东尼奥）你的生死现在操在他的手里，是不是？

安东尼奥：他是这样说的。

鲍西娅：你承认这借约吗？

安东尼奥：我承认。

鲍西娅：那么犹太人应该慈悲一点。

夏洛克：为什么我应该慈悲一点？把您的理由告诉我。

鲍西娅：慈悲不是出于勉强，它是像甘霖一样从天上降下尘世；它不但给幸福于受施的人，也同样给幸福于施予的人；它有超乎一切的无上威力，比皇冠更足以显出一个帝王的高贵……

夏洛克：我自己做的事，我自己当！我只要求法律允许我照约执行处罚。

鲍西娅：他是不是无力偿还这笔借款？

巴萨尼奥：不，我愿意替他当庭还清；照原数加倍也可以；要是这样他还不满足，那么我愿意签署契约，还他十倍的数目，拿我的手、我的头、我的心做抵押；要是这样还不能使他满足，那就是存心害人，不顾天理了。请堂上运用权力，把法律稍微变通一下，犯一次小小的错误，干一件大大的功德，别让这个残忍的恶魔逞他杀人的兽欲。

鲍西娅：那可不行，在威尼斯谁也没有权力变更既成的法律；要是开了这一个恶例，以后谁都可以借口有例可援，什么坏事情都可以干了。这是不行的。

夏洛克：一个但尼尔来做法官了！真的是但尼尔再世！聪明的青年法官啊，我真佩服你！

鲍西娅：请你让我瞧一瞧那借约。

夏洛克：在这儿，可尊敬的博士，请看吧。

鲍西娅：夏洛克，他们愿意出三倍的钱还你呢。

夏洛克：不行，不行，我已经对天发过誓啦，难道我可以让我的灵魂背上毁誓的罪名吗？不，把整个儿的威尼斯给我，我都不能答应。

鲍西娅：好，那么就应该照约处罚；根据法律，这犹太人有权要求从这商人的胸口割下一磅肉来。还是慈悲一点，把三倍原数的钱拿去，让我撕了这张约吧。

夏洛克：等他按照约中所载条款受罚以后，再撕不迟。您瞧上去像是一个很好的法官；您懂得法律，您讲的话也很有道理，不愧是法律界的中流砥柱，所以现在我就用法律的名义，请您立刻进行宣判，凭着我的灵魂起誓，谁也不能用他的口舌改变我的决心。我现在等着执行原约。

安东尼奥：我也诚心请求堂上从速宣判。

鲍西娅：好，那么就是这样：你必须准备让他的刀子刺进你的胸膛。

夏洛克：啊，尊严的法官！好一位优秀的青年！

鲍西娅：因为这约上所订的惩罚，对于法律条文的含义并无抵触。

夏洛克：很对很对！啊，聪明正直的法官！想不到你瞧上去这样年轻，见识却这么老练！

鲍西娅：所以你应该把你的胸膛袒露出来。

夏洛克：对了，“他的胸部”，约上是这么说的——不是吗，尊严的法官？——“靠近心口的所在”，约上写得明明白白的。

鲍西娅：不错，称肉的天平有没有预备好？

夏洛克：我已经带来了。

鲍西娅：夏洛克，去请一位外科医生来替他堵住伤口，费用归你负担，免得他流血而死。

夏洛克：约上有这样的规定吗？

鲍西娅：约上并没有这样的规定；可是那又有什么相干呢？肯做一件好事总是好的。

夏洛克：我找不到，约上没有这一条。

鲍西娅：商人，你还有什么话说吗？

……

夏洛克：这些便是相信基督教的丈夫！我有一个女儿，我宁愿她嫁给强盗的子孙，不愿她嫁给一个基督徒。别再浪费光阴了，请快些宣判吧。

鲍西娅：那商人身上的一磅肉是你的；法庭判给你，法律许可你。

夏洛克：公平正直的法官！

鲍西娅：你必须从他的胸前割下这磅肉来；法律许可你，法庭判给你。

夏洛克：博学多才的法官！判得好！来，预备！

鲍西娅：且慢，还有别的话哩。这约上并没有允许你取他的一滴血，只是写明着“一磅肉”；所以你可以照约拿一磅肉去，可是在割肉的时候，要是流下一滴基督徒的血，你的土地财产，按照威尼斯的法律，就要全部充公。

葛莱西安诺：啊，公平正直的法官！听着，犹太人；啊，博学多才的法官！①

鲍西娅作为法官，来审判夏洛克和安东尼奥的借贷官司，围绕辩题“割 / 不割安东尼奥胸口的一磅肉”，双方展开了激烈的辩论。尽管这是四百多年前的一场法庭辩论，但它的紧张和热烈场面不输于现代法庭辩论。

（三）赛场辩论

赛场辩论是有组织的、按一定规则进行的一种言语活动。双方围绕同一个论题当面交锋，各自论述自己的观点和见解，反驳对方论点，以求评判出胜负，带有训练、竞技、教育和游戏性质。常见的赛场辩论有一对一模式、二对二模式、三对三模式和四对四模式等。因为赛场辩论最能锻炼参赛者的思维能力、应变能力和表达能力，且赛场上辩论双方唇枪舌剑的竞争场面对听众有高强度吸引力，所以受到人们的普遍欢迎。

赛场辩论的基本特征有以下几点。

1. 社会性

赛场辩论从内容上说一般都是引起人们普遍关注的社会性很强的问题。例如，“儒家思想可不可以抵御西方歪风”“艾滋病是医学问题还是社会问题”“高薪能否养廉”等辩题，尽管涉及不同领域，但它并不是一种专业性的辩论，而是一种与人们的日常生活紧密相关的社会性的辩论。

2. 规则性

赛场辩论作为一种竞赛，是按照严格的比赛规则进行的。比赛规则由主办单位制定，或者采用人们普遍使用、约定俗成的规则进行。国际上的赛场辩论，曾先后采用“牛津标准式”“奥瑞冈式”“星岛制”。例如，亚洲大专辩论会和国际大专辩论会即采用“星岛制”，它的特点是在论辩双方发言论辩及总结论辩中间，有一段自由辩论的时间，双方可以在规定时间内诘问和反击对方。

3. 公平性

在赛场上，辩论双方的地位是平等的，机会是均等的。赛场辩论的公平性具

① [英]莎士比亚：《威尼斯商人》（第四幕第一场），朱生豪译，人民文学出版社，1994 年版，第 182 页。

体表现在：辩题是中性的，正反方的确定由抽签决定，双方出场的人数、发言的时间一样，评判的标准和条件也都一样，等等。

4. 竞争性

赛场辩论的正方与反方是抽签决定的，并不代表参赛者的真正立场，却必须竭力维护所持立场。参赛双方需要短兵相接，相互争辩，你来我往，激烈碰撞，以求决出胜负、分出高下，因而具有很强的竞争性和观赏性。正因为这样，在赛场论辩中常常存在“要真理还是要口才”的矛盾。

三、辩论的要求

（一）坚定的自信和良好的风度

辩论具有很强的对抗性。无论是赛场辩论还是日常辩论，都是心理、理论、口才诸方面的一场综合较量。要么就不接受挑战，一旦决定参加辩论，就应该有充分的自信。这种自信不是盲目乐观，而是建立在相信真理的基础上，建立在事实与其他论据的基础上，建立在自我力量的基础上的自信。可是自信本身又是力量增长的激素，同样的准备，同样的水平，自信心强的人就有可能获胜，缺乏自信的人，就算在有胜利可能的时候也会失败。

为什么强调自信呢？因为很多辩论者有“怯场”的缺点。“怯场”的原因可能是自卑，总觉得自己不如人，怕见领导，怕遇到难对付的情况；可能是期望过高，想三两个回合就击败对方，一旦达不到，就害怕起来；可能是患得患失，还没上场较量，就想到失败了将如何如何；等等。克服的办法：一是扬长避短，遇到自己不擅长、不熟悉的问题，尽量避开，当有机会发挥自己的特长时，就抓住机会充分利用；二是抛开杂念，开始辩论时只想如何辩论得好，发挥出最佳水平，相信自己能胜利，不要怕失败；三是要沉着应战，静下心来，抓住对方的弱点，以攻为守。

良好的风度，是指要尊重对手，坚持双方平等、权利平等，以理服人，做到有理、有度、有德，不进行人身攻击，老练、沉着，胸有成竹、雍容大度。

（二）精当地立论和灵活地分析

辩论就是阐明自己的正确主张（论点）。所以立论一定要正确，要经得起推敲，经得起实践的检验。不能什么问题都唱“反调”，遇事都要辩论一番。那样就可能埋下了失败的根基。例如，对方在论述中提出科学家除了天才外，主要靠勤奋的分论点。这是一条颠扑不破的真理。你应该避开这个分论点，从别的方面反驳对方，不能在勤奋上辩驳，说不勤奋也可以作出杰出贡献。即使你再雄辩，哪怕也能举出个别例证，但终究是站不住脚的。而且这样立论就会失去听众的理解和支持——因为你的立论违背了一般规律。

分析时还要灵活。这种灵活，是指方法技巧上的最佳选择和运用。有时可以举事例为证，有时可以举数字为证，有时可以举名言为证，有时可以直接反驳，有时可以迂回反驳，有时可以穷追不舍，有时可以以退为进，有时可以先肯定后否定，有时可以将错误论点先引进后反驳。不拘一格，灵活运用方法技巧，才有很强的应变能力，才能在遇到各种情况时应付自如。

（三）语言的高度准确性和逻辑性

辩论中的语言交锋瞬息万变，而且有时又要当场脱口而出，不可能按事先准备好的话去应付，因为根本无法事前都能想到和准备好。所以辩论对用语的要求是极其严格的。每一个概念和每一个判断都不能有歧义、错误或以偏概全，每一个语言单位都符合你要表达的意思，且在同一场辩论中要保持概念内容的统一，不能随便改变某一概念的含义，也不能把不同的概念进行混淆。所以词语的选择、语句的组合、句式的选用都要恰到好处，准确无误，否则就可能使自己陷于被动，被对方抓住攻击的把柄，打开进攻的缺口。

案例 7-62

甲：你开始说“衣着打扮”是个人的事，别人不得干涉！刚才又说如果穿“比基尼”逛大街，是不雅观的。这不是自相矛盾吗？

乙：“干涉”，是一种行为，是一方对另一方施加的举动；“不雅观”，则是一种看法，是纯属个人意识中的道德评价，这两者一点都不矛盾。请问：对各色各样奇怪衣着打扮，你没有自己的看法吗？难道据此你就可以认为是出面干涉别人的衣着打扮吗？①

甲的进攻就是从概念入手的。乙的回答将概念加以确切分析，指出自己的语言并不矛盾。可见语言准确在论辩中是多么重要。

（四）应变的机敏性和灵活性

辩论具有对抗性、互动性、临场性等特征，辩论一方要论证自己的主张，反驳对方的观点，而另一方则针锋相对，寸土必争，故而你来我往，唇枪舌剑，互相制约，互相作用。而辩论在更多的时候是无准备之仗，需要有很强的临场发挥能力，所以，要求辩论者有深厚的知识底蕴和敏捷的思维反应能力，不能单纯地

① 转引自周靖：《语言交际的艺术》，华文出版社，1995 年版，第 106 页。

根据准备好的材料“照本宣科”，而要根据临场论辩的情况，及时调整自己的论辩材料、结构安排和方式策略，这样才能有针对性地抓住要害，驳倒敌论，树立自己的论点。

案例 7-63

在一次辩题为“机器人的进化会不会导致人类的退化”的辩论赛中，有这样的对辩：

反方：假如机器人的进化真的会导致人类的退化，那我们为什么还在研究机器人，还在制造机器人？我们应该马上停止一切机器人的研究啊！

正方：我们大家都知道，狗会咬人，但我们为什么不把狗都给杀死呢？试问，如果真的那样，你出校门，还能吃到狗肉火锅吗？[①]

反方是用一听就明白的道理来质问对方，而正方反应机敏，同样用了一个生活中的简单事实来反驳，使自己变被动为主动，让对方猝不及防。

四、辩论常见的言语技法

古代文论家刘勰曾说：“一人之辩，重于九鼎之宝；三寸之舌，强于百万之师。”[②]辩论是一种实战口才和高超的言辞艺术，其中蕴含了大量的智慧和技巧。这里择其要者介绍几种辩论中比较常见的进攻技巧和防守技巧。

（一）进攻技巧

不管是日常辩论、专题辩论还是赛场辩论，其本质都要求进攻，因为只有进攻才能对对方实施有效打击，才能取得论辩的胜利。

在进攻时，首先要解决的问题是从什么地方进攻，只有找准了突破口，找准了最佳的进攻点，才有可能顺利地实施进攻并取得战果。进攻时一般会碰到两种情况：一是对方防守严密，似乎无处下手；二是对方的论证极不严密，随处都有可乘之机。对于这两种不同的情况，办法是相同的：攻其要害。找准了进攻点之后，又如何进攻呢？下面，择要介绍几种常见的进攻技巧。

1. 直接相抗法

直接相抗法即直截了当地指出对方的错误之所在，或是论点和事实相违背，或是对方论证自相矛盾，或是对方“偷换概念”，这是最简便却又最有效的进攻方

---

① 转引自王光华：《实用口才交际训练》，机械工业出版社，2010 年版，第 158 页。

②（南朝梁）刘勰著、杨明照校注拾遗：《增订文心雕龙校注》，中华书局，2012 年版，第 249 页。

法之一。“事实胜于雄辩”，论点若和事实不相符，即可证明其论点的错误，让对方不可辩驳。

案例 7-64

有一个名叫阿姆斯特朗的年轻人，被人诬告谋财害命，判定有罪。当时作为律师的林肯，在查阅有关案卷后，愿为被告辩护。在法庭上被原告收买的证人福尔逊一口咬定被告阿姆斯特朗用枪击毙了死者，并且发誓说是在 10 月 18 日晚月光下亲眼看到的。

在法庭上林肯问：“你在草堆后面，被告在大树下，相距 20～30 米，你能看清楚吗？”福尔逊答：“看得很清楚，因为月光很明亮，我看清了他的脸。”

林肯又问证人：“具体的时间也能肯定吗？”福尔逊说：“完全可以肯定，那是 11 点 15 分。”

质问完毕，林肯转身向法官和旁听的观众说：“我不能不告诉大家，这个证人是个彻头彻尾的骗子！”接着他又说：“请大家想一想，10 月 18 日那天是上弦月，11 点钟时月亮已经下山了，哪里会有月光呢？退一步说，就是提前一些时间，月光还没有下山，那只能从西向东照射，草堆在东，大树在西，如果被告面向草堆，脸上是不能照到月光的。证人怎么能从 20～30 米远的草堆后面看清楚被告的脸呢？”证人无言以答，只好承认伪证，于是冤案得以推翻。①

在这里，林肯针对证人的证词，直接揭露对方所说与事实相违背，把对方的观点直接驳倒。

在辩论中，有时遇到刁难、讥讽、侮辱的言辞，就需要以牙还牙、直言相抗，不必拐弯抹角，不必“谦逊”，也不必长篇大论，而是要针锋相对、逐条批驳。

案例 7-65

有一个富人对一位穷人说：“你一定会恭敬侍奉我的。”穷人问：“为什么呢？”富人说：“我有千两黄金，你恭敬侍奉我吗？”穷人说：“你有千两黄金，跟我没有关系，我为什么要恭敬侍奉你？”富人说：“我把千两黄金给你一半，你恭敬侍奉我吗？”穷人说：“这样，我跟你有一样多的黄金，我为什么要恭敬侍奉你呢？”富人又说：“我把千两黄金全给你，你恭敬侍奉我吗？”穷人笑着回答：“这样一来，我很富有了，你却很贫穷，我为什么要恭

① 转引自王维维：《言语交际案例教程》，清华大学出版社，2012 年版，第 188 页。

敬侍奉你呢？”①

这种辩论就是坚持一个原则，怎么说就怎么应，始终不为对方所左右。

运用这种技巧，一要应变能力强，不管对方话题有多宽，都有话对付；二要看对象和场合，如果是论辩学术问题，就不必这么直言不讳，应配合些礼貌语言、委婉语气。

2. 二难推理法

在与对手的论辩中，人们总希望置对手于左右为难的境地，二难推理法就是在这种情况下产生的一种技巧性较强的战术。善于运用这种方法的人，可使对方逃不出自己预先布置好的陷阱。也就是说，对方必须在给定的两次结论中选定或陷入其中一项，而任何一项都于他不利，所以，此法最为雄辩家所乐用，可称之为论战中的“杀手锏”。其表面让对方有选择余地，实质上却是自己掌握主动权，前后夹击对方，使之无路可逃，威力极大。

案例 7-66

某公司经理伙同业务、财务等部门营私舞弊，而副经理对这些活动并不知情。在经理事发被撤职后，上级主管部门考虑此副经理在公司工作时间较长，对业务熟悉，因此拟提他为经理。公司中一部分人反对提拔他，其理由是：身为副经理，在公司的地位仅次于经理，且在职时间又长，对这一集体舞弊事件，如果事先知道而又不揭发，是对事业不忠诚，对集体不负责；若毫不知情，此事早有传闻，则仍熟视无睹，则其人必定昏聩无能。最后的结论是，副经理或知情或不知情，故或为不忠诚，或为无能。二者必居其一，用这样的人当经理，又怎能把公司的工作搞好呢？总之，这个副经理不能当经理。②

3. 揭穿矛盾法

辩论时，可以找出对方自我矛盾之处，以子之矛，攻子之盾。这样再雄辩的论敌也会陷于狼狈的境地，他的观点会被彻底攻破。这是最便利、最经济、最有力的论辩技巧之一。

① 转引自王维维：《言语交际案例教程》，清华大学出版社，2012 年版，第 194 页。

② 转引自网络资料：《小学教师口语全套课件》，https://max.book118.com/html/2017/0113/83548564.shtm。

案例 7-67

《古今谭概》中记载：齐大夫郗石父谋叛。齐宣王不仅杀了郗石父，还要灭他的九族。郗石父的家族中有人求救于艾子。艾子怀揣三尺长绳，胸有成竹地求见齐宣王。问道："谋叛的只是郗石父一人，为什么要诛杀他的同族呢？"齐宣王说："《政典》上写得清清楚楚：'与叛同宗者，杀无赦。'先王之法，不敢废也。"艾子于是跪下来说道："……过去您的舅舅公子巫不也投降了秦国吗？那么大王也是叛者的族人，按照先王之法也应连坐……"说完恭恭敬敬献上三尺麻绳。①

这里，艾子抓住齐宣王的主要论据——《政典》中的法律条文，然后运用法律的普遍性，指出要"治罪"都得治罪，这就使齐宣王进退两难，陷于自相矛盾的境地。

4. 引申归谬法

在辩论中，面对一个荒谬的论题，不予正面的直接揭露、反驳，而是以它为起点，抓住对方立论逻辑的错误，遵循"有此必有彼"的必然联系，按照对方的逻辑进行推导，合理引申，逐步过渡，引出一个更为荒谬的结论，或得出一个与对方观点截然相反的结论，让对方的观点不攻自破。

案例 7-68

正方：愚公应该移山　　反方：愚公应该搬家

反方：……我们要请教对方辩友，愚公搬家解决了困难，保护了资源，节省了人力、财力，这究竟有什么不应该？

正方：愚公搬家不失为一种解决问题的好办法，可愚公所处的地方连门都难出去，家又怎么搬？……可见，搬家姑且可以考虑，也得在移完山之后再搬呀！②

正方首先顺着对方的话茬说下去，"愚公搬家不失为一种解决问题的好办法"，接着话锋一转。"可愚公所处的地方连门都难出去，家又怎么搬？"其逻辑推理是：搬家需要走路，周围全是山，没有路，又怎么搬家呢，搬家也要先移山修路。通过逐步过渡，使对方观点不能成立，使得自己的观点"愚公应该移山"成立。引申归谬的辩论方法运用得非常巧妙。

---

① 转引自王维维：《言语交际案例教程》，清华大学出版社，2012 年版，第 195 页。

② 根据 1995 年第二届国际大专辩论会初赛第三场录像整理，http://v.youku.com/v_show/id_XODc2MTMIMzIw. html。

（二）防守技巧

在论辩中有进攻就有防守，防守是为抵挡对方进攻、巩固己方阵地而采取的自我保护措施。进攻和防守既对立又统一。攻可以为守，守可以为攻。所以高明的防守并非就是一味消极地死守。下面重点介绍几种常见的防守技巧。

1. 反证法

反证法就是用证明与原论点相矛盾的反论点的虚假，来确定原论点正确的方法。例如，要为“求神拜佛不能治病”这一论点辩护，可以设反论点“求神拜佛能治病”为真，可事实上连礼佛诵经的和尚有病尚且要上医院治疗，就更不用说一般的善男信女了。通过证明这一反论点的虚假，也就证明了“求神拜佛不能治病”这一命题的正确。

2. 以退为进法

在辩论中，有时不急于以眼还眼、针锋相对地直言对抗，而是先承认对方的分析和指责是对的，自己似乎同意了对方论据的合理性，然后出其不意，或指出对方的矛盾，或说出事实的真相，或作出另外的分析，最终达到证明自己论点正确的目的。

案例 7-69

道格拉斯竞选总统失败之后，对林肯怀恨在心，总想找机会报复一下。一天，道格拉斯在一个公共场合遇见林肯，他不冷不热地说：“林肯先生，我初次认识你的时候，好像你是一家杂货店的老板，站在一大堆杂物中卖雪茄和威士忌。真是个有风度的酒店招待呀！”林肯面向在场的众人，回答说：“先生们，道格拉斯说的一点不假，我确实开过一家杂货店。我记得道格拉斯先生是我最好的顾客，多少次他站在柜台的那一头，我站在柜台的这一头。不过，现在不同的是，我早从柜台的这一头离开了。可是，道格拉斯却依然顽固地坚守在柜台的那一头，就是不肯走。”①

当道格拉斯用“开过杂货店”来嘲笑林肯时，林肯先予以证实，乍看起来是一种软弱，实则以退为进，为下一步反击作了铺垫：自己虽然曾经从事过卑微的职业，但通过长期不懈的奋斗，已改变了人生处境，位居总统要职；相形之下，道格拉斯不过庸庸碌碌，依然故我。这种以退为进的反驳方式能够使自己后来居

① 转引自网络资料：《发现别人嘲讽你时该怎么办》，https://club.1688.com/threadview/26011607.html。

上，让对方乐极生悲，陷入不利境地。

3. 埋伏引诱法

埋伏引诱法以迂为直，先不直接辩驳，而是设下一个埋伏，引对方上钩，等对方发现“上当中计”时，已经无计可施，只得认输。

案例 7-70

20 世纪 30 年代，香港有一起诉讼案子：

英国商人威尔斯向中方茂隆皮箱行订购了 3000 只皮箱，价值 20 万港元，到取货时，威尔斯却说，皮箱内层有木材，不能算是皮箱，因此向法院起诉，要求赔偿 15%的损失。

在威尔斯强词夺理、法官偏袒威尔斯的情况下，律师罗文锦出庭为被告辩护。

罗文锦站在律师席上，取出一只金怀表问法官：“法官先生，这是什么表？”

法官说：“这是伦敦名牌金表。可是，这与本案没有关系。”

罗文锦坚持说与本案有关，他继续问：“这是金表，事实上没有人怀疑。但是，请问内部机件都是（黄）金制的吗？”

法官已经感觉到中了“埋伏”。罗文锦又说：“既然没有人否定金表内部机件可以不是黄金做的，那么茂隆行皮箱案，显然是无理取闹，存心敲诈罢了。”[①]

这样的辩驳，既出其不意、攻其不备，又简洁明了、令人痛快。起初罗文锦转移了话题，法官失去了警觉，可一旦回到正题，进行类推时，法官想否认就比较难了。这就是埋伏引诱技巧的有利之处。

使用这种技巧，需要注意：一是“埋伏”要远离正题，又要暗合正题；二是“埋伏”的事物道理上要与正面辩论的话题一致，不能有丝毫不吻合之处，这样才能收到效果。

第四节　求 职 面 试

求职，在现代社会生活和人们的职业生涯中越来越普遍，也越来越显得重要和不可忽视。求职面试，实际上是“推销”自己。善于“推销”，除了自己“货真价实”，具备较强的个人竞争实力外，还必须有良好的求职言语交际技巧和能力作为媒介与平台，否则可能会“英雄无用武之地”，并“长使英雄泪满襟”。

① 转引自王维维：《言语交际案例教程》，清华大学出版社，2012 年版，第 194 页。

一、面试的分类

面试根据不同的分类标准有不同的类别：根据参加面试的人数，可分为集体面试和单独面试；根据面试的结构化或标准化程度的高低，可分为结构化面试和非结构化面试，标准化程度高的叫结构化面试，标准化程度低的叫非结构化面试。

（一）集体面试和单独面试

集体面试，又叫小组面试，是多名求职者同时面对面试官的面试。集体面试最常用的方法是无领导小组讨论，用人单位将许多求职者组织在一起，求职者被划分小组，每组四到八人不等，然后就某个选题进行自由讨论，时间为 20～25 分钟，面试官从中观察应试者的综合素质，进而决定是否聘用。讨论题目一般取自拟任岗位的职务需要，或是现实生活中的热点问题，具有很强的岗位特殊性、情境逼真性、典型性和可操作性。面试官坐于求职者一旁，不参加提问或讨论，通过观察、倾听对求职者进行评分。

单独面试是只有一个求职者的面试，现实中的面试大都属于此类。单独面试一般分为两种类型：一种是只有一位面试官负责整个面试应聘过程，这种面试方式大多在较小的单位录用较低职位的人员时采用；另一种是多个面试官面试一位求职者，这种形式在国家公务员录用面试和大型公司的招聘面试中被广泛采用。单独面试中，面试官处于积极主动的位置，求职者一般是被动应答的姿态，面试官提出问题，求职者根据面试官提问作出回答，展示自己的知识、能力和经验。单独面试的问题会深入到专业领域，所以，求职者的回答一定要表现出自己的专业性，要有技术上的分析，而不是泛泛而谈。

（二）结构化面试和非结构化面试

结构化面试，也就是标准化面试，指命题、实施、评定等环节均按预先制定的标准化程序进行的面试。面试过程中，面试官必须根据事先拟定好的关于内容、程序、分值结构的提纲进行面试，不能随意变动面试提纲，面试各个要素的评判也必须按事先确定的分值结构给出。也就是说，在结构化面试中，面试的程序、内容以及评分方式等标准化程度都比较高，使面试结构严密，规范性强，结果较为科学。

非结构化面试就是没有既定的模式、框架和程序，面试官可以“随意”向求职者提出问题，而对求职者来说也无固定答题标准的面试形式。面试官提问问题的内容和顺序都取决于其本身的兴趣和现场求职者的回答。这种方法给谈话双方以充分的自由，面试官可以针对求职者的特点进行有区别的提问。虽然非结构化面试形式给求职者以自由发挥的空间，但这种形式有一定的缺点，如易受面试官主观因素的影响，面试结果无法量化以及无法同其他求职者的评价结果进行横向比较等。

二、面试前的准备

面试前的准备是面试能否成功的一个基本条件，面试前的准备包括对应聘单位的了解、个人的修饰打扮、自己的心理调节、对面试问题的准备等多个方面。可以说，面试前准备充分不一定面试就能成功，但面试前准备不充分，则很可能不会成功。因为即便是一些细节上的疏忽往往也会使你丧失机会。面试前重点要做好如下准备工作。

（一）收集尽可能充分的资料和信息

古人云，“知己知彼，百战不殆”。面试之前，一定要广泛收集各方面的资料与信息。有了充分的资料准备，才能做到有的放矢，即使“临场发挥”也会是相当精彩和出色的。那么面试前需要收集哪些资料呢？

1. 收集招聘单位和目标岗位的资料和信息

不同的单位、不同的岗位，不论是工作环境还是工作任务都会有很大的差异。所以了解清楚招聘单位的背景、性质、规模、特色、组织结构、发展前景等情况，准确把握其主要职能很重要。同时，要了解你所应聘的职位是干什么的？主要职责是什么？该职位需要什么类型的人员，对人员素质有什么样的需求？这个职位主要应用的专业知识和专业技能是什么？若事先对这些情况一无所知或知之甚少，则在面试时易处于被动境地，也易使用人单位形成“你不关心该单位”的印象，从而影响面试结果。如果再深入一些考虑的话，你还需要对照职位的要求，寻求自己的优势和需要进一步提高的地方。由此可见，这些信息的收集不仅对于你的面试应答会有帮助，而且有利于使你提前反思自己的情况，为日后更好地适应工作作好心理上的准备。一个对招聘单位一无所知的求职者，面试时是很可能会失败的。

案例 7-71

几年前，某市一位学市场营销专业的男性本科毕业生，满怀信心地去应试美国在广州投资兴办的“雅芳”（Avon）公司的销售人员，他原以为“雅芳”仅仅是这家公司美丽的名称而已，根本不知道“雅芳”是女性化妆品的注册商标。因此，在面试中当美方主考官问及他为何应聘该公司时，他不假思索地回答说：“我喜欢‘雅芳’”，弄得严肃的主考官忍俊不禁。[①]

这位毕业生就因这么一句不恰当的话而败北。试想一下也可以理解，一个对公司产品一无所知的人，怎么可能会被录取呢？

那么上述资料信息从何处获得呢？可以向父母、朋友、同学或亲戚打听，也可以向在该用人单位工作的熟人咨询，还可以通过电话、网络、新闻报道、广告、杂志、企业名录以及其他书籍来寻找这些信息。

2. 把自己的资料信息准备妥当

有些单位在外语、身高、能力各方面都有比较严格的限制，所以事先要核查一下自己是否符合条件，千万不要存在碰碰运气的念头。如果你觉得自己符合应聘条件，还得确定自己可以胜任哪种职位。然后要准备好自己的专业资格任职证书、获奖证书等材料。去面试时，应把这些资料有条不紊地放在一个公文包里随身带去，以便面试官随时查看。准备一个井然有序的公文包会使你看上去办事得体有方，值得信赖。公文包里除了放置上述个人资料外，还可以装一些有关工作或有助于谈话的资料，说不定这些资料会对你的面试产生积极作用。

（二）面试前做好充分的心理准备

谁都希望在面试时留给面试官一个良好而深刻的印象，以增加录取的可能性。因此，先了解面试官在面试时的心理状况和注意点，对求职者而言是非常重要的一步。

1. 认清你自己

面试前，求职者要对自己有个清醒的认识。有人会认为自己对自己是最了解的，其实未必。生活中，我们经常看到一些学生高傲自大，自以为学习成绩好就什么都可以了，这种盲目自信的人其实是没有自知之明的表现。工作和社会生活远比单纯的学习复杂得多。再说，强中更有强中手，你还面临着许许多多的强有力的竞争对手，刚开始谁都不能保证自己一定能够被录用，所以抱有这种心态的人通常是不会给面试官留下太多好印象的。此外，那些比较自卑、老是担心自己会被淘汰的学生，在面试现场的发挥也不会太好。

那么如何正确地认识自己呢？首先，了解自己的人生目标、兴趣爱好、就业倾向等方面的情况，一般高校都会为毕业生聘请专家学者，辅导社会新人如何在社会上求职，并分析个人专业及志向，因此可充分运用这一渠道，为求职预先做

---

① 转引自网络资料：《面试前的准备》，https://wenku.baidu.com/view/71059ddf7f1922791688e820.html。

好准备。或者多与家人及有社会经验的亲友沟通并交换意见，听取他们的建议并衡量个人志愿。面试前要反复看个人的推荐材料，熟记于心，这样在自我介绍时才可以从容应对，不至于出现自己不熟悉推荐材料的内容的情况。若你仍无把握，可在面试前组织部分同学，做一次面试前的“彩排”或“演习”，这样有助于进一步掌握有关材料，增强对面试的自信心。其次，对照应聘职位的要求，正确看待自己的长处与短处。最后，在上述分析的基础上，正确把握自己的心态，积极地去应对面试官可能提出的问题，既不要目空一切，也无须自怨自艾。

2. 调节自己的情绪

一般来说，求职者走进面试现场面对面试官时，心理压力会大大增加，如果不善于进行心理调节，就会出现心理失控，影响正常发挥。我们常常看到，有的求职者很有才学但心理素质太差，一走进严肃的面试现场心跳就加快，甚至不能自己。为此，调整好自己的情绪很重要。沉稳的心态、平静的心情、积极自信的态度是面试成功的重要保证。思想上有太多顾虑不仅不利于在面试中正常发挥，而且正常生活也会受到影响。有些人在一些关系到自己命运的大事发生时往往会产生焦虑，面试在有些大学生的心里也是一件大事，所以也会出现焦虑情绪，特别是在临近面试的那一两天里，这种焦虑会加剧，引起各种生理心理反应，通常表现在以下几个方面。

（1）身体方面：头晕、头疼、出汗、口干、呼吸短促、胸部闷痛、脉搏异常、身体虚弱、食欲不振、疲劳、失眠、尿频、呕吐等。

（2）认知方面：感觉迟钝、注意力不集中、产生幻觉、健忘、妄想、做噩梦等。

（3）情感方面：忧虑、心烦、畏惧、焦虑不安、感情脆弱、情绪低落、唉声叹气、容易发怒等。

（4）个性方面：急躁、退缩、冷漠、敏感、以自我为中心等。

如果出现上述身体及心理不适，可以通过以下方法消除。

（1）改变自我认识，进行积极的心理暗示。当感到自己很担心面试中表现不如别人时，不妨想想：考不好顶多就是应聘不上罢了，何必在一棵树上吊死呢？还可以去作很多选择，“车到山前必有路”，只要自己已经努力了，也就无怨无悔，担心又有什么用呢？何况很多事情本来就不是自己能决定的，“谋事在人，成事在天”。当你这么考虑问题时，反而在心理上放松了，从而更有利于你充分发挥自己的聪明才智。当你担心自己相貌不好时，不妨想想自己的优点，如性格温和、为人诚实等；当你担心自己思维反应不是很快时，不妨想想你可能比别人表现得更加勤快。

（2）深呼吸法。对于临近面试时的焦虑，可以通过深呼吸法加以调整。做法是首先闭上嘴巴，舌顶上腭，咬紧牙齿；然后将空气通过鼻腔慢慢地吸入，想象空气被吸到了肚脐位置，屏住呼吸数到三，将空气通过鼻腔慢慢地呼出，再屏住呼吸数到三。重复上面的方法数次，即可使紧张的情绪得以缓解。

（3）想象法。当自己体验到长时间的焦虑，感到身体和心理都有些疲劳，特别是眼睛感觉到疲劳的时候可以运用这种方法。具体做法是：首先，闭上眼睛，用手掌将它们捂住，使眼睛能够有效地离开光线，但是不要压迫、按摩、揉搓眼球；然后，想象一个使自己感到愉快的景象或事件，将眼睛依次顺序地移动到这一景象或事件的各个部位，如想象自己看到了一个美丽的公园，首先想象看到了近处的湖岸，再看到了湖面，湖面上有游船、白塔，然后看湖边的树木，最后看远处的山。在运用这个方法时，眼睛的移动是十分重要的，大概只需要几分钟就可以身心放松了，无论什么时候自己感到焦虑都可以使用这个方法。

3. 克服几种不良的心理状态

（1）克服迎合心理。迎合心理，也称逢迎心理。具有这种心理的人特别注意别人对自己的看法，把别人对自己的评价视为高于一切。在和别人打交道时，一味乞求得到别人的好感，甚至不惜放弃自己的原则，轻易改变自身的观点，唯恐招致对方的不满。这种人由于对自己没有一个比较稳定而客观的评价，因而易于使自己受到各种外界因素的影响。

具有较强逢迎心理的人往往极力在各种场合为自己塑造一个人见人爱的形象。但是，他们的资本不是自身的真才实学及良好的仪表风度，而是逢迎的表情和语言。这种人在面试中常常会不失时机地向面试官恭维几句，在回答问题时也往往顺着面试官的弦外之音进行，希望以此来博得面试官的好评。事实上在大多数情况下，这种做法的结果往往适得其反，非但不能得到面试官的“恩宠”，而且会影响面试官对于求职者真实素质的评价，因而是不可取的。

（2）克服羞怯心理。每个人都存在程度不同的羞怯心理，特别是那些性格较内向、平时不太喜欢社交的人表现得更加明显。但是，较强的羞怯心理往往会对一个人的事业产生一定的影响。在羞怯心理的支配之下，由于心情紧张的缘故，个人呈现出极不自然的面部表情或姿态，说话不能平稳地进行。因而在一定程度上妨碍了自身真实水平的发挥。

羞怯心理产生的实质原因在于信心不足。其中包括对于自身的外部形象、内在素质及能力缺乏自信，而这又导致优柔寡断的个性。在面试中，羞怯心理较强的应考者往往比较在意自己的一言一行，目的是给面试官留下一个较好的印象。但由于过分专注于自身举止与言语的选择和表现，无法集中精力解答问题，在一定程度上影响自身能力的正常发挥。一旦意识到自己的表现没有达到预期要求，求职者便会产生一种自责心理，与之相伴随的是心情更趋紧张，由此而形成一个恶性循环，最后求职者只能带着诸多遗憾离开考场。因此，对于需要参加面试的人来说，事先有意识地加强社交方面的训练是很有必要的。

（3）克服自卑心理。自卑是一个人在性格上的一种较为严重的缺陷，指个人由于某种生理或心理的缺陷而产生的轻视自己的心理，主要表现为忧郁、悲观和孤僻。自卑感较强的人往往多愁善感、自惭形秽，觉得自己一无是处，各方面都不如别人。为了不使自己的自尊心受到伤害，往往实行自我封闭，不愿同别人进行较多的接触和交往。

自卑感较强的人一般都无法顺利地通过面试这一关口。在面试过程中，这类人往往会将自己与面试官在多方面进行对比，尤其是习惯于拿自己的短处同对方的长处比。因而越比就越没信心，自卑感也就越强。其实，他也希望能够给面试官留下一个较好的印象，却又不相信自己能够做到。于是导致在面试中出现种种窘态和难堪，如脸红、出冷汗、喉头战栗、发音吐字不清等。在这种状况下，求职者的真实水平是无法发挥出来的。

（4）克服侥幸心理。由于面试，特别是面谈类面试的题目带有较大的偶然性，面试也不像笔试那样有统编教材用作应考准备，所以，有些求职者总是寄希望于侥幸取胜，或希望能抽到好题，或寄希望于面试官的网开一面，等等。心存侥幸的求职者在面试前一般不做太充分的应考准备，却常常只做一些猜题押宝工作，聊以自慰。这显然是很难取得好成绩的。

克服不良面试心理的方法：一是端正认识。求职者应该正确认识包括面试在内的整个考试的意义，不要把它当成自己的唯一出路，须知“条条大路通罗马”。二是自我评价。求职者既应看到自己的不足，更应实事求是地评估自己的优点，既不要盲目自卑，也不要妄自尊大。三是情境表演。设计一些面试题目和答案，模拟面试考场，找一个人与自己进行情境表演。注意分析、总结模拟的经验。

三、求职面试的言语技巧

求职面试时言语能力的针对性和应用性很强，更需要技巧的训练和历练。求职面试双方往往是初次相识，求职言语交际能力就成为求职者能力的外在标志，面试官也主要是通过言语能力判断求职者的能力。求职者在面试过程中主要是通过言语交际展示自己，展现综合素质，进而激起面试官的情绪，促使面试官作出对自己有利的决定。

（一）恰当的自我介绍

1. 求职面试中自我介绍的特性

（1）简短性。简短性就是短小精悍、简明扼要。求职者的自我介绍时间一般应控制在3～5分钟，有的要求1分钟介绍完毕，尤其当求职者较多时，面试官既不会给求职者更多的时间，也不见得能有兴趣继续听下去。

（2）概括性。概括性就是既能给面试官一个整体上的感觉，又不拖泥带水、重复累赘，因为在有限的时间里，无论求职者的经历多么丰富或复杂，都不可能一一道来，而只能是概括性地加以陈述，粗线条地显示。一般来说，一个人的经历和业绩成就林林总总，但有的是主干，更多的则是枝叶。概括就是要针对性地弃枝叶、留主干，弃小主干、留大主干，做到叙述完整而不烦琐、语言简约而不遗漏。当然，概括并不单纯是话越少越好，而应是在话少的基础上进一步求得把话说清、说好，用语和话语表达具有锤炼的本领。

（3）重点性。重点性就是能够快速抓住求职口才交际的要点，只有善于辨析并且抓住要点，才能在求职中说到点子上，让对方听出道道来，才能详略得当。哪怕只说一两点，也得分出轻重缓急，而且要让面试官明显地感觉出来。

（4）条理性。条理性就是叙述的层次要清晰，先后次序要合乎逻辑。不能想到哪就说到哪，或者前言不搭后语，或者说说停停。条理性体现求职口才交际的逻辑思维能力，即科学安排说话的语言顺序的能力，即使是完全一样的一段话，如果表达的顺序不同，所显现的意思和效果也完全不一样。

（5）新颖性。新颖性就是要能对面试官产生独特的吸引力，考虑自己是否有一些话语能在面试官心目中留下较深刻的印象，或者使其产生较强烈的好感。

2. 求职面试中自我介绍的技巧

（1）直白式。直白式就是有什么说什么，原原本本、直截了当地表露出来。例如："我叫×××，是××人，××学院毕业，学的是英语专业，4年制本科……"多数人在多数场合都是采用这种方式。这种方式的优点是轻松洒脱，不要动多少脑筋，也不会构成什么心理负担；不足之处是与招聘方的问话目的往往存在一定的差距，难以契合。因为面试官的问话一般都是带有明确目的的，如果你的答话不能与面试官的问话目的相契合，往往也就很难留下较为深刻的第一印象。

（2）文雅式。文雅式就是把话说得很规范而且有文采，显示出丰厚的涵养水平。例如："鄙人×××，祖籍××，就学于××学院，主修专业为××，学制时间4年……"这般自我介绍颇显文采，但用的不合时宜也显得较为拘谨，有点阳春白雪的意味。如果面试官并非请你去做与文采有关的工作，就会对此种表达没有多大兴趣。

（3）成果式。成果式就是着重展示自己的成果，用成果去引起对方注意并打动对方。例如："我叫×××，××大学××专业毕业，取得了1个硕士学位、2个学士学位，获得过省部级以上设计奖项4个，先后有5家报刊作过报道……"如此概括，既突出了重点，又表述得新颖。这种介绍方式的前提是自己的实力必须强劲。

（4）幽默式。幽默式就是生动、风趣的介绍，平淡中显出新意，常有令人耳目一新的感觉，易产生较强烈的第一印象。例如："我叫林×，知名度小；生在××省，硕士毕业，但是普通院校；成绩优良，技能略少……"这种求职口才交际的好处是能在瞬间引起招聘方的注意，可能拉近双方的心理距离，但较难把握的是幽默的分寸——失则牵强，过则油滑，均达不到幽默的效果。

（5）职务式。职务式就是借助于职务的列举来显示出自己的学识水平与技术及组织能力。例如："我叫×××，××市人，××大学××专业本科毕业，我崇尚并特别注重实践，先后兼任过3家化工公司的总经理助理，主持过4个学校学生科技攻关项目，做过5次大型企业活动的总策划，担任过班长、系学生会主席等6个职务……"因为现实生活中人们往往把职务等同于水平，所以这种求职口才交际往往也能引起招聘方的注意，前提也是必须有真实强劲的实力，否则易弄巧成拙。

值得注意的是，求职时的自我介绍与其他场合的自我介绍相比，一是展示的角度不尽一致。其他场合的自我介绍有的是展示资历（如鉴定会），有的是展示知识（如学术研究会），有的则是展示身份（如欢迎酒会）；求职中的自我介绍则着眼于展示自己的知识与技能，尤其以技能为主。二是材料选择的标准不一样。其他场合的自我介绍依据场合的不同气氛与要求而定；求职中的自我介绍却必须以显示能力和素质、团队精神等为首选目标。三是语言表达的角度不同。其他场合的自我介绍要么是以主人的角度，要么是以对等的角度进行的介绍；求职中的自我介绍则只能从纯客观的角度展示或表现自己。

（二）巧妙地回答问题

求职是一门艺术。在求职面试的过程中，面对面试官提出的意想不到的问题，求职者只有巧妙应答才能出奇制胜。在面试中，条件最好的求职者并不一定总能得到自己所求的职位。不少求职者之所以面试受挫或失败，很大的原因是他们没有注意面试中的回答技巧。在求职的过程中，求职者的知识水平、能力素质固然重要，但面试中的技巧也不容忽视。在面试中要注意的问题很多，往往一个小的细节没回答好就会失去一次就业机会。我们必须学会求职面试中一些基本的回答技巧。

1. 实话巧说，坦诚谦虚

任何人都不是万能的，都有自己没掌握的知识。面试中很可能会遇到自己不懂或不会的问题，遇到不会的问题就实话实说，懂就说懂，不懂就说不懂，不要不懂装懂，大吹特吹，滔滔不绝，夸夸其谈，把自己表现为似乎无所不知、无所不能。在面试过程中，如果既能突出自己的长处，又能坦率地承认自己的不足，反倒会给对方留下诚实的好印象。知之为知之，不知为不知，绝不要撒谎，任何单位都不会雇用一个不诚实的人。

案例 7-72

小赵去面试一家国际旅行社的导游。他自我介绍说："我这个人喜欢旅游，熟悉各处的名胜古迹，全国的风景名胜几乎都去过。"面试考官很感兴趣，就问道："那你去过云南的大理吗？"因为考官就是大理人，对自己的家乡再熟悉不过，想借此机会考察一下小赵的知识面。可是小赵根本就没有去过大理，不过因为刚才的话太过绝对，所以硬着头皮说："去过"。考官又问："你住的是哪家宾馆？"小赵再也回答不上来了，只好说："那时我是住在一个朋友家的。"考官又问："你的这位朋友家在大理的什么地方啊？"小赵这下没词儿了，东拉西扯答非所问，结果自然是可想而知的。①

小赵在面试中，为博取面试官的好感，无中生有，杜撰了自己去过云南大理的经历。不幸的是面试官却识别出了小赵的谎言。小赵本想锦上添花，不料搬起石头砸自己的脚，与其这样，不如实话实说，坦诚谦虚，给面试官一个好印象。

当然，实事求是，真实可信，也不要过分谦虚，只要做到不自吹自擂、夸大其词就行。你越是自然、坦诚，就越会得到面试官的认可。

2. 机智幽默，巧破难关

面试是严肃的事情，不适合开玩笑，但适当使用幽默语言并不等同开玩笑，幽默语言能使谈话显得轻松愉快。幽默风趣的人，能给人一种精明强干、乐观向上、精力充沛的印象。既能显示机智，又能展示优雅气质和从容风度。例如，当面试官问："你喜欢上海还是北京？"求职者答："都很喜欢，但是北京的气候让我长痘，很郁闷。"面试官哗然大笑，给出了很高的成绩。这个问题有一点难度，如果回答不好，就会引起面试官的不满，求职者回答得很巧妙，他没有评价两个城市，而是从自身无足轻重的小事说起，避免了比较城市产生的尴尬。

案例 7-73

小周曾在家乡的建筑企业干了多年，不仅懂技术，而且深谙行业内部的相关业务程序。来到北京后，他去某建筑公司应聘。面试结束时，老板问他有什么要求。小周就提出"月工资不能少于 3000 元"。老板说："我们需要的是岁数大、

① 转引自网络资料：《在面试时如何自我介绍》，http://www.qinxue365.com/kczx/411264.html。

阅历广、经验多的人，你这么年轻，要这么高的工资，有些不现实。”小周脱口说道：“我奶奶岁数大，80 多了，来您这儿待着，您看着给个二三百元就行。”老板开心地笑了笑，聘用了他。①

小周在这次应聘中犯了两忌：一般而言，年轻人直接开价说出具体的工资数是犯忌的；面试中反问招聘方在礼貌上也是不允许的。但小周被聘用，一是因为他在面试的其他环节中表现出了实力，所以他敢开高价，招聘方一般也愿出这个高价；二是小周面对尴尬反问既幽默风趣，又显得直爽质朴，反而证明了小周的业务实力与随和风趣的性格。

当面试官问了你难以回答的问题时，用机智幽默的语言，巧妙地回答，往往能化险为夷，充分显示自己的聪明才干，给面试官留下良好的印象。

3. 随机应变，见解独到

面试过程中，回答问题在保证正确的基础上，更要有独到的见解，显示出自己的特色。面试时，面试官会考查很多求职者，问的问题有的相同，如果你回答得没有特色，和其他人差不多，面试官听相同的回答都听够了，便不会注意到你，如果你见解新颖独特，就会一鸣惊人，只有独具个人特色的回答才会引起面试官的兴趣和注意，你的面试才会成功。

案例 7-74

小李参加一个单位面试。

主考人问：“你为什么要离开你目前所在的单位？”

小李回答：“我原来的单位并不是不要我了，是我看到了贵公司的兴旺发达才向这边跳，即使这次落选，贵公司下次招聘时我还要应聘。人往高处走，我到这里来应试，就是想往高处走，我相信自己总有一天是可以走到高处去的！”

主考人问：“你怎么到现在还没有找到工作呢？”

小李回答：“不是找不到工作，我是完全可以利用父母的关系就业的，甚至可以找到一份好工作。但是，我不愿意这样做，我是受过专业训练的人，不想从后门通过，我要独立地从大门进去，我今天到此应试，就是想凭自己的力量迈进贵公司的大门。听说贵公司没有‘后门’，我才来了，您们这次收不收我这个有点儿特别的人，我不能有过多的奢望，但是，我深信贵公司的大门是向我这类人敞开着的。”

主考人问：“你对我们主考人的印象如何？”

小李回答：“我看各位考官都是会出难题的人，叫我们不知说什么好，我很

① 转引自王光华：《实用口才交际训练》，机械工业出版社，2010 年版，第 83 页。

钦佩这样的人！要是我能与各位相处共事，就是我的幸运了。”[①]

面对主考人一个个非常实际的问题，小李灵活机动，因题因时而对，把话说得真实可信，无可挑剔。在回答这类提问时，要做到四不说：一不说就业难；二不说原单位不景气；三不说人际关系；四不说钱多钱少。为什么呢？说就业难，别人为什么就了业？说原来单位不景气，人家就会认为你是个“难养的野兔子”；说人际关系难处，人家就害怕了，怕不好共事；说钱多钱少，人家就会想到你是个认钱不认人的见利忘义之徒，难怪与原单位分手，原来如此。这样做到四不说，就能避免走进面试的死胡同。

4. 条理清晰，把握重点

求职者在弄明白面试官的提问以后，回答问题时，要把握重点，语言要通俗准确、言简意赅，不要过多地用一些华丽的辞藻。一般情况下要先回答结论，把自己的中心观点表达清楚，然后再阐述理由，叙述和论证结合，条理清楚、有理有据。否则，长篇大论，侃侃而谈，拐弯抹角，说了半天也没说到结论，面试官就会不知所云。面试时间极为有限，要先说重点，因为你的谈话随时可能被人打断，一旦打断，重要的东西也许就没机会说了。表达要简明而精确，既不要太啰唆，也不要过于简单。有的人说话太简单，太含糊，如别人问他最近在忙些什么，他会说“瞎忙，什么都干”，或“我最近忙着写东西”。有的人说话太啰唆，一件事要摊开几个项目来说，各个项目之下又分几个小项目，反反复复，很长时间都说不到主题。面试时说话要有点有面，先说结论，再作阐述，简明扼要。求职者要用语言树立起自己的形象，语言准确，条理清晰，就让人觉得老练、稳重；说话啰唆、含糊，就会让人认为你工作也拖拉马虎。语言辞藻华丽的人，平常的工作也会追求形式，不踏实；语言朴实的人，平常工作也会认真。面试官会通过语言考查求职者的许多方面，所以面试时一定要注意语言表达。

5. 不卑不亢，避免争论

作为求职者，在面试时要不卑不亢。有些人过分强调对面试官的尊重，一味低声下气、唯唯诺诺，而有些人目空一切、恃才自居、傲气十足、骄纵蛮横，这些都是不可取的。面试官应该尊重，但要注意分寸，求职者要以不卑不亢的姿态面对面试官，适当展示风采，平静地说出自己正确的观点，不必大声争论，强词夺理，如果和面试官争得面红耳赤，必然会导致面试失败。

① 转引自李选友：《交际语言技巧》，中国劳动社会保障出版社，2005 年版，第 99 页。

6. 虚实并用，扬长避短

面试中合理地运用虚实并用法是面试取得成功的一个有效途径。求职者在面试中适度而有效地运用“虚”与“实”，常常会更好地向对方推荐自己，增强自己的竞争实力。

面试官不希望求职者在回答问题时，只用“是”或“不是”、“知道”或“不知道”、“能”与“不能”这类词来被动地回答。面试官在提问时是希望通过有限的问题尽可能全面地了解求职者，从而判断求职者是否是自己需要的人才。

案例 7-75

当问到“你能证明你是最优秀的吗”时，一位求职者答：“以我现有的职业素养，所受过的良好教育，以及此前在某某行业、某某公司从事某某工作的经验和背景，我认为自己能胜任此项工作，并能在不久后有更出色的表现，为公司的发展尽力。”①

面试官提出的问题是一个不太好回答的问题，如果直接说自己是最优秀的，会被认为狂妄自大；如果说自己不是最优秀的，又容易被认为求职者对自己没有信心；如果不回答，则可能被认为是对面试官的不敬，或者认为求职者没有能力回答这个问题。案例中这样以“虚”带“实”的回答，既显示了自己的应变能力，同时也显示了高超的谈话技巧。在面试中，虚实并用应以“实”为主，以“虚”为辅，关键在于虚实都要运用得当，实要实得主旨鲜明突出，虚要虚得合理得体，否则便会弄巧成拙。

案例 7-76

面试官问：“你缺乏经验，怎能胜任工作？”

求职者回答：“我作为应届毕业生，在工作经验方面或许会有所欠缺，因此读书这几年我一直利用各种机会在这个行业里做兼职。我也发现，实际工作所呈现的远比书本知识丰富得多。由于我有较强的责任心、适应能力和学习能力，而且一贯比较勤奋，所以兼职过程中均能圆满完成各项工作任务。请贵公司放心，学校所学及兼职的工作经验使我一定能胜任这个职位。”②

这是一种典型的扬长避短式回答。求职者宣扬自己的长处，并将自己的兼职

① 根据考经：《求职面试难题回答技巧》一文整理，载《才智（智谋鸡汤）》，2004 年第 1 期。

② 转引自网络资料：《面试常见提问问题》，http://www.doc88.com/p-7923702927252.html。

经验同应聘工作性质有机结合起来，意在变不利为有利。当然，人人都有自己的“短处”，如果对方有意问到此类问题，或遇到自己根本不懂的问题时，又该如何办呢？这时就应该勇敢地承认，同时应该作出必要而合理的解释。

7. 列举实例，事实证明

在有众多面试者的情况下，求职者能否留给面试官一个良好的个人形象，对求职成功与否是十分重要的。求职者在描述自己的长处时，不仅要谦虚地概述，还要用生动、形象的事实来展示自己所具有的素质、技能，以及处理人际关系、解决问题的能力等，生动的具体实例是说明自己长处的最有力的证据。

案例 7-77

对这样一个典型的问题：“你的两个最主要的长处是什么？”前来应聘的两位毕业生有不同回答。

甲：认真负责。

乙：认真并具有责任感，我以认真为荣。当我接受任务，或做一项工作时，我总是竭尽全力做好。事实上，在我很小的时候，父母就经常向我灌输认真为本的生活态度，他们常常对我说：“只要认为值得做的事，就应该全力以赴、认真地做好。”记得，在我见习初期，经理曾让我负责收发。那是一项极为简单的工作，但我却做得一丝不苟。每天，我早早来到办公室，把当天的信件分理归类：“急件”、“非急件”、“期刊类”以及“其他”，并且井然有序地分放在有关人士的桌上。有时碰到“急件”，我会附上相关的、有参考价值的材料，以便对经理及其他人有所帮助。大家对此赞不绝口。见习期满后，我立刻被任命为经理助理。我的第二长处是具有责任感，凡是我答应的事，我一定会做到，不管有多难。事实上，朋友们都说，我是他们最信得过的朋友。①

乙的回答更加具体生动形象，更能够突出自己，如果你就是面试官，那么一定对乙有更深的印象。具体实例法收到的效果明显比概述法要好得多。

思考训练题

1. 什么是介绍？言语交际时如何恰当得体地进行介绍？
2. 言语交际中如何与他人开展顺利的交谈？
3. 日常交际中的答问有什么特点？如何根据不同的提问进行有效的应答？
4. 言语交际中达到说服对方的目的可以采取什么样的策略？

---

① 转引自网络资料：《求职与应聘》，http://www.docin.com/p-616035730.html。

5. 言语交际时赞美别人应遵循什么原则？采用什么样的方式方法？

6. 言语交际时如何进行有效的批评？

7. 言语交际过程中怎样做到既能拒绝别人的要求又不会产生负面影响？

8. 在进行演讲时如何巧妙地开场、完美地收场？演讲过程中应采取什么样的言语策略？

9. 按照辩论情景分，辩论有几种类型？在辩论过程中怎样实施有效的进攻和防守？

10. 在求职面试前应做好什么样的准备工作？面试过程中如何应对面试人的提问？

11. 案例分析

案例 1

（1）

主考官：从你的简历得知，你的英语已过了国家六级水平，真是不简单呀。

应聘者：您过奖了。其实我周围很多同学都已达到了这个水平，我也是一般而已。况且，我还有很多不足，譬如，我的电脑水平老是跟不上，很多同学都过了二级，我还是停留在初级水平上，还有一些专业课也掌握得很不好，让我头痛得很。有时，我觉得自己很没用。

主考官：原来你对自己很没有信心。①

（2）

小李：（推门进来，重重地关上门。坐在主考官面前，默不作声。）

主考官：你是李×吧？请问，你是从哪所学校毕业？什么时候毕业的？

小李：（不解地）您没有看我的简历吗？您问的这些问题简历上都写着呢。

主考官：看了。不过我还是想听你说说。那么，请用一分钟叙述一下你的简单情况。

小李：（快速地）我在大学里学的是文秘专业，实习时在一家广告公司负责文案工作。这几年，我报考了英语专业的自学考试，目前已通过五门功课的考试。我很想到贵公司工作，因为贵公司的工作环境很适合年轻人的发展。我希望贵公司给我一个机会，而我将回报贵公司一个惊喜。

主考官：（皱起眉头）好吧，回去等通知吧。

小李：（急匆匆走出去，又急匆匆返回来拿放在椅子脚旁的帆布皮包。）②

请分析以上求职者的表现及面试的可能结果。

---

① 转引自网络资料：《演讲与口才-交谈》，https://max.book118.com/html/2011/1119/756504.shtm。

② 转引自网络资料：《商务礼仪案例集（五）》https://max.book118.com/html/2017/0531/110747052.shtm。

案例 2

（1）一位学生在黑板上默写一首短诗，故意把字写得又高又大，差不多写满了整个黑板，看着同学们发笑，他还扬扬自得。老师指着黑板说："这位同学默写全对了，但'字高字大'却不好！"①

（2）著名京剧家谭鑫培有一次在《黄金石》中饰演田单，匆忙间上台，忘了戴乌纱帽，观众正感诧异，不料他灵机一动，字正腔圆地念道："国事乱如麻，忘了戴乌纱。"巧妙地作了掩饰。另有一次，他在《辕门斩子》中饰演杨六郎，上台时饰焦赞的演员忘了挂胡须，谭鑫培一见立即想法给他解围，他佯装生气地说："你父哪里去了，快快与我唤来。"那演员借机退场挂胡须。②

请分析上面言语交际表达包含的技巧，并试着说出它的效果。

12. 综合训练

（1）几个人一组，创设一个新同事刚到你所在工作部门的欢迎场景，小组成员轮流登台作自我介绍，并能展现出口语表达的技巧和能力。

（2）父母为了一件小事儿吵架冷战了，你想劝他们和好，并批评他们的行为，该怎么说、怎么做呢？创设这样一个劝说父母和好的情境，并登台演示。

（3）组织同学们进行小型辩论赛。

题目：事业重于／不重于家庭

地点：教室

人员：主席一名，裁判三名，两队参赛，每队四人。

比赛规则：

①每支代表队派四名选手参赛。

②每方一辩为本方主辩。顺序发言中，一辩、二辩、三辩发言时间均为 3 分钟，四辩发言时间为 4 分钟。一辩应先详细阐明本方观点，四辩应作总结陈词。

③自由辩论阶段双方各自累计发言时间为 5 分钟，由双方交替发言。

④每位辩手在主持人允许后或者说宣布自由辩论开始后才可以发言。

⑤发言应注意简练、有力，反驳不应歪曲对方原意。

⑥一方队员不能打断对方的发言，并应回答对方提出的问题。

⑦辩论中不允许频频读稿。

⑧在辩论中要举止得体、言语文明、有礼貌。

---

① 转引自王光华：《实用口才交际训练》，机械工业出版社，2010 年版，第 51 页。

② 转引自王光华：《实用口才交际训练》，机械工业出版社，2010 年版，第 50 页。

参 考 文 献

[美]爱德华・萨丕尔. 1985. 语言论. 陆卓元, 译. 北京：商务印书馆.
毕继万. 2014. 跨文化交际理论研究与应用. 北京：北京语言大学出版社.
岑运强. 2008. 言语交际语言学. 北京：中国人民大学出版社.
陈翰武. 2005. 演讲与口才(修订本). 武汉：武汉大学出版社.
陈建民. 1989. 语言文化社会新探. 上海：上海教育出版社.
陈炯. 2001. 中国文化修辞学. 南京：江苏古籍出版社.
陈汝东. 1999. 社会心理修辞学导论. 北京：北京大学出版社.
陈汝东. 2004. 当代汉语修辞学. 北京：北京大学出版社.
陈松岑. 1985. 社会语言学导论. 北京：北京大学出版社.
陈望道. 1979. 修辞学发凡. 上海：上海教育出版社.
[美]戴尔•海姆斯. 1985. 论交际能力. 祝畹瑾, 译//祝畹瑾编.社会语言学译文集. 北京：北京大学出版社.
邓炎昌, 刘润清. 1989. 语言与文化. 北京：外语教学与研究出版社.
[瑞士]费尔迪南・德・索绪尔. 1980. 普通语言学教程. 高名凯, 译. 北京：商务印书馆.
冯广艺. 1999. 语境适应论. 武汉：湖北教育出版社.
耿二岭. 2001. 仪态万方. 厦门：厦门大学出版社.
关世杰. 1995. 跨文化交流学. 北京：北京大学出版社.
何自然. 1988. 语用学概论. 长沙：湖南教育出版社.
胡文仲, 高一虹. 1997. 外语教学与文化. 长沙：湖南教育出版社.
胡文仲. 1994. 文化与交际. 北京：外语教学与研究出版社.
[美]怀特. 1988. 文化科学. 曹锦清, 等, 译. 杭州：浙江人民出版社.
黄涛. 2004. 流行语与社会时尚文化. 上海：上海辞书出版社.
黄智显. 1994. 语言学概论. 北京：中央广播电视大学出版社.
贾玉新. 1997. 跨文化交际学. 上海：上海外语教育出版社.
[英]杰弗里・利奇. 1987. 语义学. 李瑞华, 等, 译. 上海：上海外语教育出版社.
靳梅琳. 2005. 社会语言学与英语学习. 天津：南开大学出版社.
康家珑. 2000. 交际语用学. 厦门：厦门大学出版社.
康家珑. 2003. 语言的艺术. 北京：海潮出版社.
雷淑娟. 2012. 跨文化言语交际教程. 上海：学林出版社.
黎锦熙. 1992. 新著国语文法. 北京：商务印书馆.
黎运汉. 1996. 公关语言学(增订本). 广州：暨南大学出版社.
李国南. 2001. 辞格与词汇. 上海：上海外语教育出版社.
李杰群. 2002. 非言语交际概论. 北京：北京大学出版社.
李元授, 杨志海, 邹振宇. 2006. 公关与交际. 武汉：华中科技大学出版社.
连淑能. 1993. 英汉对比研究. 北京：高等教育出版社.

廖正，张一莉. 2003. 语言表达艺术. 广州：华南理工大学出版社.
林宝卿. 2000. 汉语与中国文化. 北京：科学出版社.
林大津. 1999. 跨文化交际研究. 福州：福建人民出版社.
刘凤玲，戴仲平. 2002. 社会语用艺术. 广州：暨南大学出版社.
刘焕辉. 1995. 言语交际学教程. 北京：中央广播电视大学出版社.
刘艳春. 2007. 语言交际概论. 北京：北京大学出版社.
吕叔湘. 1980. 中国人学英语(重订本). 北京：商务印书馆.
吕叔湘. 1983. 吕叔湘语文论集. 北京：商务印书馆.
吕叔湘. 2005. 语文漫谈. 沈阳：辽宁教育出版社.
麻美英. 2002. 现代实用礼仪. 杭州：浙江大学出版社.
[德]马勒茨克. 2001. 跨文化交流. 潘亚玲，译. 北京：北京大学出版社.
倪宝元. 1995. 语言学和语文教育. 上海：上海教育出版社.
欧阳友权，朱秀丽. 2004. 口才学教程. 北京：高等教育出版社.
潘肖珏，卞权. 1998. 公关语言艺术(第三版). 上海：同济大学出版社.
彭兰玉，王立军. 2000. 修辞应用通则. 沈阳：春风文艺出版社.
彭增安. 1998. 语用·修辞·文化. 上海：学林出版社.
齐沪扬. 2000. 传播语言学. 郑州：河南人民出版社.
[美]R. A·赫德森. 1990. 社会语言学. 丁信善，等，译. 北京：中国社会科学出版社.
阮桂君. 2017. 跨文化交际与实践. 武汉：武汉大学出版社.
[美]萨姆瓦，等. 1988. 跨文化传通. 陈南，龚光明，译. 北京：生活·读书·新知三联书店.
[波兰]沙夫. 1979. 语义学引论. 罗兰，周易，译. 北京：商务印书馆.
沈锡伦. 2004. 中国传统文化和语言(增补本). 上海：上海教育出版社.
盛炎. 1990. 语言教学原理. 重庆：重庆出版社.
史迪文. 2005. 世界上最会说话的人. 北京：北京邮电大学出版社.
史秀菊. 2004. 语境与言语得体性研究. 北京：语文出版社.
孙汝建. 2013. 口语交际艺术. 武汉：华中科技大学出版社.
孙维张，吕明臣. 1996. 社会交际语言学. 长春：吉林大学出版社.
孙炜，周士宏，申莉. 2010. 社会语言学导论. 北京：世界知识出版社.
王德春. 2001. 现代修辞学. 上海：上海外语教育出版社.
王建华，周明强，盛爱萍. 2002. 现代汉语语境研究. 杭州：浙江大学出版社.
王建华. 2000. 语用学与语文教学. 杭州：浙江大学出版社.
王力. 1985. 王力文集(第1卷). 济南：山东教育出版社.
王力. 2015. 中国语法理论. 北京：中华书局.
王维维. 2012. 言语交际案例教程. 北京：清华大学出版社.
王希杰. 1996. 修辞学通论. 南京：南京大学出版社.
王振亚. 2004. 实用英语语言文化. 保定：河北大学出版社.
[德]威廉·冯·洪堡特. 1997. 论人类语言结构的差异及其对人类精神发展的影响. 姚小平，译. 北京：商务印书馆.
吴礼权. 2002. 修辞心理学. 昆明：云南人民出版社.
吴礼权. 2014. 传情达意：修辞的策略(修订版). 广州：暨南大学出版社.

吴礼权. 2016. 现代汉语修辞学(第三版). 上海：复旦大学出版社.
吴礼权. 2016. 言语交际与人际沟通(第二版). 广州：暨南大学出版社.
吴为善, 严慧仙. 2009. 跨文化交际概论. 北京：商务印书馆.
吴为章. 1999. 新编普通语言学教程. 北京：北京广播学院出版社.
武占坤. 1996. 实用公关语言学. 北京：北京语言学院出版社.
许明甲. 2004. 趣味汉语. 长沙：湖南大学出版社.
[古希腊]亚里士多德. 1991. 修辞学. 罗念生, 译. 北京：生活·读书·新知三联书店.
杨德峰. 1999. 汉语与文化交际. 北京：北京大学出版社.
于保泉, 鞠荣祥. 2011. 言语交际案例教程. 上海：上海交通大学出版社.
张弓. 1993. 现代汉语修辞学. 石家庄：河北教育出版社.
张公瑾, 丁石庆. 2004. 文化语言学教程. 北京：教育科学出版社.
张岩松. 2010. 人际沟通与语言艺术. 北京：清华大学出版社.
张宗正. 2004. 理论修辞学. 北京：中国社会科学出版社.
赵惠霞, 周憬. 2011. 语言与文化阐释. 西安：西安出版社.
赵毅, 钱为钢. 2003. 言语交际学. 上海：上海三联书店.
赵元任. 2002. 赵元任语言学论文选. 北京：商务印书馆.
郑颐寿. 2003. 辞章学导论. 台北：万卷楼图书股份有限公司.
周靖. 1995. 语言交际的艺术. 北京：华文出版社.
周明强. 2005. 现代汉语实用语境学. 杭州：浙江大学出版社.
周思源. 1997. 对外汉语教学与文化. 北京：北京语言文化大学出版社.
周一农. 2005. 词汇的文化蕴涵. 上海：上海三联书店.
朱跃. 1999. 英语与社会. 合肥：安徽大学出版社.
祝畹瑾. 1992. 社会语言学概论. 长沙：湖南教育出版社.
宗守云. 2005. 修辞学的多视角研究. 北京：中国社会科学出版社.
祖晓梅. 2015. 跨文化交际. 北京：外语教学与研究出版社.

后　记

近年来，国家积极引导并大力推动部分普通本科高校向应用型转变，努力培养高素质应用型人才，实现人才供给侧和产业需求侧结构要素全方位融合，这是新时代深化高等教育领域综合改革的重大举措。

对地方本科高校而言，推进转型发展，培养应用型人才，人才培养模式改革是核心，课程和教材建设是基础，教学内容和方法改革是关键，案例教学已成为教学方法改革的突破口。从人才培养规格的和目标来讲，高素质应用型人才，不仅要具有扎实的专业理论基础和较强的创新实践能力，而且要具有深厚的人文修养和综合素质。言语交际能力作为高校大学生综合素质的重要组成部分，已被越来越多的高校纳入人才培养范畴。为了更好地服务应用型高校人才培养和教学改革需求，我们编写了《言语交际学案例教程》这本书。

本书编写注重内容的应用性，强化能力的培养和素质的提升。因此，书中除了阐释各种相关概念外，尽可能避免过多的理论讲解，主要是注重选取大量生动活泼的典型案例，并作简洁易懂的分析，增强可读性和趣味性，让读者通过丰富的案例了解和感受纷繁复杂的言语交际现象，探寻和掌握言语交际的基本规律，让学生看得懂、学得会、用得上，进而达到提高言语交际能力的目的。

本书编写工作从 2015 年 7 月启动，整体框架结构思路由张彦群提出，并由张彦群、崔艳艳、徐君、杨双四人共同商定，各章节撰写具体分工是：

张彦群　第一章、第三章、第七章第三节

崔艳艳　第二章、第七章第一节

徐　君　第四章、第五章、参考文献

杨　双　第六章、第七章第二节、第七章第四节

在各位编写人员的共同努力下，本书于 2017 年 11 月完成初稿，并经过多次集体修改，最后由张彦群进行统稿。总之，本书是团队集思广益、携手合作的成果，也是本书主编所主持的“2017 年河南省教育综合改革项目（委托）”的阶段性成果。

本书在撰写的过程中，引用了诸多前辈及时贤的研究成果，这些成果在参考文献中集中列出，这些参考文献既是对文献作者的感谢，也可以作为读者进一步学习的参考。对未列入参考文献的作者，敬请谅解。科学出版社对本书的出版给予大力支持，在此表示衷心感谢。

本书是我们近年来从事言语交际教学和研究的一个阶段性小结，也是我们编写案例教材的初步尝试，限于我们的水平，书中难免存在疏漏和不当之处，希望得到专家和各位读者的批评指正，以便我们不断地修订完善。

张彦群

2018 年 5 月 20 日